中国河湖的红色记忆

RED MEMORIES OF RIVERS
AND LAKES IN CHINA

主编/黄如军

河海大学出版社
HOHAI UNIVERSITY PRESS
·南京·

图书在版编目(CIP)数据

中国河湖的红色记忆 / 黄如军主编. -- 南京：河海大学出版社，2023.12
ISBN 978-7-5630-8250-6

Ⅰ.①中… Ⅱ.①黄… Ⅲ.①爱国主义教育－中国－青少年读物 Ⅳ.①D647-49

中国国家版本馆CIP数据核字(2023)第120748号

书　　名	中国河湖的红色记忆 ZHONGGUO HEHU DE HONGSE JIYI
书　　号	ISBN 978-7-5630-8250-6
责任编辑	沈　倩
特约校对	宋　明
装帧设计	高　桐　杭永红
出版发行	河海大学出版社
地　　址	南京市西康路1号(邮编：210098)
电　　话	(025)83737852(总编室) (025)83722833(营销部)
经　　销	江苏省新华发行集团有限公司
排　　版	南京布克文化发展有限公司
印　　刷	广东虎彩云印刷有限公司
开　　本	718毫米×1000毫米　1/16
印　　张	23.5
字　　数	385千字
版　　次	2023年12月第1版
印　　次	2023年12月第1次印刷
定　　价	135.00元

编委会

主　编： 黄如军

副主编： 魏有兴　吴劭文

主　审： 张兆宪　陈生明

编　委（以姓氏笔画为序）：

王　枫　王世泰　刘　敏　刘汉龙　孙文昀　杜秀娟
李妙雪　李瑞青　李嘉颖　吴劭文　吴其玥　吴煜潇
张　薇　张友华　张光剑　张春平　陈立超　陈生明
罗亚妮　易彬彬　周亚飞　赵纪军　姜翠玲　高　峰
袁雨昕　徐子渊　黄丽丽　曹　起　麻晓宏　翟　丽
翟　康　潘骐辉

统　稿： 吴劭文　刘汉龙

序言

一百年风雨沧桑,从上海石库门到嘉兴南湖,中国共产党怀着人民的重托,民族的希望,驾驶着中国这艘具有五千年历史的巨轮,开启了艰苦卓绝、波澜壮阔的航程。

一百年岁月峥嵘,无论是烽火连天的革命征途,还是如火如荼的建设年代,中国共产党带领全国人民筚路蓝缕、披荆斩棘、艰难探索、奋勇前行,为实现救国、兴国、富国、强国的奋斗目标,谱写了辉煌壮丽的华章。

一百年风华正茂,中国共产党秉持以人民为中心的理念,永葆初心、牢记使命、乘风破浪、扬帆远航,为实现中华民族伟大复兴开辟新的征程。

一百年来,中国共产党为了争取民族独立、人民解放和实现国家富强、人民幸福,于苦难中铸就辉煌,于挫折后毅然奋起,于失误后拨乱反正,于变局中开创新局,把革命、建设、改革、复兴事业不断推向前进。

为了庆祝中国共产党成立100周年,河海大学党委宣传部、出版社联合组织编写《中国河湖的红色记忆》一书。该书撷取如南湖、赣江、湘江、赤水河、洪湖、大渡河、万泉河、延河、白洋淀、微山湖、乌斯浑河、洪泽湖、太湖、黄河、长江、淮河、珠江、海河、松花江、辽河、新安江、红旗渠、黄浦江等红色河流、湖泊,分上、下两篇,分别讲述100年来,中国共产党人在革命和建设年代在这些河流、湖泊上所洒下的鲜血、汗水、泪水,所凝结的勇气、智慧、力量,所流传的动人故事和诗篇。这些故事和诗篇为我们生动而鲜活地展示了红船精神、长征精神、延安精神、抗战精神、渡江精神、红旗渠精神、新中国水利精神、艰苦创业无私奉献精神和改革创新精神等一系列中国精神的丰富内涵和实质。

百年征程波澜壮阔,百年历史风华绝代。无数的英雄为了信仰，为了理想，前仆后继；无数的事迹和业绩感天动地，如歌如泣，彪炳史册。任何一部书都难以全面、完整地记述这一辉煌的历程，好在历史是由细节构成的，本书着眼于江河湖海这一特别的视角，观照每一条江河、每一个湖泊上曾经经历的一段段意义非凡的岁月，重走英雄来路，追寻他们伟大的足迹，开拓我们学习、缅怀中国共产党光荣历史的视野，激荡我们热爱党、热爱祖国的情怀。全书叙事生动而真实，文献(史料)翔实而丰富，对于各行各业的读者特别是正在成长中的青少年，都是生动别致的爱国主义教育读本，是具有盎然趣味和可读性的学习党史、新中国史、改革开放史和社会主义发展史的辅导教材。而且，作为主题鲜明的红色故事读物，这本书也将为影视界和数字出版界弘扬主旋律提供积极而特殊的创作素材。

　　历史的风云渐渐黯淡，火红的岁月已经远去，英雄的业绩、革命和建设者的丰碑却鲜活如新；大江流日夜，巨泽浮乾坤，流不尽的江河水啊，永远也带不走那一串串熟悉的姓名和那一幅幅壮美的画面。让我们怀着无比崇敬的心情，借助本书中一篇篇生动感人的故事，向党的一百年致敬！向无数英雄致敬！向祖国的江河湖海致敬！

中国河湖的红色记忆
RED MEMORIES OF RIVERS AND LAKES IN CHINA

目录
CONTENTS

上篇　沧桑正道——甘洒热血写春秋

烟雨楼台风乍起,红船泊处听惊雷——南湖纪事	03
淋漓鲜血战旗红,数万英雄唱大风——赣江纪事	12
斑竹一枝千滴泪,红军碧血染湘江——湘江纪事	22
战士双脚走天下,四渡赤水出奇兵——赤水河纪事	31
洪湖水,浪打浪;赤卫队,威名扬——洪湖纪事	42
金沙水拍云崖暖,大渡桥横铁索寒——大渡河纪事	50
歃血为盟驱虎豹,彝汉情谊彝海深——彝海纪事	66
清清万泉河,铮铮娘子军——万泉河纪事	80
流不尽的延河水,忘不了的延安情——延河纪事	90
东渡黄河驱虎豹,同仇敌忾保家园——黄河纪事	107
游击战里操胜算,芦花深处葬敌顽——白洋淀纪事	117
湖畔春风遮不住,一曲琵琶永流芳——微山湖纪事	126
报国不惧身先死,八女精神与水长——乌斯浑河纪事	137
扁舟飞跃趁晴空,斜抹湖天夕照红——洪泽湖纪事	155
芦苇丛中燃火种,沙家浜里葬敌顽——沙家浜纪事	168
百万大军横渡,硝烟弥漫长江——长江纪事(一)	178
烽烟海峡波浪急,海角天涯今胜昔——琼州海峡纪事	190

下篇　峥嵘岁月——激情澎湃展宏图

防洪排涝巧安排，水旱从今不成灾——江都水利枢纽纪事	201
人行明镜中，鸟度屏风里——新安江纪事	205
长淮忽迷天远近，青山久与船低昂——淮河纪事	215
五羊城下泊烟渚，两岸春潮木棉红——珠江纪事	240
万里江帆秋水阔，一声渔笛夕阳归——海河纪事	249
数声鸿雁雨初歇，七十二峰青自然——太湖纪事	258
洪波激湍归何处，松辽江水已安澜——松花江、辽河纪事	266
劈山凿洞夺天工，红旗渠水济万民——红旗渠纪事	275
无边落木萧萧下，不尽长江滚滚来——葛洲坝水利枢纽纪事	290
截断巫山云雨，高峡出平湖——三峡水利枢纽纪事	299
长江汉水两苍茫，神工牵引济北方——南水北调东中线工程纪事	314
浪急风高猿啸哀，冲天高坝入云排——金沙江梯级水电站纪事	324
春江潮水连海平，黄浦江边看潮生——黄浦江纪事	335
最美仙居曾何似，山青水碧永安行——永安溪纪事	345
河湖长制河湖治，生态优先生态美——河长制、湖长制纪事	351
长江保护生态优先，流域发展绿色为本——长江纪事（二）	360

中国河湖的
红色记忆
RED MEMORIES OF RIVERS
AND LAKES IN CHINA

上篇
沧桑正道——甘洒热血写春秋

烟雨楼台风乍起，红船泊处听惊雷
——南湖纪事

▲ 南湖红船（孟凯 摄）

在古今中外的文学视域里，人们常把湖泊称作"天上遗落的明珠""大地的眼睛"。在我国东部浙江省的大地上就镶嵌了不少这样的"明珠""眼睛"，其中以嘉兴南湖、绍兴东湖和杭州西湖最为著名。

一

南湖因坐落于嘉兴城南而得名。南湖原名滮湖、马场湖，又名东湖。嘉兴城西南有西南湖，因与东湖相连似鸳鸯交颈，故南湖（包括东、西湖）又称"鸳鸯湖"。

中国河湖的
红色记忆
RED MEMORIES OF RIVERS AND LAKES IN CHINA

上古时期，南湖一带还是个被海水淹没的地方，后来由于长江和钱塘江经年累月携带的泥沙大量沉积，陆地不断向东向南延伸，海水逐渐退出，形成低洼地带，运河沿线的多条支渠遂汇流于此而成湖泊，上承长水塘和海盐塘，下泄于平湖塘和长纤塘，流注黄浦江。

南湖形成初期面积较广，由于长期缺乏疏浚，湖滨不断被泥沙淤积，湖面日渐萎缩，今日南湖仅占初期的三分之一左右，水域面积90.83公顷，水深2~5米。南湖周围地势低平，河汊纵横。据史籍记载，五代后晋天福年间（约936—944），这里芦蒿丛生，一片荒凉景象。后来吴越王钱镠第六子广陵王钱元璙任中吴节度使时，在湖滨筑楼作为"登眺之所"，取唐代诗人杜牧《江南春》诗句"南朝四百八十寺，多少楼台烟雨中"的"烟雨"一词为楼名。南湖从此渐成名胜。

北宋以降，湖畔陆续兴建了潘师旦园、高氏圃、南湖草堂、列岫亭、水心亭、乐郊亭、勺园、秋水阁等园林建筑。其间，明嘉靖二十七年（1548），嘉兴知府赵瀛征民工疏浚城河，将挖出的淤泥河土填入湖中，堆成一"厚五丈，广二十丈"的小岛，四面环水，俗称湖心岛。第二年在岛上仿旧制复建多次毁于兵燹的烟雨楼，形成湖中有岛、岛中有湖的独特景观。

▲ 南湖湖心岛（吴浩云　摄）

烟雨楼四面环水，岸柳婆娑，水木清华，登斯楼也，晴光潋滟，烟雨迷离，四时美景，晴雨皆宜。相传乾隆皇帝六次南巡，先后八次登上烟雨楼，抚栏远眺,陶醉于南湖胜景,流连不忍离去,以致后来敕建承德离宫"避暑山庄"时也在其中仿建了一座烟雨楼。

烟雨楼自五代始建,已历一千多年,虽屡经兴废,楼内仍保存了历代文人墨客的碑石50多件,弥足珍贵。如宋代书法"四大家"之一的米芾的诗碑、元朝画坛"四大家"之一吴镇的画竹并诗碑、晚清名将彭玉麟的梅花石刻和题诗等。

南湖四季宜人、旖旎的风光和嘉兴日益繁荣的"东南一都会"的商品经济地位,吸引了历代的文人雅士为之过往、徘徊、吟咏。宋代大文学家、诗人苏轼三过嘉兴,留下了"闻道南湖曲,芙蓉似锦张,如何一夜雨,空见水茫茫""鸳鸯湖边月如水,孤舟夜傍鸳鸯起"的诗句;明代著名书画家董其昌《烟雨楼》:"湖上藕花楼上月,踏歌惊起睡鸳鸯。"清代著名学者、一代诗词大家朱彝尊对南湖情有独钟,一连写下一百首《鸳鸯湖棹歌》。其先世江苏吴江人,明景泰四年迁于浙江嘉兴府秀水县,遂为秀水人。清顺治六年,朱彝尊挈家移居嘉兴梅会里(今嘉兴市王店镇)。南湖的风物人情、故土乡愁不时地萦绕在朱彝尊的心田。其所作《鸳鸯湖棹歌》不仅富有竹枝词、浪淘沙的格调,清新自然,而且真实地记录了嘉兴地区的地名、人物、风俗、物产、古迹、传说、典故等,反映了明末商品经济繁荣时期嘉禾平原的现实生活场景,历来被认为"可补方志所未备者"。于是,朱氏《棹歌》一出,和者云集,受其影响,"棹歌

▲ 嘉兴南湖(吴浩云 摄)

体诗歌"竟风行一时。加上各诗的注文,这种"棹歌体诗歌"保留了大量的资料,具有很高的地方史文献价值。

民国元年(1912)10月,孙中山曾来南湖游览,并在烟雨楼假山前与各界人士合影留念。现代史上许多著名文学家、诗人如茅盾、郁达夫、曹聚仁等都曾来南湖游览,沉醉于南湖的迷蒙烟雨中,同时也留下了动人的诗文。

二

如今的南湖驰名海内外,不仅是因为她绮丽的风光,而且还因为这里是中国革命星星之火的发源地。

俄国十月革命后,马克思列宁主义开始在中国广泛传播。中国的先进分子李大钊、陈独秀、毛泽东等接受了马克思主义,并把它与中国正在发展的工人运动结合起来。他们在工人中宣传马克思主义,讲解革命道理,组织工人进行斗争。在这个基础上,上海、北京、武汉、长沙、广州、济南等地先后涌现了一些党的早期组织,旅居日本和法国的中国共产主义者也成立了这样的组织。这些共产主义小组建立后,积极开展工作,推动了马列主义与中国工人运动的结合,中国共产党成立的条件逐渐成熟。

1921年6月,上海共产主义小组通知各地共产主义小组,派代表到上海召开中国共产党第一次全国代表大会。1921年7月,中共一大在上海法租界望志路106号(今兴业路76号)李书诚、李汉俊兄弟的寓所秘密召开[1]。出席会议的代表有:上海小组的李达、李汉俊,北京小组的张国焘、刘仁静,长沙小组的毛泽东、何叔衡,武汉小组的董必武、陈潭秋,济南小组的王尽美、邓恩铭,广州小组的陈公博,旅日小组的周佛海[2]。参加会议的还有武汉小组的包惠僧,他是在广州与陈独秀接洽工作时,受陈个人委派参加会议的。他们代表了全国7个共产主义小组50多名党员。

当时,对党的创立作出了重要贡献的李大钊、陈独秀各在北京和广州,因工作脱不开身而没有出席大会[3]。共产国际派马林(荷兰人)和尼克尔斯基(又译作:尼科尔斯基,俄国人)出席了会议。

7月30日上午,代表大会第六次会议刚开始,"一个身穿灰色长衫的中年男子突然闯进李汉俊的住宅,掀开门帘,闯入了会场,朝在座的代表们贼眉鼠眼地扫视了一周",会议被迫中断。"代表们快速离开后,大约一刻钟,法租界巡捕房就派人包围了李汉俊的寓所,进行了一番搜查。"[4]当时从会场内转移出来的代表分别辗转聚集到环龙路渔阳里2号陈独秀的寓所里商讨对策,会议能否继续进行不仅关系到各项预定的议程能不能圆满完成,而且关系到中国共产党能否正式成立。大家一致认为,继续在李汉俊的寓所开会肯定是不行了,必须马上找到一个安全的新会址。可是,这个地方既要保证绝对的安全,能够避开法国巡捕,还要不能距离太远太偏僻,要便于所有代表能够安全、顺利地抵达会场,而且最好是能在当天结束会议。

有代表想到了杭州西湖,因为他在那里生活过,比较熟悉。到了杭州在西湖租一条游船,借游湖之名行开会之实,可以不引人注目,而且乘坐沪杭铁路的火车也比较方便。但是,又有代表担心西湖毕竟是旅游胜地,人多眼杂,很容易暴露。同时从上海乘火车到杭州需要五个多小时,即使乘坐早上7时35分的火车也要下午1点多钟才能到达杭州,根本不可能在一天内完成会议的所有议程。于是大家否决了到杭州开会的提议。

还有什么地方比较合适呢?

正在大家苦思冥想而未有良谋之际,上海代表李达的夫人王会悟提出去嘉兴南湖开会的建议。嘉兴距离上海不过一百多公里,乘坐早上7时35分的火车,上午10时25分就可以抵达嘉兴站,南湖位于嘉兴城南,距离铁路嘉兴站不远,这样,可以保证有一天的时间来完成会议议程。况且湖上游船可以包租,随意停泊。南湖不像杭州西湖热闹,游客较少,以游湖为名,在湖上开会,实在没有比这个更隐蔽、安全的了。

王会悟是嘉兴桐乡乌镇人,曾在嘉兴女子师范就读,对嘉兴及南湖的情况十分熟悉。她又是"一大"的工作人员,承担着为外地代表安排住处的任务。她的特殊身份和她熟悉家乡嘉兴的特殊条件,赢得了代表们的一致信赖。据王会悟后来回忆说:"我想到我家乡嘉兴的南湖,游人少,好隐蔽,就建议到南湖去包一个画舫,在湖中开会。李达去与代表们商量,大家都同意了这个意见。"[5]

代表们通过了王会悟的建议,决定将会议转移到嘉兴南湖继续举行。陈公博在返回旅馆途中,被暗探盯梢,好不容易、有惊无险地甩掉暗探回到他所住的大东旅社,和新婚的妻子刚休息不长时间,又被一声枪响惊醒(当时旅馆中发生了一起人命案)。一夜之间两度惊吓,陈公博一刻也不敢停留,他和李达打了个招呼,便陪着妻子去杭州散心去了。于是,陈公博没有去嘉兴。李汉俊也不能去。因为他是李公馆的主人，正受到法租界巡捕房侦探的严密监视，无法脱身赶往嘉兴。马林和尼克尔斯基也去不了。他们二人都是身份特征很明显的外国人，乘坐火车太招人眼目。于是代表们决定，不请他们去嘉兴参加会议了。

"一大"代表转移南湖的所有事务性工作都是由王会悟一手安排的。

7月31日，王会悟与部分代表坐火车来到嘉兴，在离南湖不远的张家弄鸳湖旅馆开了两个房间，让先到的代表在旅馆稍作休息，同时，委托旅馆的账房租了一条画舫（中型游船）。王会悟先带着几个人登上南湖的烟雨楼，一面观察周围环境，一面为画舫的划行路线和停靠地点做选择。没过多长时间，其他代表也抵达嘉兴。王会悟随即把大家领到南湖渡口，坐摆渡船到湖心岛，再乘小拖梢船登上事先预订好的画舫。这是一艘通体丹红色、雕饰彩绘、陈设考究的游船，当地人叫它"单夹弄丝网船"。此时这条游船正停泊在烟雨楼前的水面上。

当天，阴有小雨，湖面上烟雨茫茫，游船不多，代表们以游湖为名，吩咐船主把船撑到湖心岛东南方向约200米处的僻静水域，用篙撑住。会议就在这条游船的中舱举行，王会悟扮成歌女，坐在船头为代表们放哨。

舱内摆放着茶点，11位代表（张国焘、李达、毛泽东、何叔衡、董必武、周佛海、陈潭秋、王尽美、邓恩铭、刘仁静、包惠僧）围坐在八仙桌前，把带来的乐器放在桌旁，麻将牌摆在桌上，仿佛是一群好友在游湖遣兴。偶有别的画舫经过旁边时，代表们便有的拿起乐器轻轻地弹奏，有的把麻将牌洗得"哗哗"的响。

中午，鸳湖旅馆送来了王会悟预订的具有南湖风味的饭菜，代表们边用餐边休息。

下午，湖上的小游船逐渐增多，有的游船还传来留声机播放京戏的声音，湖面上不再宁静。代表们让船主尽量把船划到相对宁静的水域。下午5点左右，突然出现了一条小汽艇，代表们以为是政府的巡逻艇，曾短暂休会，后来得知是私人游艇后，会议才继续进行。

大会开了整整一天。下午6点多，会议完成了全部议程。会议通过了中国共产党的第一个《纲领》和第一个《决议》，宣告了中国共产党的诞生，并选举了党的中央局领导机构。陈独秀当选为中央局书记。从此，中国出现了一个完全崭新的、以马克思主义为其行动指南的、统一的无产阶级政党。

会议结束后,代表们先后悄悄离开红船,当夜分散离开了嘉兴,他们把革命的火种带向全国各地。星星之火,可以燎原。中国的劳苦大众从此有了翻身解放的希望,中国的历史从此写出全新的篇章。

"一大"的胜利闭幕,昭示着由13名"水手"驾驶的这艘中国革命的航船从此扬帆起航。南湖也因此成为中国现代史上重要的革命纪念地。

中国共产党的历史选择了南湖,南湖的烟雨也成就了中国共产党,成就了开天辟地的中国革命伟业。"石库门的那盏灯火最终照亮了中华大地,南湖上的一叶扁舟已经成为巍巍巨轮;曾经只是中国300多个政治团体之一的中国共产党,已成为世界上最大的政党,而党员人数,由'58'变为了'9 804.1万'。"[6]1963年,当年的"一大"代表董必武先生重返嘉兴畅游南湖,忆起42年前的往事,心潮激荡,挥毫题联:"烟雨楼台,革命萌生,此间曾著星星火;风云世界,逢春蛰起,到处皆闻殷殷雷。"1985年9月,邓小平为南湖革命纪念馆题写馆名。1986年1月,胡耀邦题写了"中共一大会址"。2005年6月21日,时任浙江省委书记的习近平,在《光明日报》发表署名文章《弘扬"红船精神" 走在时代前列》。他在文章中首次提出并概括了"红船精神":"开天辟地、敢为人先的首创精神,坚定理想、百折不挠的奋斗精神,立党为公、忠诚为民的奉献精神。"[7]2017年10月31日,十九大闭幕仅一周,习近平总书记带领中共中央政治局常委专程赴上海瞻仰中共一大会址、赴浙江嘉兴瞻仰南湖红船,回顾建党历史,重温入党誓词,强调:"铭记党的奋斗历程,时刻不忘初心,担当党的崇高使命,矢志永远奋斗。"[8]

"小小红船承载千钧,播下了中国革命的火种,开启了中国共产党的跨世纪航程。"[9]南湖作为中国共产党的诞生地,革命航船的启航地,以其独特的红色旅游资源吸引了国内外的游客。2011年,南湖被正式评为国家5A级旅游景区,现有国家、省和市级重点文物保护单位共七处。其中,中共"一大"会址纪念船为全国重点文物保护单位,烟雨楼和沈钧儒纪念馆为浙江省重点文物保护单位,揽秀园、文星桥、仓圣祠及舞跤石为嘉兴市重点文物保护单位。

【附录】

南湖红船[10]

作为中共"一大"会址纪念船,几十年来,她向人们生动展现了中国共产党诞生的历史场景,人们亲切地称她为"南湖红船"。这是一艘中型的单夹弄丝网船,船长约16米,宽约3米,船头平阔,设有前舱、中舱、房舱和后舱,右边一条夹弄贯通四个舱室。中舱放置一张八仙桌,周围放桌凳和茶几。前舱搭有凉棚,房舱设有床榻,后舱置有橱灶等物,船梢系有一条小拖梢船,为便于接人、进城购物所用。

如今停泊在烟雨楼前水面上的游船,是1959年仿制的。这年夏天,根据中共浙江省委、嘉兴地委指示,嘉兴县委决定筹建南湖革命纪念馆并仿制"中共一大南湖会议纪念船",争取在国庆十周年时对外展出。为了实施这一决定,嘉兴成立了以县委副书记沈如淙任主任、县委宣传部副部长郭竹林任副主任兼筹建办公室主任、宣传部干事董熙楷任工作人员的南湖革命纪念馆筹建委员会。根据中央有关部门"南湖建馆的中心是船的问题"的指示,筹建委员会成员经过大量的走访、调查,赶制了一只双夹弄丝网船模型。郭竹林和董熙楷带着这只模型去了北京,准备将它呈交给毛主席和董必武审定,可惜当时毛主席到西南视察去了,董必武也去了西北,要见毛主席、董必武必须等到几天以后。于是,中共中央办公厅的同志介绍郭竹林、董熙楷两人先到中共一大保卫人员、亲自租船的王会悟处访问。王会悟对船模进行仔细观察后,回忆说:"这只船的模型,同当时一大代表开会的那艘船的样子倒是很像的。但就是太大了点,实际上还要小点。"据王会悟回忆,当时一大开会租用的应该是单夹弄丝网船。因为筹建纪念馆的工作多、任务重、时间紧,郭竹林、董熙楷在北京不能久留,于是在中共中央办公厅留下了一份给党中央、毛主席的报告后,随即动身返回嘉兴。返嘉后,又立即做了一只单夹弄丝网船模型寄往北京,直接呈送党中央、毛主席审定。出乎大家意料,郭竹林、董熙楷在北京所写的报告竟被直接送到了毛主席的手里,毛主席还作了批示,大意是"我南征北战,记忆不清了,请董老过问此事、好好看看"。董必武看了嘉兴寄呈的单夹弄丝网船模型后作了答复:"船就是这样,但大船后面还有一只小船,是保卫人员坐的,万一发生情况,也可以用于撤退。"之后,嘉兴方面又询问了王会悟,她也说确有一只小船。这样,又增做了一只小拖梢船模型。历经几个月的艰苦奋战,南湖红船终于仿制完成,并在国庆十周年那天下水,停泊在嘉兴南湖湖心岛烟雨楼前东南方向的水面上。南湖红船真实地还原了中共一大南湖会议召开时的历史场景。

参考文献

[1] 本书编写组. 中国共产党简史[M]. 北京：人民出版社,中共党史出版社,2021:13. "据后来考证,党的一大开幕的准确日期是1921年7月23日,1941年6月《中央关于中国共产党诞生二十周年、抗战四周年纪念指示》将7月1日作为党成立纪念日。此后,每年7月1日成为中国共产党成立纪念日。"

[2] 本书编写组. 中国共产党简史[M]. 北京：人民出版社,中共党史出版社,2021:13. "张国焘,1938年投靠国民党,被中国共产党开除党籍；陈公博、周佛海,在党的一大后不久因严重违反党的纪律被清理出党,抗日战争中成为汉奸。"

[3] 何虎生. 建党伟业[M]. 北京：中国广播影视出版社、人民出版社,2017:186,188. "李大钊本应作为北京代表到上海参加一大会议,但是,当时李大钊正担任北京大学教授兼图书馆主任,公务繁忙,更重要的是当时他任北京八校教职员代表联席会议主席,要领导北京高校索薪斗争,实在无法脱身,所以未能出席一大。""而另一位中共建党史上的重要人物——陈独秀,也因为种种事宜,未能出席中共一大。当时,陈独秀接到李达的信后,回信表示自己不能到会,因为他兼大学预科校长,正在争取一笔款子修建校舍,他一走款子就不好办了。"于是,他指派了包惠僧出席了中共一大。

[4] 何虎生. 建党伟业[M]. 北京：中国广播影视出版社、人民出版社,2017:200-201.

[5] 澎湃新闻网."一大会址"日记|红色故事·南湖红船是一艘什么样的船[OL].[2018-03-19]. http://mini.eastday.com/a/180319174522886.html

[6] 张政,刘文嘉,罗容海,张焱. 光明述评：再论红船初心——新一届党中央领导集体瞻仰上海中共一大会址和浙江嘉兴南湖红船启示录[N/OL]. 光明日报,2017-11-20日（1）.中国日报网,[2017-11-21]. 中国共产党新闻网（党内统计公报）dangjian. people. com. cn/GB/437176/index. html. 此处党员人数统计截至2022年12月31日,系本书编写者所改。

[7] 习近平. 弘扬"红船精神"走在时代前列[N]. 光明日报,2017-12-1(1).

[8] 习近平在瞻仰中共一大会址时强调,铭记党的奋斗历程时刻不忘初心,担当党的崇高使命矢志永远奋斗[OL]. 新华网,[2017-10-31]. http://www.xinhuanet.com/politics/2017-10/31/c_1121886319.htm.

[9] 习近平. 走得再远都不能忘记来时的路. 论中国共产党历史[M]. 北京：中央文献出版社,2021:185.

[10] 李持真. 南湖红船[J]. 浙江档案,2018(5):40-41.

中国河湖的红色记忆
RED MEMORIES OF RIVERS AND LAKES IN CHINA

淋漓鲜血战旗红,数万英雄唱大风
——赣江纪事

▲ 赣江(鞠榕工 摄)

提起江西,人们往往冠之以红色二字,这不仅是说江西的土壤是红色的,更是说作为中国革命策源地的江西具有深厚的红色基因:赣北南昌城头,曾打响了中国共产党武装反抗国民党反动派的第一枪;毛泽东在赣西的井冈山,创建了中国革命第一块农村根据地;方志敏创建的赣东北革命根据地,被誉为"坚强的苏维埃阵地";赣南的瑞金,曾因中华苏维埃共和国临时中央政府定都于此,而被改称"瑞京"。由于这些革命活动大多发生在赣江流域,因此可以说,赣江就是一条"红色之河"。

一

　　赣江是长江的八大支流之一，也是自南向北纵贯江西省的最大河流，江西因此简称赣。赣江源头历来众说纷纭，根据专家实地考察的成果，并于2001年8月经江西省科技厅评审处确定，赣州市石城县境内"石寮河为赣江的源河，石寮河1号泉为赣江源头"。

▲ 赣江（鞠榕工 摄）

　　石城县坐落于武夷山西麓，有"碧水丹山，人文荟萃"[1]之称。石城因"环山多石，耸峙如城"[2]而得名。赣江河源称绵水，流经瑞金，在会昌县与湘水（江西）汇合，称贡水。此为赣江正源。贡水流经于都、赣县，与发源于江西省崇义县聂都山张柴洞的章水（赣江西源）在赣州市八境台汇合，始称赣江。有此一说：左"章"和右"贡"构成"赣"字。赣江自南向北流经江西全省，最后注入鄱阳湖。全长991公里，流域面积8.3万平方公里。赣江东隔武夷山脉与闽江分界，西隔罗霄山脉与湘水为邻。

　　赣江从发源地至赣州为上游，从赣州至新干为中游，新干至吴城为下游。赣江中、上游多礁石险滩，下游河道宽阔多沙洲。

　　悠悠赣江，物华天宝，人杰地灵。位于赣江中游的吉安尤以庐陵文化闻名于世。庐陵一地，序庠与学宫，民间有塾馆、义学与书院。家藏诗书，人多儒雅，序庠相望，弦诵相闻，山间茅屋也闻琅琅书声。良好的文化氛围，培育出一大批文化精英，如欧阳修、晏殊晏几道父子、王安石、曾巩、杨万里、文天祥，等等。庐陵历史上考取进士3 000余人，号称天下第一；考取状元21人，号称天下第二。明朝建文二年（1400），庚辰科共取进士110人中，状元胡靖、榜眼王艮、探花李贯，都是江西吉安府人氏。明永乐二年（1404），甲申科共取进士472人。状元曾棨、榜眼周述、探花周孟简，二甲第1名杨相、第2名宋子环、第3名王训、第4名王直，也都是吉安人氏，一举囊括了前7名，科举之盛，全国瞩目。历史上曾有"天下多举子，朝中半江西，翰林多吉安"之说。一些吉安士人入仕后，有的官居宰辅，影响着朝政走向；有的出任地方官，兴利除弊，惠及百姓。

赣江下游同样也是人才辈出。既有诗书双绝的黄庭坚、宋词领袖姜夔、才子解缙，也有戏曲大家汤显祖、曲坛旗帜蒋士铨，以及现代文史大师陈寅恪等。赣江文化成为整个中华文明不可或缺的重要组成部分。

赣水滔滔连波，人文代代有续。中国共产党人所创造的革命文化、红色文化影响更加深远，早已走出江西，在全国发扬光大。

二

英雄之城南昌，"八一"军旗升起的地方，然而在94年前7月的最后那几天，这里则是风雨如晦，黑云压城。

1927年春，轰轰烈烈的大革命运动如火如荼，一往无前的北伐军正横扫北洋军阀。然而，既担心中国共产党日益壮大，更为了攫取革命成果而实行独裁专制，蒋介石在帝国主义和江浙财团支持下，于1927年4月12日在上海发动反革命政变，大肆逮捕杀害共产党人和革命群众。其后，国民党右派又在各地掀起一股股反共铲共恶浪。1927年7月15日，汪精卫在武汉公开宣布"分共"，疯狂逮捕和屠杀共产党人。从1924年建立起来的国共合作的统一战线全面破裂，大革命彻底失败，历史的进程陡然发生逆转。

在惨酷的现实面前，有人退却了，有人逃跑了，有人投向反革命阵营。但是，真正的无产阶级革命战士，并没有被白色恐怖所吓倒，勇敢地拿起武器，与国民党反动派进行坚决斗争。正如毛泽东所说："中国共产党和中国人民并没有被吓倒，被征服，被杀绝。他们从地下爬起来，揩干净身上的血

▲ 油画《南昌起义》(作者:黎冰鸿　现藏中国国家博物馆)

迹,掩埋好同伴的尸首,他们又继续战斗了。"[3]

为了挽救中国革命,中共中央于1927年7月12日进行改组,停止了中央委员会总书记陈独秀右倾机会主义的领导,由张国焘、李维汉、周恩来、李立三、张太雷五人组成中央临时常务委员会;嗣后,决定集合自己掌握和影响的部分国民革命军南下广东,会合当地革命力量,实行土地革命,然后举行新的北伐。

当时,中国共产党影响和掌握的军队主要集中在由张发奎任总指挥的国民革命军第二方面军。这些力量包括叶挺指挥的第11军第24师,由叶挺独立团为骨干编成的第4军第25师的73团、75团和第10师第30团,以及贺龙指挥的第20军。这些军队当时都部署在九江一带。

受中共中央的委派,7月19日,李立三、邓中夏、恽代英、聂荣臻、叶挺等人在九江集合革命力量,为南下广东进行准备工作。但此时,国民党第3军、第6军、第9军都在向南昌集中,对九江、南昌形成合围之势。张发奎的态度也发生右转,他开始同汪精卫勾结,在部队中搜捕共产党人。经过紧急磋商,中共中央决定,迅速脱离张发奎,独立采取军事行动,把可靠的力量拉到南昌去,定于7月28日晚在南昌发动起义。预定参加起义的部队除上述的受共产党影响的部队,还有由朱德任团长的第3军军官教导团一部和南昌市公安局保安队一部,共2万余人。

与此同时,国民党也在加紧"清共"行动。7月24日,张发奎通知叶挺、贺龙速上庐山参加重要军事会议,企图借机解除叶、贺二人的兵权并将他们扣押。张发奎的阴谋被第4军参谋长、中共秘密党员叶剑英知悉。25日,贺龙、叶挺、叶剑英等人以划船游湖为掩护,在九江市区甘棠湖的一叶小舟上商定:叶、贺不去庐山开会,立即召集部队乘火车前往南昌参加起义。

7月26日,周恩来在陈赓陪同下来到九江,立即召集革命同志开会,传达了中共中央关于同意在南昌举行起义和以土地革命为主要口号的指示精神。会议决定积极进行军事斗争准备,并派邓中夏返回武汉,向中共中央汇报南昌起义的详细计划。27日,周恩来到达南昌,正式组建了包括李立三、恽代英、彭湃在内的前敌委员会。前委会根据形势,决定将起义时间由28日改为30日晚。并决定由贺龙任起义总指挥,叶挺任前敌总指挥,刘伯承任参谋长。会后,周恩来前往当时还不是中共党员的贺龙住处,就武装起义的计划征询他的意见,贺龙坚定表示:"我完全听共产党的话,要我怎么干我就怎么干。"[4]

就在起义各项准备基本就绪之时,张国焘突然来到南昌。他的到来,差点使南昌起义无疾而终。原来,7月26日,中共中央在武汉举行会议,讨论共产国际关于南昌起义有无胜算的问题,会议认为南昌起义有成功把握,并派张国焘前往南昌传达共产国际复电以及会议精神,与前敌委员会商讨起义事宜。27日,张国焘抵达九江,要求重新讨论南昌起义,当即遭到恽代英等人的反对。29日,张国焘以中共中央代表身份连发两封密电给前敌委员会,称起义宜慎重,无论如何要等他到南昌后再决定。30日,张国焘到了南昌后认为,起义如有成功把握,则可举行,否则不可发动。而且张国焘说,起义应征得张发奎同意,否则也不能发动。周恩来强烈反对张国焘的错误主张:"暴动断不能迁延,更不可停止……在客观上应当是我党站在领导地位,再不能依赖张。"[5]

争论一直持续到31日,这时接到叶剑英密报:汪精卫、张发奎将于8月1日亲抵南昌逼叶挺、贺龙交出兵权。在这种紧急情况下,张国焘最终表示服从多数,会议决定8月1日凌晨4时举行起义。

31日下午4时,贺龙召集营以上军官开会,他开门见山地宣布参加南昌起义,弟兄们愿留的留,不愿留的可以走。结果,贺龙20军的所有军官都留了下来。

31日晚,朱德设宴邀请部分国民党军官喝酒打麻将,以此拖住他们。当时在南昌的国民党军官大多与朱德是同事、同学、同乡关系,还有些人是他过去的部下,众人欣然接受了邀请。

但由于贺龙部下一名副营长叛变泄密,为防打草惊蛇,前敌委员会临时决定起义提前两小时举行。

▲ 八一南昌起义主要领导人

1927年8月1日凌晨2时,在周恩来、贺龙、叶挺、朱德、刘伯承等人的领导下,南昌起义开始。按照事先制定的作战计划,第20军第1、2师向旧藩台衙门、大士院街、牛行车站发起进攻;第11军第24师向松柏巷天主教堂、新营房、百花洲发起进攻。战斗激战至拂晓,起义军全歼南昌守军3 000余人,缴获大量枪枝弹药,占领了南昌。当天下午,驻回马岭的第25师大部在聂荣臻率领下起义,并于次日赶到南昌集中。

南昌起义成功后,前敌委员会根据中共中央的决定,仍沿用"国民党左派"的旗帜来号召革命,并将起义军进行整编,贺龙任总指挥,叶挺为前敌总指挥,下辖3个军,共2万余人,这是第一支由中国共产党直接掌握的革命武装力量。

8月3日,按照预定计划,起义军开始南下广东,准备从临川、会昌直取东江,再取广州。但起义军到达进贤县时,第10师师长蔡廷锴率部脱离大部队,严重削弱了起义军的力量。再加上撤离南昌时比较仓促,部队未经整顿,又冒着酷暑远征,8月7日部队到达临川时,只剩下约1.3万人。

8月25日,起义军到达赣江上游的瑞金、会昌附近。此时国民党钱大钧部9 000余人由赣州东进,意图阻止起义军南下;黄绍竑部9 000余人又由南雄北上。在这种形势下,前敌委员会决定乘敌两路兵力尚未完全集中,实施各个击破。26日,起义军在会昌附近与钱大钧部激战,至30日取得胜

中国河湖的红色记忆
RED MEMORIES OF RIVERS AND LAKES IN CHINA

▲ 八一南昌起义示意图

利,歼灭敌军6 000余人,但起义军也伤亡近2 000人。

会昌战斗结束后,起义军挥师东进,经过福建的长汀、上杭,9月19日,进占广东大埔县三河坝。前敌委员会决定由朱德率部留守三河坝,牵制、拦阻进剿之敌。周恩来、叶挺、贺龙等率主力部队继续南下,于9月23日占领广东的潮州、汕头,进逼广东腹地,对广东军阀李济深构成极大的威胁。李济深调集重兵与起义军主力决战。经过一系列的激战,起义军伤亡惨重。周恩来、叶挺、聂荣臻等人被迫搭船,漂泊两天一夜后到达香港,之后辗转来到上海。成功突围的起义军转入海陆丰,与彭湃领导的当地农军会合,成为创建海陆丰根据地的主力。从三河坝撤离的起义部队,在与上级指挥机关失去联系后,则在朱德、陈毅指挥下,艰苦转战于粤、闽、赣山区,后于1928年初进入湘南。发动湘南起义后,朱德、陈毅又率领部队转战闽粤赣湘边。

"南昌城头的枪声,像划破夜空的一道闪电,使中国人民在黑暗中看到了革命的希望,在逆境中看到了奋起的力量。南昌起义连同秋收起义、广州起义以及其他许多地区的武装起义,标志着中国共产党独立领导革命战争、创建人民军队的开端,开启了中国革命新纪元。"[6]

为纪念南昌起义,1933年7月11日,中华苏维埃临时中央政府根据中央革命军事委员会的建议,决定"以每年八月一日为中国工农红军成立纪念日"。1949年6月15日,根据毛泽东主席的提议,中国人民革命军事委员会发布命令,规定以"八一"两字作为中国人民解放军军旗和军徽的主要标志。8月1日,作为人民军队的建军节,彪炳史册。

三

"秋收时节暮云沉,霹雳一声暴动。"就在南昌起义部队南下广东之时,毛泽东所领导的湘赣边界秋收起义爆发了。

1927年8月7日,中共中央政治局在汉口召开紧急扩大会议,这就是著名的"八七会议"。会议在共产国际代表的帮助下,总结大革命失败的经验教训,坚决批判以陈独秀为代表的右倾投降主义错误,确定了土地革命和武装反抗国民党反动派的总方针。在会上,毛泽东强调提出:"以后要非常注意军事,须知政权是由枪杆子中取得的。"这是一个对中国革命有着极其重要意义的论断。会议决定在革命基础比较好的广东、江西、湖南、湖北四省发动秋收起义。会后,毛泽东被派往湖南领导秋收起义。

9月9日,秋收起义爆发。由于敌强我弱,部队损失很大。9月19日,各路起义部队到达浏阳县文家市召开会议,毛泽东决定立即停止进攻长沙,到敌人力量薄弱的农村开展武装斗争。会后,毛泽东带领起义军转兵南下,9月27日,部队来到永新县三湾村。在这里,毛泽东主持召开中共前敌委员会扩大会议,决定对部队实行整顿和改编。三湾改编确立了党对军队的绝对领导,是建设新型人民军队的重要开端。10月3日,毛泽东带领面貌一新的精干队伍向井冈山进军。1927年10月27日,起义部队到达罗霄山脉中段井冈山的茨坪,并在此创建了井冈山革命根据地。

1928年4月,朱德、陈毅率南昌起义余部和湘南起义农军1万余人陆续转移到井冈山地区,同毛泽东领导的秋收起义部队在井冈山胜利会师。

朱毛会师后,将部队合编为中国工农红军第4军,朱德任军长,毛泽东

中国河湖的红色记忆
RED MEMORIES OF RIVERS AND LAKES IN CHINA

▲ 油画《井冈山会师》(作者：王式廓)

任党代表。1929年1月,毛泽东、朱德、陈毅等率红4军主力3600余人从井冈山出发,进击赣南。由于敌军重兵围追堵截,加以人生地不熟,红4军五战都失利。2月11日,红4军在瑞金大柏地麻子坳布下口袋阵,歼灭尾追的赣军刘士毅两个团,这是红4军主力下井冈山以来的第一次大胜仗,由此摆脱了被动局面,取得作战的主动权。1933年夏,毛泽东重经大柏地。面对昔日金戈铁马的战场,他触景生情,回忆往事,写下了《菩萨蛮·大柏地》:"赤橙黄绿青蓝紫,谁持彩练当空舞?雨后复斜阳,关山阵阵苍。当年鏖战急,弹洞前村壁。装点此关山,今朝更好看。"[7]

从1930年底至1931年9月,在毛泽东的领导下,工农红军粉碎了蒋介石对赣南、闽西根据地的三次反革命"围剿",赣南、闽西两个根据地连成一片,形成了中央革命根据地。1931年11月,在江西瑞金成立了中华苏维埃共和国临时中央政府,毛泽东当选为主席,颁布了《中华苏维埃共和国土地法》《中华苏维埃共和国劳动法》等法令。

面对着已成燎原之势的中央苏区,蒋介石如芒在背,再次调集重兵发起反革命"围剿"。第四次反"围剿"开始后,毛泽东被"左"倾错误路线领导人排挤出领导岗位,失去了对红军的指挥权。但周恩来继续采用毛泽东的游击战术,取得了第四次反"围剿"的胜利。然而由于博古、李德的错误指挥,第五次反"围剿"最终以失利告终。在根据地无法坚守的情况下,1934年10月,中央红军被迫撤离根据地,进行长征。

从1930年2月到1934年10月,在以瑞金为中心的中央苏区斗争中,赣南13个苏区县中有20万人牺牲,有名有姓的烈士就有10.8万余人。中国共产党人和根据地人民用热血、用生命谱就了苏区精神,这就是"坚定信念、求真务实、一心为民、清正廉洁、艰苦奋斗、争创一流、无私奉献"[8]。苏区精神是对井冈山精神的延续,其最突出的就是"执政为民"。在瑞金建立了崭新的国家型式和红色政权,共产党在局部执政过程中就已经体现了"执政为民"的精神。瑞金保存完好的革命旧址遗迹达180多处,其中有33处为全国重点文物保护单位。

在赣江上游风雨如磐的岁月里,毛泽东以无产阶级革命家的乐观豪迈精神,指点江山,激扬文字,创作了很多脍炙人口的诗词。如1930年2月在进攻吉安时吟成的《减字木兰花·广昌路上》:"漫天皆白,雪里行军情更迫。头上高山,风卷红旗过大关。 此行何处?赣江风雪迷漫处。命令昨颁,十万工农下吉安。"[9]

再如1930年9月创作的《蝶恋花·从汀州向长沙》:"六月天兵征腐恶,万丈长缨要把鲲鹏缚。赣水那边红一角,偏师借重黄公略。 百万工农齐踊跃,席卷江西直捣湘和鄂。国际悲歌歌一曲,狂飙为我从天落。"[10]

这种藐视一切困难的革命乐观主义精神,正是中国共产党绝境逢生、凤凰涅槃的重要法宝……

参考文献

[1] 吴慕林,熊丹玮. 石城,一个王朝在这里悄悄地终结[J]. 江西画报,2010(06).
[2] 赣江源. 石泉石美 三省通衢——石城[OL]. [2017-07-25]. https://www.sohu.com/a/159970137_233951.
[3] 毛泽东. 论联合政府[M]//毛泽东选集:第三卷. 北京:人民出版社,1991:1036.
[4] 南昌起义资料[M]. 北京:人民出版社. 1979:2.
[5] 马立强. 人民军队从这里出发[OL]. [2017-08-07]. http://dangshi.people.com.cn/n1/2017/0807/c85037-29454823.html.
[6] 习近平2017年8月1日在庆祝中国人民解放军建军90周年大会上的讲话[OL]. 2017-08-01. "学习强国":习近平文汇·论中国共产党历史(2017年).
[7] 公木. 毛泽东诗词鉴赏[M]. 吉林:长春出版社. 2018:62.
[8] 李红喜. 全面把握苏区精神的深刻内涵[OL]. [2020-07-15]. https://www.sohu.com/a/407702524_162758.
[9][10] 公木. 毛泽东诗词鉴赏[M]. 吉林:长春出版社. 2010:45,49.

斑竹一枝千滴泪,红军碧血染湘江
——湘江纪事

一

湘江,又名湘水,位于长江流域洞庭湖水系东面。其源头在广西兴安县高尚镇,路西以上有东、南两源。东源称白石河,源头位于都庞岭西侧海洋山近峰岭。南源称海洋河,源于都庞岭西侧海洋山龙门界。《水经注》载:"湘水出零陵始安县阳海山。"[1]以此为据,以南源海洋河为湘江主源。1985年,广西组织专家实地考察,南源海洋河长57.7公里,东源白石河长69公里,按"河源唯长"原则,东源白石河应为湘江主源。[2]湘江从全州出广西进入湖南,经永州、衡阳、株洲、湘潭、长沙等县市,于岳阳市湘阴县濠河口注入洞庭湖。湘江是湖南省最大的河流。干流全长844公里,流域面积9.4万平方公里。千百年来,湘江川流不息,滋润着两岸丰饶的田野,哺育着湘桂大地上勤劳勇敢的人民。

提起湘江,人们会想到"长太息以掩涕兮,哀民生之多艰"的屈原。这位大诗人忧国忧民,"信而见疑,忠而被谤",却遭到昏君放逐。得知郢都被秦军攻破,屈原悲愤至极,"知死不可让,原勿爱兮",留下绝命诗《怀沙》,抱石以投汨罗江(湘江下游支流),以死明志。屈原长期流放在沅水、湘水一带,其作品多有这一带风物、传说的描写。《九歌》中《湘君》《湘夫人》两篇所吟咏的湘君、湘夫人[3]即是楚国境内传说的"湘水之神"。

提起湘江,人们会想到那首脍炙人口的《浏阳河》。浏阳河是湘江下游的一条支流。上世纪50年代,土改中获得土地的翻身农民用歌声唱出心中的喜悦："……浏阳河,弯过了九道弯,五十里水路到湘江,江边有个湘潭县,出了个毛主席,领导人民得解放……"

提起湘江,人们会想到毛泽东那首《沁园春·长沙》："独立寒秋,湘江北去,橘子洲头。看万山红遍,层林尽染;漫江碧透,百舸争流。鹰击长空,鱼翔浅底,万类霜天竞自由。怅寥廓,问苍茫大地,谁主沉浮……"

词作于1925年秋,32岁的毛泽东将去广州主持农民运动讲习所,旧地重游,往事历历,极目楚天,"问苍茫大地,谁主沉浮"？而"自信人生二百年,会当水击三千里"的毛泽东,坚信"数风流人物,还看今朝",觉醒的劳苦大众才是夺取中国革命胜利的原动力。此后,湘江之畔,农民运动风起云涌。大革命失败后,毛泽东领导的秋收起义又在湘江之滨点燃中国革命的星星之火。

提起湘江,人们会想到红军长征途中的湘江之战。为了突破国民党重兵把守的湘江封锁线,英勇的工农红军苦战五昼夜,最终从全州、兴安之间强渡湘江,以血的代价,粉碎了蒋介石要把红军聚歼于湘江以东的图谋。

二

第四次反"围剿"之后,毛泽东遭到"左"倾教条主义错误的排斥,被解除对党和红军的领导权,取而代之的则是临时中央总负责人博古和共产国际派来的军事顾问李德。然而,博古、李德的军事冒险主义却导致红军第五次反"围剿"失利,1934年10月,中央红军被迫放弃根据地,踏上漫漫长征路。

长征开始后,党和红军依然处于博古、李德的"左"倾错误路线领导之下。但这时的博古、李德,已被严重的局面吓坏了,如同惊弓之鸟,把红军的战略转移变成了单纯的逃跑。他们不仅带上众多非战斗人员,而且要求把根据地的各种辎重物资、大小家什,大到印钞机、机床,小到簸箕板凳等各种"坛坛罐罐"全都打包带上,肩挑人抬,进行彻底的大搬家。光雇佣的挑夫就多达上千人。由于队伍行动迟缓,中央红军不但没有扭转不利局面,形势反而变得更加严峻。

1934年11月中旬,在突破国民党第三道封锁线后,中央红军由湖南南部向广西北部进发,准备前往湘鄂西,与红军第2、6军团会合,开辟新的根据地。11月25日，中央红军在道县渡过潇水，向湘江进发，准备从广西境内的全州与兴安之间渡过湘江。

此时，蒋介石已判明红军西进的意图，还较为准确地判断出红军将要渡过湘江的地点，立即布署"追剿"和堵截，企图把红军"歼灭于湘江、漓水以东地区"。蒋介石任命何健为"追剿"军总司令，指挥湘军和薛岳率领的中央军16个师77个团，分5路专事"追剿"；令陈济棠率粤军4个师沿粤湘桂边区对红军进行截击；令白崇禧率桂军5个师在桂北的全州、兴安、灌阳等地沿湘江堵击和侧击红军；令王家烈率黔军在湘黔边堵截。蒋介石投入的总兵力近30万人。

面对越来越严峻的形势，随队行动的毛泽东认为湘南地区党和群众基础比较好，有利于红军机动作战，提议乘国民党各路军队正在调动，"追剿"主力薛岳、周浑元两部尚未靠拢之时。组织力量进行反击，寻歼国民党军一部，以扭转战局，化被动为主动。红3军团军团长彭德怀也向中央提议："在灵活机动中抓住战机消灭敌军小股，迫使蒋军改变部署，阻击、牵制敌人"；"否则，将被迫经过湘桂边之西延山脉，同桂军作战，其后果是不利的。"[4]

执意西进的博古、李德断然拒绝了毛泽东、彭德怀的建议，消极避战，丧失了一次较好的战机。

其实，就在红军抢渡潇水之时，白崇禧就接到桂系派到蒋介石机要系统的王建平从上海发来的密报：政学系干将杨永泰提议蒋"一举除三害"，压迫红军进入广西东部和广东西南部，两广兵力不足以应付，中央军乘机跟进，消灭红军的同时，也解决桂系与粤系问题。蒋介石已采纳其建议。为了防止红军主力进入广西攻取桂林，更怕在与红军激战中伤及元气，使中央军有机可乘，白崇禧向蒋介石请求，准许在湘江正面堵截红军的桂军南撤，确保广西腹地，将空出的全州至兴安段60公里的江防交给湘军填补。蒋介石于11月22日下午复电白崇禧，同意桂军南撤，并令何健派湘军接防全州至兴安的湘江防线。

白崇禧没等到湘军接防，即令桂军连夜南撤。而湘军在接到蒋介石的命令后，也并没有立即南下接防，而是一拖再拖。直到11月27日，湘军才进入全州城，但进入全州后又停止南下。在此期间，全州至兴安段的湘江门户洞开长达6天之久。

直到11月25日,红军才获悉这一重要情报。当日下午17时,中共中央、中革军委下达了从全州至兴安间强渡湘江,突破国民党军第四道封锁线的作战命令。

此时如果中央红军能够全速前进,依然可以抢在国民党军完成布防之前渡过湘江。然而,此时的中央红军依然拖着"大搬家"的沉重包袱,在湘南桂北的崇山峻岭间艰难前行,非战斗人员占到行军人数的一半以上,首尾相接长达160里,一天只能走20到30里。

在拖沓的行军队伍中,博古、李德让中央机关居中,红军两个军团在左翼,两个军团在右,一个军团殿后,被称为"抬轿子"式转移,"甬道式"行军。本来机动灵活的红军变成了掩护队,严重削弱了战斗力。

11月26日,中央红军各部队按照中革军委的命令进入广西境内,占领灌阳后继续向湘江挺进。27日,红1军团先头部队趁敌军防守空虚,顺利渡过湘江,并在江上架起浮桥等待大部队渡江。28日,红3军团也顺利渡过湘江。当日,得知桂军为红军让道,蒋介石大为震怒,痛斥桂军放弃职守,严令湘军加速布防。

29日,湘军已经控制了全州。为阻击全州湘军南下,红1军团第2师在全州南面的脚山(觉山)铺构筑阵地进行阻击。红3军团第4师在兴安以北的光华铺占领阵地,阻击兴安县城的桂军北上。红5师则在湘江东岸的新圩占领阵地,阻止灌阳的桂军北上截击红军。

此时,全州至兴安间的湘江渡口均被红军所控制,且通往湘江的通道也在红军控制之下。但红8、红9军团尚在200多里外,中央纵队距湘江渡口也有160多里,如果轻装疾行,还可以迅速过江。然而博古、李德仍不肯抛弃从苏区带出来的笨重家当,在路上足足耗去四天宝贵时间。

国民党军在蒋介石的严厉命令下,全力开进、集结,加速布防湘江。湘军在占领全州后继续向南攻击,力图封闭湘江渡口;桂军则从兴安北上,与南下的湘军南北夹击湘江沿岸的红军;另一路桂军从灌阳向新圩进攻,开始截击红军;追击红军的国民党军队在占领道县后继续向红军后卫部队发起猛烈进攻。一直消极避战的粤军见有机可趁,也组织了几个师赶往战场。一场恶战就要在湘江两岸展开,红军将不得不与优势之敌进行殊死决战。

三

　　1934年11月28日天刚亮，黑压压的桂军就在密集炮火掩护下，向红3军团第5师新圩阵地发起一轮又一轮的猛烈进攻。红5师将士坚决执行中革军委"不惜一切代价，坚守二天至四天"的命令，与有"恶狼"之称的桂军激战三昼夜，寸土不让，誓与阵地共存亡。直到30日下午4时，接到中央纵队已渡过湘江的电报后，红5师才开始撤离阵地。新圩阻击战，红5师损失惨重，全师3 000余人，伤亡达2 000多人，师参谋长胡震牺牲；14团团长牺牲、政委负伤；15团团长、政委负伤，两个营长牺牲。其他营连干部大都非死即伤。

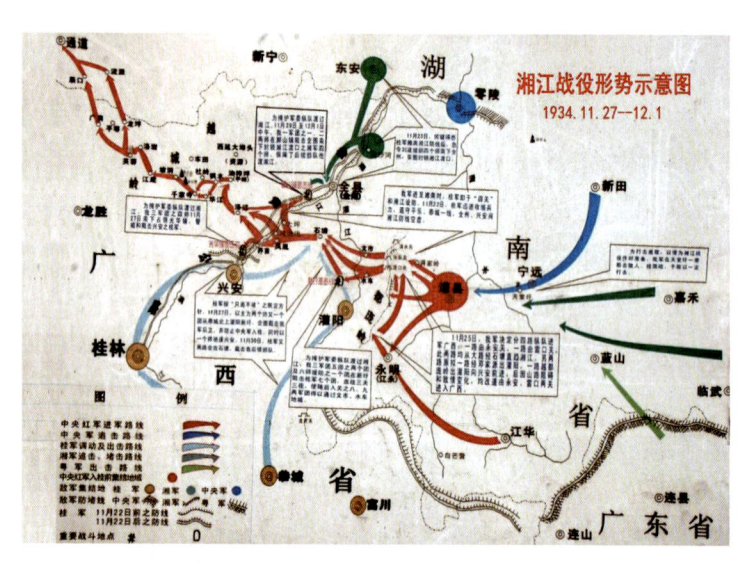

▲ 湘江战役形势示意图

　　新圩阻击战结束后，因伤员难以迅速转移，红5师将100多名重伤员托付给了当地村民照看。红军转移后，这些伤员不幸落入地主民团手中。这些反革命分子残忍地剥光红军战士的衣服，再用棕绳加石头捆绑，抬到当地一口叫做酒海的井边，将他们全部推入井中杀害。

　　29日晚，从兴安北上的桂军与红军在光华铺交上了火。光华铺离军委纵队渡江点最近，得失直接关系到中革军委的安全与否。桂军两次进攻到离彭德怀指挥所不足100米之处。红3军团政委杨尚昆多次劝彭德怀转移,却遭彭德怀拒绝,他说在此指挥有利于作战,更有利于掩护中革军委过江。为了确保渡口安全,担任阻击任务的红10团的官兵们在工事简陋、无险可守、弹药打光的情况下,与敌人进行惨烈的"拉锯战"。打到最后又展开贴身肉搏战。全团损失近半,两任团长牺牲。此次战斗中,红军虽然伤亡2 100多人,却成功把桂军阻止在光华铺之外。战至12月1日,中共中央和中央红军大部渡过了湘江,他们才撤出战斗。

脚山(觉山)铺之战是湘江战役中规模最大的一次阻击战。林彪、聂荣臻指挥红1军团倾力与从全州南下的湘军4个多师展开激战。战斗从29日晨打响,国民党军分四路向红军阵地发起进攻。30日,急行军100多公里的红1师两个团也赶来投入战斗。战斗异常激烈,敌军先用飞机对红军阵地进行扫射轰炸,后以密集的炮火进行攻击。硝烟未散,敌军就向红军发起猛烈进攻。阵地几易其手,几度白刃战。敌军一度打到林彪指挥所前面几十米的地方。葱绿的山冈被炮火炸成了松软的焦土。脚山铺阻击战历时三昼夜,是湘江战役中敌我双方投入兵力最多、伤亡最惨重的一场血战。红5团政委易荡平牺牲,红4团政委杨成武重伤。有姓名的阵亡红军达2 000余人,还有大量无法查找姓名的红军烈士。红1军团以巨大的牺牲确保了脚山铺以南三个渡口的安全,为中央红军抢渡湘江筑起了一条生命通道,直到12月1日中午接到军委命令后才撤出战斗。

12月1日,湘军完成对湘江所有渡口的占领。而红5军团、红8军团、红9军团则被阻断在湘江东岸,形势十分危急。是日凌晨,中共中央、中革军委、红军总政治部向红1、红3军团下达命令:"……不顾一切牺牲,……保证我野战军全部突过封锁线……"[5]

历史将永远记住1934年12月1日这一天。

"晨雾尚未完全消散,枪炮声、喊杀声响彻湘江两岸。在江岸阵地上,各路国民党军犹如输红眼的赌徒,不惜血本,倾全力展开集团冲锋。红军将士高喊着'为了苏维埃共和国'的口号,挥舞着大刀,扑向蜂拥而至的敌群。打下去,冲上来;冲上来,打下去,毫无休止的拉锯,绞成一团的肉搏。"[6]在湘江渡口,敌机不断地俯冲、轰炸、扫射……红军冒着密集的轰炸,不顾一切地涌上渡口,冲上浮桥。红军战士一批批地倒下,又一批批地冲了上去……遮天蔽日的战云让天空也变得昏黄,每一寸土地都浸泡在鲜血中。奔腾的江水中漂浮着红军的遗体,湘江变成了一条鲜红的血水、血江……"英雄血染湘江渡,江底尽埋英烈骨。三年不饮湘江水,十年不食湘江鱼"[7]就是湘江之战的真实写照。

▲《血战湘江》电影剧照(八一电影制片厂 2017 年出品)

2016 年 10 月,电视剧《绝命后卫师》在中央电视台播出,引起极大轰动。剧中的后卫师就是指在湘江战役中担任阻击任务的红五军团第 34 师。

长征以来,红 34 师作为后卫师,担任全军的断后任务,掩护中共中央和中革军委两大纵队行军突围[8]。11 月 26 日,红 5 军团军团长董振堂和参谋长刘伯承召集 34 师师团干部布置任务,刘伯承拿出一份军委电报宣布:"红 34 师目前的任务是,坚决阻击尾追之敌,掩护红 8 军团通过苏江、泡江,尔后为全军后卫,万一被敌截断,返回湘南发展游击战争。"[9]从 11 月 27 日起,红 34 师奉命扼守在灌阳文市、水车一带阻击敌人。师长陈树湘率领全师官兵死守阵地,与十几倍于己的敌人激战了 4 天 4 夜,全师由 5 000 多人锐减至不足千人,成功阻击了敌军的疯狂尾追和侧击,为掩护中央纵队及主力红军过江起了重要作用。

红军主力渡过湘江后,在湘江西岸担任掩护的红军撤出阵地,通往湘江的道路被敌人全部切断,滞留在湘江东岸的红 34 师陷入了绝境,数次强渡,都告失利。

12 月 3 日,红 34 师在全州文塘遭敌军伏击堵截,师政委程翠林等将士牺牲。时任红 34 师第 100 团团长韩伟在回忆文章中写道:"部队走投无路,被迫东返,在龙塘、新圩又与敌进行激战再次遭到伤亡……"[10]于是,陈树湘"召集师、团干部,宣布了两个决定:第一,寻找敌人兵力薄弱的地方突围出去,到湘南发展游击战争;第二,万一突围不成,誓为苏维埃新中国流尽最后一滴血"[11]。会后,陈树湘率余部向湘南突围。

担任掩护任务的是第100团官兵,韩伟回忆道:"全团仅剩下30来个人,并且和师的余部失散了,为了保存革命的种子,我宣布立即分散潜入群众之中,尔后设法找党组织,找部队。"[12]之后,韩伟等6人在弹尽粮绝、走投无路的情况下跳崖,3人得以幸存。

12月7日,陈树湘率部进入湘南,此时部队仅剩200余人。在江华,遭江华县保安团伏击,陈树湘不幸腹部中弹负伤。他用皮带压住伤口,躺在担架上指挥战士向道县退却。突围至驷马桥时,又遭道县反动武装袭击。陈树湘带伤与敌激战,最终弹尽被俘。在被押往道县保安司令部的途中,陈树湘乘敌不备,强忍剧痛从伤口处扯出肠子用力绞断,壮烈牺牲,实现了为苏维埃新中国流尽最后一滴血的誓言。牺牲时年仅29岁[13]。

湘江之战,是红军长征以来打得最为艰苦、损失最为惨重的一仗。中央红军由出发时的8.6万人锐减到3万人。红军将士与数十万国民党军血战5昼夜,最终突破湘江封锁线,跳出了敌人的包围圈。英勇的工农红军以崇高的集体主义、大局意识、大无畏的牺牲精神和对理想信仰的坚定执着,谱写了一曲惊天地、泣鬼神的英雄赞歌,值得人们永远铭记。

湘江之战以惨痛的教训宣告了"左"倾军事路线的破产。左倾错误路线领导人不顾中国革命的客观实际、纸上谈兵、盲目指挥,几乎葬送了中国共产党,葬送了工农红军和中国革命。"广大干部跟着反五次'围剿'以来,迭次失利,现在又几乎濒于绝境,与反四次'围剿'以前的情况对比之下,逐渐觉悟到这是排斥了以毛泽东同志为代表的正确路线,贯彻执行了错误路线所致,部队中明显增长了怀疑、不满和积极要求改变领导的情绪,这种情绪,随着我军失利日益显著,湘江战役达到了顶点。"[14]越来越多的红军指战员勇敢地站出来与博古、李德的错误路线作斗争。这为后来遵义会议上重新确立毛泽东在党和红军的领导地位打下了坚实的基础。

参考文献

[1][北魏]郦道元.水经注校证:第38卷[M].陈桥驿,校证.北京:中华书局,2013:849.

[2] 中国河湖大典编纂委员会.中国河湖大典·长江卷[M]:(上).北京:中国水利水电出版社,2010:418.

[3] 湘君、湘夫人:传说中唐尧的两个女儿,即娥皇、女英。同嫁虞舜为妃。后舜出巡在外,死于苍梧。她们姊妹二人赶至江、湘一带,吊祭舜帝。她们哭舜的眼泪,染竹成斑,故称"潇湘竹""湘妃竹""斑竹""湘竹""泪竹"等。

[4] 彭德怀.彭德怀自述[M].北京:人民出版社,1981:193.

[5][6] 曲爱国,张从田.长征记[OL].[2016-08-08].http://dangshi.people.com.cn/n1/2016/0804/c406330-28612048.html.

[7] 国家记忆.铁血湘江之生死抢渡[Z].CCTV-4,2019-12-18.

[8] 杨岚,徐海瑞.湘江战役激战一周:鲜血染红碧水[OL].[2016-10-20].http://history.people.com.cn/n1/2016/1020/c372327-28794835.html.

[9][11][12] 韩伟.红三十四师浴血奋战湘江之侧[M]//中国工农红军长征史料丛书·回忆史料(1).北京:解放军出版社,2016:167,168.

[10][13] 刘佳华,董丝雨.记者再走长征路:功勋长存"后卫师"[OL].[2019-07-06].http://www.chinanews.com/gn/2019/07-06/8885761.shtml.

[14] 刘伯承.回顾长征[M]//星火燎原:第三集.北京:1997:4.

战士双脚走天下,四渡赤水出奇兵
——赤水河纪事

赤水河,一条颇为神秘的河流,"每遭雨涨,水色浑赤,河以之名也"。1935年初,红旗漫卷赤水河,遵义会议上东山再起的毛泽东,指挥濒临绝境的中央红军,四渡赤水,来回穿插,把几十万国民党大军打得人仰马翻、晕头转向,红军转危为安,创造了中外战争史上的奇迹,被誉为"天马行空,是天才的神来之笔"[1]。

一

赤水河,曾有大涉水、安乐水、赤虺水等古称,发源于云南省昭通市镇雄县赤水源镇银厂村,是长江上游南岸的较大支流。流经云南、四川、贵州三省,至四川省合江县汇入长江。全长444.5公里(也有说524公里[2]、436.5公里[3]),流域面积2.04万平方公里。

赤水河大部分河段位于崇山峻岭之中,是目前唯一一条没有被污染的长江支流,上游清澈见底,流经赤水市大同镇后,从夏季进入汛期直到重阳节前后,河水变成血红色。相传古代有条毒龙经常在河中兴风作浪,后来被一位当地的勇士杀死,龙血染红了河水而得名。实际上是赤水河从丹霞地貌区域流过,汛期雨水把大量的红色砂页岩颗粒冲入河道,河水被染成了红色。但重阳节后到第二年夏季汛期前,因降雨量减少,赤水河又变得跟上游一样水青如蓝。

千百年来,赤水河就这样由青变红、由红转青。当地人知道,赤水河变得赤红时,意味着夏天高温季节到来

中国河湖的
红色记忆
RED MEMORIES OF RIVERS AND LAKES IN CHINA

了,当地大大小小的酿酒作坊里便开始新一轮的酿酒制曲,赤水河两岸又要飘荡起浓郁的酒香。据说早在西汉年间,赤水河畔的百姓就酿造出赤水枸酱酒,公元前135年,汉武帝品尝后以"甘美之"而大加褒奖。赤水河因其独特的地理环境和水文气候特征,云集了我国著名的白酒,如茅台、习酒、董酒、郎酒、怀酒等数十种美酒。不出百里必有好酒,赤水河因而成为我国最著名的"美酒河"。赤水河在仁怀县境内的河段则被称之为茅台河(茅台镇隶属仁怀县)。

赤水河还有一个美名叫"英雄河",则是因红军长征四渡赤水、出奇制胜而得名。

二

经过惨烈的湘江之战,中央红军已由长征出发时的 8.6 万人锐减到 3 万人。战场的惨败,也使得红军指战员对"左"倾错误路线领导人的不满达到极点。可是博古、李德仍然坚持要把红军带往湘西,同那里的红二、六军团会合。这实际上是一条死路。危急时刻,毛泽东全力主张红军当向敌人力量薄弱的贵州前进,以摆脱敌人。他的主张得到中革军委大多数同志的支持。1935年1月初,中央红军由南向北分三路突破乌江天险,1月7日,红军一举攻克黔北重镇遵义。1月15日至17日,中共中央政治局在遵义召开了著名的遵义会议。

遵义会议结束了王明"左"倾冒险主义领导人博古、李德在军事上和组织上的错误,实际上确立了毛泽东在党和红军中的领导地位。占领遵义后,红军本打算在此建立川黔边根据地。但为阻止中央红军北进四川或东入湖南湘西与红二、六军团会合,蒋介石调集其嫡系薛岳兵团和黔军全部、滇军主力、四川、湖南、广西的军队各一部,共150余个团40万兵力,从四面八方向遵义进逼。为摆脱险境,中共中央和中革军委决定放弃建立川黔根据地的设想。从遵义北上,在四川省宜宾、泸州间北渡长江。进至川西北,与活动在川、陕革命根据地的红四方面军会合,争取赤化四川,建立川西或川西北革命根据地。如渡江不成,则暂时留在川南活动,并寻机从宜宾上游北渡金沙江。

1月19日,中央红军分三路从遵义、桐梓、松坎地区出发北上。1月24日,北上的红军在赤水河东岸击败黔军,攻占了习水县的土城。1月27日,毛泽东通过情报获悉川军郭勋祺部4个团计6 000多人正奔土城而来,便与朱德、周恩来、刘伯承商议,拟集中优势兵力,全歼来犯之敌,为红军北渡长江创造有利条件。1月28日凌晨,土城战斗打响,激战数小时后,川军毫无退怯之意,其后续兵力还不断开来加入激战。战斗呈胶着状态。这时从抓获的俘虏番号中发现,原来情报有误。

据当年在军委总部任作战参谋的孔石泉回忆:"我们在土城那一仗没有打好,因为对敌人估计不足。敌人的发报我们收到了,但把'旅'翻译成了'团',因此估计敌人是两个团的兵力。如果知道是旅就不会打的。"[4]

战斗持续到黄昏,虽然红军击溃敌军一部,但"敌人并不是不堪一击的黔军,而是驻守宜宾的川军总司令刘湘手下的精锐部队,前线指挥官是外号'熊猫'的郭勋祺。……不仅如此,激战当中,又出现了更多的川军,总数增至八个团,至少一万人,而且训练有素,纪律严明,指挥有方。……红军遇上了长征中最关键的一次战斗。"[5]。为了化被动为主动,毛泽东立即与周恩来、张闻天等主要领导人召开紧急会议。

土城之战是遵义会议后毛泽东指挥的第一仗,可谓出师不利。博古当时就说:看起来,狭隘经验论者指挥也不成。

在会上，毛泽东认为，土城之战不能再打了，一是地形不利，河流太多，二是敌人援军快要赶到，三是这一仗再打下去，就是一个消耗仗，会使我军损失很大。"原定由赤水北上过长江的计划，已不可能实现了。为了打乱敌人的尾击计划，变被动为主动，不应与川敌恋战，我军应甩掉笨重的包袱，改为轻装，迅速向川南转移，视机再实行北渡长江的计划。"[6]毛泽东的果断决策，得到与会人员的一致赞同。

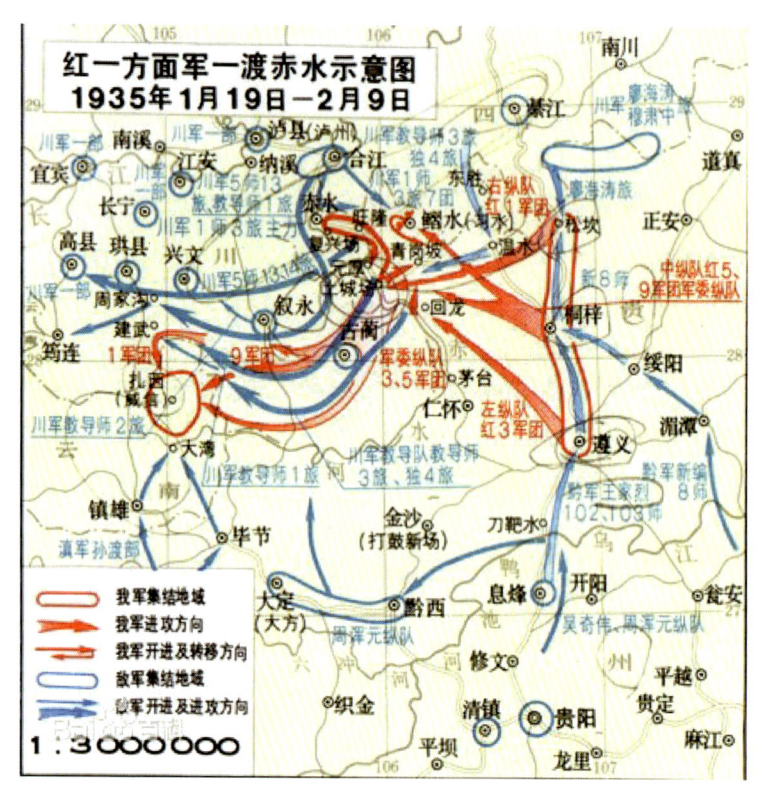

▲ 一渡赤水示意图（1935年1月19日—2月9日）

1935年1月29日拂晓，中央红军3万余人按照毛泽东的决定，把大炮等笨重物资全部沉入赤水河中，部队进行了轻装，分三路纵队从土城上下渡口、猿猴场（元厚）等处，利用从群众中征集来的架桥物资和船只，西渡赤水河，向川南古蔺、叙永进军。这是一渡赤水。

蒋介石发现红军西渡赤水后，迅速调整部署，他预计红军将从古蔺县境内北渡长江，命令川军全力加强长江防备，这时，国民党各"追剿"部队也正向川南步步逼近。2月2日，红军进攻叙永不克，继续西进时又遭川军截击。毛泽东认为如果坚持北渡长江,不仅难以成功,而且很可能重蹈湘江之战的覆辙,便果断放弃北渡长江的计划,决定"以川、滇、黔边境为发展地区"[7],并令各军团迅速摆脱敌人,改向敌人力量薄弱的云南扎西(今威信)前进。

2月8日,毛泽东随中央纵队进驻扎西镇,出席在此举行的中央政治局扩大会议。毛泽东在会上总结了土城战斗失利的三条教训:"第一,敌情没有摸准,原以为是3个团,实际是6个团,而且还有后续部队,越打越多;第二,轻敌,对刘湘部队的战斗力估计太低了;第三,分散了兵力,不该让一军团北上。我们要吸取这一教训,今后力戒之!"[8]时任红军总部一局参谋的吕黎平在回忆文章里还写到:"毛泽东同志又说,这一仗,由于及时渡过了赤水河,摆脱了尾追之敌,改变了被动局面,红军果断地改为轻装,甩掉笨重包袱,行动更自由了,更能打运动战、游击战了。从这一点来说,又为胜利创造了条件。"[9]

毛泽东在会上还提出回师东进,再渡赤水,重占遵义的主张。理由是,应该利用敌人的错觉,寻找有利战机,集中优势兵力,再发扬红军运动战的特长,主动消灭敌人,"敌变我变,高度机动。"[10]为此必须整编部队,实行轻装,精简机构,充实连队。

蒋介石得知红军在扎西集结,便判断红军仍将伺机北渡长江。于是,除了继续加强长江防守的兵力,蒋介石又急调重兵向扎西推进。为了迅速摆脱敌人,毛泽东果断决定,立即离开扎西,回师东进,跳出国民党军的包围圈,到兵力薄弱的黔北地区寻机歼灭敌人。中央发布《告全体红色指战员书》,指出:"红军必须经常地转移作战地区,有时向东,有时向西,有时走大路,有时走小路,有时走老路,有时走新路,而唯一的目的是为了有利条件下求得作战的胜利。"

1935年2月11日,中央红军分三路从扎西挥师东进,经营盘山、摩泥、回龙场,18日至21日,分别从古蔺县太平渡、二郎滩、九溪口三个渡口东渡赤水河,向黔北的桐梓地区急速前进。这是二渡赤水。

发现红军回师黔北,蒋介石急忙调集川军3个旅由扎西掉头向东追击红军,同时令黔军从遵义向娄山关、桐梓增援。中革军委命令红五军团第37团携电台一部,以运动防御吸引敌人向东跟进。红军主力则直取桐梓县城。2月24日,红一、红三军团会攻桐梓,不到两个小时,敌人弃城而逃。此时,红37团已将敌军3个旅牵制了六天之久。

中国河湖的
红色记忆
RED MEMORIES OF RIVERS AND LAKES IN CHINA

▲ 二渡赤水示意图(1935年2月11日—3月1日)

娄山关,地势险要,素有"黔北门户""遵义屏障"之称,是桐梓通往遵义的必经之路,黔军1个旅又1个团驻守于此。

1935年2月25日,红三军团长彭德怀接到了中革军委"消灭娄山关黔敌夺取遵义"的命令,即率整编后四个团的兵力投入战斗。彭德怀在侦察敌情后决定,由左翼部队迂回到娄山关之敌的侧右背,主力则可夺取能够俯瞰娄山关的点金山。红军战士在老乡的带路下,在薄暮微雨中,拉着藤葛和树枝,一步一步向山顶攀登。就在他们登上山顶不久,发现十几个敌人从山的另一边也在往山顶爬,他们火速向敌群扔了几枚手榴弹,把敌人压了下去。接着,红军突击队乘胜追击接连打下了几个山头,巩固了阵地。经过25日、26日的激战和反复争夺,最终在红军"正面攻击、两翼包抄"的沉重打击下,黔军兵败如山倒,仓皇南逃,红军攻占娄山关。此战共歼敌4个团。

毛泽东随中央纵队登上娄山关,极目四望,感慨良多,过后吟成《忆秦娥·娄山关》:"西风烈,长空雁叫霜晨月。霜晨月,马蹄声碎,喇叭声咽。雄关漫道真如铁,而今迈步从头越。从头越,苍山如海,残阳如血。"毛泽东说："词是后来追写的,那天走了一百多华里,指挥作战,哪有时间和精力去哼词呢?……'苍山如海,残阳如血'两句,据作者说,是在战争中积累了多年的景物观察,一到娄山关这种战争胜利和自然景物的突然遇合,就造成了作者自以为颇为成功的这两句话。"[11]

娄山关大捷后,毛泽东判断遵义城防守空虚,决定趁敌惊惶失措时再占遵义。2月28日,红军不顾疲劳,奋力攻城,敌军经不住红军猛烈进攻,弃城而逃。此时,国民党军第93师、第59师正向遵义快速推进。毛泽东当机立断,在遵义城西南的老鸦山、红花岗一带设伏。敌军进入包围圈后,便遭到红军有力的阻击和迂回包抄打击,很快溃不成军,2个师大部被歼。

从2月11日过后的18天中,中央红军横扫1 100余里,击溃和歼敌2个师又8个团,毙伤敌2 400余人,俘敌3 000余人,活捉敌团长1人,击伤敌旅长、团长3人,同时缴获大量军用物资,取得了红军长征以来的最大胜利。一扫之前笼罩全军的沉闷空气,自信重新回到红军指战员的心中。

蒋介石急令各路"追剿"大军齐头并进,企图围歼红军于遵义一隅。不等敌军兵临城下,中央红军就撤出遵义向西开进。3月10日,中央政治局在苟坝召开扩大会议,讨论林彪、聂荣臻提出的进攻打鼓新场(现金沙县)的建议,毛泽东坚决反对进攻打鼓新场,其他人则一致赞成要打。

据周恩来回忆:"从遵义一出发,遇到敌人一个师守在打鼓新场那个地方,大家开会都说要打,硬要去攻那个堡垒。只有毛主席一个人说不能打,打又是啃硬的,损失了更不应该,我们应该在运动战中去消灭敌人嘛。但别人一致通过要打,毛主席那样高的威信还是不听,他也只好服从。但主席回去一想,还是不放心,觉得这样不对,半夜里提马灯又到我那里来,叫我把命令暂时晚一点发,还是想一想。我接受了毛主席的意见,一早再开会议,把大家说服了。"[12]中革军委随即下达了《我军不进攻新场的指令》,从而使红军再次避免全军覆灭的危险。

通过此事,毛泽东意识到,战场态势瞬息多变,作战不能再像过去那样召开多人会议来集体讨论,他向周恩来提出,应当成立中央新三人团,代表政治局全权指挥军事。在3月12日的政治局扩大会议上,决定成立中共中央政治局最高军事指挥机构,由毛泽东、周恩来、王稼祥组成三人团,以周恩来为团长,从而完成了遵义会议改变党中央最高军事领导机构的任务,进一步确立和巩固了毛泽东在党中央和红军中的领导地位。也为后续的三渡赤水、四渡赤水打下了基础。在毛泽东的指挥下,红军再次展现出了运动战的特长,忽东忽西,迂回曲折,穿插于敌军重兵之间,使蒋介石无从搞清红军的战略意图,只得分散兵力,四下防堵。

3月15日,中央红军向驻守鲁班新场的3个师8个团的敌军发起进攻,激战到当晚20时,仍没有解决战斗。毛泽东果断决定撤出战斗。这一仗主动权始终掌握在红军手中,想打就打,想撤就撤,行动自如。

毛泽东决定利用这个机会跳出国民党军队的包围圈。3月16日,红军进占赤水河东岸的茅台镇,3月16日下午至17日中午,分别从茅台镇附近的朱砂堡、羊山坳、银滩三个渡口第三次渡过赤水河。渡河后毛泽东即命红一军团一个团伪装成主力继续向西北挺进,造成北渡长江的架势,而主力则在附近的山沟丛林里隐蔽集结。

▲ 三渡赤水示意图(1935年3月2日—3月19日)

得到红军再入川南的情报,蒋介石以为红军又要北渡长江。于是,急令国民党中央军、川滇黔军立即向川南古蔺地区奔集。3月20日晚,蒋介石给各部队下令,加快推进,要把红军聚歼于川南狭小地区,他不无得意地宣称:"剿匪成功,在此一举。"

就在蒋介石指挥国民党各路大军蜂拥进入川南之际,红军主力却突然折向东北。毛泽东果断决定四渡赤水。与大张旗鼓的三渡赤水不同,此次渡河极为保密,党中央和总政治部向各军团发出指示:"这次东渡,事前不得下达,以保秘密。"3月21日晚至22日,中央红军从国民党各路部队的缝隙中神速隐蔽地穿过,从太平渡、二郎滩、九溪口等渡口渡过赤水河,再入黔北,并急速南下,把几十万国民党军队远远地甩在川南。

再次进入黔北的红军,做出要进攻遵义的态势。26日,红军进入遵义附近,引诱黔北的国民党军北上驰援遵义。而红军主力却急速东向,并于28日突破国民党军的封锁线。31日南渡乌江。4月2日,红军主力前锋直逼防守空虚的贵阳。时任红军总参谋长的刘伯承回忆道:"这时候,蒋介石正亲自在贵阳督战,慌忙调云南军阀部队来'保驾',又令薛岳和湖南部队东往余庆、石阡等地布防,防止我军东进与二、六军团会师。在部署这次行动时,毛主席就曾说:'只要能将滇军调出来,就是胜利。'果然,敌人完全按照毛主席的指挥行动了。于是,我军以一军团包围贵阳东南的龙里,虚张声势,迷惑敌人。其余主力穿过湘黔公路,直插云南,与驰援贵阳的滇军背道而行。这次,毛主席又成功地运用了声东击西的灵活战术,'示形'于贵阳之东,造成敌人的过失,我军得以争取时机突然西去。

一过公路,甩开了敌人,部队就像插上了翅膀,放开大步,一天就走一百二十里。途中,连克定番(今惠水)、广顺、兴义等县城,并渡过了北盘江。四月下旬,我军分三路进军云南:一路就是留在乌江北牵制敌人的别动支队九军团,他们打败了敌人五个团的围追,入滇时,占领宣威,后来经过会泽,渡金沙江;另两路是红军主力,攻克沾益、马龙、寻甸、嵩明等地,直逼昆明。这时,滇军主力全部东调,云南后方空虚,我军入滇,吓得龙云胆颤心惊,忙将各地民团集中昆明守城,我军却虚晃一枪,即向西北方向金沙江边挺进。"[13]中央红军于5月3日到9日在皎平、洪门、龙街三个渡口抢渡金沙江,从容北上,一举摆脱数十万国民党军队的围追堵截。

三

5月12日在会理召开的中央政治局扩大会议上,周恩来、朱德等发言,称赞毛泽东在危急的情况下,采取兜大圈子、机动作战的方针,四渡赤水,佯

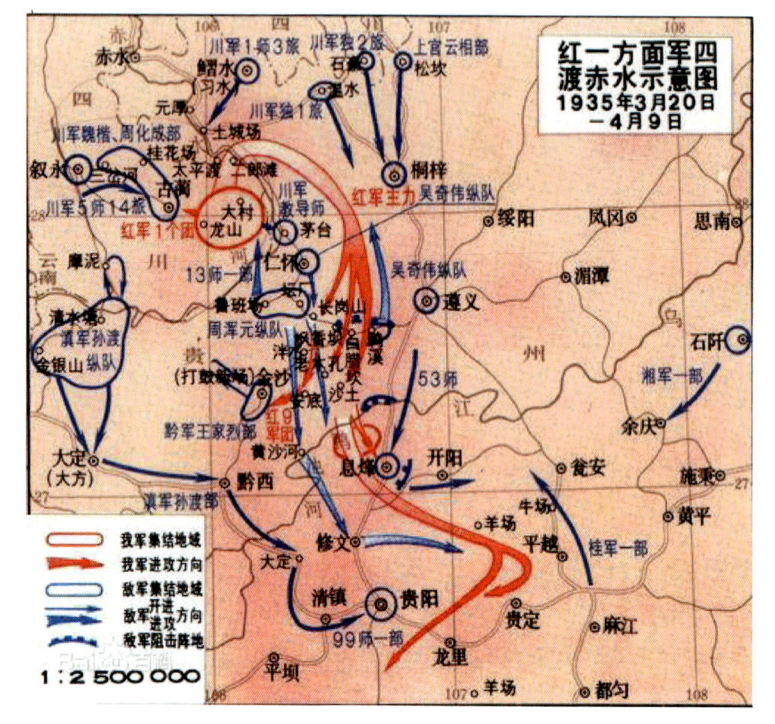

▲ 四渡赤水示意图(1935年3月20日—4月9日)

攻贵阳,威逼昆明,北渡金沙江,才摆脱敌人重兵包围。

四渡赤水,是中央红军由被动转为主动、从挫折走向胜利的重大转折,共进行了大小40余次战斗,歼敌1.8万余人,俘敌3 600余人,击落敌机一架,缴获大量军用物资,一改红军长征以来被动挨打的局面,取得了战略转移主动权。

1960年5月,英国陆军元帅蒙哥马利在访问中国时,"盛赞毛泽东指挥的辽沈、淮海、平津三大战役,可以与世界历史上任何伟大的战役相媲美。毛泽东却说:'四渡赤水才是我的得意之笔。'"[14]四渡赤水的成功,是毛泽东灵活机动的军事思想的伟大胜利,也是以毛泽东为代表的中国共产党人把马克思列宁主义普通原理同中国革命具体实践相结合的成功典范。

今天,在当年四渡赤水的渡口之一的贵州省习水县土城镇,建起了占地面积达7 000平方米的四渡赤水纪念馆,陈列着大量的文物和史料,向人们展示80多年前那一段精彩而又惊心动魄的战斗历程。

参考文献

[1][5] [美]哈里森·索尔兹伯里.长征:前所未闻的故事[M].朱晓宇,译.北京:北京联全出版公司,2015:199,173.

[2] 贵州省赤水市地方志编纂委员会.赤水市志[M].1986—2006.北京:方志出版社,2012:52-53.

[3] 贵州省赤水市地方志编纂委员会.河流山川[OL].[2016-03-24].http://www.xsx.gov.cn/search.html?keyword=%E6%B2%B3%E6%B5%81%E5%B1%B1%E5%B7%9D.

[4] 褚银,章世森.一字之差,成就毛泽东的"得意之笔"[OL].《中国共产党新闻》党史频道,2013-12-18.

[6][8][9] 吕黎平.忆一渡赤水之战[M]//中国工农红军长征史料丛书:回忆史料(2).北京:解放军出版社,2016:59-61.

[7] 袁正纲.1935年2月7日,中共中央决定向川滇黔边境发展[OL].https://www.sdcs1935.com/si-du-chi-shui-zhan shi/show-627.html.

[10] 曲爱国,张从田.长征记第八章 四渡赤水(上)[OL].[2016-08-16].http://dangshi.people.com.cn/n1/2016/0814/c406330-28634764.html.

[11] 毛泽东.《忆秦娥·娄山关》的写作背景[M]//毛泽东文集:第八卷.北京:人民出版社,1999:315-316.

[12] 周恩来.党的历史教训[M]//遵义会议文献.北京:人民出版社,1985:69.

[13] 刘伯承.回顾长征[M]//星火燎原:第三集.北京:解放军出版社,1980:6-7.

[14] 徐飞,杨茹,娄思佳.毛泽东为什么称四渡赤水是他的"得意之笔"?[OL].[2016-08-12].http://dangshi.people.com.cn/n1/2016/0812/c85037-28632094.html?from=groupmessage

洪湖水,浪打浪;赤卫队,威名扬
——洪湖纪事

洪湖水,浪打浪,洪湖岸边是家乡。清早船儿去撒网,晚上回来鱼满舱。

四处野鸭和菱藕,秋收满畈稻谷香,人人都说天堂美,怎比我洪湖鱼米乡。

洪湖水,长又长,太阳一出闪金光。共产党的恩情比那东海深,渔民的光景一年更比一年强。

一曲《洪湖水浪打浪》,不仅让洪湖赤卫队声名远扬,更让人们记住了这个碧水连天、莲花斗艳的美丽湖泊——洪湖。

一

洪湖是中国第七大淡水湖,也是湖北省最大的淡水湖。它位于湖北省南部洪湖市、监利县之间,长江与东荆河间的洼地中。洪湖湖面面积约为 344 平方公里,湖岸平直,湖底平坦,因生态系统保存较好被列为国家级自然保护区。[1]

洪湖是古云梦泽分化解体后的残留湖之一。大约在公元前 2 000 多年,一次次长江泛滥带来大量泥沙,将云梦泽区抬高,低洼处便形成了一连串的湖泊,其中最著名的是"周三四百里,渺若沧海,洪潭巨浪,萦连江沔"(《水经·沔水注》)的马骨湖。

到了唐代,随着泥沙淤积,马骨湖湖面逐渐缩小,"夏秋泛涨,淼漫若海;春冬水涸,即为平地,周回一十五里"(《元和志》)。

▲ 图片来源：百度百科

北宋时，马骨湖变成了由50多个小湖泊组成的沼泽洼地，"北民纷纷南徙，流入白沙万余家"（《水注经》）。洪湖西北部农业生产得到迅速发展。北宋乾德三年（965），洪湖地域再次单独设立玉沙县，治所在"乌林矶上十多里大江边"的新堤镇（现洪湖市治所），其间因水灾，财赋入不敷出，撤销和复置多次。大诗人苏轼写道："玉沙三月飞桃花，牌楼店铺斗繁华。江湖连接五百里，柳拂湖堤千万家。"

南宋时期，由于大片沼泽地得到开发，玉沙县成为"处处路傍千顷稻，家家门外一渠莲"的鱼米之乡。南宋著名诗人陆游三过玉沙，赞叹道："牛声不断农夫出，捕鱼船只起樯干。"范成大过马骨湖时，也曾目睹"水落鱼可拾，船进鱼飞旋"的动人情景。

元代时，玉沙县平均11年遭受一次洪灾，明代也是九年一灾，"湖堤垸堤俱决，漫大江边城垣数尺，衙署、庙宇、民户倒塌殆尽。原州陵县富庶上百民垸，至是已淹没无遗"，上洪湖、下洪湖就此形成。后来江西、湖南来了不少人，加上本地人围湖造田，使湖泊蓄水量越来越小。[2]

清朝年间，几场大水、洪水把垸子冲垮，上下湖连成了一片，而后湖面面积几经变动，逐渐形成了现在的洪湖。[3]

洪湖原由洪水冲击而成，但却由灾难转化奇美，成为江汉平原上的一颗璀璨明珠。从高空鸟瞰洪湖地区，它就像大地上镶嵌着的一面巨大的镜子，倒映着蓝天白云，映衬着红花绿柳，显示出水乡泽国独有的清丽景色。清乾隆年间诗人洪良品有《又渡洪湖口》诗:"极目疑无岸,扁舟去渺然;天围湖势阔,波荡月光圆。菱叶浮春水,芦林入晚烟;登橹今夜月,且傍白鸥眠。"百里洪湖,烟波浩渺,她美丽的容貌和独特的魅力吸引了四海宾朋倾情讴歌。

洪湖南面是长江,北面是东荆河,在水文特征上有众水所归之势,汇水区内面积径流主要通过四湖总干渠入湖,并经若干涵闸与长江相通,实现洪水的调蓄,保障本地区和武汉三镇的防洪安全。此外,洪湖水质清纯,水产丰富,洪湖地区盛产水稻、淡水鱼、莲藕、莲子、野鸡、野鸭、玉米、高粱、甲鱼、大闸蟹、乌龟、龙虾、黄鳝等,被誉为"鱼米之乡"。许多珍稀野生动物在洪湖栖息、繁殖、越冬,这里也被誉为"华中地区湿地资源的基因库"。

二

洪湖是美丽的湖、富饶的湖,更是英雄的湖。[4]第二次国内革命战争(土地革命)时期,以洪湖为中心的湘鄂西革命根据地是工农武装割据范围最大的三块红色根据地之一,也是长征三大主力红军之一的红二方面军的诞生地。贺龙、周逸群、段德昌等一批卓越的政治家、军事家以百里洪湖为舞台,建立了彪炳史册的不朽功勋。

1927年,蒋介石发动"四一二"反革命政变,叛变了革命,在全国各地屠杀共产党员和革命群众。一些家在洪湖周围外出工作的革命知识分子如段德昌、段玉林等都返回家乡,跟当地党组织取得联系,隐蔽进行组织和教育群众的工作,同时进行小规模革命武装活动。

1928年1月,贺龙、周逸群等奉中共中央之命,来到监利。他们与党中央先行派到洪湖一带开展武装斗争的贺锦斋等人会合,整编了中国工农革命军第四十九路军,领导荆江两岸的年关暴动。

荆州两岸的年关暴动数战告捷,开创了荆江两岸革命的新局面。年关暴动迅速蔓延到湘西、鄂西、鄂中的广大地区。此后,贺龙、周逸群到湘鄂边发动武装起义。湘鄂西地区武装斗争迅猛发展。

荆江两岸年关暴动后,国民党反动派开始大肆捕杀共产党人和革命群众,不少同志惨遭血腥屠杀。此时,在荆江两岸年关暴动中成立的几支游击队损失惨重,同时,由于缺少统一领导,分散活动,势单力薄。

困难关头,周逸群自湘鄂边返抵石首,同石首、监利县委和鄂中特委取得联系,并同他们一起分析了年关暴动后的形势,认为在以洪湖为中心的广大地区开展游击战争是可行的。

第一,洪湖地处江汉平原,战略地位十分重要。这一带河湖港汊,密如蛛网,纵横交错,有无数茂密的芦苇荡。野草丛生的地理环境是可资御敌的天然屏障,复杂的水路和陆路,迫使强敌不敢冒然深入。

第二,滨湖地带土地肥沃,良田万顷,盛产水稻、棉花等农产品,湖区盛产鱼、莲藕等野生动植物,经济上便于供给,具有比较牢固的后方基地。

第三,红军游击队指战员中,大多数是生活在水网地带的农民,或为渔民,或为猎手,风里来雨里去,熟悉水性地势,具有高超的泅水本领和驾船技术。他们和广大农民群众有着天然联系,可以实行寓兵于农的人山政策,埋伏在群众中。[5]

据此,他们提出利用平原湖区的特殊条件、充分发挥灵活机动的游击战术,以湖区为军事退路,沿湖波浪式地向平原扩展,在河湖港汊平原地区创建革命根据地。随后,周逸群率领在江陵、石首等地坚持斗争的段玉林、邹资生和朱祖光等部,会合邓赤中、萧仁鹄、彭国材、王尚武等领导的鄂中游击武装向洪湖沿岸的监沔边界转移,以湖区柴山为依托,向平原地区伸展,实行工农武装割据。由于各游击队和广大群众英勇斗争,游击队、赤卫队得到不同程度的发展,东山、洪湖、大同湖、大沙湖、白鹭湖等处,均已形成若干小块的较为稳固的红色区域和较大面积的游击区域。

之后,周逸群、万涛和段德昌一起在三屋墩对各县赤卫队进行整编,在赤卫队里建立了党团组织,清除了不纯分子。赤卫队亦称"洪湖赤卫队"。

1929年春,洪湖革命根据地打下了比较巩固的基础,正式组建了两支红色游击队。一支以西监利县的柳家集、刘家场为根据地,由段德昌负责领导;一支以白鹭湖西面江陵县的横沟市、沙冈为根据地,由段玉林同志负责领导。[6]两支游击队成立后,在鄂西特委和周逸群的指挥下,活跃在荆江两岸,在各县赤卫队的配合下,大力发展河湖港汊游击战,创造了一系列适应平原、湖区特点的游击战术,有力地打击了敌人。到1929年夏秋,洪湖根据地初步形成。

对此,毛泽东后来曾予以高度评价。他说,红军时代的洪湖游击战争支持数年之久,都是河湖港汊能够发展游击战争并建立根据地的证据。

三

1929年春末，在洪湖西南沿岸，便形成了一片较稳定的红色区域。为完成扩大红军和发展游击战争、建立数县联合政权等任务，鄂西游击总队扩编为中国工农红军独立第1师，段德昌任师长，周逸群任党代表，下辖3个总队共5 000余人。

1930年2月，遵照中央指示，独一师升编为中国工农红军第6军，孙德清、旷继勋先后任军长，周逸群任政委，全军约7 000余人。红6军一成立，便勇敢地担当起迅速恢复和巩固包括江陵、石首、沔阳、监利、潜江大部分地区革命根据地的任务。除红6军以外，每县还有地方武装——赤卫队。不久，中共鄂西特委成立了鄂西苏维埃，由周逸群担任主席。

与此同时，贺龙等在荆江两岸年关暴动后，于1928年3月初，到达湘西桑植的洪家关，组建了工农革命军，后改编为工农革命军第4军。红4军在鄂西宣恩、咸丰、利川、建始、鹤峰一带山区活动。此后，红4军相继攻占了鹤峰县城和桑植县城，分别建立了县苏维埃政权，以桑植、鹤峰为中心的湘鄂边根据地初步形成，部队也发展到5 000多人。

1930年春，以山区为依托的湘鄂边红色区域和以湖区为依托的洪湖红色区域分布形成并得到巩固。根据中央指示，7月4日，红4军、红6军胜利会师。7日，两军前委召开联席会议，红4军正式更名为红2军，红2、红6军合编为红2军团，由贺龙任总指挥，周逸群任前委书记、政治委员。[7]

9月中旬，中共中央代表邓中夏来到洪湖根据地，主持召开了中共鄂西特委和红2军团前委联席会议，决定把鄂西特委和鄂西联县政府相应扩大为中共湘鄂西特委和湘鄂西苏维埃联县政府。10月16日，湘鄂西第二次工农兵贫民代表大会召开，大会制定了《湘鄂西苏维埃法令》，选举产生了湘鄂西苏维埃联县政府执行委员会。此后，又成立了少共（共青团）省委、省总工会等群团机构，建立了党校，创刊了《红旗日报》《工农日报》《洪湖日报》《布尔什维克周报》等报刊。1932年1月22日至30日，湘鄂西省党的"四大"在瞿家湾召开，选举产生了正式的湘鄂西省委。[8]

红2军团的组建、湘鄂西特委和湘鄂西苏维埃联县政府的成立，标志着湘鄂西革命根据地正式成立。此时的湘鄂西革命根据地，以"上抵沙市近郊,下抵仙桃、汉川、北至天门,南至安乡,纵横千余里,造成整个赤色疆域"的洪湖根据地为主体,再加上湘鄂边、巴兴归根据地和松枝宜、荆当远、京钟等大片游击区,已构成统一的战略整体。湘鄂西革命根据地同鄂豫皖、湘鄂赣苏区遥相呼应,成犄角之势,对国民党的反动统治造成严重威胁,对全国的红军游击战争和土地革命起到了巨大的推动作用。

贺龙后来回忆说:湘鄂西根据地的创造,是以周逸群同志为首的湘鄂西党政军民团结一致、坚韧努力的结果。湘鄂西初期虽然因经验不足而受过挫折,但终于建立起大块根据地,发展了武装,发动了群众,开展了轰轰烈烈的土地革命,有力地配合了全国的革命斗争。

四

洪湖市瞿家湾是湘鄂西革命根据地的首府所在地。1932年1月,湘鄂西省党的"四大"在瞿家湾召开,选举产生了正式的湘鄂西省委。[9]瞿家湾成为湘鄂西苏区全盛时期的政治、军事、经济、文化中心。

现在的瞿家湾湘鄂西革命根据地旧址共有现代重要史迹及代表性建筑39处,它们大部分集中于瞿家湾镇红军街(老街)和沿河路街道南北两边,其余散布在附近村湾。

瞿家湾老街全长约700米,街的两边全部是始建于明代弘治年间的建筑群,街道的路面则是青一色的青石板。老街上肃穆的山墙、参差的屋顶、灰色的玄瓦、突兀的马头墙,每一幢建筑都错落有致、跌宕起伏,犹如在诉说着曾经发生在这里的厚重历史。

湘鄂西省苏维埃政府旧址坐落在瞿家湾老街南侧西段的瞿氏祠堂,中共湘鄂西特委、湘鄂西苏维埃联县政府、洪湖独立团等机关也曾设在这里。这座祠堂初建于明万历年间,是一座牌坊式高大建筑,屋长32米、宽21米,是三进二厢房中式砖瓦结构。如今这里是瞿家湾革命纪念馆,里面的展柜上陈列着贺龙、周逸群等老一辈无产阶级革命家用过的印章、土茶壶,湘鄂西农民银行发行的各种纸币、铜币和银币,还有群众给部队做的拥军鞋,赤卫队队员和红军当年使用的鱼叉、土炮等工具和大量珍贵的照片。以及在瞿家湾印刷发行的《红旗日报》等珍贵的革命文物和革命史料。[10]

湘鄂西革命军事委员会旧址位于瞿家湾老街北侧东段。贺龙、段德昌等高级军事指挥员曾在这里运筹帷幄，主持召开过重要的军事会议。房内右侧的单间曾是贺龙元帅的住室兼办公室。室内一张矮床、一副蚊帐、一张方桌、两把椅子，仿佛静静地诉说着贺龙元帅当年的英雄事迹。

二进的东正房是段德昌的住室兼办公室。1931年4月，段德昌任红3军第9师师长，指挥部队连战连捷，被湘鄂西苏区军民誉为"常胜将军"。1933年，段德昌壮烈牺牲，年仅29岁。中华人民共和国成立后，毛泽东主席为其亲属签发了中央人民政府第一号《革命牺牲军人家属光荣纪念证》。

瞿家湾老街内还有湘鄂西省合作社管理局。当年，妇女生活改善委员会的主要负责人钱瑛就住在阁楼上。钱瑛是《洪湖赤卫队》中的主角韩英的原型之一，另两位分别为贺英、张孝贵两位女革命家。

老街内的武器展厅里摆放着大刀、梭镖、长矛、土铳等革命时期使用的器具，它们有的是生产工具，也是战士武器。其中五齿叉是《洪湖赤卫队》里刘闯上阵杀敌的武器，虽已锈迹斑斑，却让人无法遗忘它曾历经的血雨腥风。

瞿家湾一件件珍贵的遗物，一尊尊雕塑，一张张照片，都无声地诉说着那段战火纷飞的岁月，诠释着"艰苦奋斗、百折不挠、勇往直前、战胜每一个困难"的洪湖精神。

今天，洪湖精神在这片热土上被赋予了全新的时代内涵，激发着洪湖人民奋发向前。这片红色土地历史上的一切宏大叙事，化作新时代富强、民主、文明、和谐的新生活。

参考文献

[1] 吴胜兴.水文化教育丛书：江河湖泊[M].南京：河海大学出版社，2009：84-85.

[2] 百度文库.洪湖的由来[OL].[2012-09-03]. https://wenku.baidu.com/view/0de7de3d580216fc700afd6b.html#

[3] 《中国河湖大典》编纂委员会.中国河湖大典：长江卷[M]:(上).中国水利水电出版社，2010：488-489.

[4] 徐义平.洪湖[J].中国水利，1987(8).

[5] 胡晓丹.洪湖革命根据地创建史略[J].档案记忆，2019(11).

[6] 毛峥嵘.洪湖红色根据地是怎样建立起来的[J].武汉文史资料，2016(6).

[7] 王光霞.洪湖革命根据地与红二军团若干历史考证[J].湖北科技学院学报，2014(12).

[8] 洪湖市党史办、洪湖市老促会.湘鄂西革命根据地的中心——洪湖[J].中国老区建设,2007(6).
[9] 洪湖市人民政府网.美丽洪湖.历史事件[OL].[2020-09-03].http://www.honghu.gov.cn/mlhh/lssj/201803/t20180317_288219.shtml.
[10] 姚厚鸿.湘鄂西革命根据地的首府——瞿家湾[J].理论月刊,1992(09).

金沙水拍云崖暖，大渡桥横铁索寒
——大渡河纪事

一

"昔沫水自蒙山至南安西溷崖，水脉漂疾，破害舟船，历代为患。"[1]古人笔下桀骜不驯的沫水，就是今天的大渡河。作为岷江最大支流，大渡河还有涐水、溅水、泸水等古称。"邛县、芦山往来必渡此水，故名大渡。"[2]

大金川是大渡河的主流，其西源玛尔柯河发源于青海省果洛山；其东源梭磨河发源于红原县，两源汇合后称大金川，至丹巴县纳入小金川，始称大渡河，在四川省石棉县折向东流，至乐山市中区纳入青衣江后汇入岷江。全长1 060公里，流域面积9.07万平方公里。[3]

泸定以上为大渡河上游，泸定至乐山市铜街子为中游，铜街子以下为下游。大渡河多穿行于大雪山、邛崃山、大相岭、小相岭、夹金山、二郎山、大凉山等崇山峻岭之间，河谷束狭，河流下切，谷坡陡峻，水深流急，险滩密布。上游气候寒冷干燥，年平均气温在6摄氏度以下，中、下游为亚热带湿润气候区，四季分明，年平均气温在13～18摄氏度。除了汉族，还有藏、羌、彝、回等少数民族世代生活在这一地区。[4]

大渡河两岸，高山嵯峨，下临峭壑，茶马古道多穿行其间；康定、泸定更是内地通往藏区的重要门户，为历代兵家必争之地。汉武帝时，以司马相如为中郎将，略定西南夷，西至沫、若水；[5]南朝齐永明二年(484)，大渡河土著恃险骄恣，益州刺史陈显达袭破之；[6]唐大历十四年(779)，吐蕃、南诏攻蜀，名将李晟率神策军于大渡河大破之；[7]唐贞元十七年(801)，吐蕃发兵攻扰，剑南西川节度使韦皋遣大将王有道率兵过大渡河，深入吐蕃境；[8]唐太和四年(830)，为防御南诏寇掠，剑南西川节制使李德裕在大渡河边修筑仗义城；[9]元宪宗三年(1253)，忽必烈发兵攻大理，乘皮筏过大渡河，至金沙江；[10]明洪武十五年(1382)六月，大将傅友德率兵平定西南，设大渡河守御千户所。[11]

清康熙四十四年(1705)，四川巡抚能泰上折陈奏："泸河三渡口，高崖夹峙，一水中流，雷奔矢激，不可施舟楫，行人援索悬渡，险莫甚焉……距化林营八十余里，山址平坦，地名安乐，拟即其处仿铁索桥规制建桥，以便行旅。"[12]出于维护大一统、巩固西南边陲以及打通汉区通往藏区道路的考虑，康熙皇帝欣然准奏："朕嘉其意，诏从所请，于是鸠工构造。桥东西长三十一丈一尺，宽九尺，施索九条……覆木板于上，而又翼以扶栏，镇以梁柱，皆熔铁以庀事。"[12]一年后，"桥成，凡使命之往来，邮传之络绎，军民贾商之车徒负载，咸得安驱疾驰……绘图来上，甚惬朕怀，爰赐桥名曰泸定。"[13]此为大渡河上第一桥，战略地位十分重要。康熙皇帝的御书碑，至今仍屹立在东岸桥头。

▲ 泸定桥资料照片(原西康军区政治部　摄)

1863年5月间，转战数省的太平天国翼王石达开率残部四万余众，从西昌沿小路来到安顺场(当时叫紫打地)。时四川总督骆秉章"已悬重赏示诸土司，使抄其后……会川军唐友耕等亦至，列营大渡河对岸。其地左阻松林河，右阻老鸦漩河，而土司复自后偃古木塞路"[14]适逢山洪暴发，河水猛涨，太平军数次强渡均告失败，被困绝境40余日。"汉、土官兵合击，焚其巢,堕岩落水无数,余七八千人奔老鸦漩,复为土兵所阻。"[15]兵败求存,石达开遭清军诱捕,押送成都,即被凌迟处死,余众皆遭杀害。这是继六年前天京之变,太平天国遭受的又一重大失败,八个月后,洪秀全自杀身亡,一年后天京陷落,太平天国亡。历史的悲剧,令人扼腕长叹。

二

72年后,时间到了1935年5月,同样的洪水暴发时期,同样的从西昌通向大渡河的小路上,却出现疾速行进的中央红军,目标也同样是安顺场(今属石棉县)渡口。

难道历史的悲剧要重演?

蒋介石得知这一重大军情,既喜又疑。喜的是朱、毛重蹈石达开覆辙,此乃千载难逢之良机,正好借助天险全歼这一心头大患;疑的是深谙历史的毛泽东难道不晓得石达开的悲剧?或许又是他声东击西、故作疑兵之举?蒋介石对其幕僚说:"毛泽东这个人,我是有些了解的,他不可能不知道石达开的教训,他肯定会走东边的大路,取道汉源、荥经,图谋在雅安附近同徐、张一股会合。"[16]

于是,蒋介石给驻重庆行营参谋团主任贺国光下令:此时的主要战略,一是防止中央红军与红四方面军会合,二是防止中央红军西进西康。命令刘湘率邓锡侯、唐式遵等川军主力全力对付红四方面军;命令中央军薛岳部迅速渡过金沙江北进;同时命令杨森率川军20军主力及21军一部向雅安、汉源地区火速推进,以加强大渡河以北的防御;刘文辉率24军主力于泸定至富林沿大渡河左岸修筑碉堡,严密封锁各个渡口。一时间,蒋介石就在这一人烟稀少的地带布下20万大军,意在凭借大渡河天险,迫使朱、毛红军步石达开后尘。

毛泽东和他的战友们当然知道石达开兵败大渡河的悲剧,并引以为戒。但是为了和红四方面军会合,必须强渡天险,向死而生。这是中共中央5月9日在会理召开的会议上作出的重大决策。

为了实现这一目标,中央红军绕过西昌城,于5月21日进入冕定地区,在此兵分两路北进。主力为左路,沿大桥、拖乌等地,通过彝族聚居区向安顺场前进,相机强渡大渡河;以红一军团的第二师第五团为右路,由军团参谋长左权、二师政委刘亚楼带领，沿西昌至雅安大路前进，经越嶲（今越西）县向大树堡前进，以迷惑和箝制对岸的富林之敌。

为了顺利通过彝族地区，中革军委决定由红一军团第一师第一团和一个工兵排组成先遣队，两位川籍将领刘伯承、聂荣臻分别兼任先遣队的司令员和政委。

5月22日，右路军红五团攻占越嶲，歼敌一个营，释放被国民党关押县衙的彝族群众数百人，又给每个彝人发了衣服、粮食和银元，给全城的穷人发了粮食。一下子，就有上千青年要求参加红军，其中彝人青年有四百多。越嶲人民热情欢送，右路军出发，前进到大树堡渡口，伪装成红军主力，打造船筏，大造声势，扬言由此渡河，打到雅安、成都去。富林守军如临大敌，四下呼救求援。

红军先遣队进入彝族地区后，严格遵守党的民族政策和纪律，秋毫无犯，以实际行动感动了广大彝族民众，刘伯承又与沽基族首领小叶丹歃血为盟，结为兄弟，从而使大多数彝族兄弟对红军的态度从怀疑反对转变为拥护支持。先遣队顺利通过彝族地区，并为后续大部队前进打开通道。

毛泽东的这两步棋足以令中央红军置之死地而后生，就是要通过石达开没有走出去的"死亡之路"而到达胜利的彼岸。

▲ 大渡河纪念馆（刘顺 摄）

踌躇数日，蒋介石通过情报进一步研判，确信中央红军正沿着石达开走过的老路向大渡河走去，毛泽东就要成为"石达开第二"。那么由谁来担任朱、毛红军的终结者呢？蒋介石首先电令刘文辉加强防御，仿效骆秉章对付石达开的办法，扼制中央红军于大渡河以南的狭小地区，使之进退两难。[17]

另据1935年5月16日的《四川日报》报道，"十五日蒋委员长自昆明来电，任命杨森为大渡河守备指挥，并拨廿一军、川康军一部约四旅，归其指挥调遣，藉以巩固雷、马、峨、屏防务，保障川南。蒋委（员）长原电中，并以清代活捉石达开之川督骆秉章相勖勉。现杨森氏已遵命就职，亲赴大渡河积极设防，准备予匪以迎头痛击。"[18]

虽然封了两个"骆秉章之二"，但杨森的人马还在路上，远水救不了近火；就近的刘文辉倒也算卖力，他饬令河防各部，要把南岸的船只和可以用来渡河的器材以及民间的粮食，悉数收缴到北岸，实行坚壁清野，凡是南岸可以被红军利用的房屋，一律焚毁。

大渡河上下川军迅即调动布防，中央红军更是抢时间拼速度，中革军委所下达的命令无不强调："迅速"前进、"迅速"占领、"限令"到达。红军先遣队的红一团奔走如飞，冒着倾盆大雨，80公里急行军，以迅雷不及掩耳之势直插到离安顺场不远的一个小村庄。

5月24日晚，团长杨得志通过侦察得知，防守安顺场的是川军24军5旅余味儒团的韩阶槐营，还有一些随"彝务总指挥部"营长赖执中从西昌败退下来的残兵，加起来约有两个连的兵力。其实这两个营长都是当地哥老会的头目，赖部更是新败之众、惊弓之鸟，只顾逃命保家产，况且两人都心存侥幸，认为红军将从大树堡渡河，没有什么戒备，只是设下若干哨所，由为数不多的川军把守望风。

杨得志下令，由他本人和营长孙继先带领一营抢先攻占安顺场；团政委黎林带领二营至安顺场渡口下游佯攻，以牵制杨森的两个团；三营担后卫。

一营来到一个山垭口，刘伯承和聂荣臻冒雨追上来。在一间草棚子里，刘、聂首长叫来孙继先，当面向他交待任务：占领安顺场，立即找到渡船，做好渡河准备并适时偷渡，占领并控制对岸渡口。刘、聂首长特别强调："这次渡河，关系到数万红军的生命，一定要战胜一切困难，完成任务，为全军打开一条胜利的道路！"[19]

当晚22时，在杨得志和孙继先的率领下，一营兵分三路，一连进攻正面，二连和营机枪排从东面，三连从西面，顶着大雨，沿着泥泞小路，奔袭安顺场。

枪声四起,哨所里还在哼唱小曲的川军,顿时乱成一锅粥,很快就被消灭。赖执中翻墙逃跑伤了脚,被卫兵背着逃进大山。负责找船的二连在河边发现一条船,赖执中的家丁正准备划向北岸,被红军缴获。孙继先命令立即把船拉到上游去,准备渡河。随后,红军又从附近的山沟里找来数十位船工。

一营将要渡河,为当地老乡所劝阻,说大渡河里漩涡很多,河底尽是暗礁,对岸多为悬崖峭壁,夜晚千万不能渡河,否则船毁人亡。

很快,刘伯承、聂荣臻也来到安顺场,孙继先汇报战斗经过,并请示下一步的任务。刘伯承却要一营好好睡觉,明天一早,吃饱喝足,再准备强渡。

夜已深,刘伯承顾不上休息,找来几位有经验的船工摆龙门阵,不仅了解到敌情、水情、民情……,也宣传了红军渡河的目的和意义,就连船工优厚报酬和万一遇险的后事都做出妥善安排。船工被红军的真诚言行所打动,纷纷表示即使遇到再大的困难,也一定要把红军渡过河去。

5月25日清晨,雨停了,刘伯承和聂荣臻亲临前沿。只见河面上水雾弥漫,大约有三百多米宽,河水咆哮翻腾,激起一个又一个漩涡,根本无法在河上架桥,泅渡更是不可能,船工所言不虚,看来只能乘船强渡。再看对岸,几十米高的峭壁上,有一道宛如巨斧劈开的豁口,由40多级石砌的台阶直通上去,每级台阶都有一尺多高,石梯到顶就是敌军的防御工事,三间相互独立的石屋,四周有半人多高的围墙;还有四座碉堡居高临下,控制着河面、石阶和渡口,周围密布散兵壕,大约有一个营的川军在此据守。

一营官兵在大渡河边集合完毕,人人争着要参加奋勇队。

聂荣臻要大家都不要争,由他们的营长孙继先来挑选奋勇队员。

孙继先走到二连的队伍前,指定连长熊尚林为队长,带领二排长曾会明、三班长刘长发、副班长张表克、战士张桂成、萧汉尧、王华停、廖洪山、赖秋发、曾先吉、四班长郭世苍、副班长张成球、战士萧桂兰、朱祥云、谢良民、丁流民、陈万清,共十七人组成强渡奋勇队。

杨得志命令把六挺重机枪布置在渡口突出部位,其他武器分布在河边,组成一道火力网,掩护强渡。神炮手赵章成也奉命带来军委炮兵连配合作战。

嘹亮的军号吹响,十七位勇士,每人一支驳壳枪、一把冲锋枪,身背一把马刀和八颗手榴弹。由熊尚林领着,跳上了渡船。

"同志们！千万红军的希望，就在你们身上。坚决地渡过去，消灭对岸的敌人！"[20]

首长一声令下，渡船离开南岸，颠簸起伏在浪涛上，斜着划向对岸。对岸的川军很快就发现渡船，纷纷开火阻击。杨得志一挥手，红军的轻重机枪、步枪同时向对岸开火，以压制敌军的火力。

渡船顶着炮火弹雨艰难行进，中流浪高水急，险象环生。突然，卷进漩涡的渡船失去掌控，像脱缰的野马，被激流冲向礁石，船毁人亡就在眼前。千钧一发之际，四个船工跳下水，脚踏礁石背靠船帮，拼尽全身力气，才把渡船推离险境，继续向对岸划过去。

见此情景，刘伯承即令重机枪手封锁住敌军的火力点，炮手轰击对岸的碉堡。

重机枪迸发出密集的子弹；赵章成连发数炮，击毁两座碉堡。顿时，川军的火力被压制住。船上的勇士配合船工奋力划桨，船像离弦的箭，刺破浪涛和炮火，奋勇前进，不一会儿，就在渡口下游数百米处靠上岸。熊尚林和众勇士纷纷跳下船去，趟着半人多深的河水，打着枪往岸上冲。川军手忙脚乱地把手榴弹往下扔，石壁上响起阵阵爆炸声，十七勇士顶着硝烟，沿着台阶奋力向上攀登，杀向敌军阵地。突然，阻击工事中拥出200多名川军，端着枪，顺着山坡小路冲下来，气势汹汹，要把强渡勇士赶下河。

刘伯承一声令下，重机枪手和神炮手再次发威，把前来阻击的敌军打得四散而逃。

十七勇士趁势冲进堡垒，控制了敌军的火力点。

激战中，孙继先带领的第二梯队乘船过了河，会同十七勇士，牢牢控制住渡口。接着，后续部队一船又一船地渡过河来，及时发起攻击，一举击溃渡口守敌。

随着渡口失守，安顺场附近的川军闻风而逃。蒋介石费尽心机构筑的、自诩为插翅难飞的大渡河防线，就这样被红军勇士撕开一个缺口，从而为中央红军北上开辟了一条通道，在中国革命战争史上写下光辉的一页。

数年后，时任川军第24军参谋长的王靖宇在汉源县，70多岁的前清老秀才李甘对他说："红军在安顺场附近抢渡，就时令说，比石达开还迟一点，河水应该更大些，即是说渡河应该困难些，且红军系敌前抢渡，而石达开开始渡河时，当面尚无清兵，其难易更不相同。秀才因此口口声声赞扬英勇红军是不可战胜的军队。"[21]

刘伯承立即给中革军委发电报:大渡河渡口已被我军突破。

5月26日,中央红军主力和中央纵队顶着大雨向安顺场疾速前进。

当毛泽东站在安顺场渡口,看着那只立下不朽战功的渡船,正满载着战士在咆哮汹涌的河水中艰难前进,不由地思虑起来:一船仅能载渡三十人,来回一趟至少要一个小时,一昼夜才渡过去一个团,照此速度,中央红军要一个月后才能全部渡过大渡河。虽然又找到了三条尚需修理的渡船,但也无济无事。"这里是一个河谷地带,两侧是四五十里的高山,在这样的深沟中,部队无回旋余地,兵力亦无法展开,极易为敌人伏击消灭。"[22]若犯此等兵家大忌,则危在旦夕。一位当地的老秀才也劝说毛泽东:大军切勿在此停留。此时,由薛岳率领的国民党中央军已通过德昌,正日夜兼程向大渡河进逼。

兵贵神速,必须当机立断。毛泽东与其他领导同志很快商讨出新的渡河方案:"改向西北,争取控制泸定桥渡河点,以取得战略胜利。"[23]同时兵分两路:红一军团第一师及干部团继续由此渡河,过河后组成右纵队,由刘伯承和聂荣臻指挥,循大渡河北岸向上游的泸定方向推进,以接应将在那里渡河的大部队;红一军团第二师和红五军团组成左纵队,由林彪指挥,沿大渡河南岸奔袭至泸定桥,夺桥后过河,其他部队和中央纵队随后跟进。

这无疑是破釜沉舟。毛泽东特别向刘伯承和聂荣臻提出:"这是一个战略性措施,只有夺取泸定桥,我军大部队才能过大渡河,避免石达开的命运,才能到川西去与四方面军会合。""毛泽东同志的意思我知道,万一会合不了,由伯承和我带着一师和干部团到川西创造个局面。"[24]

三

5月27日拂晓,担任左纵队前卫的红四团,在团长黄开湘、政委杨成武带领下,从安顺场出发,目标就是160公里外的泸定桥。沿途多为石壁上开凿的羊肠小道,有的地方连小路也没有,只能攀藤附葛、翻山越岭而行,但是大家没有把艰难险阻放在心上,"只有一个想法,加速前进,快一些拿下泸定桥"[25]。

安顺场渡口失守,刘文辉担心蒋介石治罪,急令其部下第4旅旅长袁国瑞率部火速增援泸定方向。

敌我两军都在和时间赛跑,谁先跑到泸定桥,谁就抢占了先机。

红四团才行进了15公里,就遭到对岸敌军枪击阻拦,为摆脱干扰,队伍转向大山。他们在大山中迂回了10多公里,耽误不少时间。又前行30公里,先头连遭遇川军的一个连,随即将之击溃。下午时分,侦察员来报,前方菩萨岗已被川军一个营占据,山高2 000多米,是通往泸定的必经关隘,只有一条笔陡的小路通往山顶,敌军已在此修筑堡垒。右边临河,左边则是凌空直立的悬崖,无路可绕。

黄开湘和杨成武商议后,派出三营的一个连从左侧迂回,两个连正面佯攻。

一个小时后,红四团全歼了守军,俘虏200多,缴获大量轻重武器。当晚部队在月坪宿营,一天下来,他们只走了40多公里。

5月28日拂晓,红四团刚刚启程,就接到军团长林彪快马传来的一道手令:

王(黄)、杨:

军委来电限左路军于明天夺取泸定桥,你们要用最高速度的行军力和坚决机动的手段,去完成这一光荣伟大的任务。你们要在此次战斗中突破过去夺取道州和五团夺取鸭溪一天跑160里的记录。你们是火线上的英雄、红军中的模范,相信你们一定能够完成此一任务。我们准备祝贺你们的胜利。[26]

看罢命令,黄开湘和杨成武不由地心里沉甸甸的。此地到泸定桥还有120公里,就是按急行军的速度,也要24小时不间断的奔跑,才能在明晨六点之前到达目的地,而且沿途还有敌军阻击。红四团遇上前所未有的大困难。

命令如山,坚决执行。团长一声令下,全团官兵就沿着湿滑的山路奔跑起来。团政治处的同志跑在最前面,不时用简短有力的口号鼓动大家:"红四团有光荣的战斗历史,坚决完成这一光荣任务,保持光荣传统!""向夺取安顺场的红一团学习,和红一团比赛,坚决拿下泸定桥!"[27]官兵们回答:"坚决完成任务,拿下泸定桥!"[28]

同时,大渡河对岸也有两支队伍在急行军,一支是增援泸定的袁国瑞部的一个团,另一支队伍就是紧随其后的右纵队的红一师和干部团。三支队伍,为了同一个战略要冲,不约而同发起赛跑。

前方猛虎岗已被川军占领,雾色弥漫中,如同一只猛虎挡住去路。红四团派出一个先头营,以大雾为掩护,悄悄摸上去,一个冲锋就把敌军打跑了。官兵们穷追不舍。一直追到磨西,溃敌和阻守此地的川军合为一股,约有两个营的兵力,士气高涨的红四团,如同猛虎下山,把守军冲得七零八落,四散而逃。

敌军炸断路上的木桥,红军只好重新架桥,耽误了两个小时。全团又奔跑了25公里,晚上七时,来到一个小村庄,离泸定桥还有55公里,而且全都是崎岖山路。

此时天低云暗,眼看着大雨将至。大家一天都没有吃饭,体力透支到极点,但是为了夺取胜利,全体官兵无不忍着饥饿疲惫,迅速赶路。

很快,大雨如注,山路更加难行。四下里漆黑一团,为了不暴露,又不能点火照明,稍不留神就会跌下山去,行军速度慢了下来。这时,各连党支部的成员都分散到战士当中,党团员都分配了帮助对象,各自用绳子把走不动的战士和自己绑在一起,拉着他们一起前进,实在饿得不行,就嚼点生米,仰起脸来喝点雨水。

雨停了,摸黑行军还是走不快,团领导十分焦急。将近子夜,对岸出现一连串的火把,通过侦察得知,那是川军的增援部队在赶路。团领导当机立断,命令部队也打起火把前进,并把所有的牲口、行李和重武器都留在山下,由担任后卫的一个排看守。杨成武交待司号员,如果对岸川军联络,就用被打败的川军番号回应,以迷惑对方。

一时间,黑漆漆的大渡河两岸,两支队伍如两条火龙攒行在蜿蜒的山道上。急行了几十里,大雨复至,对岸却不见了火光。司号员吹号询问,对方回答:我们就地宿营了。

四团官兵喜不自胜,加快行军速度。山洪暴发,不少路段被冲毁,沟沟坎坎,高高低低,湿滑难行,不时有人跌倒。为了防止跌落河中,团领导吩咐大家,解下绑带,一条条接起来,每个人都拉着绑带前进,就是奔走中打瞌睡也会被拉醒。

5月29日清晨六时许,红四团终于看到了一路奔袭的目标,高悬在大渡河上的铁索桥。守卫桥西的川军还在沉睡中就成为俘虏。红四团随即攻占泸定桥西桥头和沿岸阵地。

晨光微曦中，雄伟险峻的泸定桥一览无余。两山夹峙，一道急流奔腾在陡峭逼仄的河道中，浪涛奔涌，激起阵阵水雾，高悬河面数十丈的十三道铁索摇摇晃晃，仔细一看，桥板已被敌军拆去，只剩下空荡荡的铁索，令人望而生畏。桥东就是泸定城，正由川军李全山的38团把守，近10米高的城墙临河而筑，西门正堵着桥头。敌军已在桥头构筑了坚固工事，架着轻重机枪，形成一张火力网。

川军自恃据守天险，全然不把红军放在眼里，不时朝对岸胡乱扫射，并发出阵阵叫嚣："共军兄弟，你们飞过来吧！"

来到此地就是要过桥的。然而怎么突破封锁打过桥去？红四团在位于桥西的天主堂里召开连以上干部会议。会议进行中，川军打过来的一发炮弹正落在教堂顶上，炸开一个大窟窿，弹片、瓦砾直往下掉，营连长们处变不惊，都争着要当过桥突击队员。团长和政委作出决定：二营三营负责火力掩护，特别是阻击增援之敌；一营分成三个梯队正面进攻。首先发起进攻的，是由二连连长廖大珠带领的突击队，由22名党员和积极分子组成；三连担任二梯队，跟在后面铺桥板，一连为三梯队，任务是在铺好的桥板上发起冲锋。

下午四时，红四团飞夺泸定桥的战斗打响了。

数十名司号员同时吹响冲锋号，所有的轻重武器一起向对岸开火，枪弹如雨点般扫向敌军阵地，喊杀声震天动地。22名勇士手持冲锋枪，背插马刀，腰间挂着数十颗手榴弹，在廖大珠的带领下，迎着呼啸而来的密集枪弹，攀踏着凌空摇晃的铁索，向对岸发起冲击。紧随其后的三连长王友才，带领二梯队的战士们，背着枪，腋下夹着桥板，手扶铁索，边爬、边铺桥板。

"守兵见此情形，吓得魂不附体，呆若木鸡。"[29]突击队加紧进攻，当他们接近桥头时，西城门突然燃起冲天大火，熊熊火光映红半边天，形成一片火海。原来敌军为阻拦红军过桥，把拆下来的桥板堆在一起，浇上煤油，便放起火来。

进攻受阻，在桥头指挥的团领导心急如焚，杨成武和黄开湘一起大喊："同志们！这是胜利的关键！冲进去呀！不怕火呀！迟疑不得！冲啊！敌人垮了。"[30]

岸边的红军也跟着呐喊助威。

冲在前面的廖大珠大喊一声："冲啊！"第一个跃入火海，跟着冲进火海

▲ 油画《飞夺泸定桥》(作者：刘国枢　来源：新华日报)

的是一个苗族小战士,接着,突击队员一个接着一个闯进大火。冲过火海的红军勇士,顾不得烧焦的头发、眉毛和衣服,纷纷把手榴弹扔向敌人,挥动马刀奋力砍杀,一举攻克桥头阵地,又一鼓作气冲进泸定城。

敌军在城内发起反攻,众位勇士殊死搏斗,打光了子弹和手榴弹,操起马刀,与敌军血战。紧要关头,王友才带领第二梯队赶到,后续部队也奋勇跟进,过桥,进城,投入战斗。激烈的巷战打了近两个小时,一大半敌军被消灭,俘虏百余人,其余溃逃出城,红四团终于占领泸定城。

几乎同时,右纵队的红一师和干部团在击溃川军袁国瑞旅后,也迅速抵达泸定桥边,与红四团顺利会师,协助整修铁索桥,以迎接红军主力的到来。

5月29日夜里,山风劲吹,滚滚河水倒映着巍峨的群山,险峻的铁索桥笼罩在雾气之中。黄开湘、杨成武提着马灯陪同刘伯承和聂荣臻走上泸定桥。他们从桥东走到桥西,又从桥西往回走,在桥当中,刘伯承停了下,摸着冰凉的铁索,俯视激流奔涌的河水,无比激动,"情不自禁地在桥上连跺了三脚。边跺边说:'泸定桥呀,泸定桥！我们为你花了多少精力,费了多少心血,现在我们胜利了！'因为他过去在那里打过仗,知道泸定桥的险要,夺取这座桥的不易,感想自然更深。我(聂荣臻)也激动地说:'我们胜利了！我们胜利了！'"[31]

第二天,中央红军主力各部队先后到达泸定桥。黄开湘和杨成武到桥头迎接毛泽东主席、周恩来副主席、朱德总司令。毛泽东握着他俩的手,赞扬红四团飞夺泸定桥的壮举。

毛泽东信步来到桥当中,紧紧握住铁索链,一股寒凉直透心扉,给他留下深刻印象。其后,一句"大渡桥横铁索寒",为这座因红军飞越而名震中外的古桥立下了一块不朽的诗碑。

6月2日,红旗猎猎,成千上万的红军豪迈地跨过泸定桥,迈向新的征程,去开辟新的局面。毛泽东对指战员们说:"我们的行动已经证明,中国共产党领导的红军不是太平军,我和朱德也不是'石达开第二',蒋介石的如意算盘又打错了。"[32]

中革军委颁发奖旗表彰红四团,并给22位勇士以及团长和政委发了奖:列宁服、钢笔、日记本、搪瓷碗、筷子。在当时这确实是最高的奖励了。

22名勇士,四人在战斗中牺牲,其余大多姓名无考,后经有关部门多方查找,并通过当事老将军回忆,确认了五位勇士的姓名,他们是:红四团二连连长廖大珠、红四团二连指导员王海云、红四团二连党支部书记李友林、红四团三连党支部书记刘金山、红四团三连副班长刘梓华。

几十年后,大渡河上的硝烟早已散去,但刘金山在攀援被烈火烧红铁索时烙下的累累伤痕依然触目惊心,他的儿子问他当时是怎么想的,刘金山说:"当时就是一心想着怎么爬过去,尽快爬过去,把敌人给消灭掉,这就是任务!"[33]刘金山的话道出了所有红军勇士的心声:为劳苦大众打天下,赴汤蹈火万死不辞。

美国著名作家哈里森·索尔兹伯里在参观红军飞夺泸定桥纪念馆时亲笔留言:"在长征中,没有一次战斗或地方可以和泸定桥相比拟,我为飞越大渡河以及赢得这一胜利的红军男女战士而欢呼!"[34]

多年后,聂荣臻回顾道:"单从战役的指挥来说,我认为我们的确走了几步关键性的险棋。我们都走胜了。单就一军团范围来说,这次胜利,是几个部队自觉地互相在战术上密切配合、执行统一战役计划取得的结果。如果没有五团远离主力去吸引敌人对安顺场的注意力,一团在安顺场能否夺到那条小船渡河成功,还是一个疑问,固然夺到那条小船带有一定的偶然性。如果不是一师渡江,与二师四团夹江而上,飞夺泸定桥是否能够那样及时得手,也很难预料,固然四团动作神速勇猛确有独到之处。如果我们当时夺不到泸定桥,我军又是一个怎样的处境? 那就很难设想。总之,当时棋势虽险,我们终于取得成功。确实来之不易,但也决非偶然。我们和国民党的斗争,常常是棋高一着,出敌意外。这是因为我们是中国共产党领导的工农红军,有敌人根本不能和我们相比的政治素质和以劣胜优的机动灵活的战术素养,特别是我军指战员那种无限忠于党、忠于人民、忠于中国革命的伟大的牺牲精神,所以有时能绝处逢生,再开得胜之旗,重结必胜之果。"[35]

红军飞夺泸定桥,不仅粉碎了蒋介石要使"朱、毛成为石达开第二"的梦想,而且一举摆脱敌军的围追堵截,顺利北上去与红四方面军会合,创造了前无古人的奇迹,在中国革命史上留下了光辉篇章,红军甚至被当地民众视为不可战胜的"神兵天将",前程不可限量。

中国共产党和中国工农红军从遵义会议开始的伟大转折,使马列主义与中国革命实际相结合,人民军队面貌一新,面对重重天险,敌军阻截,在人民的支援下,攻克天堑,击败敌军,创造出引人瞩目的奇迹,为长征的最后胜利奠定坚实的基础,成为世界战争史上的神来之笔。

四

大渡河和泸定桥,因红军长征经过而闻名遐迩,奔腾的河水,摇曳的铁索桥承载着永不磨灭的红色记忆。然而在新中国成立以前,这里一直是交通不便、生产落后、地质灾害严重、物质匮乏的穷乡僻壤。随着党和国家始终关心着这块红色区域,不断加大投入,倾力扶持,70多年来各族人民不懈奋斗,使这一地区发生了翻天覆地的变化。

大渡河干支流,落差巨大、水量丰沛、河谷狭窄,具有富饶的可开发的水力资源。1949年以来,先后在众多支流上建起了434处水电站,总共装机520台,容量总计8万千瓦。部分属于大渡河流域的阿坝、红原、康定等13个县、市,已建小水电站339处,装机411台,装机容量达6万千瓦。截至2001年底,干流上已建在建水电站五座:龚嘴、铜街子、瀑布沟、沙湾、安谷,总装机容量460.3万千瓦。2011年,总装机容量600兆瓦的深溪沟水电站建成投产;2015年9月,总装机容量2 600兆瓦的大岗山水电站建成投产。1971年,修建了沫江堰水利工程,引大渡河水灌溉农田4 333公顷;1998年整修了红猫堰,灌溉农田1 133公顷,另外还整修了洎滩堰,灌溉农田2 200公顷。通过河道整治,大渡河干支流的航运事业也有很大发展。[36]

新中国成立以来,在大渡河干支流沿河地区,修建了多条公路和铁路,大渡河上架起众多水泥拱桥和大型斜拉索桥,天堑变为通途。2018年底,随着泸定大渡河兴康特大桥横空出世,雅康高速公路也全部建成通车,这是一座建在高海拔、高地震烈度带、复杂风场及温度场环境下的超大跨径钢桁梁悬索桥,大桥全长1 411米,主跨1 100米,桥面至大渡河水面高达239米,被称为"川藏第一桥"。[37]

山川依旧,风貌日新,奔腾不息的大渡河,卷起一个个浪花,似在娓娓讲述着红军勇士的不朽战绩,沿着长江,奔向大海,传至远方。

参考文献

[1] [北魏]郦道元.水经注校证:第36卷[M].陈桥驿,校证.北京:中华书局,2013:791-792.

[2] [明]李贤等.大明一统志,明天顺原刻本:第72卷[M]:(影印本).西安:三秦出版社。1990:1123.

[3] [4] [36]中国河湖大典编纂委员会.中国河湖大典·长江卷[M]:(上).北京:中国水利水电出版社,2010:113-115.

[5] [东汉]班固.汉书:57卷[M]:(下).[唐]颜师古,注.北京:中华书局,1962:2581.

[6] [梁]萧子显.南齐书:卷26[M].北京:中华书局,1972:489.

[7] [宋]欧阳修,宋祁.新唐书:卷154[M].北京:中华书局,1975:4864.

[8] [后晋]刘昫等.旧唐书:卷140[M].北京:中华书局,1975:3824.

[9] [宋]欧阳修,宋祁.新唐书:卷180[M].北京:中华书局,1975:5331-5332.

[10] [明]宋濂等.元史:卷4[M].北京:中华书局,1976:58.

[11] [清]谷应泰.明史纪事本末:卷12[M].北京:中华书局,1977:170.

[12] [13] [清]爱新觉罗·玄烨.御制泸定桥碑记[M]//四川历代碑刻.成都:四川大学出版社,1990:281-282.

[14] 徐珂.清稗类钞:第2册[M].北京:中华书局,2010:884.

[15] 赵尔巽.清史稿:406卷[M].北京:中华书局,1977:11926.

[16] 张社卿,李涛.土地革命战争经典战例[M].北京:中国文史出版社,2015:201-202.

[17] [21] [29]王靖宇,第二十四军在贵州堵截长征红军的经过[M]//全国政协文史资料委员会.文史资料存稿选编精选:第7册.北京:中国文史出版社,2005:72-75.

[18] 四川日报.蒋介石委任杨森为大渡河守备指挥并以骆秉章诱杀石达开相勖勉的新闻报导[M]//中国工农红军长征史料丛书:参考资料3.北京:解放军出版社,2016:63.

[19] [20]杨得志.强渡大渡河[M]//中国人民解放军历史资料丛书编审委员会.红军长征回忆史料.北京:解放军出版社,1992:422-427.

[22] 刘伯承.回顾长征[M]//星火燎原:第三集.北京:解放军出版社,1997:8.

[23] 中国工农红军第一方面军军史编审委员会.中国工农红军第一方面军军史[M]:(上).北京:解放军出版社,1993:548.

[24][31][35]聂荣臻.聂荣臻回忆录[M].北京:解放军出版社,2007:261-272.

[25][27][28][30]杨成武.飞夺泸定桥[M]//中国人民解放军历史资料丛书编审委员会.红军长征回忆史料.北京:解放军出版社,1992:428-435.

[26]杨成武.忆长征[M].北京:解放军文艺社,1982:114.

[32]金冲及.毛泽东传[M].北京:中央文献出版社,1996:353.

[33]丁玫,谢佼,胡璐.大渡河畔说奇迹——感悟红军长征的胜利密钥[OL].新华网,[2019-08-03].http://www.xinhuanet.com/politics/2019-08-03/c_1124833158.htm.

[34]胡璐.记者手记:纪念碑下的随想[OL].新华网,[2019-08-01].http://www.xinhuanet.com/2019-08-01/c_1124826861.htm.

[37]江宏景.川藏"新干线"雅康高速公路全线建成并试通车[OL].新华网,[2018-12-31].http://www.xinhuanet.com/xz/2018-12-31/c_137710644.htm.

歃血为盟驱虎豹，彝汉情谊彝海深
——彝海纪事

一

彝海，即彝海子，原名鱼海子，因湖中盛产细鳞鱼而得名，也叫袁居海子，当地彝语叫"乌勒苏泊"。彝海地处安宁河上游，位于冕宁县城以北47公里的草坪山上，海拔2 280米，属高山深水湖泊，形成于早全新世，距今已有一万五千年，是在泥石流洪积扇上，因丰富的地下水补给多期发育而成。海子呈元宝形，南大北小，南端有出水口，四周不见进水。面积1平方公里，平均水深9.8米，最深处15米，常年蓄水135.3万立方米。

从山顶俯看，彝海宛如一颗镶嵌在群山之间熠熠生辉的蓝宝石，层峦围护，披绿拥翠，湖水一碧如洗，湖畔绿草如茵。世代聚居于此的彝族人民更是视彝海为圣湖，而他们剽悍的民风、豪爽的气度、奇异的服饰、能歌善舞……又为彝海增添几分诱人的魅力。

彝海湖名较新，就面积而言，也没有与之同属雅砻江水系泸沽湖那样的万顷碧波，甚至也没有与它同处安宁河流域邛海那样的浩渺烟波。但是"山不在高，有仙则名，水不在深，有龙则灵"，随着1935年5月22日，一位被四川人称之为"飞龙下凡"的红军将领带兵来到这里，这个"养在深闺人不识"的高原海子从此声名鹊起。

1935年5月3日，中国工农红军中央纵队先遣队干部团一部，在军委总参谋长刘伯承的率领下，巧妙攻占并控制了皎平渡口，为全军北上打开一条通道。九天九夜，刘伯承坚守在岸边的大石上，指挥上万红军安全渡过金沙江。

红军巧渡金沙江,取得了战略转移的主动权,然而穷追不舍的国民党几十万大军,对辗转腾挪于山穷水复地带的红军而言,不啻是悬在头顶的利剑,稍有不慎,就会带来灭顶之灾。飞抵昆明坐镇指挥的蒋介石连发数电,号令各部要在大渡河一线会歼红军:"大渡河是太平天国石达开大军覆灭之地,今共军入此汉彝杂处、一线中通、地形险峻、给养困难的绝地,必步石军覆辙,希各军师长鼓励所部建立殊勋。"[1]在蒋介石看来,彝人区一向是汉人的畏途,只要红军进入大凉山,必陷绝境,寸步难行,全军覆灭势所必然。

中共中央在会理召开的会议上,明确了中央红军下一步行动计划:向北前进,穿过彝族聚居区,抢渡大渡河,实现与红四方面军的会合。同时派出由红1军团第1师第1团、军委工兵连和无线电台组成的先遣队,进行战略侦察,为红军主力开路。刘伯承再次被毛泽东委以重任,要他和聂荣臻分别兼任先遣队的司令员和政委。另外指令红1军团政治部组织部部长肖华和副部长兼巡视团主任冯文彬带领一支工作队,随同先遣队开展部队的政治工作和沿途的群众工作。

先遣队出发之前,毛泽东嘱咐刘伯承:"先遣队的任务不是去打仗,而是去宣传党的民族政策,用政策的感召力与彝民达到友好。只要我们全军模范地执行纪律和民族政策,取得彝族人民的信任和同情,彝民不会打我们,还会帮助我们通过彝族区,抢渡大渡河。"[2]

中革军委也以总政治部的名义向各部下达《关于争取少数民族工作的指示》,强调指出:"野战军今后的机动和战斗,都密切地关连着争取少数民族的问题,这个问题之解决,对于我们的战略任务,有决定的意义。"[3]

先遣队兵锋直指德昌,刘伯承修书一封给驻守此地的川军旅长许剑霜,要他不要与红军为敌,让开一条道让红军通过。对于昔日的老长官,许剑霜尚存敬畏之心,或许自料实力难与红军抗衡,索性作个顺水人情。红1团进抵德昌城下,守城的川军打了几枪便自行撤退,红军兵不血刃进入德昌。消息传出后,驻守西昌的川康边防司令刘元璋如临大敌,筑起三道防线,还把靠近城墙的商铺和民房焚为灰烬。而红军避实就虚,绕过西昌城。5月20日,红军先遣队北上进入泸沽县城。

从泸沽北去大渡河有两条道路,一条是大路,从越巂(今越西)到大树堡,对岸是富林,渡河后直通成都;另一条是山区小路,经冕宁、大桥、拖乌,通过彝民聚居区，到达安顺场。

当晚，刘伯承和聂荣臻听取侦察组汇报两条行军路线的里程、敌情、民情和给养情况。随后听取了中共冕宁地下党派来的李祥云等人的汇报。搞清敌情，刘伯承胸有成竹："敌人显然判断我军将走西昌至富林的大道，把富林作为防守的重点，我军如从富林渡河，正遇敌军主力，不易成功。是否建议军委改变一下行军路线，走冕宁、安顺场这条小路。不过这条路要经过大凉山彝族区。彝族分黑彝白彝，黑彝是纯粹的彝人血统，白彝是彝汉混血儿，他们内部有矛盾，但生产落后，生活水平都很低。主要矛盾是与汉人的矛盾。由于历史上反动统治阶级的民族压迫政策，他们对汉人猜忌很深，得好好做工作才能通过。"聂荣臻深表赞同："不管他白彝黑彝，我们用党的民族政策感动他们，总比刘文辉好说话，我们建议军委改走小路吧。让左权、刘亚楼带第五团往越嶲方向佯动，迷惑敌人。"[4]

刘伯承立即起草《侦察报告》，交由电台发出，然而中革军委处于行军状态，联系不上，到了第二天中午，队伍整装待发，还是联系不上。刘伯承与聂荣臻商议，让部队先出发，到冕宁后再与上级联系。

出发前，刘伯承对全体官兵约法三章："今天我们到冕宁，冕宁过去是彝人的城市，后来彝人被反动统治者赶到山上去了。过了冕宁，就是彝族区了。有一种传说，《三国演义》上诸葛亮七擒孟获就是在这个地区，至今有孔明寨、孟获城等遗址。彝人对汉人疑忌很深，语言又不通，他们会射箭打枪，但他们不是奉蒋介石的命令，他们和国民党军队不是一回事。我们要严格执行党的民族政策，广泛宣传朱德总司令安定彝民的布告，争取和平通过彝族区。没有聂政委和我的命令，谁也不许开枪。"[5]

5月20日晚九时，刘伯承和聂荣臻率领先遣队进入冕宁县城。中共冕宁地下党在陈野苹、廖志高等人领导下，广泛发动民众迎接红军，"满街点着挂着红灯，写着'欢迎'的字样。休息一下，无数的群众都围拢来了，拿着茶壶、茶杯，和蔼地叫着'先生吃茶'。有的拿着点心、糖，请我们的战士吃……到冕宁城，霹雳啪啪一阵爆竹声，只见满街挂着红旗，贴着红绿的标语，写着'欢迎为民谋利益的红军''拥护共产党''红军万岁'等口号。"[6]

为了不扰民，红军不入民宅，就在街道上露宿。先遣队司令部设在城内一座天主教教堂里。聂荣臻召集神职人员，向他们说明共产党和红军保护宗教，并用法语与五位法国修女交谈，劝她们不要惊慌。修女对被国民党称之为"赤匪首领"的人能讲一口流利法语非常惊讶。

当时,彝族地区的每一个家支,都被迫摊派名额(人质)到冕宁县城坐牢,万一其属地出事,就拿这些人质是问。这是从清朝沿袭下来的"换班坐质"制度。红军随即在县衙查抄出彝族首领被迫签署的"换班坐质"文书,当众加以烧毁,并宣布从此废除这一民族压迫的恶政。红军打开牢房,放出被当做人质关押的彝族首领。刘伯承和聂荣臻设宴,为这些首领压惊,推杯换盏之际,向他们讲解了共产党和红军的民族政策。"当时彝汉民族矛盾很深,我们又共同向汉族同胞作了宣传解释。没想到第二天起来,释放的彝族首领全跑了。伯承说,为今之计,只有争取愿意协助我们的彝族部落了。"[7]

5月21日上午,终于和军委电台联系上。中革军委完全同意刘伯承和聂荣臻的建议。红军主力改由冕宁、安顺场北进。当日,朱德向各部队发出改道的命令,并指示红军先遣队于5月24日前控制安顺场渡口。

在进入彝民区之前,在部队中广泛进行党的民族政策的教育,并准备请通司(翻译)和彝民首领谈判沟通。刘伯承向冕宁地下党提出:"能不能找一个人,最好是石达开部队的后人,还要与彝族有良好的关系。地下党员说,我们有一个人具备这两个条件,除了你提出的两个条件,他还是地下党员,这个人叫陈志喜。"[8]陈志喜在彝、汉杂居的大桥驿(今大桥镇)做生意,会说一口流利的彝语,与果基家的首领小叶丹和罗洪家的首领罗洪作一关系都很好。

群众工作队四下张贴红军总司令朱德发布的《中国工农红军布告》,布告是这样写的:

    中国工农红军,解放弱小民族;
    一切夷汉平民,都是兄弟骨肉。
    可恨四川军阀,压迫夷人太毒;
    苛捐杂税重重,又复妄加杀戮。
    红军万里长征,所向势如破竹;
    今已来到川西,尊重夷人风俗。
    军纪十分严明,不动一丝一粟;
    粮食公平购买,价钱交付十足。
    凡我夷人群众,切莫怀疑畏缩;
    赶快团结起来,共把军阀驱逐。

> 设立夷人政府，夷族管理彝族；
> 真正平等自由，再不受人欺辱。
> 希望努力宣传，将此广播西蜀。[9]

布告为陆定一受命撰写的，六字一句，通俗简明，易记易传。布告深刻揭露了四川军阀的罪恶，准确扼要地表达了中国共产党和工农红军的宗旨、任务、政策、纪律，起了十分重要的宣传作用。广大彝族群众正是通过这一布告而了解到共产党和红军。这一布告首次使用"红军万里长征"这一具有光辉历史意义的特定用语。如今这张布告收藏在中国国家博物馆。

二

各项准备工作就绪，红军先遣队于5月22日离开冕宁来到大桥镇。刘伯承立即去见陈志喜。"陈志喜开酒店，和彝族人有着良好的关系。通过了解情况，我父亲知道，当地有三个部落，一个是罗洪部落，一个是倮伍部落，还有一个小叶丹所在的部落。国民党在这里治理彝区，主要靠比较大的部落，就是罗洪部落，当时国民党有一个叫邓秀廷的管理事务的官员，他主要在罗洪部落住着。讲了这个情况，父亲分析了整个部落的情况，他认为我们要做小叶丹的工作，因为小叶丹所占领的地区正好通向大渡河，虽然比较小，但是地理位置非常好。他就让陈志喜上山去跟小叶丹联系。"[10]

先遣队由大桥出发，经额鸡、俄瓦、园包包到俄瓦垭口，这一带是彝汉杂居区，再从俄瓦垭口经一碗水、海子边、北沙村到喇嘛房，便进入拖乌彝族聚居区。

肖华和冯文彬带着工作队随同前卫连率先进入彝民区。一路上，只见高峰入云，山路崎岖，山谷里林木繁茂，杂草丛生，地上铺满厚厚的腐叶，山涧溪流上往往架着一根独木，湿滑难行。大山里的气候多变，说下雨就下雨，雨后雾岚弥漫，平添几分诡秘恐怖的气氛。

前卫连进入彝民区没多远，就遇见数十个赤身裸体的男女，他们自称是小商人。向导则说："县政府和刘文辉对待'倮倮'很凶，要抽他们的捐，每年叫'倮倮'送牛及羊、骡子，到县政府去进贡，常常把他们头子捉去坐牢，冕宁城里就关了有百多个。不卖东西给他们，有时捉去杀掉几个，表示威胁。"[11]前两天，听说红军来了，冕宁县长钟伯琴急忙纠合住在县城的川康边军防团长李德吾和处长邱维刚领着亲信卫队和民团,裹胁着被当作人质关押的果基、罗洪、倮伍三家头人22人,弃城北逃雅安。刚到冕宁的冶勒,就被三家彝人武装缴了械,人质被救,李德吾、邱维刚被打死。刚才见到的那些人就是冕宁县政府的官员和他们的家眷,是被彝人缴了枪后释放的。

队伍继续翻山越岭。前卫连进入到彝民区30多里的谷麻子地,被聚集的彝民挡住去路。人声嘈杂,听不清他们在说什么,四下里都是"呜呼""呜呼"的大喊声。肖华和冯文彬带着通司去做工作,沟通一个多小时,结果他们说:"娃娃"(即白彝,黑彝的奴隶)们,要点钱让你们通过。给了200块银元,众人一哄而散。这些彝民前脚走,后面又围上来一群彝民,他们说,刚才的钱是给罗洪家的,我们果基家,娃子也要给他们点钱。看着彝人衣不遮体,官兵十分同情,只好再给200块银元。正在宣传交涉当中,后面传来"啪啪"的枪声,不多时后卫来报,说走在后面的工兵连被一群彝民包围了。

且说连长王耀南、指导员罗荣带着工兵连跟在主力后面,架桥修路。发现山涧上独木桥都被拆毁,水中的石墩也被移开,不得不边走路边砍树架桥。刚走进俄瓦拉山垭口,就发现掉队了。王耀南把大家集中起来,向着大部队的方向前进。来到一处山谷,突然远处传来几声枪响,"呜呼"声四起,一群彝民拿着枪、长矛、弓箭呼啸而至,把工兵连包围起来。大家不停地向彝民解释。可他们好像一句也听不懂。彝民越聚越多,开始抢夺红军的武器和架桥器材,后来又扒他们身上的衣服。王耀南一气之下,拔出手枪,打开枪机,战士们也全都拉开枪栓准备反击。猛然间,王耀南想起党的政策、红军的纪律和上级首长的命令。这时那边衣服被扒得精光的罗荣,大声喊道:"总部命令,不准开枪!"光着身子的工兵连只好沿原路返回。"回来的路上,有些战士听了些玩笑话,心中更加不是滋味,埋怨情绪比较大,有些干部也想不通。"[12]

毛泽东得知此事,表扬了工兵连忍辱负重坚决执行纪律,还和工兵连的官兵打趣道:"到了人家倮倮国,你们也算入乡随俗嘛。"[13]

工兵连情况不明,随军工作队还在不停地向果基家彝民做工作,要通司大声向他们说明红军同国民党军队不同,红军不是来抢劫、杀害彝民的,只是借道北上,并且不在此地住宿,彝民要"同红军联合起来打倒汉官,打倒压迫你们的刘文辉,打汉人的财主,分财主的衣服粮食"[14]。可是彝民还是挥动刀枪,高声大喊不许走。眼看交涉不下去。前面山谷入口处,几匹骡马飞奔而来，打头是一位五十多岁的大个子彝人，脸色微黑，身披麻布。显然是个头人，喧闹的人群顿时安静下来。通司介绍此人就是果基家首领小叶丹的四叔。

肖华和冯文彬上前，同小叶丹四叔说话。向他表明红军是替被压迫人打天下的，来到此地并不打扰彝族同胞，只是借路北上。根据彝人重义气的特点，又告诉他，"红军刘司令亲率大批人马北征，路过此地，愿与彝民首领结为兄弟。"[15]

小叶丹的四叔将信将疑，可是他看看四下里红军纪律严明，不像国民党军那样冲进村寨就烧杀抢掠，不由打消疑惑，特别听说红军刘司令愿与彝族首领结为兄弟，更加高兴，便答应去把小叶丹带来与红军说话。

很快，小叶丹四叔领着一个高大的彝族汉子来到红军队伍前，只见这个彝族汉子打着赤膊，赤足，披散着头发，左右后面跟着十几个背着梭标的彝族青年。彝族汉子自我介绍道："我就是沽鸡家的小叶丹，要见你们的司令员，我们大家讲和不打。"

小叶丹全名果基叶丹，彝族盛行父子连名制，小叶丹的全名应为果基·木吉·叶丹。果基是家支名称，木吉是父名，叶丹是本名。为了与同名的"叶丹"相区别，便加一"小"字。在一般情况下，称呼"果基叶丹"即可。果基家系凉山彝族两个始祖之一的曲涅后裔，原居凉山腹地普雄一带，1900年辗转迁徙到冕宁彝海白沙村，为凉山地区最大的家支之一。所谓"家支"，为凉山彝族奴隶制度下一种父系血缘集团组织。当时，凉山彝族地区约有100多个互不相属、各有固定地域的黑彝家支，实际起着政权作用，有"老虎靠牙齿、老鹰靠爪子、彝人靠家支"之说。家支内有大小头人，按习惯法处理内外事务。小叶丹出生于清光绪二十年（1894）。兄弟六人，他排行第四，性情倔强、豪爽、善交际、讲义气，熟悉习惯法和典故，能言善辩，在冕宁一带的彝民中有相当的影响力。小叶丹的孙子沈建国如今在州政府工作，讲起爷爷的故事如数家珍："被解救出来的人质回来向爷爷讲述了红军的民族政策，爷爷看到红军衣着朴素，不拿群众东西，便愿意进一步接触……爷爷派出代表和萧华等人交谈，红军阐释了民族平等、民族团结等政策，还提出刘伯承司令愿与他结为兄弟。爷爷便决定与红军相见，而后歃血结盟。"[16]

果基家的首领愿与红军结盟修好，正是求之不得的大好事，肖华立即去向刘伯承和聂荣臻汇报，冯文彬等人陪同小叶丹在后面跟着走。

肖华返回大部队，向刘伯承和聂荣臻汇报与小叶丹谈判的情况。两位领导正在为前进受堵而发愁，得知谈判顺利，不由喜出望外。稍事准备，刘伯承便策马去见小叶丹。

小叶丹在冯文彬的陪同下，翻过一个山垭，经过一处森林，来到红军队伍前，见担任警戒的战士手持着雪亮刺刀的长枪，小叶丹不由起了疑心，不愿再走了。经过解释，他还是沿山而行，不肯走大道。穿过森林，来到一处山间平坝，一个清水池塘出现在眼前，小叶丹说这就是鱼海子边。刘伯承已经等候在此，见小叶丹来了，便迎了上来。

"联系的过程中，我父亲（刘伯承）做了相当多的准备工作，把红军最漂亮的小伙子找出来，然后穿上新军衣，带上德国枪。"[17]

小叶丹见刘司令身材魁伟，面容慈祥，跟着的几十个红军衣着整齐、武器铮亮，不由得心生敬意，忙摘下头上的牛黑帕子，要行叩头大礼。刘伯承上前一把扶住："我们是红军，同你们是平等的，不兴这个。"小叶丹意犹未尽，改行拱手鞠躬之礼。

两人在海子边的石头上坐下来。小叶丹问："你就是刘司令？"刘伯承点点头："我就是红军先遣队的司令员刘伯承。"小叶丹非常高兴，解释说，"今天在后面打你们的不是我们果基家的，是罗洪家的人。听说你们要打刘文辉，主张彝汉平等，我愿与司令员结义为兄弟。"刘伯承说："那些欺压彝民的汉人，也是红军的敌人，我们要共同对付镇压你们的反动政府和军阀。"小叶丹向刘伯承提出："你既然要同我结盟，那就得按我们彝民的规矩办事，喝鸡血酒。"刘伯承一口答应了。

小叶丹让人从村中捉来一只大红公鸡，毕摩（巫师）兼管家沙马尔各又用碗在海子里舀起一碗清水，一手拿鸡，一手拿刀，口里念念有词："某年某月，司令员、小叶丹在海子边结义为兄弟，以后如有反复时，同此鸡一样地死。"念完，把鸡头一斩，鸡血淋滴在清水碗里，随即分成两碗，摆在两人面前。不用香烛，主宰这个盟誓是兄弟民族团结的赤诚。

海子里的水明镜般清澈，倒映着苍翠的松林，清风吹拂，微波涟漪，似乎在为这一跨越千古的结盟唱着赞歌。

刘伯承和小叶丹并排跪下，面对蔚蓝的天空和清澈的湖水，小叶丹请刘伯承先喝。按照彝族风俗，先喝者为大哥，兄弟就应服从大哥。刘伯承高高举起大碗，大声发出誓言："上有天，下有地，我刘伯承与小叶丹今天在海子边结义为兄弟,如有反复,天诛地灭。"说罢,把"血酒"一饮而尽。小叶丹也举起大碗,大声发誓:"我小叶丹于今日同司令员结为兄弟,愿同生死,如有不守此事,同此鸡一样死。"说罢也把"血酒"一饮而尽。

结盟圆满告成,夕阳把海子里的水映得通红。

虽然小叶丹愿意护送红军通过彝族区,但彝族区有一百多里路,要用一天时间才能通过。聂荣臻和刘伯承商量:"虽然与果基家已达成协议,但还有别的部落,糊里糊涂地往里乱闯,太危险。伯承同意我的意见,最后决定不走,不仅不走,走到前面的队伍还命令他们跟我们一起。像当年司马懿似的,来一个'倒退三十里',又回到了一个叫大桥的地方。"[18]

刘伯承请小叶丹到大桥镇赴晚宴,小叶丹愉快地接受邀请,并带着数十位家支头人偕同前往。

也就在当天,毛泽东、周恩来、朱德等率领红一军团进入冕宁县城,宣布以陈野苹为主任的冕宁县革命委员会成立,并迅速成立抗捐军。毛泽东在红军总司令部驻地(一座建于清光绪年间的宅院)接见彝族代表果基达列。这位彝族代表能说流利的汉语,向毛泽东详细介绍了地理民情和各家支首领的情况。毛泽东向果基达列讲解党的民族政策,表示将来红军打败反动派后,一定帮助彝族人民解除一切外来欺压,建设自己的美好生活。毛泽东又让人准备了相当丰厚的礼物,让果基达列带回去,请他联系并转赠果基小叶丹、果基洛威子、罗洪作一、罗洪点四位家支首领。

接到刘伯承与小叶丹结盟的报告,毛泽东欣然回复同意。

款待小叶丹一行的晚宴在大桥镇一个保长的宅院中举行,先遣队司令部也设在这里。

彝族人善酿嗜饮,待客也以酒为主,彝族谚语:"汉人贵在茶,彝人贵在酒""有酒便是宴,无酒杀猪宰羊不成席"。熟悉彝人风俗的刘伯承,派人把大桥镇上的酒全都买来,又按价付钱收下群众送的猪羊肉,宴请小叶丹等客人。

大家说说笑笑,非常高兴,"这些酒量如海的客人也只不是微有醉意"。[19]小叶丹趁兴对刘伯承说,明天他要果基家的娃子到山边接应红军过境。罗洪家的人抢了你们的东西,"明天罗洪家再来,你们打正面,我们从山上打过去,打到村子里,把全村都烧光他!"[20]他这种义气是真诚的,他们两个部落有宿怨,也想借助红军的力量出口气。刘伯承向他解释:"穷人不打穷人,自己人不打自己人,彝族内部要团结,我们要共同对付镇压你们的反动政府和军阀。"随后,刘伯承把一面红旗赠给小叶丹,上书:"中国夷民红军沽鸡支队",并当场写了委任状,任命小叶丹为支队长,他的弟弟古基尔拉为副支队长。小叶丹喜形于色。刘伯承又给他讲了一些革命道理,这个纯朴的彝族汉子把刘伯承的话牢记在心。

"为了进一步做好民族团结的工作,(刘伯承)又与小叶丹、还有罗洪部落首领罗洪作一以及通司陈志喜等喝了一次鸡血酒。"[21]刘伯承派人买了一只白母鸡和酒,邀请沙马尔各和毕摩沙马在海子边主持仪式,再饮鸡血酒,庄重表明心意。大家频频举杯,共祝彝海结盟成功。席间,刘伯承和聂荣臻又做工作,劝彝胞不要打冤家,不要自相残杀,彝胞自己要团结,还要同汉族穷人团结。刘伯承伸出手比划道:"一个指头没劲,十个指头捏在一起力量就大了,大家一起闹革命,共同对付穷人的敌人国民党反动派。"小叶丹深受启发,当即表示,他要组织起果基部落,像红军一样为穷人打天下。罗洪作一也表示,明天一早就让部众把今天抢去的东西全部归还给红军。

当晚小叶丹一行就住在先遣队司令部里。

第二天早饭后,先遣队再次进入彝民区。小叶丹由冯文彬等人陪同,走在队伍的前头。当他们爬上一个山垭时,见十多个果基家的彝民拿着红旗背着长枪,大声发出"鸣呼''鸣呼'表示欢迎。结盟的消息已在彝民区传开,彝民相信红军司令员和他们首领结盟是真诚的,红军是他们值得信赖的朋友。他们把红军迎进村口,排好队,"每个都拿着枪镖,打着赤膊,赤足围着麻布毯子,见了我们,大家都笑迷迷地站起来,来看我们的队伍,他们今天见了我们的时候,已同昨天完全不同了,好像已经是自己的人一样。老的小的年青的,都笑嘻嘻地来接近我们,不像昨天那样害怕我们了。"[22]

有的官兵们给彝民送鞋子、送毛巾,彝民欢呼雀跃,民族团结气氛非常热烈。

红军队伍过了村庄,刘伯承和聂荣臻赶上来,小叶丹依依不舍地对刘伯承说:"我不能再走了,前面不是我管的地方了,我派四个人送你们到前面的村寨,我派二十人到红军学习军事,学会了回来打刘文辉。"刘伯承说:"后面红军大队还很多,拜托你一定把全部红军安全送过彝区。红军走后,你要打起红旗坚持斗争,将来我们会回来的,临别之际,送你一点薄礼。"说着,警卫员抬来十支擦得油亮的步枪和弹药。小叶丹大为感动,执意把他骑坐的一匹大黑骡子送给刘伯承。红军留下参谋丁伯霖作为后续部队的联络员。

红军先遣队在沙马尔各、沙马巴黑、果基子达、果基特达四位向导的带领下继续前进，一路经过雀儿窝、拖乌、鲁坝、铁寨子等地，经过向导交涉，都能顺利通过，"一个村庄交换一个'倮倮'带路，真好像是中央革命根据地的乡政府一样"[23]。一直护送到筲箕湾，再由果基阿支送到岔罗，出了彝族区，直抵安顺场。

小叶丹忠实执行了刘伯承的嘱托，把彝民组织起来，护送红军大部队过境，他日夜奔忙，往返于大桥镇和筲箕湾，七天七夜，红军队伍一路畅行，胜利通过了彝民区，使蒋介石关于红军必将陷于凉山绝境的梦想彻底破灭。

数日后，毛泽东、朱德、周恩来等中央领导也顺利到达安顺场。毛泽东特意向刘伯承敬酒表示祝贺。周恩来说："你们走了以后，大部队经过彝族地区时，约达拿着你们给他的旗，护送红军部队顺利通过彝族地区，你们简直把彝族地区赤化了。"毛主席问刘伯承："当年诸葛亮七擒七纵，才把孟获说服了，你怎么这么短的时间就把约达说服了呢？"刘伯承回答："我们靠的是正确地执行党的民族政策，是重视民族平等和民族团结的结果。"[24]

一年后，陈云假托国民党被俘军医廉臣之名在巴黎的《全民月刊》上发文，第一次在世界上公开宣传红军长征，其中写道："经过歃血为盟后，'沽鸡'一部彝民非但不打红军，而反被红军收编作'红军游击支队'，而与红军引路及招抚'阿越''罗洪'等10余部落。此后，红军全部过此彝民山时，彝民则牵牛羊欢迎红军于道旁。红军则以皮衣、旧枪、盐、布送彝民。故而当时我等日夜恐惧之彝民山地，如此竟安然地通过。"[25]

三

红军走后，许多彝民为了纪念红军，把当年出生的孩子取名为"红军子"或"红军姆"（即"红军女"）之意，把红军留下物品都珍藏起来。

红军果基支队举起刘伯承授予的军旗，在一位留在彝区养伤红军团政委的帮助下，与罗洪、洛伍家实现了联合，组织起1 000多人的武装，与国民党军进行长达五年的游击战，多次打击国民党派到这一带的军队。1941年，国民党委任的"彝务指挥官"邓廷秀在反动军阀的指使下，挑拨离间，分化了三个家支的联盟，镇压了彝族革命，抓走了红军政委。小叶丹家族倾家荡产,凑了一千五百块大洋把人赎了回来。

枪被缴了,队伍被反动武装打散,但任凭敌人威逼利诱,果基支队的彝族战士也严守红军旗的机密。小叶丹把这面旗帜珍藏在背兜下面特制的夹层里,随身四处转移。

在最艰难的日子里,小叶丹对妻子倮伍伍加嫫和弟弟果基尔拉说:"只有共产党和红军把彝人当人看,刘伯承这样的大人物是守信用的,我死了以后,你们一定要保护好这面旗帜,你们要告诉刘司令,我们彝人相信的是共产党和红军。"

1942年6月18日(农历五月初五端午),小叶丹被反动军阀收买的部族武装伏击身亡,年仅48岁。

邓廷秀仍不放过果基家人,国民党士兵时常冲到小叶丹家里搜查,如狼似虎,翻箱倒柜。倮伍伍加嫫是一位深明大义、坚韧勇敢的彝家妇女,她把红军旗缝进自己百褶裙的夹层里。敌人找不到红旗,不断敲诈勒索,果基家人过得非常艰难。

1950年中国人民解放军18兵团62军184师准备挥师南下,解放西昌之际,政委梁文英等师领导接受了一项特别的任务:"由于果基小叶丹为中国革命立了大功,我们接受进军西昌任务时,西南军区刘伯承司令员就嘱咐我们到西昌后要很快找到果基小叶丹,人民政府已决定要他参加将要成立的西南军政委员会,并要求找到他后,立即请他前往重庆。"[26]遗憾的是小叶丹没能等到这一天。

刘伯承曾对时任西康省委书记、省政府主席、省军区政委的廖志高说:"'彝海结盟'是报告中央决定的,如果不结盟,再推迟三天,蒋介石的重兵就调到大渡河堵住我们了,就有可能走石达开的下场了。所以'彝海结盟'在中国革命史上具有重要的政治、军事意义。"[27]这既表明小叶丹对红军长征贡献很大,也显示出刘伯承始终不忘这位义结金兰的少数民族兄弟。

冕宁解放后,倮伍伍加嫫取出贴身珍藏的红军军旗,献给了人民政府,此时距离彝海结盟已经过去了近15年。这面红旗至今仍保存在中国人民革命军事博物馆。

2009年,小叶丹被评为"100位为新中国成立作出突出贡献的英雄模范人物"之一,他为中国革命立下的不朽功勋永远为各族人民缅怀。

1956年,在破除旧社会的民族歧视称谓期间,彝族派代表进京。毛泽东主席感念彝族人民对中国革命的贡献,提出建议:由于"夷族"之称带有贬义(蛮夷),将"夷"改为"彝",意为房子(彑)下面有"米"有"丝"、有吃有穿,象征兴旺发达。此后,"夷族"便改称为"彝族"。[28]

彝海结盟谱写了民族团结、军民团结的不朽篇章,堪称千秋佳话。如今,80多年过去了,在党和国家的关心下,彝海地区的社会经济发生了翻天覆地的变化,108国道从镇边经过,去成都5个小时左右,去冕宁县城几十分钟。

彝海所在的冕宁县位于四川省西南部,凉山彝族自治州北端。东临越西、喜德,西连盐源、木里和甘孜州的九龙县,南与西昌接壤,北与石棉县毗邻。人口38万余人,由彝、汉、藏、回等二十个民族组成。在党的民族政策指引下,全县各族人民继往开来,艰苦奋斗,经济建设加快发展,社会事业突飞猛进,人民生活水平不断提高。冕宁地区冬暖夏凉,气候宜人,雨量充沛,物产丰富,是国家商品粮基地和四川省粮油基地。这里交通便捷,资源富集,稀土储量位居全国第二,其质量居第一。举世闻名的西昌卫星发射基地就坐落在这一革命胜地。

冕宁境内山川秀美、风景幽丽,既有安宁河平原的田园景色,又有雅砻江雄奇险峻的高山峡谷和浑然天成的锦屏奇观;既有烟波浩渺的宁源湖(大桥水库),又有古木葱郁、山花烂漫、清澈如镜的彝海……一道道亮丽风景,让人流连忘返。

如今,到彝海结盟地来参观学习、接受爱国主义教育的人越来越多。结盟纪念碑、结盟石、结盟取水点更是中国革命历史的见证,也成为人们常温常新的红色教材。

参考文献

[1] 晏道刚.蒋介石追堵长征红军的部署及其失败[M]//《贵州社会科学》编辑部,贵州省博物馆.红军长征在贵州史料选辑.1983:346.

[2] 金冲及.毛泽东传(1893—1949)[M].北京:中央文献出版社,1996:353.

[3][9] 中国工农红军第一方面军军史编审委员会.中国工农红军第一方面军军史:上册[M].北京:解放军出版社,1993:544-545.

[4][5]《刘伯承传》编写组.刘伯承传[M].北京:当代中国出版社,2006:73.

[6][11][14][20][22][23] (冯)文彬.从西昌坝子到安硕场[M]//中国工农红军第一方面军长征记.北京:人民出版社,1955:257-264.

[7] 聂荣臻.痛悼伯承[M]//回忆刘伯承元帅.上海:上海文艺出版社,2012:5.

[8][10][17] 刘蒙.刘伯承与小叶丹"彝海结盟"传佳话[OL]//人民网,[2012-12-18]. http://dangshi.people.com.cn/n/2012/1218/c85037-19937747.html

[12] 王耀南."总部命令,不准开枪"[M]//中国人民解放军历史资料丛书编审委员会.中国工农红军长征史料丛书·回忆史料2.北京:解放军出版社,2016:128-131.

[13] 王树增.长征:修订版[M].北京:人民文学出版社,2018:494.

[15][19] 肖华.通过大凉山[M]//星火燎原:第三集.北京:解放军出版社,1980:109.

[16] 王明峰,邝西曦.彝海结盟故事代代相传[N].人民日报,2019-07-26(4).

[18] 聂荣臻.聂荣臻回忆录[M].北京:解放军出版社,2007:261-272.

[21] 汪荣华.牢记历史,共创未来[J].民族团结,1995(7).

[24][27] 伍精华.我们是这样走过来的:凉山的变迁[M].北京:民族出版社,2002:38-39.

[25] 廉臣(陈云).随军西行见闻录[M]//中国工农红军第一方面军长征记.北京:人民出版社,1955:40.

[26] 梁文英.历史的新篇章:解放西昌、开辟凉山民族工作回忆录[M].北京:民族出版社,1998:8.

[28] 陆培法,杨崇杰.彝族有米有丝共兴旺[N].人民日报(海外版),2017-02-25(7).

清清万泉河，铮铮娘子军
——万泉河纪事

万泉河，古时称多河，是中国海南岛第三大河，位于中国海南省海南岛东部，全长163公里，流域面积3 693平方公里。万泉河有两源：南支乐会水为干流，长109公里，发源于五指山林背村南岭。北支定安水，源出黎母岭南。两水在琼海市合口嘴会合始称万泉河。万泉河得名于"纳众流""万泉合派"。对此，明朝琼州府志即《正德琼台志》记载可资佐证。《正德琼台志》[唐胄编，明正德六年（1511）编纂]记载："万泉河以其纳会同诸县众水之流，故名万泉。"《乐会县志》[程秉造主编，清康熙二十六年（1687）编纂]记载："万泉河北受定安、会同思河、南间诸水……至博鳌港合温泉（即九曲江）、龙滚水流入于海，以其纳众流故名。"《乐会县志》[林大华主修，清宣统三年（1911）编纂]记载："万泉河在县治二十五里，北接会同漓盆、嘉积溪诸水，东流至博鳌港、合嘉镰（即九曲江）龙滚水入海，故名万泉合派。"基于此，1995年出版的《琼海县志》[甘先琼主编，广东科技出版社出版]明确记载："万泉河以其纳众流而得名。"

2000年，琼海市旅游局为了挖掘万泉河的人文资源，打造旅游品牌，发起万泉河传说创作征稿活动。有作家为万泉河名字的来源创作了一个美丽的传说：1330年，登基后的元朝文宗皇帝不忘3年前被流放到海南岛定安县时，多河两岸百姓厚待他，在他北上回朝时，相拥到多河岸边给他送行，并握拳齐呼："太子万全，一路万全。"为了报答多河两岸百姓送他"万全"的款款深情，文宗下诏将多河命名为万泉河。

万泉河历史悠久,奇秀天成,万泉河畔同时也是红色娘子军的诞生地。

1856年第二次鸦片战争后,清政府与英、法等帝国主义国家先后签订丧权辱国的《天津条约》和《北京条约》,将海南岛开辟为'国际商埠'。此后,帝国主义的铁蹄肆意践踏琼崖大地。位于万泉河两岸的琼东、乐会县(新中国成立后两县合并为现在的琼海市)成为帝国主义侵略的重点。在帝国主义和封建势力的双重剥削摧残下,琼东、乐会县等地经济贫困,文化落后,人民长期受到奴役和饥寒交迫之苦。

中国共产党成立后,琼海人民在党的领导下,开展了如火如荼的革命斗争。1926年2月,中共琼崖东路特别支部在嘉积成立,为琼岛最早的党组织之一。1927年9月23日,县委在琼崖特委的直接领导下,发动3 000多名农民配合讨逆军攻打椰子寨、长坡、福田、烟塘、牛角、草塘等守敌据点,向国民党反动派打响了全琼武装暴动的第一枪。1928年春,全县有19个乡按县苏政府颁发的《土地问题临时办法》,发动农民减租退押,废除苛捐杂税,烧毁田契,没收地主豪绅土地分配给无地或少地的农民,为全琼"土地革命"做出了示范。1930年8月,中国工农红军第二独立师即琼崖红军独立师成立后,全琼武装斗争进入全盛时期。

随着革命形势的发展,土地革命的深入,乐会县广大妇女的革命积极性空前高涨。1931年3月,中共琼崖特委批准先在乐会县创建"乐会县赤色女子军连"试点。乐会县赤色女子军连成立后,配合红3团打了几场胜仗,军威大振,产生强大的凝聚力,报名参加赤色女子军的女青年越来越多,不但乐会县,就连琼东、万宁等邻县的女青年也踊跃提出参军要求。为了进一步发挥琼崖妇女在革命斗争中的积极作用,琼崖特委决定成立女子军特务连。女子军特务连实行三三建制:全连编制三个排,每排3个班;每个班有10名战士,全连各排编制共90名战士。连领导职数2人,即连长、指导员各1人,连部工作人员8人,即传令兵、旗兵、号兵、庶务员、挑夫各1人,膳食员3人。全连指战员编制共100人。除庶务员、挑夫、号兵3人为男同志外,其余的都是女同志。1932年春末,琼崖特委决定扩编女子军特务连,将原来女子军特务连第一排、第三排从乐四区调往琼东四区益平乡即师部驻地执勤,同时调整建制,以此为基础组建"中国工农红军第二独立师第一团女子军特务连第一连",归红1团领导,由冯增敏任连长,王时香任指导员。下辖两个排,一排长卢赛香,二排长曹家英。夏初,留驻乐四区原女子军特务连第二排扩编为"中国工农红军第二独立师第三团女子军特务连第二连",归红3团领导,由黄墩英任连长,庞学莲任指导员。第二连也辖两个排,一排长李昌香,二排长王振梅。

女子军特务连长期转战在万泉河流域,取得了一个又一个战斗的胜利,创造了诸多奇迹,充分展示了中国妇女顽强的斗争精神。

伏击沙帽岭

在乐会县四区革命根据地以东20里地,是琼崖东路重镇中原。乐会县国民党"剿共"总指挥陈贵苑带领几百民团武装盘踞在这里,抽丁征粮,鱼肉百姓,窥探情报,并经常骚扰苏区,对苏区构成严重威胁。1931年6月,红3团决定引诱陈贵苑民团武装进入苏区腹地予以歼灭,由女子军负责正面阻击敌人,诱敌深入。

26日早晨,雾薄风清,红3团和赤卫队进行战术佯动,浩浩荡荡地朝万宁县方向开拔,在途中又是唱歌又是吹号,造大声势。到达万宁县四区的加任村后,就偃旗息鼓,在密林中隐藏起来。当天晚上,在夜色的掩护下,红军和赤卫队又悄悄返回苏区,埋伏在县苏维埃政府和琼崖列宁学校必经之路的沙帽岭的峡谷山林中。陈贵苑在知道红军主力已远去万宁县,苏区只有女子军留守的消息后,误以为偷袭县苏政府和琼高列校的时机到了。27日一早,陈贵苑带领几百号民团人马,兵分两路杀气腾腾地往苏区扑来。进入苏区境后,遭到女子军阻击。见女子军且战且退,陈贵苑武断认定女子军不堪一击,竟不与另一路民团联系就贸然下令进兵。他得意忘形地喊道:"兄弟们,冲啊,女子军的娘们个个漂亮,谁抓到归谁!"团丁们一听热血沸腾,蜂拥而上。

女子军佯作退败,团丁不知是计,紧迫不舍。当团丁被引入红军主力埋伏圈后,刹时军号声响起,杀声震天,枪声震撼山谷。敌军猝不及防,乱作一团。

直到此时,陈贵苑才知中计,眼看伤亡惨重,不敢恋战。他想伺机逃跑,可惜……已是马落窝泥,不能自拔。

另一路团丁听到沙帽岭枪声不断,知道情况不妙,不敢救援,便龟缩回中原据点。

这场战斗仅一个小时就结束了。红军毙敌20余人,俘敌70余人,缴获长短枪90余支和弹药、大米、鱼虾等物资一批。陈贵苑和敌中队长陈传美、莫儒才、常全等均束手就擒。第二天,红3团和县苏维埃政府召开公审大会处置陈贵苑。陈贵苑被判处死刑,其余俘虏释放,每人还发给5元路费。

沙帽岭战斗的胜利,给苏区军民极大的鼓舞,提高了红军的威信,沉重打击了反动派,推动土地革命的发展,对巩固苏维埃政权起到重要作用。

火烧文市炮楼

沙帽岭战斗后不久,女子军特务连又紧密配合红3团主力打击敌人,攻打文市炮楼。文市俗名牛市庙,地处中原至乐会四区腹地的交通咽喉上。文市炮楼是乐会县敌军的重要据点,驻有一个民团中队。中队长冯朝天是大恶霸的儿子,曾任国民党正规军军官。他狂妄地自吹文市炮楼是"铁桶江山",嘲笑陈贵苑在沙帽岭输给"红军婆"是国军的"奇耻大辱"。他对手下团丁说:"你们如果碰上这些娘兵,捉回来,给每人配一个老婆,至于那个女连长,就让她做我的压寨夫人!"

冯朝天气焰嚣张,他的团丁欺男霸女无恶不作。文市炮楼俨然成为海南大地上的毒瘤。

红3团决定拔除文市炮楼,清除苏区东大门的隐患。但是,红3团的武器装备很差,既没有大炮,弹药又很少,光靠土枪土炮攻打炮楼很难奏效。于是,红3团团长王天骏决定巧用"火攻",搬来柴草火烧炮楼。然而,文市炮楼外有一道铁丝网,网外又是一片开阔地,敌人火力封锁很严密,怎么把柴草搬过去呢?王天骏在察看地形后,决定挖地道,把柴草从地道中搬过去。

第二天夜晚,红军开始挖地道。为麻痹敌军,诱其消耗子弹,红军趁天黑吹起冲锋号,佯装发起进攻。团丁见势非常惊慌,不断向红军阵地打枪。枪一停,女战士们就朝炮楼喊话:"团丁们,投降吧,投降了放你们回家去!""不投降就要烧猪窝,'蒸猪头'了!"红军一边喊话攻心,一边夜以继日不停歇地挖地道。时至第四天破晓,终于挖到炮楼底下。团长王天骏见机不可失,发出总攻命令。在赤卫队的密切配合下,红军通过地道把柴草运送炮楼底下。将柴草撒上辣椒,倒上煤油,用火点燃。顿时,火借风势,风助火威,火越烧越旺,大火和着辣椒味的浓烟随风涌进炮楼。一时间火光四起,烟雾弥漫。

熊熊烈火将整座炮楼包围。在烟熏火燎下,团丁个个难受得鬼哭狼嚎。有的哭喊着:"我们投降,快别烧了!"有的乒乒乓乓地往楼外扔枪。他们抱着脑袋从炮楼里钻出来,向红军投降。见冯朝天满脸涕泪,不住地咳嗽,狼狈地钻出来,女战士立即把他捆绑起来,斥问道:"你还敢吹牛吗?可知我女子军的厉害?"冯朝天惊慌地低下头去应声说:"知道了,知道了!我输给你们了!"

文魁岭保卫战

1931年12月,驻乐会县四区的红3团主力被调到琼崖中路与红2团会合改编,乐会四区由女子军特务连留守。乐会县民团头子王兴志闻讯,喜出望外,当即带领一百多名团丁进犯乐会四区,企图攻占苏区腹地文魁岭,捣毁红军军械厂、弹药制造厂等军事重地和红军医院。远在百里之外的红3团拟星夜回师驰援。在军情万分危急之际,女子军主动请战,自告奋勇保卫文魁岭。团长王天骏认为,经过沙帽岭伏击和火烧文市炮楼的实战锻炼,女子军已经具备独立作战的能力,具有保卫文魁岭的军事实力,于是同意了她们的申请,决定红军主力暂不返回。女子军连夜开赴文魁岭山腰,挖战壕构筑工事,做好迎击敌人的准备。第二天一早,团丁兵分三路往文魁岭窜来。到了岭下,团丁见无动静,以为红军已人去岭空,个个得意忘形,便边打枪边往岭上爬。隐蔽在经过伪装的掩体内的女子军早已箭上弦、刀出鞘,枪口瞄准着来敌。50米,40米,……"让敌人再近一点,再近一点。"连长庞琼花沉着地吩咐战友。当团丁距战壕仅20米时,庞琼花发出反击信号。顿时,愤怒的子弹呼啸着一排排地向敌人扫射过去。机枪手陈月娥架起沙帽岭缴获的那挺机枪,横扫直射。敌人连续3次冲锋都被女子军击退后,已溃不成军。这时,女子军的冲锋号响起,庞琼花一马当先冲在前头,战士们紧紧跟上扑向敌人。王兴志见势不妙,只好带着残兵朝白石姆方向仓皇逃命。文魁岭战斗的胜利,保卫了苏区军事要地的安全,显示了女子军具备独挡一面的作战能力。

马鞍岭阻击战

1932年8月5日,琼崖特委、琼崖苏维埃政府和红军师部机关到达琼东、定安两县交界的乌榄湾(俗名东安)、合水湾一带。这里有一片长25公里、宽15公里的大森林。敌人组织5支攻击队,分别从宗丛、大屈头、木格、文曲、土吉尾等5个不同方向向红军发起进攻。琼崖党政军领导机关向马鞍岭方向突围。在乌榄湾突围战斗中,红军伤亡数百人,损失枪二百余支。抵达马鞍岭后,特委决定红一营和女子军留下来坚守迎击追兵,掩护琼崖党政军领导机关西上母瑞山。

马鞍岭山高林密,壁峭路陡,地势险要。留守红军挖好防御工事后,分别隐蔽在山林中和掩体内,紧紧握着子弹已经上了膛的枪,警惕地注视着周围的动静。夜空,明月高悬,繁星闪烁,淡雾一般的星月光辉沐浴着山下大片墨黑的椰林。女子军抱着枪打盹,等待天亮战斗。

第二天上午,一排长卢赛香报告,发现几个穿着红军服、举着铁锤镰刀旗的人从山下爬了上来。哨兵几次发问"口令",他们支支吾吾,答不上来。

听取报告,女子军特务连一连连长冯增敏仔细一看,发现山下不远的地方涌过来人数众多的国民党兵。于是,她下令消灭掉那几个冒充"红军"的敌兵。女子军的枪声刚响,敌人的炮弹便呼啸地从她们的头顶上砸下来。炮弹掀起的泥土石块不断地掉在她们的身上,她们全然不顾,又继续进行战斗。

仗越打越激烈,女子军的子弹快打完了。冯增敏命令每人留一颗光荣弹,其余的集中起来交给二班战士大娥;同时,命令传令兵卢业兰速向师部报告军情。

大娥是女子军里出名的神枪手。她叫陈月娥,乐会四区仙村人,因身材高大,人称大娥。当国民党军涌上来时,大娥一枪一个,弹无虚发,将其打退。然而,由于敌军在兵力、装备上的绝对优势,女子军难以遏制敌人,敌人还是冲了上来。在这危急关头,女子军的阵地上响起了激烈的枪声,原来是红军师长王文宇带人前来增援。在打退敌人的又一次冲锋后,王文宇命令女子军第二班的10名战士留下来继续打掩护,其余的女子军和红一营向牛庵岭撤退。

当晚,冯增敏带了一个班返回马鞍岭接应二班。此时,国民党部队已撤到岭下村子里。夜色沉重,岭上宁静。借着月光,冯增敏看见10位红军女战士遗体倒在被反复炮击过的阵地上。她们周围是被摔断和砸碎的枪,身体沾满血迹,伤痕累累。她们牺牲时,仍然保持着与敌人搏斗的姿势。不难看出,她们不怕牺牲、奋勇上前,在革命的道路上,有着不输男儿的气概与英姿。

马鞍岭阻击战是女子军特务连成立后进行的一次具有重大影响的战斗。3天3夜的阻击战,一次又一次地击退敌人的进攻,胜利完成掩护琼崖特委和琼崖苏维埃政府机关向母瑞山撤退的任务。女子军一连二班10位战士在弹尽粮绝的情况下,同敌人展开殊死搏斗,全部壮烈牺牲在阵地上,充分体现了女子军英勇顽强、宁死不屈的大无畏革命精神。

▲ 庞琼花被陈汉光军队押到府城示众(陈立超翻拍自《中国共产党琼海百年图集》)

在琼崖第二次反"围剿"斗争中,由于敌强我弱,再加上琼崖特委错误地执行了"肃反",使得这种反"围剿"失利。女子军特务连被迫解散。女子军一连、二连分别在门仔村和排磜村集中,统一将枪支上缴给乐会县苏维埃政府主席庞世泽,然后疏散离队。女子军干部战士庞琼花、王时香、冯增敏、黄墩英、庞学莲等先后被捕。面对敌人的严刑拷打,他们始终没有出卖革命同志。1934年,冯增敏等8人又被押解到"广州国民特别感化院"。在感化

▲ 被囚禁在琼东县大路国民党监狱的女子军特务连领导和琼崖妇女干部。右起林尤新、王学葵、庞学莲、王振梅、王时香、黄墩英、蒙汉强、庞琼花(陈立超翻拍自《中国共产党琼海百年图集》)

▲ 被囚禁在广州国民特别感化院的女子军特务连领导和琼崖妇女干部。右起庞琼花、蒙汉强、黄墩英、王时香、冯增敏、庞学莲、王学葵、林尤新(陈立超翻拍自《中国共产党琼海百年图集》)

院,她们坚持了自己的政治信念,无人被"感化"而动摇变节。1937年,国共合作抗日,国民党政府开始释放政治犯。被关在广州感化院达3年之久的冯增敏等8人获释。出狱后,她们回到海南岛。在新的政治形势下,她们继续发扬女子军精神,分别以各种不同方式投入伟大的抗日救国战争。

中国工农红军第二独立师女子军特务连是中国共产党领导的、由妇女组成的、以执行作战任务为主,同时兼做保卫、宣传和群众工作的正规的红军连队。女子军的战斗历程虽然不长,但作为一支组织完整、纪律严明、意志坚强、斗争英勇的女子革命武装,在琼崖革命史上写下光辉的一页,它是中国人民革命斗争史上的一个创举,是世界妇女争取解放斗争的光辉典范。

【附录】

"红色娘子军"艺术形象的成型

"红色娘子军"是中国人民革命斗争史上的一个创举,也是世界妇女争取解放斗争的光辉典范。1957年,以女子军特务连为题材的报告文学由刘文韶首度挖掘,发表在《解放军文艺》上,从此,红色娘子军的称号响彻大江南北。1962年,电影《红色娘子军》在全国公映,吴琼花、洪常青的形象一时间成为人们谈论的话题。1964年9月,芭蕾舞剧《红色娘子军》首演大获成功。1971年,芭蕾舞剧《红色娘子军》又被拍成彩色艺术片,在全国隆重上映。1972年5月,中国京剧团根据同名舞剧集体移植创作,制作出了京剧样板戏《红色娘子军》。

红色娘子军连长冯增敏

在坐牢的八姐妹中,数冯增敏的年龄最小。出狱不久,她找到党组织,继续参加革命。她1945年入党,1949年任乐会县三区中和乡妇女委员、主任,是出狱的八人中唯一继续留在革命队伍里的人。中华人民共和国成立后,冯增敏在琼海县党政机关工作("文化大革命"前任琼海县妇联会主任)。1960年,冯增敏应邀出席全国第一次民兵代表大会,毛主席、周总理、朱德委员长等中央领导接见她,肯定了红色娘子军的历史作用,并奖给她一支苏式自动步枪及100发子弹。

电影故事片《红色娘子军》在海南拍摄时,请冯增敏作顾问。她随剧组拍摄三个月。《红色娘子军》电影的播出,毛主席的接见,使冯增敏的知名度越来越大。"文化大革命"中,冯增敏蒙冤被开除公职回家务农。1970年的一天,冯增敏在病痛的折磨中辞世。尽管冯增敏蒙受屈辱,但她去世前给女儿留下最后的一句话是:"我是清白的,我这一生从来没做过对不起共产党的事。你永远不要做对不起共产党的事!"这个遗嘱成为激励女儿一生的精神力量。拨乱反正后,冯增敏的冤假错案也在1979年得以纠正。同年,琼海县委为冯增敏补开了一个隆重的追悼会。

参考文献

[1] 中共海南省委党史研究室.中国共产党海南历史:第一卷[M].北京:中共党史出版社,2007.

[2] 中共琼海市委党史研究室.中国共产党琼海历史:第一卷[M].北京:中共党史出版社,2012.

[3] 中共琼海市委党史研究室.红色娘子军史[Z].琼内准印字 YK81号.2011.

[4] 中共琼海县委党史办公室.琼海革命斗争史[M].海口:三环出版社,1990.

流不尽的延河水，忘不了的延安情
——延河纪事

▲ 延河（石鸿奎 摄）

延河，又名延水、区水、洧水，是黄河的一级支流，陕北第二大河。发源于陕西省榆林市靖边县东南部白于山区的天赐湾乡周山，由西北向东南，流经延安市的安塞、宝塔区后，向东转入延长县，在南河沟乡凉水岸村汇入黄河，全长273.5公里，流域面积7 685.5平方公里。河流落差785米，上游河谷狭窄，最窄处10米，河道弯度大而多，中游河谷宽展，平均600米，为主要河段，下游平均河宽1 500米，距河口20公里河段，河谷缩至30～100米，形成典型的陡壁峡谷。流经区域，干流深切，支沟密布。河段多弯曲，河水常流量小，含沙量高，输沙量大。

▲ 延安城与延河(石鸿奎 摄)

　　自古以来,延河就养育着延安儿女。延安,是国务院首批公布的国家历史文化名城、中华民族重要的发祥地。人文始祖黄帝曾居住在这一带,闻名中外的黄帝陵就位于延安市黄陵县。延安,也是中国革命圣地。1935年10月,中共中央和中央红军长征到达吴起镇,延安成为中国革命的落脚点和出发点,中国共产党以延安为中心建立了陕甘宁边区。建国后,延安成为全国革命根据地城市中旧址保存规模最大、数量最多、布局最为完整的城市。延安时期,延河是党中央和陕甘宁边区的重要水源,因此被称为中国革命的母亲河。延河与宝塔山是延安的重要地理标志。

延河的重要支流

　　延河流域内长度在2~10公里的小支沟155条,长度在10公里以上、流域面积在100平方公里以上的河流22条。

　　西川河,延河支流,由西向东于宝塔区兰家坪汇入延河。发源于志丹县曹新庄,因在延河西部而得名。

　　南川河,延河支流,发源于宝塔区南泥湾镇,由南向北于宝塔山下汇入延河。

　　杜甫川,延河支流,发源于宝塔区万花乡,因唐朝诗人杜甫游历时两次路过此处留下足迹而得名,由西向东于宝塔区杜公祠附近汇入南川河。杜甫的《月夜》《塞芦子》《望春》《三川观水涨》《玉华宫》《羌村》等诗歌记录了他的两次陕北之行。七里铺一石庵下相传为杜甫头枕麻鞋、避风夜宿之处,后人便在此处凿成石室,建起杜公祠。公元1040年时任延州知事范仲淹题写的"杜甫川",公元1843年肤施县知事陈炳林题写的"少陵川",毛泽东在延安时题写的"诗圣",均被刻在祠内的石崖上。

杏子河,延河支流,发源于靖边县大路沟乡关圣塌,由北向南经志丹县,由王窑乡井庄入安塞区境,经王窑、招安、沿河湾3个乡(镇)在安塞县沿河湾镇黄崖根汇入延河。

党中央和中央红军进驻延安

1937年1月13日的肤施城,沸腾了!县城的百姓,包括城乡民众、机关干部、红军战士、学生、从十里八乡来的赤卫军和农民,以及从甘泉、延长、子长、安塞专程赶来的群众代表四五千人,沿着延河岸从城北门口向北一直排到大砭沟,他们一大早就站在道路两旁,翘首等待着一支特殊的军队到来。

1935年10月,中国共产党中央领导的中央红军长征到达吴起镇(时属保安县,今吴起县),从此,中国革命的大本营就从南方转移到了陕北。1936年12月12日,西安事变爆发。应张学良、杨虎城电邀,驻守在志丹县(原保安县,为纪念刘志丹,当年6月更名)的中共中央派周恩来、博古、叶剑英等前往西安协商、解决西安事变事宜。

延安,中国西北边塞重镇,隋大业三年(607)设延安郡,此时改称肤施,陕西省直辖。全城面积0.56平方公里,人口不足三千。西安事变后,驻守肤施的国民党东北军撤出,城内只有留守的民团和保安队千余人。先期,周恩来派黄春甫(又名江华)通知陕北红一团团长黄罗斌准备接收延安。1936年12月16日,周恩来来到肤施,当晚住在杜甫川北岸的马家湾延安工作委员会临时办事处。17日,红一团团长黄罗斌护送周恩来前往肤施城东郊延河岸边的飞机场,准备乘张学良、杨虎城两位将军派来的飞机,在张将军派来的刘鼎陪同下飞往西安。飞机起飞前,国民党肤施县县长高锦尚前来送行,周恩来与他交流分析了西安事变发展的可能性,希望他加入到抗日统一战线中来。

12月18日凌晨两点,高锦尚带民团从延河岸边的东门逃出,顺延河向榆林方向撤退,黄春甫立即命令驻清凉山和宝塔山的一、二连,警卫南门、东门和北门,同时,将县府、党部机关看管保护起来。天亮后,黄春甫率领红一团进城,和平接管肤施。之后,党中央决定由志丹迁往肤施,1937年2月,借延安府旧名改肤施城名为延安。

1937年1月初,中央警卫团团长黄霖带领警卫部队到达延安,在红一团的配合下为党中央进驻延安做准备。1月10日,毛泽东等中央领导从保安动身,行进23公里,傍晚到达志丹县侯市寺儿台;1月11日早上,从寺儿台出发,沿延河支流杏子河川道,行走30公里,到达安塞县王窑高沟口;1月12日,从高沟口出发,依旧沿杏子河川道,行走30公里,到达安塞碟子沟;杏子河在碟子沟附近黄崖根汇入延河。1月13日,从碟子沟出发,沿延河川道,行走25公里,到达肤施。

中央警卫团团长黄霖和延安抗日救国会主任曹华山带着各界群众代表赶到离城八九里的杨家湾路口迎候毛泽东等中央领导。

下午4时左右,毛泽东、张闻天、任弼时等中央领导从延河西渡河,顺着延河岸边的一道砭走向前来迎接的人们。在黄霖的介绍下,毛泽东同前来迎接的代表一一握手问好。当队伍继续行进到大砭沟口时,等待已久的欢迎队伍远远地就欢腾起来,他们挥舞着五颜六色的三角小纸旗,"欢迎抗日领袖"的口号声和欢呼声此起彼伏,锣鼓声更是响彻肤施山城。毛泽东身着普通战士军服,手牵小红马,微笑着频频向欢迎的人群挥手致意。毛泽东等中央领导经北关、进北门、过钟楼,来到抗日救国会的驻地。当晚,毛泽东就住在延河岸边二道街罗家院的东厢房。

朱德总司令进城的时间要更早一些,下午约3点左右进入肤施城。

1月14日上午,在延安城防司令部和抗日救国会共同主持下,延安大操场举行了盛大的军民联欢大会。部队官兵、机关工作人员和群众挤坐在操场上。时任中央组织部副部长的郭洪涛主持大会并致欢迎词。毛泽东发表了讲话。他号召军民要团结一致,抗日救国;加紧生产,支援前线;加强统一战线,一致对外,中国人不打中国人。他还强调,日本帝国主义侵略中国,给中国人民带来了深重的灾难,各界人士和群众今后要事事讲抗日,处处为抗日做贡献。

抗日救国会副主任马生有代表延安人民致辞,热烈欢迎党中央、毛泽东进驻延安,同时也表达了在党中央和毛泽东的领导下,坚决团结一致,把抗日救国斗争进行到底的决心。

1936年12月26日,西安事变和平解决,国共双方为联合抗日开始了第二次合作。1937年9月,国民政府陕甘宁边区成立,10月,延安市政府成立,直隶边区。边区辖23个县,即陕西的肤施、甘泉、鄜县、延川、延长、安塞、安定、保安、靖边、定边、淳化、栒邑、吴堡、清涧、绥德、米脂、葭县,甘肃的正宁、宁县、庆阳、合水、环县、镇原,宁夏的花马池、榆林的神府区、关中的部分地区则为边区政府的募补区,受边区政府的直接管辖。

延安,这座具有悠久历史的高原古城从此成为中国革命斗争的指导中心和总后方,中国共产党在这里高高举起了抗日民族统一战线和爱国主义的旗帜,毛泽东等老一辈无产阶级革命家在黄土高原的窑洞里运筹帷幄,决胜千里。延安成为举世闻名的革命圣地,也成为中国共产党成功实践局部执政举措的实验场。而延河,静静地穿延安城而过,在那些伟大的日子里,她曾见证了中央红军进驻延安,之后,随着中国革命的风起云涌,她又见证了党的事业的发展壮大,见证了党带领中国人民去积极争取抗日战争和解放战争的胜利,见证了中国共产党从延安走向全中国!

延河岸边的枪声

1937年10月5日,延安城发生了一起震动全国的事件——抗日军政大学三期六队队长黄克功因求爱不成在延河岸边枪杀了陕北公学青年学员刘茜。

黄克功(1911—1937),江西南康人,红军团级干部。1927年参加革命,1930年参加中国工农红军,同年入党。黄克功是经历过井冈山斗争和二万五千里长征考验的红军战士,在二渡赤水的娄山关战役中立过大功,先后任红军班长、排长、连长、营政治教导员、师政治部宣传科长、团政委,在抗大三期学习之前,是二期15队队长。刘茜(1921—1937),本名董秋月,山西定襄人,从小家庭条件优越,但感怀国难,心向革命,在中学读书时,就成为当地民族先锋队负责人。卢沟桥事变后,她积极响应中国共产党的号召,突破敌人重重封锁线来到延安,于1937年8月进入抗大15队学习,因学习努力,工作踏实,被校领导誉为"年龄最小,表现最好的学员"。在15队学习期间,刘茜与黄克功相识,短暂接触后两人开始恋爱。

1937年9月,陕北公学成立,刘茜随抗大15队全体成员转入陕北公学学习。黄克功则被任命为抗大三期6队队长。因从小生活在不同的成长环境,两人的性格有着明显的差异,黄克功年轻有为、军功累累,但性格霸道、爱猜忌,刘茜能歌善舞,渴望浪漫的精神恋爱和彼此的独立和尊重,距离拉开后,性格差异很快引发矛盾,二人关系开始疏远。黄克功希望尽快结婚化解矛盾,刘茜则拒婚并提出分手。1937年10月5日傍晚,黄克功邀请刘茜在延河岸边散步谈心,以解决二人之间的矛盾。当夜,刘茜一夜未归,第二天早上,到处找寻她的校友在延河岸边的一块石头旁发现了身重两枪、倒地身亡的刘茜。她的战友、曾经的爱人黄克功把本该射向敌人的子弹射向了她,年仅17岁的刘茜,满怀报国情的爱国青年就这样死在了革命的大后方。

事件发生后,震惊了整个陕甘宁边区,国民党的党报《中央日报》将之作为"桃色事件"大肆渲染,诬蔑边区政府"蹂躏人权",引发了一些人对中国共产党的质疑。党中央、中央军委、边区政府则对这一案件高度重视,党中央和中央军委专门召开会议进行了讨论。边区法庭在延河岸边举行了由学校、部队和机关干部万余人参加的公审大会,严格按照边区法律进行公开审判。法庭宣读了毛泽东慎重考虑后作出的批示,批示里十分痛心地说:"一个共产党人员、红军干部而有如此卑劣的、残忍的、失掉党的立场的、失掉革命立场的、失掉人的立场的行为,如赦免他,便无以教育党,无以教育红军,无以教育革命。"最后,黄克功没有因为15岁就参加革命,和毛泽东一起在井冈山最艰苦的岁月里扛枪闹革命,给党和革命作出累累贡献而法外获情,被依法判处死刑,审判大会后立即被执行了枪决。而这时的党中央,刚刚进驻延安不久,干部人才奇缺,党中央和毛泽东真是"挥泪斩马谡"啊!

这一案件的依法审判,充分体现了中国共产党党纪的严明、党中央对党风军纪整肃的决心、边区政风的清廉和边区法庭依法审判的能力。以严明的党风、军纪和清廉政风为本质内涵的"延安作风",如延河般,虽在平日里平和安静,在暴雨来临时,却波涛汹涌、雷霆万钧,在党员干部心中成为震慑党风军纪和政风的达摩克利斯剑。而"延安作风"在党中央的精心培育下,在延安时期不断发扬光大,成为中国共产党最终夺取全国政权的重要原因之一。

杨家岭的早晨

1978年全日制十年制小学语文课本里,有一篇文章《杨家岭的早晨》,讲的是毛泽东在延安的杨家岭住的窑洞旁,用延河水给亲手耕种的菜地浇水的故事。文章很短:

太阳刚刚升起。毛主席走出窑洞,来到他亲手耕种的地里。

毛主席一手扶着水桶,一手拿着瓢。瓢里的水缓缓地流到小苗上。毛主席身边的小八路端着水,望着小苗笑。他好像在说:"小苗啊小苗,你喝了延河的水,长吧,快长吧!"远处,八路军战士也在忙着挑水浇苗。

杨家岭的早晨,一片金色的阳光。

故事里的情节,发生在1942年底到1945年,党中央在陕甘宁边区发动的军民大生产运动时期。

党中央进驻延安前,延安的地理位置虽重要,经济发展却非常落后。辖区的非农业人口有14 000人,占总人口的1%。党中央进驻后,非农业人口迅速增加。1941年底,迅速达到了17万人,占到了总人口的12.5%。而整个陕甘宁边区的财政基本依靠外援,国民党发的军饷和民主人士、海外华侨的援助一度占到边区财政收入的70%以上。抗日战争进入相持阶段后,日军对华策略进行调整,将其主要的侵华军事力量转向各敌后抗日根据地,实施了残酷的"三光"扫荡政策,1937年到1941年,日本飞机17次轰炸边区。1941年1月,皖南事变发生,国民党全面停发八路军军饷,并对陕甘宁施行了严酷的军事包围和军事封锁。1939年到1942年,边区连年发生了自然灾害。重重重压下,边区发生了严重的财政困难,1941底,边区财政赤字竟达到了500多万元,占到了整个边区财政支出的一半以上。

面对困难,怎么办?毛泽东代表党中央作出了掷地有声的回答:"饿死呢?解散呢?还是自己动手呢?饿死是没有一个人赞成的,解散也是没有一个人赞成的,还是自己动手吧——这就是我们的回答。"

1942年12月,在总结前期抗战经验和发展边区经济、开展生产运动的基础上,毛泽东在西北局高干会上作了《经济问题与财政问题》的报告,提出了"发展经济,保障供给"的总方针,1943年2月,毛泽东在一份电报中强调:今年决定大力发展农工盐畜生产,提出丰衣足食口号。之后到1945年,党中央向全党全边区发出了大生产运动的号召,整个边区的机关干部、学校师生、老百姓纷纷投入到生产一线。而在此之前的1941年,八路军指战员已经开赴南泥湾、大风川、槐树庄等地进行屯田生产,王震旅长率领的359旅,将昔日的"烂泥湾"南泥湾改造成了"陕北的好江南",359旅也成为大生产运动中的典范。

毛泽东、朱德、周恩来、任弼时等中央领导都以身作则,带头种地纺线。文前提到的故事,说的就是1943年初发生的事。当时,毛泽东在繁忙的工作之余,也在他住的杨家岭窑洞的山坡下开垦了一块荒地,种上了辣椒和西红柿,每天天刚麻麻亮,习惯了晚上办公的毛泽东就会放下耕耘了一夜的笔,在晨曦中背着锄头带着桶下地去除草浇水。地里种的菜,他不仅自己吃,还用来招待客人,收获的辣椒晒成干还送给过当时苏联的最高领导人斯大林。党中央领导人带头开荒种地纺线的做法,在当时起到了很好的示范作用,极大地振奋了边区军民战胜困难的决心和信心。

在整个边区火热的劳动热情推动下,全区的耕地面积由1941年的1 213.216 9万亩增加到1945年的1 425.614 4万亩。1943年,边区获得极大丰收,粮食产量由1941年的45.586万石增加到181.221 5万石,不仅可以自给自足,还有余额可供出口。棉花产量也由1941年的100万斤增加到1944年的400万斤。1944年,边区财政收入已经打了翻身仗,当年依靠自己生产的部分迅速增加了63.79%。到1945年底,边区的农业、工业、手工业、运输业、畜牧业、商业都得到了长足发展,有力地战胜了边区的严重经济困难,为抗日战争的胜利打下了扎实的经济基础。在战胜困难的过程中,共产党以革命者大无畏的胆识与气魄孕育了以艰苦奋斗精神为本质特征的延安精神,从此之后,中国共产党人拥有了永恒的精神家园,而延河,作为延安的主要水源,在这次军民大生产运动中,在边区的农业、工业、手工业、畜牧业的发展中都发挥了重要的支撑作用。

枣园幸福渠

枣园,距离主城区10里路,曾经是中共中央书记处的驻地,中共中央五大书记毛泽东、刘少奇、周恩来、朱德、任弼时和党的高层领导张闻天、彭德怀都在这里居住过。如果你今天去那里学习参观,会看到一条水

中国河湖的
红色记忆
RED MEMORIES OF RIVERS AND LAKES IN CHINA

渠——幸福渠穿园而过,这条水渠正是延安时期党和人民军队与百姓鱼水深情的生动见证。

1940年4月的一天,枣园周围的乡亲们像过节日一样呼朋唤友,携家带口早早就来到了枣园。大家都围在了院子右侧靠近山坡处的一条水渠旁。"水来了,水来了。"清澈的延河水从水渠中由远及近,几个乡亲迫不及待地用水瓢把水舀进了早已经准备好的桶和盆中,就近浇到了水渠旁的菜地里。当第一股渠水流进干渴的土地时,乡亲们热烈地欢呼起来:

"党中央给大家办了这么件大好事!"

"这下旱地变水地了么!"

"这下再也不用到河里去挑水了!"

"这能省下多少劳力了么!"

乡亲们你一言,我一语,欢笑声回荡在枣园的上空,久久不散!

这条引来四方群众欢欣的水渠正是由边区建设厅工程师丁仲文设计,群众集资与政府资助,中央机关、警备团和百姓们共同引延河支流西川河水在枣园川(延河支流西川河枣园段川道)修建的。水渠北起裴庄,南至枣园,全长6公里。水渠修好后,附近150公顷左右,以往只能靠天吃饭的川地变成了旱涝保收的水浇田,枣园川里的乡亲们从此丰衣足食了。当大家商量着给水渠起名时,乡亲们都说,这是共产党和人民军队给大家送来的幸福,就叫"幸福渠"吧。

眨眼30多年过去了。1974年10月1日北京中国美术馆举办了一次美术作品展——纪念中华人民共和国成立二十五周年全国美术作品展览。展览会上,一幅巨幅画作吸引了众多参观者的目光,成为当时展览规模最大、综合性最强的全国美展代表作。会后,这幅作品作为全国美展的宣传画广为发行。这幅作品宽2.1米、长2.3米,是由陕西省文化局领导下的"秦文美"美术创作组共同创作、中国人物画泰斗刘文西主笔的,作品名字就叫"幸福渠"。画面上,毛主席兴高采烈地与一群农民和八路军战士看着幸福渠开闸放水、亲切交谈,手拿铁锹的八路军战士和老乡们围绕在主席周围,脸上洋溢着幸福的笑容。幸福渠水在画面的正中流过,一位陕北老汉捧起一捧渠水,儿童们手拿锣鼓、绸缎扭起了秧歌。近处,桃花盛开,远处,梨花怒放。整个画面充盈着幸福而祥和的喜气,表现的正是延安时期,在党中央的带领下,军民联手一起共同劳动、修渠引水,一起共度节日、互致祝福的和谐场面。

　　如今的枣园川里早已修起了绿荫轧地的西北川公园和一排排现代楼房，成为延安人茶余饭后休闲的场所。枣园，作为中共中央书记处的旧址、五大书记在延安时期的旧居，向公众免费开放，幸福渠则静静地穿行在园中，与枣园的六角楼（中央书记处小礼堂）、半山腰上毛泽东住过的窑洞一起，迎候着从祖国各地来延安瞻仰学习的游客，一起亲历着新中国军队与人民始终如一的鱼水深情。

▲ 塔山远景与延河、延安城（石鸿奎　摄）

延安的标志与象征——宝塔山

　　延安市从地貌上看，是典型的三山（凤凰山、清凉山、宝塔山）夹两川（延河、南川河）的狭长布局。延河主河道自西向东、南川河自南向北穿城而过，在宝塔山脚下相汇改向东流。宝塔山，位于延河与南川河交汇处的东南角，海拔1 135.5米，古称丰林山，宋时改名为嘉岭山，因山上有座镇河宝塔又称宝塔山。宝塔山是融自然景观与人文景观为一体、历史文物与革命旧址合二而一的著名风景名胜区。山上现建成宝塔山公园，林木葱郁，环境优美，视野开阔，空气清新，夏季平均气温较山下低3～4摄氏度，是消夏避暑的好地方，也是游览延安的必去之地。

中国河湖的
红色记忆
RED MEMORIES OF RIVERS AND LAKES IN CHINA

山顶宝塔与宝塔山是革命圣地延安的标志与象征。宝塔建于唐代。共九层，高44米，八角形砖塔。塔底层两个拱门门额上分别刻有"高超碧落""俯视红尘"字样。塔内有阶梯，可登塔顶，塔顶可观全城风貌。山上有嘉岭书院、摘星楼、范公井、烽火台等古迹。山底历代遗留摩崖石刻群和碑林，最著名的是范仲淹题刻的"嘉岭山"和"胸中自有数万甲兵"等题刻。

1937年9月，八路军在平型关战役中取得了中国军队对侵华日军的首次大捷，10月，又在阳明堡烧毁日军飞机24架。1938年3月，日军在进攻我陕甘宁边区和东部黄河防线战斗中失利。一连串的失败后，日军采用了空袭手段进行报复。1938年11月20日，设在宝塔山上的防空警报大钟（明崇祯年间铸造，击之声彻延安全城，至今仍留存在塔旁）敲响了，日军的七架飞机飞临延安城上空开始投弹。一时间，人声马嘶，黄尘飞扬，房屋倒塌，人员伤亡较大，当晚，中央机关、单位、学校、群众紧急疏散到了城外。第二天，敌机再来时，除一些房屋受损外，再无一人受伤。后据1946年3月10日《解放日报》统计：抗战期间，日机共轰炸延安17次，投弹1690枚，伤亡398人，毁坏房屋近两万间，毁坏粮食34.4万斤，给延安的经济社会发展带来了很大的破坏和影响。

作为延安的最高建筑，宝塔山上的宝塔是当时日军锁定延安轰炸的地标性建筑。今天，有很多人会问，宝塔为什么没有在数次轰炸中被炸毁呢？

对日本人来说，当时的延安方圆几百里都是黄土丘陵，宝塔就成为从空中识别延安的唯一地标，炸毁了宝塔，日本飞机无法在空中找到延安，所以日本人是不会主动炸毁宝塔的。

轰炸事件发生后，曾有人向毛泽东建议，为了延安人民与中央机关的安全考虑，主动炸毁山上宝塔，让日军飞机找不到地面目标。毛泽东认为，祖宗之物不可毁！此后，就再无人提及此事，宝塔被保留了下来。当年，革命青年奔赴延安，把宝塔当作心中向往的圣物，中国共产党的精神标识；今天，宝塔依然是中国共产党人精神家园——延安的象征与地标性建筑。很多游客来到延安，都要去爬宝塔山，登临宝塔，在山顶俯瞰延河水在山脚下交汇后奔向黄河。每当这时，他们也一定会遥想当年，毛泽东和党中央在这个小小的西部古城挥斥方遒，指挥着千军万马，带领着中国人民走向胜利的种种场景吧。

新文艺的发祥地——桥儿沟

延安时期,党中央非常重视干部人才的培养,在延安这个小小的弹丸之地,先后创办了抗日军政大学、中央党校、陕北公学、鲁迅艺术文学院等数十所干部院校,为抗日战争、解放战争培养了大量的军事、经济、文化、社会发展的人才,为建立和建设新中国发挥了重要作用。延安时期,来自五湖四海的革命青年和有识之士,为坚持马克思主义信仰,为中华民族的解放,为中国人民的未来,以"只要还有一口气,爬也要爬到延安城"的毅力,冒着生命危险长途跋涉奔向延安。来到延安后,有很大一批革命青年进入了各类学校,学习相关知识,之后又奔赴战场,奔赴各抗日革命根据地和解放区,将他们在延安学的各类知识运用到革命发展需要的各个场合中去。

延安市宝塔区城东桥儿沟村,延河北岸的鲁迅艺术文学院就是其中的一所学校,她是中国共产党在延安成立的第一所培养革命文艺专业人才的学府,由毛泽东、周恩来、林伯渠、徐特立、成仿吾、艾思奇、周扬七人联合发起,于1938年4月10日正式成立。延安时期鲁艺造就了大批抗战所需的艺术人才。同时,一大批新中国卓有成就的作家与艺术家,在这里创作了《黄河大合唱》《兄妹开荒》《白毛女》等大量极具时代特征和民族特色的优秀艺术作品,成为民族文化的珍贵宝藏。鲁艺也因此成为党的文艺事业的坚强堡垒和核心,成为新中国文艺事业的发祥地。

贺敬之是这些优秀的艺术家中的杰出代表。贺敬之出生于大运河畔一个贫穷的农民家庭。上小学的时候,在进步教师的影响下,他就了解到中央红军经过二万五千里长征后到达了延安。当时的延安就像一道光,有理想,有民主,有革命,更有未来和希望,成为包括贺敬之在内的很多进步青年心中向往的圣地。1940年历经磨难逃亡到四川的贺敬之,决定与三位伙伴一起奔赴延安。在去延安的头天晚上,一位同学带回了一本杂志《七月》。这期杂志上登载了七月派诗人鲁藜创作的《延河散歌》和鲁艺的招生简章。《延河散歌》中洋溢的革命主义浪漫情怀打动着他,而简章则给他带来了更为热切的期盼。到延安去!到鲁艺去!参加革命的同时,也可以做自己喜欢的文学工作!

16岁的贺敬之与无数革命青年一样,就这样奔赴延安。艰苦的长途跋涉后,远远的延安城近了,城门上,安澜两个字在阳光里闪着金色的光芒,城门旁,延河水潺潺流淌,宝塔山巍然耸立。满脸笑容,身着朴素灰色军装的人们把他领入了一个新的天地!

他来到了距城七里之外延河北岸的桥儿沟,交上了自己在赴延安途中写下的组诗《跃进》,这些作品显露了他在诗歌上的才华,鲁艺文学系的主任何其芳决定录取他。他进入鲁迅艺术文学院文学系学习。

每天清晨,他早早醒来,和学员们在延河边跑操;傍晚,他们一起在延河边散步探讨交流,在延河里洗衣沐浴,洗去一日的疲乏。延河岸边东升西落的太阳,慈爱地看着这个年轻人的进步与成长。

更多的时间里,他如饥似渴地吮吸着知识的养分:周扬给他们上马克思主义文艺理论课,周立波给他们上名著选读课,还有何其芳给他们上诗歌课。知识如涓涓细流流入他心海,在他心里泛起涟漪,最终变成了一朵朵诗的浪花流淌出来。他先后创作了《自己的睡眠》《七月》《雪花》等诗歌。1941年,日本侵略者疯狂地扫荡革命根据地,国民党再次掀起反共高潮,革命形势深刻地影响着这座延河边的艺术殿堂,他把创作的视角转向了阶级的苦难,《小花姑娘》《红灯笼》等作品应用而生。

1942年,在杨家岭,党中央召开了延安文艺座谈会,会上毛泽东作了《在延安文艺座谈会上的讲话》,明确指出了艺术的人民性和革命性,艺术的普及与提高,也强调了文艺的源泉来自于人民,实现了马克思主义文艺理论的中国化。讲话后,受鲁艺领导人的邀请,毛泽东专门到鲁艺做了一次演讲。坐在台下的贺敬之受到了很大的启发,也让他找到了文学创作新的方向。在写作秧歌剧的过程中,他先后创作了热情讴歌大生产运动、至今仍然在广为传唱的《南泥湾》,传达陕北农民团结闹翻身火热情感的《翻身道情》。这些作品,以老百姓喜闻乐见的形式表达出来,激发了更多的革命与生产热情,也充分展现了革命时代文艺作品的重要作用。

1944年在深入生活和参加秧歌剧创作的基础上,贺敬之接受了创作任务,以白毛仙姑的传奇故事为题材,与人合作写下了中国歌剧史上具有里程碑意义的新歌剧《白毛女》。歌剧上演之后,引起了苦难深重的低层人民的强烈反响与共鸣,成为中国共产党带领人民与旧社会、与反对派进行斗争的有力武器。这一剧作,将西方艺术的表与中国传统文化的里充分结合起来,通篇散发着极具特色的艺术魅力,至今仍然在感染和教育着一代又一代的中华儿女。

1956年,贺敬之再次回到了延安,再次见到了一起生活过的父老乡亲,也看到了新中国摇篮延安的变化和发展,他心情激动地再次挥笔,写下了饱含深情的《回延安》,也写下了他对延安的深沉眷恋。

贺敬之,是当年无数奔赴延安的知识青年的杰出代表,党和人民培养了他,他也回馈给党和人民优秀的文学作品,这些作品,如星辰,永远在星海里发散着熠熠光芒。

今天,桥儿沟仍然保留着鲁迅艺术文学院音乐系、戏剧系、美术系及工作人员住过的石窑52孔(含两个过洞),平房13间,与六届六中全会旧址"桥儿沟教堂"一起,成为前来延安参观学习的游客的"打卡"地。

百姓心中的总理桥

宝塔桥位于延安市中心,横跨南川河,距南川河与延河交汇口约150米,长86.94米,为6孔钢筋混凝土板桥。1973年6月9日,周恩来回到延安。当天中午,他想登上宝塔山看看延安城全貌。当时宝塔山脚下并没有桥,周总理只能乘坐吉普车涉水过河,小车不慎陷入淤泥里。正当陪同的延安市领导和警卫总理的人员不知所措时,延安的百姓一传十十传百,纷纷从四面八方赶来,他们合力将周总理乘坐的小车稳稳地抬过了河。这次回延安,总理感慨万分,新中国已经成立24年了,可为新中国的成立作出卓越贡献的延安人民,日子依然过得很苦。回到北京后,周恩来总理专门作出批示,1974年陕西省政府拨专款40万元在宝塔山下修建了宝塔桥。这座桥大大便利了延河两岸百姓们的生活,乡亲们就亲切地称这座桥为"总理桥"。

宝塔桥曾为延安的经济发展和人民群众的生产生活发挥了重要作用。但随着延安经济的发展,每天从桥上经过的车辆越来越多,由于桥面狭窄,桥上只有两个单向车道,没有非机动车道,经常发生交通拥堵,人行道、栏杆和灯柱也大面积破损,后经鉴定,该桥"已不能满足现行桥梁负荷作用的要求,成为一座危桥",拆除重建后的新桥长85米、宽24米,与宝塔山交相辉映,成为市区新的景观。

中国河湖的红色记忆
RED MEMORIES OF RIVERS AND LAKES IN CHINA

▲ 宝塔山与延河大桥(石鸿奎 摄)

延安精神代代传,生态发展谱新篇

今天,我们回顾延安时期共产党人在延安艰苦创业的历程,可以清晰地看到,正是中国共产党艰苦环境中形成的延安精神发展了中国共产党,壮大了人民军队,锻炼了一支忠诚于党的事业、干干净净干革命、有使命有担当的干部队伍,培育了党与群众的血浓于水的党群干群关系。建国后,党的历任最高领导人都多次论述过延安精神。1949年10月26日,毛泽东同志在《永远保持艰苦奋斗的作风》一文中指出,"全国一切革命工作人员永远保持过去十余年间在延安和陕甘宁边区的工作人员中所具有的艰苦奋斗的作风。"1980年12月25日,邓小平同志在《贯彻调整方针,保证安定团结》一文中指出,"我们一定要宣传、恢复和发扬延安精神,解放初期的精神。"1989年9月,江泽民同志在延安视察时强调,"自力更生、艰苦奋斗的延安精神没有过时,抗日战争、解放战争的艰苦岁月要发扬延安精神;社会主义初级阶段,也离不开延安精神。"2006年1月,胡锦涛同志在在延安考察工作时强调,"延安精神是我们党的性质和宗旨的集中体现,是我们党的优良传统和作风的集中体现,是中国共产党人崇高品德和伟大情怀的集中体现。"2015年2月,习近平总书记在陕西考察调研时指出,"老一辈革命家和老一代共产党人在延安时期留下的优良传统和作风,培育形成的延安精神,是我们党的宝贵精神财富。"2020年4月,习近平总书记在陕西考察调研时指出:"要坚持不懈用延安精神教育广大党员、干部,用以滋养初心、淬炼灵魂,从中汲取信仰的力量、查找党性的差距、校准前进的方向。"延安精神在中国共产党精神谱系中有着重要地位,作为延安精神的形成与培育地的延安人民牢记党的嘱托,在党的关怀下,将延安精神化为行动动力,自觉投身于延安的各项事业建设中。

从府谷到潼关,黄河在陕西蜿蜒700余公里,在流经生态脆弱的黄土高原后,黄河泥沙俱下,据统计,黄土高原平均年天然输沙量达16亿吨。延河,作为黄河中游的重要支流,2000年左右每年给黄河的输沙量则为2.58亿吨,占到总输沙量的1/6。20多年来,延安人民秉持延安精神,在习近平总书记提出的"绿水青山就是金山银山"的发展理念指引下,在中央以粮代赈政策的扶持下,在全国率先启动退耕还林建设,封山禁牧,在延安这块红色土地上展开了"久久为功"、波澜壮阔的"绿色革命"。今天,延安,成为证明"绿水青山就是金山银山"的成功范例,以延安为核心的黄土高原已经成为全国连片增绿幅度最大的地区,植被面积达1 077.46万亩,植被覆盖度达到81.3%,为世界提供了一个短期内生态修复的"中国样板"。延安的降雨量也大为增加,由原来的年300多毫米增加为550毫米以上,城区天气优良天数达到323天。而延安生态环境的变化大大缓解了延河的输沙量,目前,延河输沙量已减少为每年0.31亿吨,降幅达88%,水源涵养能力达到6亿立方米,仅涵养水源一项的生态效益价值量就达53.21亿元。延安,为中国的母亲河黄河的水土涵养作出了重要贡献。仍然是宝塔区(1997年延安撤地设市,原延安地区改为延安市,原延安市改为宝塔区)人民的重要饮用水源延河,一度也因为经济发展而河水日渐干涸和污染。"十三五"期间,在新一届党中央提出的三大攻坚战和习近平生态文明思想的指引下,延安市人民发扬艰苦奋斗的延安精神,对延河流域进行了专项治理,流域水生态显著改观。2019年,延安市又开展了城市"双修"工作,按照"生态延安、圣地延安、幸福延安"的三大目标,生态修复和城市修补双管齐下治理延河两岸建筑和河道。现在,延河岸边大批棚屋拆迁,多个岸边公园和河道公园让河岸变绿,加上二十年的退耕还林政策显著成效,延河水越来越清,青山、绿水、蓝天、白云掩映下的延河已从以前的"一道水沟"变成了百姓家门口的"生态公园",2019年,延安荣获了"中国十佳绿色城市"。曾经黄沙肆虐的延安,真正变成了"陕北的好江南"。

斗转星移,时光流转,中共中央离开延安已有70余年,而延安精神一直伴随着滚滚延河水,超越时空界限,在新时代里仍然散发着永恒的光芒。

参考文献

[1] 黄超.历史不能忘记系列——抗战中的延安[M].北京:中国出版集团,中国民主法制出版社.2015.

[2] 贺海轮.延安岁月[M].西安:陕西人民出版社.2004.

[3] 南征.语文课里的延安[M].西安:陕西新华出版传媒集团,陕西人民教育出版社.2018.

[4] 孙玉玲,闫伟东,闫晓艺,闫晓天.解读延安精神[M].西安:陕西新华出版传媒集团,陕西人民出版社.2015.

[5] 延安市地方志编纂委员会.延安市志(1997—2010)[M].西安:陕西新华出版传媒集团,陕西人民出版社.2018.

东渡黄河驱虎豹，同仇敌忾保家园
——黄河纪事

▲ 黄河远上九曲流（孟凯 摄）

在中国北方，有一条浩浩荡荡的"几"字形长河，流淌亿万年，绵延数千里，孕育了华夏文明。这就是中华民族的母亲河——黄河。这一温暖、亲切的身份背后，是一个古老民族说不尽、道不完的岁月故事。

习近平总书记强调要深入挖掘黄河文化蕴含的时代价值，讲好"黄河故事"，为实现中华民族伟大复兴的中国梦凝聚精神力量。

奔腾不息的黄河，蕴藏着排山倒海的力量。古今多少战事，都沿河而举。进入近代以来，在中国共产党的领导下，这条翻滚跃动的长河在争取民族独立、人民解放和实现国家富强的伟大征程中，书写了可歌可泣的红色篇章，留下了感人至深的红色故事，锻造出永放光芒的红色文化。

▲ 黄河上游段（孟凯　摄）

红旗漫卷　东渡黄河

  1937年8月下旬，暑热未消，陕西韩城的黄河岸边红旗漫卷，这是从陕北出发的"国民革命军第八路军"第115师的先遣部队，正准备东渡黄河开赴华北抗日前线。此情此景，在《抗日将士出征歌》中得到了形象的颂唱："全国动刀兵，一起来出征。……红日照征程，敌后出奇兵。……今番渡得黄河来，要把敌人消灭净。"

  一个多月前的7月7日，侵华日军发动了震惊中外的卢沟桥事变，企图以武力征服中国。就在卢沟桥事变发生的第二天，7月8日，中共中央率先向全国发出通电，大声疾呼："平津危急！华北危急！中华民族危急！只有全民族实行抗战，才是我们的出路。"号召"全中国同胞，政府与军队，团结起来，筑成全民族统一战线的坚固长城，抵抗日寇的侵掠"[1]。7月14日，毛泽东等致电叶剑英，要他转告蒋介石，"红军主力准备随时出动抗日，已令各军十天内准备完毕，待令出动"[2]。同时，要红军各路将领到云阳集中，讨论红军改编问题，并对红军参战、部队编制等做了周密的部署。7月15日，中国共产党在递交给国民党的《中共中央为公布国共合作宣言》中再次重申：

"取消红军名义及番号,改编为国民革命军,受国民政府军事委员会之统辖,并待命出动,担任抗日前线之职责。"[3]

然而,中共在南京与国民党的谈判并不顺利,蒋介石迟迟不予答复,只到八一三淞沪抗战爆发,谈判才有了转机。8月18日,蒋介石表示同意朱德、彭德怀为八路军正副总指挥。22日,国民政府军事委员会正式宣布了八路军的番号。据周恩来后来的回忆:"他(蒋介石)从庐山跑回来,觉得这是全面战争了,才发表了八路军的番号,紧跟着又发表了十八集团军的番号,要我们的军队去打仗。"[4]

8月25日到27日,中共中央在洛川召开会议,毛泽东在会上明确提出,红军在抗日战争现阶段的战略方针以游击战争为主。此次会议还通过了《抗日救国十大纲领》,并公诸于世。25日,中央军委正式发布《关于红军改编为国民革命军第八路军的命令》,数万名身经百战的红军将士摘下红五星,换上了带有青天白日徽章的国民革命军军服。改编完成后,八路军总部和第115师、第120师、第129师三支主力部队分别在三原县、泾阳县云阳镇和富平县庄里镇举行抗日誓师大会。朱德在云阳镇主持了红军改编大会,宣读抗日誓词:"为了民族,为了国家,为了同胞,为了子孙,我们只有抗战到底!"

自8月22日起,八路军总部及其下辖的3个师3万多人,在朱德总指挥的率领下,出师开赴华北,取道韩城从芝川渡口东渡黄河。

自古黄河拥天险,渡河如渡关。八路军为什么选定韩城渡河?这是个深思熟虑后的结果。毛泽东主席详细查阅了地图和相关历史、地理资料,发现芝川黄河古渡口自古以来就是兵家必争之地,有着非常特殊的地理位置。出老芝川城南门,往南约70米的原上,有西汉太史令司马迁的太史祠,下原往东约100米,便是芝川古渡,一个从渭北过河去山西的重要码头。当时黄河河面宽阔,最宽可达10公里,水流湍急,宛如天堑,为数万大军渡河增加不小的难度。然而这里群众基础很好,有健全的中共党组织,有利于隐蔽而又安全的渡河行动。八路军从这里渡河,既可规避从平汉铁路东进旋即就要与日军正面交锋的局面;也可经此进入山西,开赴前线,便于统一领导,相互策应,避免力量分散而遭遇不测;更有利于在敌后开展独立自主的游击战争。

8月17日,毛泽东分别致电朱德、彭德怀、任弼时强调指出:"红军为安全计、为隐蔽计、为满足晋绥渴望计,决走韩城渡河,在侯马上车到大同集中,再转至怀来、蔚县,决不走平汉路。"[5]

选好渡河地点,解决一大难题,然而怎样才能把数万人马和辎重运送过黄河,这又是一道大难题。国民党陕西省政府下令,由韩城县政府负责安排八路军渡河事宜,中共韩城县委积极配合县府,临时征集和赶制了100多艘大木船,并派中共党员、水手徐岱云负责调集指挥船工。临出发前,朱德总指挥把部队上有关领导和船工队长召集在一起开会。朱老总说:"现在我把渡河的一切权力交给你们,过河时部队坚决听从你们的指挥。"船工们看到朱老总这样信任他们,纷纷表示:"部队首长这样相信我们,我们一定要保证同志们的安全,胜利完成渡河任务。"当部队来到黄河边,河面上已经是百船待发,准备妥当的船工,手里紧紧握着撑杆船橹,随时准备出发。[6]

当时的芝川渡口河面宽阔,既有浅滩,又有漩涡,加上河水暴涨,水急浪高,行船十分困难。据当年为八路军掌舵的船工回忆,为了保证抗日将士的安全,舵手们稳掌舵,抛锚工严阵以待。艄公站在船楼上细观水情,详查风浪,船工们齐心协力,闯过了一个个险滩,战胜了一次次恶浪。最终,韩城人民经过20多个日日夜夜,把数万的抗日队伍顺利地送到了黄河对岸的山西万荣,从此展开了八路军奔赴华北前线,抗击日本侵略者的动人画卷。[7]

首战告捷　力挫日寇虎狼之师

按照计划,从9月2日起,八路军将陆续从山西开赴华北前线。然而就在此时,华北局势突变,日本侵略军发起强大的钳形攻势,兵分两路不断向太原进逼,山西危如累卵。毛泽东审时度势,及时调整八路军作战区域的部署:115师位于晋东北,以五台山为活动重心,暂时在灵丘、涞源,不利时逐渐南移,改以太行山脉为活动区;120师位于晋西北,以管涔山脉及吕梁山脉北部为活动地区;129师位于晋南,以太岳山脉为活动地区。并一再要求各部队必须坚定不移地执行"独立自主的山地游击战"方针。

为应对日军的进攻,国民党第二战区司令长官阎锡山制定了第二战区平型关战役计划,要求八路军配合作战。为此,八路军副总指挥彭德怀提出了八路军的配合方案:"以友军坚守平型关正面,八路军115师隐蔽集结于敌前进道路的侧面,从敌侧后夹击进攻平型关之敌。"[8]9月21日八路军总部制定了作战训令。

此时,与先头部队推进的115师师长林彪,已到达平型关附近,他根据对地形的勘察和对敌情的分析,也向八路军总部和中央军委提出集中兵力打一仗的建议。毛泽东回电:同意前方提出的以一旅集中,相机给敌以打击、暂时不分散的意见。[9]

9月22夜,日军板垣师团第二十一旅团在攻占广灵、浑源、灵丘后,立即向平型关的中国守军阵地发起进攻。

9月23日,朱德、彭德怀给115师下达命令,指出:敌于昨夜以来,忽奇袭国民党军平型关阵地,现正激战中,第115师即向平型关、灵丘间出动,机动侧击向平型关进攻之敌,但须控制一部于灵丘以南,保障自己之左侧。[10]

平型关位于桓山、五台山之间的一条地堑式低地上,十分险要,东连紫荆关,西接雁门关,是明代内长城的重要关口。平型关以东的关沟峡谷,为群山夹峙的谷道,一条古道穿越其间。24日,林彪和聂荣臻,派人侦察地形后,确定在平型关东北关沟至东河南村长约13公里的公路两侧的高地上设伏。

在全师连以上干部的战前动员会议上,林彪分析了战局,讲明115师的胜利条件;副师长聂荣臻作了深入的政治动员,着重阐明为什么打这一仗和如何打好这一仗;并确定了具体兵力部署:以师直独立团和骑兵营进抵灵丘至涞源、广灵之间,阻击敌人增援;以第343旅685团先敌占领关沟至老爷庙一线南侧高地,截击敌先头部队,即"拦头";以686团占领老爷庙至小寨村一线南侧高地,实施中间突击,分割沿公路进攻之敌,尔后向东跑池方向发展进攻,即"斩腰";以第344旅687团占领蔡家峪、西沟村和东河南镇一线阵地,断敌退路,即"断尾";以第688团作为师预备队,部署在东长城村。

25日清晨7时,日军板垣师团第21旅团的后续部队乘汽车100余辆、辎重大车200余辆,由东向西缓慢地进入乔沟峡谷公路。当敌先头部队进入关沟与辛庄之间的叉路口时,早已埋伏好的685团、686团、687团同时开火,步枪、机枪、手榴弹、迫击炮的火力倾泻而下。毫无戒备的敌人顿时被打得人仰马翻,一片混乱。

对当时的战斗情景,聂荣臻回忆道:"战斗一开始,全线部队即居高临下地向敌军展开猛烈袭击,一下子把它的指挥系统打乱了。山沟里,汽车撞汽车,人挤人,异常混乱。我同林彪研究了一下,决定把敌军分成几段,分段吃掉它,随即下达了命令。立刻,巨大的冲杀声响彻山谷,战士们勇猛地向公路冲击,同敌人展开短兵相接的白刃肉搏战。侵华战争初期的日军与后期的不同,他们经过严格的军国主义训练,抵抗得十分顽强,虽然失去了指挥,仍分散着跟我们厮拼。有的爬在车轮下和沟坎上射击,有的向坡上爬,妄图夺取阵地。战斗始终打得很激烈,甚至出现了敌军的伤兵与我们的伤员打成一团的情况,互相用牙齿咬,用拳头打。敌人虽然很顽强,但它无法抵住我军的猛烈进攻,不能摆脱失败的命运,一部分被歼了,一部分向东跑池逃跑了。"[11]

激战三个小时,被伏击的日军即遭致命打击。

据战后日本记者报道:是役,"无武装但多乘马的大队行李队首先遭到痛击全部溃灭。桥本参谋、高桥少尉等指挥卫队奋力迎战,结果全员战死。""在八路军伏击圈的西端,遭到预设的伏击,指挥官新庄中佐以下约二百人战死,车辆焚毁。"

在平型关正面进攻作战的日军第三大队,得知自己的汽车队遭伏击,立即出动包括机关枪中队在内的三个主力中队前往救援。115师又在距小寨村将近12里的关沟村、老爷庙一带与日军展开激战。685团进行顽强的阻击战,于当日下午取得小寨村歼灭战的胜利,兵力得到加强,攻击越发凌烈,先后攻占了东跑池、辛庄、关沟等要地,把日军包围起来。此时,在平型关正面的国民党军并没有按计划出击,115师曾多次派人联系,均无结果。

由于日军援兵将至,115师于26日凌晨主动撤出战斗。国民党军贻误战机,致使未能全歼日军,进一步扩大战果。

担任阻击敌军增援师直独立团,在涞源以西大约20公里、涞灵公路上一个名叫腰站的小村庄,与日军板垣师团第9旅团的一个联队遭遇上。狭路相逢勇者胜,全团官兵在团长杨成武的指挥下,勇猛顽强,奋力阻击,令敌军裹足不前,直至平型关战斗胜利,始终未能越雷池一步,日军在阵地上留下三百余具尸体。

这一仗,115师共毙敌1 000多人,摧毁日军汽车74辆、马车70辆,缴获摩托车3辆、马步枪数百支、轻机枪10余挺、一门钢炮、2 000发炮弹和大量军用物资。

平型关战斗,是中国军队自抗战以来取得的首次大捷,给予不可一世的日本侵略军以沉重打击,尤其是力挫日军精锐师团,打破了"皇军"不可战胜的神话,极大地鼓舞了全国人民的抗日斗争。聂荣臻在《首战平型关》的回忆文章中写道:"我们出师以后,第一仗就是平型关战斗,它打出了中华民族的志气,树立了八路军的威信,对国内外产生了很多的影响,尤其在'恐日论'和'亡国论'到处流行的时候,这一胜利大大增强了全国人民抗战的决心和信心,这是平型关战斗胜利最重要的意义。"

平型关大捷,迅即在全国传扬开来。后方各大城市的报纸和广播电台都以头条新闻进行了报道,海外各大报纸和通讯社也争相报道这一消息。石家庄的民众听到这一消息,无不欢欣鼓舞,燃放鞭炮以示庆祝。广大敌占区的人民,得知这一好消息,无不奔走相告,他们在敌人黑暗的统治下终于看到一线胜利曙光。

消息传到延安,毛泽东十分高兴,立即致电前方,庆祝这一空前胜利,并指示八路军各主力师要在忻口战役中配合友军作战。

根据毛泽东的指示,120师一度收复了雁门关,伏击日军辎重部队,截断了从大同经雁门关至忻口的交通;115师主力夺回平型关,并收复涞源、定县七座县城、切断了日军从张家口经平型关至忻口的交通线;129师陈锡联团于10月19日夜袭阳明堡日军机场,焚毁日机20余架。八路军各师的行动,使日军的后方补给线陷于半停顿状态,有力地配合和援助了正面防守忻口的友军。

英勇的八路军越战越强,并在山西敌后建立起坚持抗战的根据地,从而使人民群众对共产党、八路军充满信任和希望,被视为力挽狂澜的中流砥柱,纷纷加入到这支抗日救国的队伍中来。

同仇敌忾　保卫黄河

"风在吼,马在叫,黄河在咆哮……"这首中国人耳熟能详的歌曲,在烽火连天的抗战岁月里,唱响华夏大地,极大地鼓舞了中国军民的士气,振奋了民族精神,成为中华民族抗日救国不朽的英雄乐章。

1938年9月,武汉沦陷后,诗人光未然带领抗敌演剧队,从陕西宜川县的壶口附近东渡黄河,转入吕梁山抗日根据地。途中,他们在晋陕峡谷目睹了黄河船夫们与狂风恶浪搏斗的情景,聆听了高亢、悠扬的船工号子,心情久久不能平静,产生了创作长诗的灵感冲动。

中国河湖的
红色记忆
RED MEMORIES OF RIVERS AND LAKES IN CHINA

▲ 奔腾吧，黄河（孟凯 摄）

1939年1月，光未然抵达延安后，仅用五天五夜就创作了400多行的长诗《黄河吟》，并在这年的除夕联欢会上朗诵。当时在延安鲁迅艺术学院任音乐系主任的冼星海深深被光未然的朗诵所打动，表示要为演剧队创作《黄河大合唱》。于是，从这年的3月26日开始，在延安一座简陋的土窑里，就着上级特批的两斤白糖，冼星海抱病连续写作6天，一气呵成完成了《黄河大合唱》的谱曲。

4月13日，由邬析零指挥抗敌三队于陕北大礼堂公开首演；1939年5月11日，在庆祝鲁艺成立周年晚会上，冼星海穿着灰布军装和草鞋、打着绑腿，亲自指挥《黄河大合唱》，在场的毛泽东和其他中央首长听后连声叫好。歌曲迅速传遍全国，成为抗日救亡的号角。在随后的两年里，延安无处不唱"黄河颂"，无处不闻"黄河怨"，无处不是"保卫黄河"那铿锵有力的回响……[12]

《黄河大合唱》唱响的是抗日主旋律和时代最强音！这首以抗日战争为背景、以黄河为中华民族精神象征的组歌，庄严地讴歌了中华民族的万众一心、英勇抗争的英雄气概，热情地颂赞了中华儿女不屈不挠、保卫祖国的必胜信念。《黄河大合唱》采用三弦伴奏，初稿是边谱边排边完善的。全曲共分8个乐章，分别是《黄河船夫曲》《黄河颂》《黄河之水天上来》《黄水谣》《河边对口曲》《黄河怨》《保卫黄河》《怒吼吧，黄河》。人声朗诵的第三段《黄河之水天上来》，往往被略去不演。据说是因为战时难以找到能胜任该段朗诵的演员。新中国成立后，《黄河大合唱》只演七段，唯独没有第三段《黄河之水天上来》。延安时期是作者光未然自己朗诵的，他披着一个黑斗篷在延安那个场院朗诵。新中国成立以后,他没有再在音乐会上出现过。从创作技术上来说,冼星海运用了西方的"康塔塔"形式以及合唱和声写作技巧;从题材上来说,它将现实和人民的生活进行了艺术性的加工塑造,这使《黄河大合唱》成为一首具有中国风格、中国气派和中国内涵的艺术杰作。新时代与半个多世纪前的背景虽已完全不同,但这一作品依然对中华民族有着强大的激励作用,每次唱之听之,仍令人心有所感,情有所动。[13]

关于《黄河大合唱》,冼星海后来回忆道,"这大合唱在延安演出时曾屡次由我指挥,合唱队由一百起增加到五百,乐队二十余人,多用中国乐器。大礼堂几乎容纳不下,声音远远可以听到……一个《黄河大合唱》的成功在我不算什么,我还要加倍努力,把自己的精力、自己的心血贡献给伟大的中华民族。我渐愧的是自己写得还不够好,还不够民众所要求的量!"[14]

曾跟随冼星海学习创作的中国音乐家协会主席李焕之,回忆当年在延安演出《黄河大合唱》时的情景,写过这样一段话:"在物质条件极缺乏的边区,要组成一个完备的乐队是谈不上的,当时有什么乐器都尽可能地用上,除了三四把小提琴外,就是二胡、三弦、笛子、六弦琴和打击乐器。没有谱架,就用木板搭起当谱架。没有低音乐器,就自己动手制作。"[15]你看那乐队的右角,立着一具新的"武器",那是用汽油铁桶改造的低音胡琴,它发出了雄浑且带有金属共鸣的声音,歌唱黄河的宏伟气概;你再看在这具新式"武器"的侧面,又是一具新型"武器",它是一个大号的搪瓷缸子,里面摆了十几、二十把吃饭用的勺子。当"黄河船夫曲"的朗诵"么你听吧!"一完,指挥者的手臂一挥,这具新式打击乐器就发出"哗啦哗啦"之声,与管弦、锣鼓齐鸣,配合着合唱队的"咳哟,划哟!……"烘托出万马奔腾之势。[16]

风在吼,马在叫,
黄河在咆哮,黄河在咆哮,
河西山冈万丈高,河东河北高粱熟了。
万山丛中,抗日英雄真不少!
青纱帐里,游击健儿逞英豪!
端起了土枪洋枪,挥动着大刀长矛,
保卫家乡!保卫黄河!
保卫华北!保卫全中国!

在日本帝国主义妄图侵占全中国,中华民族面临空前危机的苦难岁月里,中国的抗日军民同仇敌忾,奋不顾身,前赴后继,"端起了土枪洋枪,挥动着大刀长矛",誓死"保卫家乡!保卫黄河!保卫华北!保卫全中国!"谱写了一曲惊心动魄、慷慨激昂的民族颂歌!

参考文献

[1][2][9] 金冲及.毛泽东传(1893—1949)[M].北京:中央文献出版社,1996:453-455,473.

[3] 人民网.中共中央为公布国共合作宣言[OL].2017-02-26.https://www.sohu.com/a/127278264_114731.

[4][5] 周恩来.周恩来选集[M].(上).北京:人民出版社,1980:195-196,469.

[6] 陕西日报.从这里,八路军东渡黄河出师抗日[N].2019-08-16.

[7] 华商报.八路军曾东渡抗日:身披麻袋露宿街道[N].2015-06-15.

[8] 王焰.彭德怀年谱[M].北京:人民出版社,1998:179.

[10] 中央文献研究室.朱德年谱:中(新编本)[M].北京:中央文献出版社,2006:671-672.

[11] 聂荣臻著,聂荣臻回忆录,北京:解放军出版社,1984:354.

[12] 河北共产党员新闻网.《黄河大合唱》创作的前前后后[OL].2019-03-26.https://www.sohu.com/a/303821495_120044272.

[13] 中国共产党新闻网.冼星海之女专访:《黄河大合唱》为抗日发出的吼声[OL].2015-07-30.http://dangshi.people.cn/n/2015/0730/c85037-27384617.html.

[14] 中音在线.《黄河大合唱》背后的故事[OL].2009-09-19.http://www.musiceol.com/news/html/2009-9/200991912583028974434.html.

[15] 国际在线《黄河大合唱》诞生记[OL].2020-07-28.https://www.sohu.com/a/410161309_115239?_trans_=000014_bdss_dkmwzacjP3p;CP=.

[16] 中红网.壮我国魂的音乐史诗——《黄河大合唱》[OL].2015-05-25.http://www.crt.com.cn/news2007/news/hykzjsjnkzslqsznzw/15525174545hk488i001a872ch2ic85.html.

游击战里操胜算,芦花深处葬敌顽
——白洋淀纪事

接天莲叶无穷碧,映日荷花别样红。时值盛夏,红色故乡白洋淀满目青翠,片片荷叶交叠铺展,朵朵荷花恣意绽放,密密丛丛的芦苇像士兵方阵,整齐挺拔,生气勃勃,守护着绿水红花。

夏日里的白洋淀热闹而又喧哗,每天都像过节一样。四方游人络绎不绝,大小游船穿梭如织,人们赏荷、采莲、纳凉消夏,感受着北国水乡的独特风情。荷花亭亭,或隔岸遥望,或乘船近观,"出淤泥而不染,濯清涟而不妖",令人禁不住赞叹"花之君子"香远益清,油然而生慕莲思莲之情。

在当代文坛上,荷花淀派犹如一股清流,既清新隽永又乐观向上,深受广大读者喜爱。孙犁先生所创作的短篇小说《荷花淀》,既是一篇经典之作,也被视为荷花淀派的源头。

> 月亮升起来,院子里凉爽得很,干净得很,白天破好的苇眉子潮润润的,正好编席。女人坐在小院当中,手指上缠绞着柔滑修长的苇眉子。苇眉子又薄又细,在她怀里跳跃着……

作家孙犁的一生与白洋淀结缘,有说不完的故事,很多人也正是通过阅读他的小说集《白洋淀纪事》而结识了这个美丽的地方。

华北明珠——"北国江南"别样风情

白洋淀,是华北平原最大的淡水湖泊,以其秀丽的景色、富饶的物产以及独特的生态功能,被世人誉为"华北明珠""北国江南""北地西湖""华北之肾"。2007年被国家命名为5A级旅游景区。

白洋淀,史称西淀,位于河北省中部太行山东麓永定河冲积扇与滹沱河冲积扇交汇处的低洼地带,年平均蓄水量为13.2亿立方米,为海河流域五大支流之一的大清河中游的最大湖泊,自古就有"水会九流"之说,其上承大清河上源潴龙河、唐河、孝义河、清水河、府河、漕河、瀑河、萍河及白沟引河之水,下经赵王新河、大清河至天津入独流碱河入海。

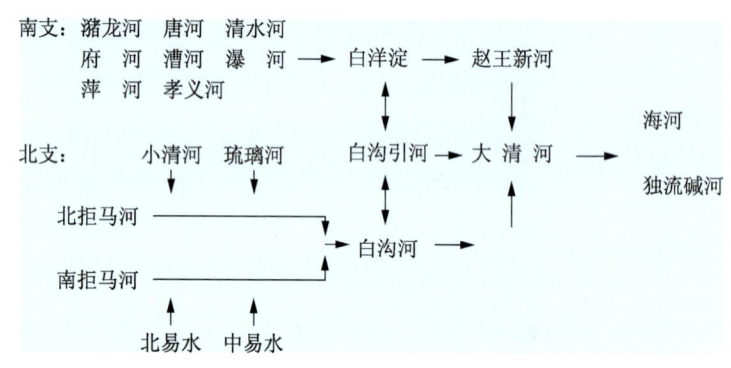

▲ 大清河系示意图(来源:李福顺、王春霞主编的《风雨千年白洋淀》)

有着"九河下梢"之称的白洋淀,主要由143个淀泊组成,沟壕纵横3 700条,总面积366平方公里,原分属保定、沧州两市的安新、雄县、容城、高阳、任丘五个县市管辖。2017年之后,白洋淀全部划归雄安新区管辖。

白洋淀形成于第三纪晚期,成于第四纪,是华北平原古盆地的一部分,也是古雍奴薮的遗存所在,《水经注·鲍丘水》:"自是水之南,南极滹沱,西至泉州、雍奴,东极于海,谓之雍奴薮。其泽野有九十九淀,枝流条分,往往迳通,非惟梁河,鲍丘归海也。"[1]现在的白洋淀依然保持着多条河流相互贯穿、淀泊与淀泊既互相分割又相互联结的布局。

白洋淀的古称,众说纷纭,既有"祖泽"之说,也有据《水经注》而提出"大埿淀、小埿淀"之说……迄无定说。不过西晋左思的《魏都赋》已经明确提到"掘鲤之淀,盖节之渊";唐李善注曰:"掘鲤淀在河间莫县之西。淀者,如渊而浅也。"[2]北魏始称西淀。

史籍中始见"白羊淀"之称,是在宋代。宋辽对峙,这一带是大宋的边关前沿,被称为"塘泺缘边诸水",有识之士发现这片天然塘泊具有可资利用的重要军事价值,宋端拱二年(989),时任沧州知节度副使的何承矩上疏宋太宗赵光义,"若于顺安砦西开易河蒲口,导水东注于海,东西三百余里,南北五七十里,资其陂泽,筑堤贮水为屯田,可以遏敌骑之奔轶……收地利以实边,设险固以防塞,春夏课农,秋冬习武,休息民力,以助国经"[3]。

宋太宗力排众议,采纳了他的建议,并任命他为"制置河北缘边屯田使,俾董其役"[4],由他率领一万八千名兵丁开始大面积贮水屯田工程。于是,从今天的雄县、霸州、文安到任丘、高阳一带,方圆600里之内,挖沟渠、筑堤堰、置斗门,引易水东灌,低洼积水处蓄水为塘,塘泊之间屯田种稻。[5]数年后,"东起雄州,西至顺安军,合大莲花淀、洛阳淀、牛横淀、康池淀、畴淀、白羊淀为一水,衡广七十里,纵三十里或四十五里,其深一丈或六尺或七尺"[6]。文中提及的白羊淀,因其面积最大,逐渐演变为这片水域的总称。庆历五年(1045)七月,当时主管缘边塘泊的太监杨怀敏给宋仁宗上密奏:"知顺军刘宗言闭五门嶫头港、下赤大涡柳林口漳河水,不使入塘,臣以复通之,令注白羊淀矣。"[7]

北宋期间,朝廷不断扩大这片塘泊的规模,屡屡修改周边河流的走向,最终形成一段绵亘七州军、屈曲九百里的"水长城",对契丹骑兵南下形成了一定阻碍,也让北宋王朝多了一层心理上的安全感。北宋时期,设有专职官署负责开发、治理、维护这片塘泊,从而也基本形成白洋淀的现有形态。如今大小聚集的143个淀泊中,遍布着3 700多条整齐划一的沟壕,显然是宋人屯田植稻、筑壕御寇的遗存。北宋名将杨延昭(亦称杨六郎)曾在此屯兵御辽,杨家将的故事于此有迹可循。元代大儒刘因任教于淀区三台、安州。明代以后,人们见到淀水汪洋浩渺,势接天际,遂演化书写成"白洋淀"。明成祖朱棣曾带兵到白洋淀修筑台田,清代又进行过一定规模的治理。至此,白洋淀的军事价值不复存在,但"北地西湖"的景色更美,成为清朝诸帝巡幸之所,康熙皇帝在淀区兴建水围行宫,先后40次来淀区巡游围猎;乾隆皇帝也在此留下多篇赞叹的诗作。

时移世易,但白洋淀作为华北平原最大的淡水湖泊湿地,一直承担着蓄洪滞洪、调节气候、补充地下水等重要生态功能。人们对淀区的保护也从未停止过,从古代修建堤坝,到现代跨流域跨区域调水入淀,数千年一以贯之。然而近些年来,随着气候变化,降雨量锐减,上游水库蓄水量大为减少,华北平原的大多数河流都出现了断流,白洋淀也不例外,必须依靠连年补水以维持必要的生态水位。

2004年3月"引岳济淀",导邯郸磁县岳城水库之水进入白洋淀;2004年6月,1.6亿立方米的漳河来水使濒临干涸的白洋淀水位恢复至7.16米,这是白洋淀历史上第一次跨流域调水;2006年冬"引黄补淀",则是白洋淀历史上第一次既跨流域又跨省区的调水,之后,2008年、2009年、2010年分别二次、三次、四次"引黄补淀"……

当今之世,缺水已经成为全球性的难题,白洋淀仍然面临干涸的威胁,它的每一份美丽都来之不易,值得珍惜。

放眼白洋淀,汪洋浩森,势连天际,挺拔的芦苇,有禾草森林之称。野生物种繁多,有鸟类197种,两栖爬行动物3种,哺乳类14种,鱼类54种。人们捕捞鱼虾、采挖莲藕,分外繁忙。白洋淀成了日出斗金、四季皆美的聚宝盆。

白洋淀属大陆性季风气候,四季分明,景随时移,形成了颇具特色的风俗民情。春季碧波浩荡,夏季荷红苇绿,秋季虾肥蟹美,冬季坚冰四野,水乡人民藉此大力发展旅游业,白洋淀被评为国家5A级旅游景区。白洋淀文化苑、宋辽古战道、王家寨水乡民俗村、美泉世界等景点设施,已成为旅游热点。荷花大观园以其荷花种植面积最大、品种最多而居全国荷园之首,满园绚烂如火的荷花,唤起人们对北洋淀军民浴血抗战的红色记忆。

红色记忆 ——革命历史熠熠生辉

雁翎队,是神兵,来无影,去无踪。汉奸心里直打颤,鬼子跺脚喊头疼。

雁翎队,是奇兵,端岗楼,像拔葱。淀头、刘庄、十方院,眨眼端个干干净净。

雁翎队,是天兵,打了伏击打保运。水路切断运输线,旱路击毙杨文凤。

雁翎队,是子弟兵,白洋淀百姓最欢迎。群众是水他是鱼,鱼水相连骨肉情。

白洋淀是革命老区,也是华北抗日根据地之一。朱德、聂荣臻、杨成武等老一辈无产阶级革命家都曾经率领抗日武装在这一带战斗、生活过,留下了许多动人的故事。

"雁翎队,是神兵,来无影,去无踪。千顷苇塘摆战场,抬杆专打鬼子兵……"在白洋淀,雁翎队的故事妇孺皆知,这首表现雁翎队神出鬼没打击日伪军的歌谣,至今仍在白洋淀传唱。"淀上神兵"雁翎队,以其辉煌战绩,在白洋淀抗战历史上写下充满传奇色彩的战斗篇章。

1937年,七七事变爆发,日寇进一步入侵华北。白洋淀上通保定,下达天津,是重要的水上交通枢纽、战略要冲。日本侵略军觊觎以久,企图把控这条水路,作为其侵华战争的重要运输航线,从而把军火和军需物资运至保定,再由保定运至太行山区,支撑日军对抗日根据地实施大扫荡。1938年,日本侵略军占领安新县,他们不仅实施"三光政策",驻安新的日军指挥官龟本还以"献铜、献铁"为名,强迫淀区渔民猎户交出猎枪、鱼叉、大抬杆等渔猎用具,妄图达到强化统治、奴役淀区人民的目的。

为揭露敌人的阴谋,奉上级指示,中共三区区委书记徐建、区长李刚义在大张庄召集郭里口、王家寨一带的水村猎户开会,动员他们组织起来抗击日本侵略者。会后,猎人孙革、姜秃、赵保亮和邓如意等20人组织起来参加了三区武装小队。三区小队把新入伍的猎人编成一个班。这些战士多出生于打猎世家,能熟练使用大抬杆一类的猎枪。大抬杆一般都在三米以上,主要放在船上打猎。这实际是一种前膛土炮,口径在50~100毫米之间,为了防止枪膛内的火药遭雨淋受潮,操枪者常在火眼上插上一支雁翎,也由于他们以往围雁打猎形成的习惯,装载大抬杆的小船在淀面上行驶多呈"人"字行,如雁群在空中飞翔,所以人们称该班为"雁翎班"。

1938年8月的一天下午,雁翎班侦察得知:安新县城的20多个日军和30多个伪军,分别乘坐两艘巡逻汽艇到赵北口去运东西,预计下午返回。便决定中途伏击日军汽艇。战士们装扮成渔民,划船进入设伏的茂密芦苇荡。战士们往大抬杆里装进比平时更多的火药,铁砂也装的是最大号的,并找好最佳射击位置,张网以待。太阳偏西,汽艇声由远及近,一前一后,向设伏点驶来,当第一艘汽艇进入射程,战士孙革迅速引发火信,伴随着雷鸣般的轰响,一束束绿豆般大的铁砂就射向敌人,一下子就消灭掉一多半的日伪军,有的中弹后栽进水里。仅剩下一个开船的,也被击伤。首战告捷,雁翎班名声大震。日伪军大为恼怒,调集了大批汽艇、汽船,一起出动,进行扫荡,然而敌人所占据的武器优势难敌抗日武装拥有的人心和环境优势,战士们越战越勇,不断伏击敌人,队伍也不断壮大。

1939年,经上级批准,雁翎班从三小队中分出来成立雁翎队,第一任队长为陈万,副队长为邓如意,指导员为刘森,队里建立了共产党的组织,赵谦为书记。不久,队伍扩大到40多人,分为三个班,也增加了一艘四舱船,28条排子船。当时的县委书记侯卓夫便为这支水上游击队起名为"雁翎队"。

这样白洋淀就有了两支水上游击队:三小队和雁翎队。三小队主要在郭里口、下四庄子(即季庄子、杨庄子、孙庄子、何庄子)和赵北口一带活动;雁翎队则以大田庄为中心开展抗日斗争。两支小部队时分时合,协同作战,在白洋淀水域同日伪军进行了顽强的斗争。当时,人们统称这两支部队为"雁翎队"。

经过数年几十次战斗的洗礼,雁翎队越来越敢于战斗、善于战斗,他们会同日益壮大的白洋淀的抗日武装,不断拔除日军据点,把敌人打压得难以动弹。1943年10月4日,雁翎队接到侦察报告,敌人要把军用物资从赵北口等据点用包运船运往保定,准备逃窜。有100多只包运船由100多名伪军和15个日本兵分乘3条船押送。三区区委给雁翎队下达了命令:全歼押送包运船的敌人,不准一粒米、一丝物资运出白洋淀。

经过周密部署,午夜12时,由队长郑少臣指挥的雁翎队就进入了阵地。

第二天上午8点钟,黑压压的一大片包运船开过来了,郑少臣抬手一枪就把敌人设在船桅上的瞭望哨给打掉。随即,30副大抬杆和各种长枪、短枪一齐向日伪军扫射,把敌人打得晕头转向,鬼哭狼嚎,没等他们回过神来,副队长孙革率数名战士已从水中攀上敌军指挥船,拔枪就射,举刀就砍,只打得轻重机枪变成了哑巴,日本兵脑袋搬家。这一战是雁翎队历史上最为成功的典型战例,战斗不到半个小时,便大获全胜,出色地完成了上级交给的任务:截获全部物资,全歼日伪军,并生擒日军中队长初士加三郎和伪军河防中队长秦凤祥。捷报传到延安,毛泽东高兴地称他们是一支"荷叶军"。

在安新县白洋淀雁翎队纪念馆的入口处,迎面是一幅巨大的铜雕壁画,艺术地再现出不愿做亡国奴的白洋淀父老乡亲,在共产党领导下奋勇打击日本侵略者的场景。

雁翎队利用淀内沟壕纵横、港汊众多、千顷芦苇荡、万亩荷塘的独特地理环境,充分发挥自己谙习水性的长处,神出鬼没、出其不意伏击日本侵略军。

雁翎队从1939年成立,到1945年配合主力部队解放新安城,这支令敌人闻风丧胆、让百姓欢欣鼓舞的队伍,英勇顽强、机制灵活,对日伪军进行70多次水上游击战,他们伏击巡逻艇、痛打包运船、"扫帚炮"威震敌胆……他们除汉奸、端岗楼、打伏击,驾小船用土枪土炮,先后击毙、俘获日伪军1 000余人,缴获大量武器和军用物资,切断敌人的水上运输线,有力地配合了主力部队打击敌人,谱写出一曲人民战争的壮歌。

1945年8月,雁翎队编入冀中军区第38团。解放战争胜利后,朱德总司令和华北军区司令员聂荣臻专程到白洋淀接见了"雁翎队"全体指战员,对他们在抗日战争中的光辉业绩给予了高度赞扬和肯定。雁翎队使用过的排子船和自制武器,被陈列在中国人民军事博物馆。

如今的白洋淀,大抬杆的硝烟早已消散,驾舟杀敌的游击健儿大多已经作古,但他们的辉煌业绩和敢于斗争、机智灵活的雁翎精神,却与青山同在、绿水共存,永远激励后来人,也成为人们咏怀、讴歌的对象。作家徐光耀撰写的电影《小兵张嘎》就取材于"雁翎队"的传奇故事,白洋淀抗日小战士嘎子的形象通过银幕而家喻户晓,成为几代少年儿童心目中的学习榜样;小说《新儿女英雄传》和《白洋淀纪事》等佳作先后问世,使白洋淀的红色历史名扬中外,影响深远。

梦想之湖——绘就宏图再续新篇

白洋淀与北京相距数百里,是旧时所谓京畿之地,虽可"每依北斗望京华",但毕竟相隔数重山。清末拔贡伊人镜化用杜诗为新安城门撰写楹联:"襟带崇墉分淀泊,阑干依斗望京华。"如今此联经重新镌刻悬挂在安新县白洋淀畔的凉亭上。时至2017年仲春,东风传佳音,酝酿已久的雄安新区终于落地,从而使北京与白洋淀的关联前所未有地密切起来。

2017年4月1日,中共中央、国务院印发通知,决定将环白洋淀三县,即雄县、安新县、容城县及周边部分区域设立为"雄安新区"。此举是以习近平同志为核心的党中央做出的一项重大历史性战略选择,是继深圳经济特区和上海浦东新区之后又一具有全国意义的新区,是千年大计、国家大事。

作为北京非首都功能集中承载地,雄安新区囊括了白洋淀整个水域。世人的目光再次投向了白洋淀,历史与未来将在这里交汇。

2017年2月23日,习近平总书记在实地考察雄安新区建设规划时,专程前往白洋淀考察,这是他第一次来到白洋淀。习近平说:"小时候读小兵张嘎的故事,就对这里十分神往。"他走过安新县郊野公园的白洋淀大堤,沿着悠长的木栈道,步入淀区深处,登上观景台,环视广阔的白洋淀。考察中,他强调指出:建设雄安新区,一定要把白洋淀修复好、保护好。将来城市距离白洋淀这么近,应该留有保护地带。要有严格的管理办法,绝对不允许往里面排污水,绝对不允许人为破坏。[8]

雄安新区建设将如何规划白洋淀的发展?

京津冀协同发展专家咨询委员会组长、中国工程院主席团名誉主席徐匡迪在接受新华社记者专访时表示,"新区开发建设要以保护和修复白洋淀生态功能为前提,白洋淀生态修复也离不开整个流域的生态环境改善。要从改善华北平原生态环境全局着眼,将白洋淀流域生态修复作为一项重大工程同步开展工作。重点要优化京津冀的水资源管理,提高水环境治理标准。"[9]

2018年4月14日,中共中央、国务院批复《河北雄安新区规划纲要》,明确了白洋淀生态环境治理和保护的目标和任务。河北省委、省政府以此纲要为基础,组织中国科学院生态环境研究中心牵头编制《白洋淀生态环境治理和保护规划(2018—2035年)》,从生态空间建设、生态用水保障、流域综合治理、新区水污染治理、淀区生态修复、生态保护与利用、生态环境管理创新等方面进行了全方位的规划和统筹设计,并于2019年1月正式印发《白洋淀规划》作为雄安新区规划体系重要组成部分,为白洋淀生态修复和环境保护提供了科学支撑,也为雄安新区可持续发展奠定生态基础。

雄安新区设立后,在白洋淀环境综合整治方面做了大量工作。2018年白洋淀淀区主要污染物浓度实现"双下降",总磷、氨氮浓度同比分别下降35.16%、45.45%。根据规划,雄安新区未来蓝绿空间占比稳定在70%。保护白洋淀生态功能和强化环境治理,是"未来之城"雄安新区建设新型生态城市的重要基础。

到2022年,白洋淀环境综合治理将取得显著进展,生态系统质量得到初步恢复;到2035年,白洋淀综合治理将全面完成,淀区生态环境得到根本改善,良性生态系统将基本恢复;到本世纪中叶,淀区水质功能稳定达标,淀区生态修复全面完成。

如今的白洋淀,天蓝、水清、淀美、业兴,勇敢顽强的雁翎精神,在新时代被赋予了新的内涵,将伴随着雄安新区的崛起得到传承和发展。

白洋淀,这片有着千年悠久历史和光荣革命传统的华夏名胜之地,必将创造出时代发展的新奇迹。

参考文献

[1] [北魏]郦道元.水经注校证:第14卷[M].陈桥驿,校证.北京:中华书局,2013:329-330.

[2] [西晋]左思.魏都赋[M]//[梁]萧统.文选.[唐]李善,注.上海:上海古籍出版社,1986:289.

[3] [4] 何承矩传[M]//[元]脱脱等.宋史:卷二百七十三.北京:中华书局,1985:9328.

[5] 李福顺,王春霞.风雨千年白洋淀[M].石家庄:花山文艺出版社,2012:51.

[6] [7] 河渠志五:塘泺缘边诸水[M]//[元]脱脱等.宋史:卷九十五.北京:中华书局,1985:2358-2359,2361.

[8] 霍小光,张旭东等.千年大计、国家大事——以习近平同志为核心的党中央决策河北雄安新区规划建设纪实[Z].新华社北京2017年4月13日电.

[9] 张旭东,李亚红等.选址·功能·开发:设立河北雄安新区热点三问——新华社记者专访京津冀协同发展专家咨询委员会组长、中国工程院主席团名誉主席徐匡迪[Z].新华社北京2017年4月3日电.

中国河湖的红色记忆

湖畔春风遮不住，一曲琵琶永流芳
——微山湖纪事

▲ 微山湖晨曦（孟凯 摄）

西边的太阳快要落山了，微山湖上静悄悄。

弹起我心爱的土琵琶，唱起那动人的歌谣。……

一场战斗间歇，游击队员们有的插枪，有的抽烟，一个队员手弹土琵琶，一曲《弹起我心爱的土琵琶》回荡在微山湖畔。优美的旋律更加衬托出激战之后的宁静。至今，那情那景还经常萦绕在许多电影观众的心头。

这首电影插曲广为传唱，让我们记住了铁道游击队，记住了风光旖旎的微山湖。

一

微山湖,位于中国山东省微山县南部。

周朝初年,商纣王的庶兄微子(名启)被封于商朝旧都商丘(今河南省商丘市睢阳区),建立宋国。微子死后葬于微山,后来山下形成湖泊,湖以山名,称为微山湖。微山湖北与昭阳湖、独山湖和南阳湖首尾相连,水路沟通,合称南四湖。四湖中以微山湖面积最大,达660平方公里,水深3米左右。因而,微山湖又是南四湖的别称。它是中国北方最大的淡水湖。京杭大运河穿湖而过。

微山湖水面主要归山东省微山县管理,而湖西滩地(湿地)使用权由江苏所有,其中沛县辖微山湖湖区水面面积约400平方公里(含部分昭阳湖水面面积),湖岸线长62公里;徐州市铜山区辖微山湖湖区水面面积约100多平方公里,湖岸线长60公里。

四亿年前,由于华北地区整体下降为前海和湖沼,特别是七百万年以来,由于地壳强烈运动,形成大面积凹陷,鲁中山西形成涝洼区,为微山湖的诞生创造了条件。而明代万历年间的黄河决口,直接催生了微山湖。可以说,微山湖是黄河的杰作。

南四湖的基底原来是山东丘陵西部边缘的一片冲积平原,古泗河从这片平原的西部由北而南流过。元代之前,曾是人烟稠密的繁华之地。元代以后,由小而大逐渐形成了湖泊。

微山湖属于淮河流域泗河水系,承受东、西、北三面,鲁、苏、豫、皖四省三十二个县、市、区的来水,流域面积31 700平方公里,入湖主要河流有47条,其中流域面积1 000平方公里以上的主河道有泗河、梁济运河、白马河、洙赵新河、老万福河、复兴河、城郭河、东鱼河、洸府河、新薛河、新万福河共11条,出湖口有山东省微山县境内的韩庄闸和伊家河闸以及江苏境内的蔺家坝闸。

据2009年出版的《微山县志(1991—2005)》:微山湖南北长120公里,东西宽5~25公里,周长306公里,湖盆地势东北高、西南低,东西相对倾斜,盆底平缓。

微山湖(南四湖)中有较大的湖湾4个,总面积16 300亩(1亩=1/15

公顷)。

  独山湾 位于独山湖北部独山岛之北,面积5 100亩。
  郗山湾 位于微山湖北部,郗山之西北,面积8 000亩。
  马山湾 位于微山湖南部,接江苏铜山县界,面积1 500亩。
  荣沟湾 位于微山湖西南部,接沛县界,面积1 700亩。
  微山湖(南四湖)中较大的岛屿有4个。
  微山岛,坐落在微山湖中部偏东,距湖东岸2.5公里。岛东西长6公里,南北宽3公里,最高海拔91.6米,总面积9平方公里。山顶有微子墓。微山岛原系沂蒙山地西部边缘的一座小山丘,微山湖形成以后,成为岛屿。1988年,被列为山东省风景名胜区。
  南阳岛,坐落在南阳湖中,是顺运河堤形成的人工岛。唐宋时,这一片为泗水岸边的村落,南北大运河通航后,建成运河岸边的码头。明隆庆元年(1567)建为镇。南四湖形成后,成为湖中岛屿。大运河穿岛而过,岛随河道弯曲延伸,长3.5公里,宽0.3～0.5公里。
  独山岛,坐落在独山湖的西北部,距湖北岸1公里。独山为凫山山脉的余脉,因孤独而立得名。独山湖形成后,成为岛屿。独山岛南北长1.5公里,东西宽2公里,总面积3平方公里,海拔106米。
  黄山岛,位于微山湖南部,濒临湖岸,东西长约2.5公里,南北宽约1.2公里。有道路与陆地相接。该岛东、西两侧还有铜山、套里、土山、龟山诸小岛,均有道路与陆地相接,总面积约4.5平方公里,岛上居民属江苏省铜山区。[1]

二

  在微山湖形成之前,这里曾承载了从上古到秦汉厚重的历史文化。
  微山湖畔的伏羲陵和伏羲庙(内有女娲像),是古人祭祀人祖所修。后经历代帝王重修、碑刻铭记,延存至今。
  夏代以后曾多次在现南四湖内设国建城邑。史书记载,夏代的"仍国"曾设在南四湖东岸的仲家浅村。周代所封"郜国"建立于鲁桥镇西6公里处。
  秦于此置沛县、留县、戚县、胡陵县等。

清初顾祖禹《读史方舆纪要》载：

沛故城。县治东南微山下。山无石，隆然一土冈耳。[2]

汉高祖刘邦在微山湖畔的沛县发动起义，推翻了秦朝建立了汉朝。

南北朝时，微山湖尚未形成。

《隋史·薛胄传》载：

兖州城东沂（即小沂河）、泗二水合而南流，泛滥大泽中。[3]

可见在济宁以南，古泗水东岸的兖州以下，在隋朝时已经形成沼泽湖泊。

自北宋神宗熙宁十年（1077）始，黄河改道，决口逐渐频繁起来，黄河水流加速了微山湖演变。随着政治中心北移，从元代开始，沟通南北运河，相继开挖了会通河和通惠河。此时，济宁至徐州之间利用泗水天然河道为运河。为了保持航运水深，在泗水河道上建闸，河东山水在东岸停蓄，开始形成了昭阳湖和独山湖。

明代，黄河不断泛滥，泗水出路受阻，使昭阳、独山不断扩大，在微山附近出现了赤山、微山、吕孟、张庄等相连的小湖。黄河屡屡夺泗夺淮，大量泥沙淤积，形成现在的河床，使泗水南流入淮之路受阻，洪水长期滞积，从北至南出现了大小、形状、底高程均不同的南四湖雏形。

明代嘉靖年间，开挖了南阳新河，使河道脱离泗水由昭阳湖西移到湖东，东部沙河等水被引入独山湖，薛河水被引入吕孟湖。

明隆庆至万历十八年（1567—1590），微山、郗山、吕孟湖连成一片，统称吕孟湖。此后，李家口河"黄水冲射堤岸，胥圮于水"[4]，使吕孟诸湖与留城一带的积水相汇。

万历二十一年（1593），山东诸郡邑暴雨成灾，"邹、滕诸山之水，汇于赤吕诸湖，周回数十里"[5]。尚书舒应龙主持开凿韩庄支渠，以泄湖中之水。万历三十一年（1603）、三十二年（1604），黄河于单县、曹县、丰县决口，入昭阳湖，穿李家港口，南出镇口。经过几次黄水灌注，郗吕诸湖与西部武家湖连接起来。

微山湖，由微山、郗山、吕孟、武家、黄山诸小湖相汇而成。武家湖在留城南，黄山湖在黄山东，其余小湖在今微山岛附近。这些小湖陆续出现于明弘治至嘉靖年间。

明万历三十二年，大开洄河（今韩庄运河），运河再次东移，奠定了京杭大运河的基础。至此,赤山、微山、吕孟、张庄四湖湖面迅速扩大,合为微山湖。随着运河的开发,为蓄湖东山水济运,昭阳等湖成为运河水柜,从此,南阳、独山、昭阳、微山等湖相连,初步形成了今日的南四湖。

万历《兖州府志·山水》载:

微山在滕县城南一百里,其下为微山湖,黄沟水入焉,又东南为郗山,其下为郗山湖,又稍南为吕蒙山,其东南为吕孟湖。

清顺治中期,漕运新渠、李家口河全部淹没湖中。连接成片的赤吕诸湖,北边与昭阳湖衔接起来,至此,东至韩庄,西至故留城西,北至夏镇西,南抵茶城北,"东西四十里,南北八十里"的微山湖形成了。[6]

三

抗日战争时期,在鲁南的枣庄、临城一带,活跃着一支铁道游击队。这群机智勇敢的游击健儿,在纵横数百里的铁路干线上与日军斗智斗勇,创造了一个个震撼人心的传奇故事。由于毗邻微山湖区,铁道游击队曾经以微山岛为根据地,与敌人展开了殊死的斗争。

1937年7月7日,"卢沟桥事变"爆发后,日寇大举进攻山东,国民党山东省主席兼第三集团军总司令韩复榘率10万大军不战而逃,大好河山沦入敌手。

1938年3月18日,枣庄被日军占领。日军、汉奸大肆奸淫烧杀、掠夺资源,无恶不作。枣庄铁路工人洪振海和王志胜、刘景松等一齐奔向峄县人民抗日武装驻地墓山,参加了共产党领导的苏鲁人民抗日义勇总队。年底,洪、王被派回枣庄矿区,以当铁路工人为掩护,隐蔽在车站附近,组织抗日活动。

洪振海,又名洪衍行,1910年生,山东滕县人。自幼随父亲在枣庄路矿谋生,迫于生计,和矿区的穷孩子们一起爬火车搞煤炭和粮食,练就了飞登火车的本领,人称"飞毛腿"。

1939年8月,洪振海、王志胜等利用工作关系,于夜晚潜入日本在枣庄的特务机构——正泰洋行院内,将正在开会的三个日本人击毙两人,打伤一人,缴步枪、手枪各一支。尔后,又爬上日军装运军火的火车,缴获一批枪支,送入山里,交给了八路军苏鲁支队。

不久,他们又发展了一批铁路工人为队员。1940年2月,苏鲁支队正式将这支活跃在铁道线上的抗日武装命名为鲁南铁道队("游击"一词为作家刘知侠创作《铁道游击队》时所加),由洪振海为队长,王志胜为副队长。为了加强党的领导,派时任苏鲁支队连副政治指导员的杜季伟担任政委。为掩护抗日活动,他们合伙在枣庄车站北陈庄开设炭厂。杜季伟对外的公开身份是炭厂的管账先生。队员也发展到15名。

4月,在临城至韩庄的铁路线上,成立了以孙茂生为首的第二支铁道队,共21人,在微山、迟山一带积极打击敌人。这支武装被八路军滕沛办事处正式命名为铁道队临城队。

5月,在临城北辛庄,又组建了以李文庆为队长的第三支铁道队,共20余人,活动于临城以北辛庄、水寨、王福楼、丁桥一带,不断截击敌人火车,破坏交通,打击小股出扰之敌。

为了加强统一领导,更加有力地打击敌人,7月,奉鲁南军区指示,活动在枣庄、临城地区的三支铁道队合编为铁道大队,洪振海为大队长,杜季伟为政委,王志胜为副大队长。大队下辖两个中队,枣庄铁道队为一中队,原临城铁道队与第三支铁道队合为二中队。

铁道大队成立后,迅速开展行动,在铁路线上寻机打击敌人。

10月,日伪军加紧了对临城、微山根据地的"扫荡";国民党顽固派一面制造反共高潮,一面勾结日军向我进攻;枣庄、峄县伪军组织自卫联防,限制铁道大队活动,企图消灭八路军铁道大队。为了保存有生力量,铁道大队转移到微山湖一带。

四

为了配合山区根据地的斗争,牵制敌人的兵力,各中队在铁路两侧,沿湖一带,灵活巧妙地打击敌人,弄得敌人顾此失彼,十分头疼。当敌人发觉追赶时,铁道队员们就像阵旋风似的回到岛上,进行整顿、训练。鬼子和伪军追到湖沿,因没有水上交通工具,也只好望湖兴叹。

6月,鲁南"剿共"自卫军苏海如部与韩庄汉奸队以及一小队的鬼子,乘铁道大队到铁路东执行任务之机,突袭微山岛,留守的微山湖铁道队员们见敌人人多势众,未敢恋战,撤进湖中。

失去了微山岛,铁道队员们只能隐蔽在芦苇荡中。

为了打开局面,铁道大队、运河支队决定联合作战,由运河支队作战参谋褚雅清担任总指挥,收复微山岛。

6月22日晚上,下弦月尚未升起,几十只小船如箭似的飞越湖面,驶向微山岛,很快就在吕蒙、杨村、官庄登岸。各武装部队兵分两路,一路进攻微山岛吕蒙村,另一路进攻岛东部的杨村。11时,刘金山、孙茂生率部占领伪乡长大院,褚雅清率部进攻伪军团部。敌人溃败,拼命向湖中逃跑,误入渔民为捕鱼布设的鱼钩阵里,乖乖被俘。此次战斗,消灭驻岛伪军200余人,俘虏40余人,活捉伪军团副苏如海,缴获步枪100余支,微山岛重又回到了铁道大队的手中。

立足于微山岛,铁道大队在枣庄到滕县的广大地区,与敌人展开激烈的斗争。他们时而集中打击敌人,时而分散袭扰敌人。

在铁道大队的打击下,敌人变本加厉,采用扫荡、围剿、收买叛徒种种伎俩,妄图把铁道大队一口吞掉,但均告失败。

12月,洪振海隐藏在六炉店村时,被敌人发现。驻临城日军特务松尾等4人化妆成乞丐进村,欲抓捕洪振海。在村口,被站岗的女队员郝贞发现,当即示警。队员们马上行动,击毙了三名鬼子。松尾趁机越墙逃跑,正巧跳到郝贞身边,郝贞当即抱住,松尾拼命挣逃,郝贞掏出一枚手榴弹扔去,匆忙中忘记拉弦,让松尾捡到一条命,仓皇逃回临城。这个情节后来被刘知侠几乎原封不动地写进了他的小说中。

12月25日上午10时,日伪军数百人突然包围了铁道大队驻地黄埠庄(今微山县昭阳街道黄埠庄村),洪振海马上组织队员撤至湖里,敌人恼羞成怒,一伙在六炉店村进行屠杀,另一伙则放火烧毁黄埠庄村。洪振海马上带领60多名队员营救群众,在黄埠庄村东古运河河岸与敌人激烈交火,洪振海不幸中弹牺牲,队伍损失惨重,刘金山组织队员突围至微山湖芦苇荡中。

突围后,上级任命刘金山为铁道大队大队长,后来刘知侠小说《铁道游击队》中大队长刘洪的原型就是刘金山和洪振海。不久,队伍发展至200余人,大队进行编制调整,分为四个中队,一中队中队长徐广田(今市中区沙河子村人),二中队中队长曹德清,三中队中队长陈有纪,四中队中队长张建中。

1942年6月,日伪军集中3 000余人包围微山岛。此时微山湖地区包括铁道大队、运河支队、微湖大队等队伍共约有2 000人,敌众我寡,战斗从深夜11点打响,一直坚持到第二天中午,我方已牺牲百余人,再坚守下去对我不利,突围势在必行。于是,队员们穿起缴获的日军服装,化装成日军,由反战同盟的日本人小山口、田村伸树与日军用旗语联系妥当后,安全地突围了。

此后,铁道大队神出鬼没,或是袭击火车站,破袭铁路线,或是化装进入枣庄,制造火车头相撞事故,搞得敌人焦头烂额。铁道大队还曾经制造货车脱钩,缴获大量布匹、皮箱、军服及呢料、毛毯、医药器材等,有力地支援了鲁南、滨海军区部队,并救济了贫苦群众和渔民。

对于铁道大队的行动,敌人恨之入骨,多次纠集徐州、济南、青岛各地日伪军"扫荡"鲁中南地区。

1943年春,根据形势的发展,为了加强统一领导,微湖大队、铁道大队、滕沛大队合编为鲁南军区独立支队,支队长董明春,政委孟昭煜。支队下辖三个队:微湖大队为第一队300余人;铁道大队为第二队400余人;滕沛大队为第三队300余人。

冬,由于不断出击,拔掉了滕沛峄地区除临、枣车站以外的据点,微山、夏镇均被收复。鲁南独立支队被编入二军分区(以滕沛峄为中心)的一至四大队,铁道大队仍保持原建制,在军分区领导下,活动于临枣和津浦铁路沿线。

12月,铁道大队支援滕边县委、滕东县委所属武装,粉碎敌人扫荡,击毙击伤敌军70余人。

1944年3月23日,铁道大队在微山湖畔与伪军发生遭遇战,俘虏伪军14名,缴获步枪15支。

9月,鲁南军区任命刘金山担任鲁南铁道大队大队长,张洪仪任政委,郑惕任副政委,王志胜任副大队长。

1944年,世界反法西斯战争取得重大胜利,鲁南抗日军民也度过了最艰难的时期,进入到局部反攻阶段,从这年2月起,刘金山带领铁道大队取得了一系列反击日伪顽军战斗的胜利,如反击湖西顽军胡介藩部、韩继尧部战斗,程子庙战斗、高庄战斗、奇袭临城伪区部战斗及攻克赵坡战斗等。

1945年8月15日,日本宣布无条件投降。在南京,驻华日军总司令冈村宁次大将递交了投降书。与此同时,八路军总司令朱德下令华北、华东日军立即放下武器,向所在地的抗日武装投降。然而,经过几次谈判,驻扎在临城一带的日军却始终拒绝向铁道大队缴械。而日军唯一能够选择突围的路线就是乘火车沿津浦铁路南下到徐州。当残留日军乘坐的铁甲列车趁着夜色悄悄开出临城车站,行驶到临城南边的沙沟附近时,发现前面的铁路已经被破坏,他们又试图退回临城,这时铁道大队事先埋下的炸药拉响了,日军的退路也被切断。日军在孤立无援、忍饥挨饿了三天之后,只能选择向铁道大队投降。

1945年10月,枣庄和临城的1 000多日军携带8挺重机枪、130多挺轻机枪和2门山炮等轻重武器,向铁道大队投降。而代表铁道大队接受临城日军司令官投降的,是刚刚继任政委、年仅23岁的郑惕。

1 000多名日军向一支不足百人的抗日游击武装投降。这是有史以来军事受降中十分罕见的一幕。

1946年,铁道大队编制被撤销,短枪队编入鲁南临枣铁路局,其他队员被编入鲁南军区特务团,后又被编入中国人民解放军华东野战军第三纵队,也就是后来解放舟山群岛的解放军第22军。[7]

五

除了战斗,铁道大队还按照党的部署,开辟了一条连接华东根据地和山东根据地的秘密交通线。至1943年底,先后护送了刘少奇、陈毅、朱瑞、肖华、陈光等党的重要领导人及革命干部数百人安全通过津浦铁路至微山湖湖西。

1942年7月,铁道大队从微山湖突围出来后,调入鲁南军区整训。整训结束后,时任八路军第115师政治部主任,兼山东军区政治部主任的肖华指示,铁道大队今后主要任务是保卫山东、苏北根据地通往延安的交通线,保护干部过路。[8]

同月,新四军政治委员和华中局书记刘少奇在检查指导山东工作之后,由滨海区返回延安,随同干部很多。上级指示由铁道大队护送刘少奇一行,在临城以南通过铁路到鲁西。经过侦察,决定走沙沟至临城间一条干沙河路,由三队队长徐茂生带路,刘金山、王志胜和杜季伟等将刘少奇一行安全护送到了鲁西。

1943年12月,时任新四军军长的陈毅由苏北去延安,在铁道大队的护送下,越过津浦铁路封锁线,然后由微湖大队接应,乘小船进入微山湖。面对空明澄碧的湖水,陈毅触景生情,在船上随口吟道:

横越江淮七百里,微山湖色慰征途。

鲁南峰影嵯峨甚,残月扁舟入画图。

除了这首脍炙人口的《过微山湖》外,陈毅还写了另一首《在微山湖遥望微子墓》:

泛湖遥瞻微子墓,千古艳称周之顽。

而今滕薛踞倭寇,投敌蒋党应自惭。

看到微山岛上高耸的微子墓碑,陈毅触景生情,有感而发:外敌入侵,国民党反动派不思抗战,却热衷搞摩擦,与先贤崇高的风骨相比,那些顽固派令人愤恨与不齿。

作为众多活跃在山东地区敌后武工队中的一支,铁道大队深入敌后,同敌人展开了殊死斗争,对敌人产生了巨大震慑作用,为抗战胜利作出了重要贡献。肖华将军曾将武工队誉为对敌斗争的"怀中利剑,袖中匕首"[9]。

1943年,在山东省战斗英模大会上,铁道大队的代表徐广田谈了他自己和铁道大队的战斗事迹,当时在会上引起了极大的轰动,也引起了山东省文协刘知侠的很大兴趣。会后,刘知侠采访了徐广田,了解铁道大队的斗争故事。后分别于1943年和1945年两次穿越封锁线到铁道大队采访,对他们在铁道线上的战斗生活,作了全面深入的了解。刘知侠也被铁道大队的队员们视为知己,在庆祝抗日战争胜利的宴会上,被铁道大队吸收为荣誉队员。

刘知侠被铁道大队传奇般的经历深深吸引,他决心将他们的战斗生活写成一部长篇小说。直到全国解放后,刘知侠才有时间来完成这一夙愿。

动笔前刘知侠还特地故地重游,回到枣庄、临城、微山湖……再次实地感受铁道大队战斗过的场景。小说从1952年开始写,1954年由新文艺出版社出版。小说出版后,受到广大读者的热情欢迎,曾多次再版,1956年,这部小说又被改编成电影,搬上了大银幕。电影一经上映,立刻轰动一时。影片插曲《弹起我心爱的土琵琶》更是广为传唱。从此铁道游击队的传奇故事广为人知,而故事的重要发生地微山湖也成为人人向往的红色旅游胜地。

参考文献

[1] 关于微山湖湖湾与岛的数据均参考《百度百科》:微山湖(中国北方淡水湖).

[2] [清]顾祖禹.读史方舆纪要:卷二十九《南直十一》[M].

[3] [唐]魏徵.隋书:卷五十六《薛胄传》[M].

[4] 于书云.沛县志:卷四《河防志》[M].北京:商务印书馆,民国九年(1920)铅印本.

[5] [清]马得祯.鱼台县志:卷之六《河渠志》[M].清康熙三十年(1691)刻本.

[6] 曹瑞民.微山湖的形成[M]//济宁市政协文史资料委员会,微山县政协文史资料委员会.微山湖资料专辑.1990:1-8.

[7] 崔新明,司艾华.铁道游击队史[M].北京:中国社会科学出版社,2015.

[8] 杜季伟.鲁南铁道队战斗生活片断[M]//政协枣庄市薛城区委员会.铁道游击队在薛城.2005:321-322.

[9] 肖华.一年来山东的对敌政治攻势[M]//中共山东省委党史研究室.山东党的革命历史文献选编1920—1949:第8卷.济南:山东人民出版社,2015:505-506.

报国不惧身先死,八女精神与水长
——乌斯浑河纪事

作为牡丹江的一条支流,也是松花江的二级支流,乌斯浑河过去一直默默无闻。然而,自从1938年10中旬的那一天早晨,八位女英雄投身于它冰冷的河水之后,这条满语里的"凶狠的河流",就在国人的心中烙下了沉痛的印记。

乌斯浑河位于黑龙江省林口县境内,发源于锅盔山东侧,由南向西北纵贯县域大部分地区,于大屯村对岸注入牡丹江,是全县流程最长、流域面积最广的河流。全长141.12公里,河宽30~75米,水深0.5~1.0米,有大小支流55条,流域面积4 176.18平方公里。每年11月中旬至次年4月上旬为结冰期。流域多为林区,盛产红松、白桦等木材。

如今的乌斯浑河,静静地流淌在黑土地上,滋润着两岸的草木、农田,一派和平安宁景象。然而,在萧萧的秋风中、落日的余晖里,山坡上耸立的烈士纪念碑似在提醒人们:山下曾经是硝烟弥漫抗击日本侵略者的战场;在那炮火笼罩的汹涌激流中,勇猛顽强的抗联女战士用鲜血和生命为中国人民的解放事业书写下可歌可泣的篇章。

一

九一八事变后,日本侵略者陆续侵占东北三省,并建立了伪满洲国傀儡政权,开始了对东北人民的奴役和殖民统治。东北军民不畏强暴,奋起抵抗,各地风起云涌出不同组织形式的抗日武装。1936年2月20日,东北各人民革命军、反日联合军和游击队等抗日武装组织联合发布《东北抗日联军统一军队建制宣言》[1],先后共筹组11个军(东北抗日联军前期编制),总兵力约3万人,成为一支抗日劲旅。1937年,全国抗战爆发,日伪军对东北抗联的进攻变本加厉,为了应对这一严重而艰难的局面,根据中共中央的指示,东北抗联将所辖11个军编成3个路军:抗联第1、2军合编为东北抗日联军第一路军,由杨靖宇任总司令;抗联第4、5、7、8军合编成东北抗日联军第二路军,由周保中任总指挥;抗联第3、6、9、11军合编为东北抗日联军第三路军,由李兆麟任总指挥。[2]

抗联各部队大都由热血男儿组成,但也活跃着一批既能上阵杀敌又能从事后勤保障的女战士。

旧社会三座大山,而妇女遭受的压迫最为深重。在沦为日本殖民地的东北地区,妇女也与男同胞一样,饱尝亡国之耻、为奴之辱,一样不甘心被日本侵略者奴役压迫,一样积极投身到抗日救国的斗争中。抗联队伍,条件艰苦,纪律严明,但是提倡官兵平等、男女平等,而且欢迎广大青年妇女踊跃投军,并为她们在部队锻炼成长设置了相应的组织。1936年6月10日,抗日联军党委会发布《关于军队中的各种组织形式与任务》的通告,明确提出:"在军队中须要特别组织群众妇女会、妇女团。在一般的青年救国团的组织中,青年妇女若有三人以上,就得组织青年救国团的妇女小组、支部。因为妇女在历史与社会活动及生理等等,所受压迫颇多,因此对妇女领导须特别注意。"[3]这让广大妇女看到了改变命运的希望,一时间,有着不同身世经历的青年妇女纷纷加入抗联队伍。

抗联老战士胡真一(后与抗联第五军军长柴世荣结为伉俪,1980年曾任重庆市人大常委会副主任)是这样回忆她的从军之路:"对日本鬼子我恨,也有家仇也有国恨。"小的时候,她曾亲眼目睹凶残的日本兵当街把一个活泼可爱的小男孩用刺刀攮死,血淋淋的惨状在她心里埋下要报仇雪恨的种子。后来她在地下党老师启蒙下,十二三岁就当起抗联的小交通员,在抗联的队伍里,看到许多女战士都很小,令她十分羡慕,就想加入到她们中去。十七岁时,她背着父亲,由地下党老师护送到部队里,成为抗联第五军妇女团的一名小战士。她说:"我参军的原因啊,主要是对日本人不满,恨,那时就恨,对日本人恨得不得了,就是这样,日本人横行霸道地来到中国,他的口号是要把中国烧光、抢光、杀光,对中国人就是这样……把我们这儿一个人杀了就像杀个小鸡一样的,很容易,就是这样的,我很恨。"[4]

　　胡真一因痛恨日本侵略者愤而从军,那么本文的八位女英雄又是如何走上从军抗日之路的呢?

　　冷云,汉族,原名郑香芝,1915年出生于黑龙江省桦川县悦来镇一个普通市民家庭,1931年考入桦川县立女子师范学校,1935年毕业后,在悦来镇国民优级小学任教。九一八事变后,她积极参加抗日救国活动。上学时,她给自己改名郑致民——表示致力于造福人民的决心。1934年,她就加入了中国共产党,开展地下活动。1937年夏,为摆脱死心塌地当伪警察的丈夫,经上级党组织批准,郑致民脱离家庭,和进步青年教师吉乃臣一起加入抗联。出发前,她给地下党的战友留诗明志:"两山不能迁,两人能见面。盼那天,相逢日,祖国换新颜。"在抗联第五军,郑致民和吉乃臣受到了周保中的热情欢迎:"总算来文化人了,这一天我可等好久了。"此后,郑致民改名冷云,在第5军秘书处从事文化教育和宣传鼓动工作,吉乃臣则改名为周维仁,两人志同道合,不久结为夫妻,并肩战斗。冷云后来调到妇女团担任小队长和大队指导员。

▲ 冷云(右二)1935年在桦川县立女子师范学校就读时与同学在佳木斯合影(来源:新华网)

　　杨贵珍,1920年出生,汉族,黑龙江省林口县人,出身凄苦,17岁时刚出嫁,丈夫就暴病而亡。婆家待他刻薄,要把她卖到异地他乡。此时,抗联第五军的队伍经常在她所在的村庄活动,她家也住上女兵,一边帮助干活,一边给她讲革命道理,提高了她的觉悟。1936年冬,她在抗联队伍的引导下,冲破封建礼教的束缚,毅然离开家庭,加入抗联队伍。历任东北抗日联军第五军管理员、被服员,后调到妇女团。杨贵珍聪明勇敢,很快成了战斗骨干,当上班长,加入了共产党,后任副小队长。

胡秀芝,1918年出生,汉族,黑龙江省林口县人,中共党员,妇女团班长,作战勇敢不输男儿,曾带着两名战士潜行到敌哨所跟前,用手榴弹炸毁了日军据点。

黄桂清,1918年出生,黑龙江省林口县刁翎镇河心屯人。那里是抗联第五军根据地,她家是抗联堡垒户,全家参加抗日斗争。日伪军围剿抗联时,烧光了整个村子。她愤而离家参加抗联,成为妇女团的一位战士。

安顺福,1915年出生,朝鲜族,黑龙江省穆棱县穆棱镇新安屯人,13岁就跟随父兄参加抗日救国运动。九一八事变后,屯子里成立了党支部和抗日救国先锋队组织,发动群众参加抗日救亡斗争。她16岁就和屯子里的青少年们站岗、放哨、抓坏人、贴标语。1933年1月,由于叛徒告密,敌人对新安屯进行了疯狂的大搜捕,安顺福的父亲和弟弟惨遭杀害。安顺福毅然离开故乡,参加了抗日联军第四军,被分配在被服厂工作。不久,被任命为被服厂厂长,同年加入中国共产党。后与队伍上的一位师长结为夫妻,丈夫在战斗中牺牲后,为了行军打仗方便,她又忍痛把孩子送给老百姓抚养。1938年5月,安顺福和其他女同志一同转入第五军妇女团,随军西征。战友们都称她为"安大姐",因为她是被服厂厂长,像大姐一样为抗联战士们缝衣补被。

王惠民,1925年出生,黑龙江省林口县刁翎镇四合村人,"很聪明的一个小女孩,她爸爸外号叫'王皮袄'(曾任抗联第五军军部副官),后来他们全家都出来了,把老婆孩子都带出来了,参加革命,女孩子就交给妇女团,就交给冷云。"[5]战友们都叫她"小王"。

郭桂琴,1922年出生,黑龙江省林口县刁翎镇四合村人,乳名菊花,长相俊秀,天真活泼、能歌善舞,14岁时父母双亡,被坏人骗卖到妓院。据胡真一回忆:"这个小女孩很聪明,后来我们到妓院里去解放了她,她一看抗联来了,就说我跟你们走……当时也解放了嘛,你愿意不愿意,愿意就跟我们走,她就跟着我们来了。这个小丫头很勇敢,最后跟着她们一块儿跳河了。"[6]

李凤善,1918年出生,朝鲜族,黑龙江省林口县龙爪镇人,东北抗日联军第五军妇女团战士。她的生平资料较少,据有人回忆,"她身高一米六左右,体格健壮,长得漂亮"。

这些女战士来到部队后都被编入妇女班或妇女队,而女战士最多的第五军则成立了妇女团,最初只有二十几名女战士,到1937年已发展到300多人。分成三个大队,有大队长和指导员;大队下设小队和班,有小队长和班长。妇女团像作战部队一样,有步兵、骑兵、侦察兵、通讯兵,还有机枪手,大部分是在密营的医院、被服厂从事后勤工作。冷云因为有文化,刚到部队从事着看似轻松的文秘工作,但在胡真一看来,一点也不轻松:"这个时候她们秘书处任务也很艰巨,……天天写传单,写抗联干什么,抗联打日本啊,打胜仗啊,他们就写,就抄,就撒传单。另外就是编写歌,根据当前的情况,编革命歌曲,教我们唱,我们都唱。"[7]

上了年纪的胡真一已记不清歌名和歌词,而另一位抗联老战士李敏还能向后人慷慨激昂地唱起当年女战士爱唱的《露营歌》《日本强盗凶似狼》《妇女要解放》等革命歌曲。女战士还要学文化、学军事、学政治,觉悟提高得很快,一些女战士很快就加入了中国共产党,成为无产阶级先锋战士。妇女团也和男战士一起参加战斗,作战非常勇敢,成为一支特别能战斗、特别能吃苦的队伍。

1959年,周保中曾说:"妇女同志的坚忍奋发,吃苦耐劳,经得起残酷考验的表现,也是很出色的。在那游击战争处于挫折和艰难的岁月里,我们的游击战士,除了作战伤亡外,还有饿死的、冻死的。在基干部队里也有个别人逃亡叛变的,每个战士的身上负荷是很重的,除了携带枪械弹药外,还得背上自己的给养、预备服装、小帐篷、小火炉、锹、镐、斧、锯和炊具,等等。妇女同志除上述东西以外,还要携带药包、尺、剪、补衣碎布和针线。如果男同志背包重40公斤到50公斤的话,女队员就要多加上5斤到10斤。因此,在穷年累月不断的行军作战中,就是铁汉子也有的不堪苦累而死,然而妇女们却没有一个害怕苦累的,更没有逃亡叛变的。"[8]

二

七七事变后,日本帝国主义者发动全面侵华战争,为了巩固其后方基地,为了镇压日益高涨的抗日斗争和准备对苏战争,关东军由九一八事变之前的一万多人猛增到25万之众,并纠集为数众多的伪军、警察、特务、宪兵、自卫团等,在伪三江省实行"第二期治安肃正计划","拟将治安肃正工作搞彻底"[9]。关东军司令部为此制定了一个大规模的"讨伐"计划,妄图通过大范围分散兵力部署和积极搜索,将东北抗联各部分割包围,"篦梳式"清剿,各个击破,从而彻底消灭活跃在伪三江省的抗日部队。同时,为了配合"讨伐"围剿,敌人还疯狂推行"经济封锁"和"集团部落"政策,妄图阻绝我党的地下组织和广大群众对抗联部队的支持,将抗联部队"困死"。东北抗联由此而进入最为艰难困苦的时期。

伪三江省地处松花江下游,黑龙江以南、乌苏里河以西。1937年11月,针对敌人的"大讨伐",活跃在这一带的抗联部队开展了针锋相对的英勇斗争,但由于日伪军的疯狂围剿和经济封锁,虽然取得了一些局部的胜利,部队还是处于越来越困难的境地。

形势严峻,生死攸关。为了冲破敌人的军事围剿和经济封锁,粉碎敌人企图将这一带的抗日联军"聚而歼之"的阴谋,同时打通与活跃在东南满的抗联第一路军和挺进热河的八路军的联系,中共吉东省委和东北抗日联军第二路军总指挥部决定,将第二路军所辖的第四、第五军等部队组成远征军,从各自所在的根据地出发,分三路向西南的五常县等地区远征,意在冲出日伪军的军事包围圈,开辟新的游击区。

1938年7月,由抗联第四、第五军与救世军等部队组成的约2 000人西征部队,从第五军的后方基地牡丹江莲花泡出发,踏上了艰苦卓绝的西征之路。

西征部队在经过四道河子密营时,与驻扎在这里的第五军妇女团一个大队会合。大队指导员就是冷云,共有30多名女战士。

在胡真一眼里,"冷云这个同志工作很利落,处理问题很坚决,只要她说了应该怎么做,大家都还相信她,方向很正确。她是个人才……会写,也会说。长得也漂亮,那时候长得非常标致,我们妇女团里边数她漂亮……"[10]然而,就是这样一位深受战友信赖的漂亮女指导员,心里却深藏着一般人难以承受的生离死别之痛,1938年初夏,冷云生下一个女儿后,丈夫就在战斗中牺牲了。两个月后,她又不得不忍痛别子,把襁褓中的女儿托付给当地老乡抚养。

女战士在西征队伍里,和男战士一样跋山涉水并肩作战;在打下的村镇里,不失时机向群众进行宣传发动;在战斗和行军中,她们又积极做好部队的后勤服务,是完成西征任务的一支重要力量。

7月8日,西征部队到达苇河县楼山镇附近时,携带的粮食和弹药几乎消耗殆尽。为了得到补给,西征部队决定攻打楼山镇。妇女团的女战士和男战士一道,趁着日伪军防备松懈,发起突袭,于12日一举攻下楼山镇。

楼山镇战斗取得了胜利,但也暴露了西征军的行踪。日军立即从延寿、方正等地调来重兵围追阻截,迫使西征部队不得不再次调整作战计划:兵分三路行动:第5军军长柴世荣率军部教导团、第1师第2团和救世军王荫武部队返回后方刁翎地区;第5军第1师130余人由师长关书范带领,准备越过横道河子、老爷岭与第2军第5师会合;吉东省委书记宋一夫和第4军军长李延平率领第4军和第5军第2师继续向哈东、五常挺进,准备与第10军会师并取得与第一路军的联系。此时,第4军所剩不多的女战士如安顺福也归入第5军妇女团。除了少数几位女战士如胡真一、徐云卿等随军部返回后方,还有20多位女战士由冷云带领随同第5军第1师继续西征。

战友分别,互道珍重,第5军妇女团的女战士更是依依不舍。分别之际,竟然出现浪漫而又温馨的一幕:第5军教导团的分队长兼文化教员冯文礼拉着未婚妻郭桂琴的手久久不愿松开。两人刚刚订过婚,此时有多少知心话要说,然而千言万语化作一句话:早日完成任务,平安回来,我等着你,一直等着你回来!队伍就要出发了,郭桂琴不得不与未婚夫含泪道别。

两路西征部队,在敌军重兵围追阻截下,迭遭挫折,很快陷入了困境。

宋一夫、李延平率部进入哈东地区,因人地两生,误入延寿县境,7月下旬,再次折回苇河县,与同样迷路的关书范部相遇。然后,两部一起向五常进军。

由于日伪军在各地实行归屯并户,修建"集团部落",从而使西征部队失去群众支援,给养断绝,战士们不得不以野菜、野果、草根、树皮充饥,还要与敌军不断周旋,伤亡很大,战斗力下降,官兵掉队、逃跑的现象时有发生,就连最高指挥员宋一夫也丧失信念,于7月30日夜里,与副官携款叛逃投诚。宋一夫叛变造成极其严重的后果,敌人从他的嘴里得知抗联西征军的部署和兵力后,立即从哈尔滨、长春等地调来日军主力500人和装备精良的伪军2500人,会同当地的日军守备队,在六七架飞机的配合下,全力"围剿"抗联西征部队。为了减少损失,缩小目标,尽快摆脱敌人,8月下旬,第4、第5

军远征部队再次决定分兵,在五常县冲河山区分开行动。

1938年9月下旬至11月下旬,分兵后的第4军在五常县遭到敌人围剿,弹尽粮绝,部队被打散,一师代理师长曲成山和几名队员先后叛变投敌,余部不是被俘,就是壮烈牺牲。英勇的第四军悲壮地消失在西征的战火中,但军魂犹在,浩气长存。

分兵之后,第五军西征部队先后袭击了大青川、冲河山林地带的日伪军据点,以补充给养,并挺进到舒兰一带。后于夜间返回五常,在过牤牛河时又与敌人遭遇,激战中,第5军第1、第2师失去联系。第2师余部在政治部主任陶净非率领下冲破了敌人的包围,向老游击区宁安县进发。

已成孤军的第1师百十余人为了寻找第五军军部,在师长关书范带领下经海林向刁翎地区迂回。

妇女团随军西征,历经艰难险阻,许多同志在战斗中牺牲了,此时只剩下冷云带领的七位女战士。西征往返数千里,她们随队穿行在人迹罕至的深山老林里,翻山越岭,风餐露宿,备尝艰辛,衣衫褴褛,身上被丛生的荆棘刮刺得伤痕累累、脚上被乱石和枯树枝磨蹭得血泡连连,鞋子穿破了,最后只得绑着鞋底行军。部队断粮,她们和大家一样吃野菜、野果充饥,克服了难以想象的重重困难。

9月初,第5军第1师在头道河子渡过牡丹江,于10月中旬的一天夜里,到达林口县乌斯浑河岸边的柞木岗山下,准备渡河,绕道去喀上喀密营,寻找第5军军部。

三

柞木岗是牡丹江与其支流乌斯浑河的分水岭。东、西两边大、小门嘴子山隔水相望。乌斯浑河正是蜿蜒在两山之间,拐了两道湾后,向北奔流七八里注入牡丹江。这里原来就有渡河道口(哨口),平时水浅时人车马匹都能涉水而过。周围几十里并无村落,自渡船早被日伪军毁掉以后,很难见人踪迹。因为比较僻静,所以抗联部队把这里设为秘密交通线的一个站点。当天由于天降大雨,河水暴涨,水流汹涌,深不可测。

多年以后,画家仝山石为创作《八女投江》,曾到这一带搜集创作材料,一天夜里,他来到"八女投江"处考察,突遇山洪暴发,被洪水围困,差点被恶浪卷走,虽然最终脱险,但当时那种浊浪排空、惊涛怒吼的场景,给他留下深刻的印象,并启发了他的创作灵感。

▲ 油画《中华儿女——八女投江》(作者:仝山石)

夜间渡河已无可能,部队就地宿营,准备于第二天拂晓河水落下时再设法渡河。

东北的10月中旬已是秋末冬初,天已大寒,夜间更是寒气逼人,河边的灌木丛都挂上冰凌。连续数月的翻山越岭,穿林过涧,长途奔波,战士们早已是衣衫褴褛,加上阴雨天气,衣服都是湿的,让寒风一吹,如同刀子扎在身上,禁不住阵阵发抖。时值夜晚,战士们饥寒交迫、疲惫不堪。为了防备敌人偷袭,部队明确规定宿营时不准有烟火,但第一师师长关书范担心战士们经受不住深夜的寒冷,还是让战士们找来一些枯树枝燃起了几堆火取暖。生火给战士们带来些许温暖,但是谁也没有料到,火光竟然会引来敌人。

发现火光的是日本人的密探葛海禄,此人原是抗联第八军某师副官,后叛变投敌。这个汉奸在守望哨查看时,发现远处有火光闪动。葛海禄是当地人,熟悉地形,又了解抗联的活动路线和行动特点,便猜到有抗联队伍在山林里宿营,立即向驻扎在样子沟村的日军小队长桥本报告,桥本随即报告了上司熊谷大佐。

熊谷亲自率领30多个骑兵,并调集了日军、伪军、森林警察共千余人组成一支"讨伐队",携带迫击炮、机枪等重型武器,趁着夜幕悄悄摸上山,在抗联部队露营地附近布下一个半包围圈。由于一时搞不清抗联队伍的底细,日伪军未敢轻举妄动,而是潜伏在周围,只等天亮看清情况,再把抗联队伍杀个措手不及,一网打尽。

此时,大部队宿营在乌斯浑河下游,而冷云和七名女战士则宿营在河的上游,相隔着一段距离。也许她们没有收到可以生火取暖的通知,也许她们女战士特有的警觉始终没有松懈,一如既往,设下警戒哨,悄无声息,在饥寒交迫中,熬过人生的最后一个漫漫长夜。这也许是她们没有被发现的缘故,敌人只是紧盯着下游的抗联宿营地。

第二天拂晓,浑然不觉的抗联战士整装待发,准备渡河。此时洪水已经淹没渡口,要过河,只能泅渡。关书范命令会游泳的参谋金世峰先下河探路,找到涉水过河的通道后,让妇女团战士先行过河,大部队在后方担任警戒掩护,然后全体过河。金世峰下到河里,开始探路。冷云也带着女战士进入河边的"柳条通",隐蔽起来。乌斯浑河两岸到处都是柳树丛,当地人叫"柳条通"。这种柳树,通常有手指到擀面杖粗细,三四米高,一簇簇密密匝匝的,沿着河岸铺排开去,下面是没膝的茅草。

金世峰在河里没走多远,就发现河水越来越深、越来越急,根本站不住脚,只好改成游泳强渡,边游边试探水深。双脚却一直够不到河底。大约游过一半的河面,枪炮声忽然在他背后的河岸上响起来。

埋伏多时的日伪军,此时终于弄清眼前这支抗联队伍的规模。熊谷一声令下,攻击开始,轻重武器一起开火,铺天盖地扑向抗联宿营地。然而,抗联战士都是久经沙场的老兵,并没有因敌人偷袭而措手不及,他们处变不惊,很快组织起反击,边打边撤。日伪军受地形限制,并没有形成完整的包围圈,从而给抗联撤退留下两个缺口:一个是向东北渡河,一个是向西进入柞木岗子密林。

渡河本来就很困难,而且还要处于日伪军的强大火力压制下,渡河只能是背水一战。然而敌众我寡,既无援兵,又无强大火力支撑,渡河的结局将不言而喻。于是,抗联战士选择了向柞木岗子方向突围。他们相互掩护,边打边撤。日伪军依仗着人多火力强的绝对优势,步步紧跟,穷追不舍。敌我间的距离不断缩小,眼看着突围队伍就要被敌人追上了。

万分危急之际,日伪军的侧后方忽然响起了密集的枪声。八位女战士开火了。

多年以后,长期致力于抗联将士爱国事迹调查研究的东北烈士纪念馆研究员温野,为了还原这一段悲壮惨烈的历史,带领相关课题组人员,数十年间,千里跋涉,实地调查,寻访当事人,意外得知"八女投江"中第九位烈士金世锋还活着,于是,就找到这位已是70多岁的"活烈士",请他讲述八位女英雄如何舍己救战友壮烈殉国的经过。

下面,我们将借助亲历者的叙述和东北抗联军史研究的新成果,大致勾勒出这场惊天地、泣鬼神的战斗经过。

金世锋说:"当时,敌人并没有发现河边的女战士们,如果她们继续隐蔽不动,就有机会脱离险境,就有活下来的希望。"[11]

女战士们眼睁睁地看着战友们被敌人打得节节后退,不由心急如焚。冷云却十分冷静,她果断地把战士们分成三个战斗小组,然后毅然决然地命令道:"同志们,随我一起向敌人开火,把他们引过来,让大部队突围!"

生死关头,八名女战士为了掩护大部队突围,把生的希望留给了战友们,把死的威胁留给了自己,她们没有犹豫,更没有胆怯,一齐把枪口对准了敌人,猛烈地向敌人射出愤怒的子弹。背后突然受到攻击,日伪军以为掉进抗联部队的包围圈,正在被追击的队伍反倒像是诱饵,马上调转方向,向着女战士所在的"柳条通"猛烈开火。趁着敌人改变攻击方向,火力分散,大部队很快摆脱追击,进入密林深处。他们随即发现女战士们还在河边据守战斗,处境十分危险,便迅速组织火力向敌人发起反冲锋,要把女战士接应出来。然而,敌人已抢占了制高点,并用轻重武器控制住山口,接应的战士不仅没杀开一条血路,反而带来严重伤亡。

这些情况被身临绝境的八名女战士看得一清二楚。她们意识到,队伍再这样耗下去,既救不了她们,反而还会有全军覆没的危险。危急时刻,八名女战士向着战友们齐声高喊:"快往外冲啊!不要管我们!保住手中枪,就能抗战到底!"

接应的战士再次发起反冲锋,还是没有成功。在敌人强大火力封锁下,根本无法突破到河边,继续与敌人激战下去将使部队失去最后的撤退机会,他们只好忍痛向密林深处撤退。

威胁减轻,日伪军集中火力向女战士们发起疯狂攻击。很快,河边的柳

中国河湖的
红色记忆
RED MEMORIES OF RIVERS
AND LAKES IN CHINA

条和枯草都被炮火点燃,硝烟弥漫,笼罩着坚持战斗的女战士。但是,敌我力量过于悬殊,敌人的火力越来越猛烈,而女战士们的子弹就要打光,冷云扫视一下,见黄桂清负了伤,忙上前为她包扎伤口;郭桂琴也负了伤,杨贵珍正在为她包扎,安顺福和其他几名战士正在用衣服扑打着周围的大火。冷云命令大家,架起负伤的战友,借着浓烟掩护,迅速转移到河边,卧倒在土坡上。

包围的敌人越来越近,女战士们子弹都已经打光,只剩下三枚手榴弹。正面,两侧都是敌人,身后就是激流汹涌的乌斯浑河,但她们都不会游泳,这就意味着她们不是战死就是被俘,冷云看着大家,大家也望着冷云。冷云思索片刻,坚定地说:"战友们,我们是共产党员、抗联战士,宁死也决不做俘虏!现在子弹打光了,只能趟水过河,能过去,找到大部队继续战斗,过不去,宁可死在河里!为抗日救国而死是我们的最大光荣!"

"指导员说得对,我们宁可站着死,也决不跪着生,过河去!"班长胡秀芝坚决响应道。

"对,过河去!"其他六名战士齐声响应。

"我们还有三颗手榴弹,一定要用在节骨眼上,下河去!"冷云把仅剩的三颗手榴弹,给自己留一颗,另外两颗分给安顺福和胡秀芝。

敌人围了上来,群枪齐射,一颗子弹飞来,击中了小战士王慧民的左胸,殷红的血立即染红了她的衣服,冷云急忙上前搀扶,又飞来一颗子弹,打在她的肩膀上,冷云摇晃了一下身子,又站稳住,安顺福和胡秀芝同时把手榴弹投向敌人。敌人吓得卧倒在地,八名女战士在一片爆炸声中向水里走去。

最后一颗手榴弹从冷云手里飞出,在敌人头上炸响。

趁着敌人乱成一团,女战士背起受伤的战友,相互搀扶着,踏进冰冷的河水中。此时的河水虽然有所降落,但仍然是波浪翻滚,水流湍急。河水愤怒地咆哮着,它激起巨大的水花,好像要将这些疲惫不堪的女人吞噬掉。河水淹没了她们的膝盖,又浸没了她们的大腿,越往前走水越深,破烂不堪的衣服被冷冰冰的河水浸泡着黏贴在身上,就像被一层冰包裹着,寒彻骨髓。几位受伤的战士,伤口被冷水刺激着,更加钻心地疼痛,有的几乎无法直身行走,大家便挽着胳膊,互相扶持着。小战士王慧民因失血过多,已奄奄一息,她伏在冷云背上,河水淹到了王慧民的胸部,她知道自己快不行了,声音微弱地说:"大姐,快把我放下,你赶快走!"

"自打你父亲把你托付给我,我们死活都要在一起!""大家坚持住,只要趟过这条河就是胜利。"冷云强忍着伤口的疼痛,鼓励着王慧民和姐妹们。

这时,追到河边的敌人已经发现和他们激战多时的几个抗联战士居然都是女人,日军妄图用活命来引诱她们投降,便一边停止了射击,一边大声地喊着:"回来!回到岸上来!只要你们乖乖地投降,活命大大的有!"然而,回答敌人的只有女战士们沉默的背影和滔滔的流水声。

气急败坏的日军大佐熊谷嘶吼着:"打!狠狠地打!统统死啦死啦的有!"日伪军的子弹疯狂地射向八名女战士的身体,有的腿上先中枪,一下子跌倒在水里,马上就被身边的同伴拉起来,同伴又中了枪,于是又一同踉跄着摔倒在浪花里;有的被子弹打中后一边摇晃着,一边艰难地向前挪着步子,再次中枪倒下后,只要还有一口气在,也要咬牙站起来继续往前挪。……不一会儿,八名身中数枪的女英雄就被翻滚的河水吞没了。殷红的鲜血洇染了奔流不息的浪花,在河中形成一条弯弯曲曲的"丝带",漂得很远很远……

金世峰游到对岸,他一个人又手无寸铁,只能趴在草丛里,心急如焚却无可奈何地看着对岸的战斗,看着乌斯浑河水吞没了八位女战士。此战之后,金世峰与抗联部队失散。在日伪统治之下,为了生存,他不得不易名金尚杰,在吉林市郊柳树屯务农为生。温野找到他之前,他对自己在抗联的经历,从未对任何人说过,特别是二十多年前那壮烈的一幕,更是这位老人不愿触碰却永不磨灭的记忆。[12]

四

硝烟已经散去,乌斯浑河的浪涛奔涌不息。八名英勇的女战士用自己的生命阻止了敌人追击远征部队的图谋,为远征部队的突围赢得了宝贵时间。没能过河的第5军第1师的战友们挥泪告别了殒命乌斯浑河的八名女战士,继续在群山密林中与敌人周旋,历经险阻,于11月初,回到了第五军密营根据地。

当年11月4日,东北抗日联军第二路军总指挥周保中得到"八女投江"的战报后,当即在日记中写道:"我五军关师长书范于西南远征归抵刁翎,半月前在三家方向拟渡过乌斯浑河,拂晓正渡之际,受日贼河东岸之伏兵袭击。高丽民族解放有深久革命历史之金世峰及妇女冷云(郑××)、杨秀珍等八人,悉行溺江捐躯……乌斯浑河畔牡丹江岸,将来应有烈女标芳。"

这是关于"八女投江"的最早文字记载,清楚地标明战斗的地点和牺牲人数,据此也可以推算出战斗发生的时间当在1938年10月20日。

女英雄的身后事,胡真一有比较详细的述说。八名女战士没有归队,第5军军长柴世荣很关心,派出一支20多人的小分队前去寻找,妇女团的第1大队队长王玉环(后与抗联第二路军副总指挥崔庸健结婚,崔庸健曾担任朝鲜人民民主共和国副主席、人民军次帅)和班长胡真一也随同来到乌斯浑河渡口,"我们就从路口下车了,顺着河上走,走着走着,柳树毛子那边好像有什么东西,就拿棍子扒那个地方,里面是个包,是我们抗联妇女同志背的包,包里有老百姓给的两三根萝卜,还有炒面。之后再仔细地找,向下又走了几里路,最后这八个女的,都是被柳树毛子挡住了,没冲远,都找到了。后来告诉柴世荣……他有点不放心……他又从前刁翎回来了,回来就到那儿看。我和王玉环,还有几个同志,就把这八个尸体在那河边上摆着,她们的衣服都没烂,还是整整齐齐的……这样看了以后,我们大家心里都很难过,都是亲密战友,都是在一起的,柴世荣也很难过的……所以又留了半天挖了几个坑,就把这八个女的埋了。我们回来以后,新中国成立以后,我们就找到县里边……跟依兰县那个副主任说了一下,我说那边有几个女的,你们将来要很好地把她们埋一埋。后来我们都想要修个纪念堂,把她们的名字都写出来,把她们投江的这个勇敢劲儿写出来。这里面还有几个人我记不住,有两个是朝鲜的,还有一个内蒙的,这蒙古人按年龄也到50岁了,她也很坚强的,她个子大,打仗也很勇敢。"[13]

本应最关心八位女战士的关书范师长,却没有重返乌斯浑河畔。据胡真一说,关书范已经死了。这就不得不提及在抗联第二路军战史上所发生的一起重大叛变事件。按说作为师长的关书范应该受到八名女战士英勇事迹的激励,更加顽强地进行抗日斗争。谁知关书范却吓破了胆,此后经常在部队中散布悲观失望情绪和假投降理论,受到周保中严厉批评后,仍不思悔改,私自下山,径赴佳木斯与伪三江省"讨伐军"司令部,会商所谓"假投降"事宜。当他穿着一身日军军装回到密营,对柴世荣进行劝降。柴军长不为所动,即向周保中告发。周保中勃然大怒,急令按照此前第二路军总指挥部的会议决定:立即开除关书范党籍,撤销其师长职务,就地处以死刑。并公布其罪状,通报全军。

英雄舍命救下的首长转眼成为令人唾弃的叛徒,固然令人唏嘘不已,但关书范叛变毕竟只是他的个人行为,丝毫无损于气贯长虹光照日月的女英雄。

在相当长的时间里,"八女投江"只是作为一个英雄集体为人们所赞颂,对于她们,除了冷云,人们知之甚少。这与斗争形势恶化不无关系,日伪军不断加强的"大讨伐",令抗联武装损失惨重,大多数根据地丢失了,许多部队打光了,众多英雄将士牺牲了……到了1940年,东北抗日联军只剩下1800余人,不得不暂栖异国卧薪尝胆徐图东山再起,更多的失散人员不得不隐姓埋名东奔西走。"十年生死两茫,不思量,自难忘。"然而,崇尚烈士英雄的中华民族、珍视自己苦难而又辉煌历史的中国共产党,注定不会让她们的英名湮没于历史长河中。

1948年秋,东北全境解放,东北电影制片厂的编剧颜一烟,开始创作反映东北抗联的电影剧本,核心故事就是她听人讲述的"八女投江"。她首先找到抗联老领导冯仲云,说准备写"八女投江",冯仲云立刻说:"太值得一写了!"冯仲云不是"八女投江"的直接见证人,他给颜一烟写了介绍信,帮她联系更多的抗联干部战士接受采访。颜一烟写完剧本初稿,有些顾虑。由于创作的需要,剧本中的"八女投江"是真实的,但"八女"除了冷云,她所知甚少,只能移花接木地把很多抗联女战士的故事搬到她们身上。剧本定名《中华女儿》,交给冯仲云审阅,冯仲云非常肯定地说:"你这样写,虽然对八位女英雄来说不是真人真事,可是对整个抗联来说,就是真人真事,因为你表现了当时抗联的真实。"[14]

《中华女儿》公映后大获成功,影片首次塑造了"八女"的银幕形象,实际上是借她们展现中华儿女在面对强敌侵略时的不屈和英勇,感人至深。"八女投江"的故事也随着这部电影传遍中国乃至世界。这部电影获得了1950年卡罗维发利第五届国际电影节自由斗争奖。其后以"八女投江"英雄事迹为题材的国画、连环画、诗歌等文艺作品层出不穷。1957年,为了参加中国人民解放军建军30周年美术展,著名美术教育家、当代现实主义中国画大师王盛烈教授创作的国画《八女投江》,轰动了中国美术界,成为现实主义艺术的经典作品,现收藏于中国人民革命军事博物馆。此外,"八女投江"的英雄事迹还被编入人民教育出版社出版的语文教科书。

▲ 国画《八女投江》（创作者：王盛烈，1957年，现收藏于中国人民革命军事博物馆）

  艺术的真实并不等于历史的真实。一些专业历史研究人员如温野等人和一些民间抗联史爱好者如林口县原县政协主席于春芳等人，经过数十年坚持不懈地调查考证，终于弄清楚八位女英雄的姓名、年龄、籍贯、从军过程、牺牲时间，并得到历史学家的认同。迷雾廓清，不仅使烈士的英名光标史册，也让她们的遗属解开多年的心结。

  随着寻访人员的到来，冷云的哥哥郑殿臣这才知道"八女投江"的冷指导员就是自己的妹妹郑致民，不由得老泪纵横。多年来，郑家一直背着"逃婚"的恶名，遭人耻笑，抬不起头，现在终于可以扬眉吐气了。

  当年杨贵珍离家出走，家里人也不知道她的去向，当温野找到了杨贵珍的父亲杨景春，他才知道自己的女儿加入了抗联，是"八女投江"的英雄之一。老人说，她死得值，有骨气！

  1938年7月，冯文礼与未婚妻郭桂琴分别后，在接下来的战斗中与抗联部队失散，也与郭桂琴失去联系，更不知道她已经牺牲。他曾苦苦寻找心上人多年，并没有得到任何消息。直到2003年，在一次抗联老战士的联谊活动上，冯文礼见到了周保中当年的警卫员，这才得知郭桂琴也是"八女投江"的女英雄之一。

  在2008年10月20日举行的"八女投江"70周年纪念大会上，请来一位特殊的纪念者，就是冯文礼。那年冯文礼已经87岁，站在乌斯浑河岸边，凝望远去的河水，满眼含泪，低声嗫嚅："70年了，70年了……"[15]

  冯文礼的出现，也为再现女英雄音容笑貌提供了契机。由于他和郭桂琴的关系，对妇女团的许多人都很熟悉，是在世的抗联老战士中唯一见过所有"八女"的人。此前,除了冷云还有几幅遗照存世,其他七人都是绘画的肖像。冯文礼看了这些画像后说,除了郭桂琴的眼睛有一点儿像,哪个都不像。于是在他的帮助下,通过照片比对,再请公安部门的专家绘成肖像。工作人员把没有标明身份的肖像拿给杨贵珍的弟弟杨玉林辨认,他一下子从中找出了杨贵珍。70多年后重新看到姐姐的容貌,让他不禁泪流满面:"我姐姐牺牲时才18岁啊。"[16]这套"七女"画像加上冷云的照片,描绘出了"八女投江"最接近真人的形象,各地纪念馆中"八女投江"的相关展陈,基本上也采用了这些画像。

八名女战士为中华民族的解放事业献出了她们年轻的生命,年龄最大的冷云和安顺福23岁,最小的王惠民13岁,八个人平均年龄还不到20岁。可是,在抗击日本侵略者的危急时刻,她们没有退缩、没有恐惧,弹尽援绝时,也决不贪生怕死,用生命和鲜血谱写了一曲"八女投江"的悲壮乐章。

英雄赴国难,浩气永长存。在中国人民抗击日本侵略者的英勇历程中,无数年轻的英雄战士们用生命演绎了壮丽的悲歌,"八女投江"的悲壮事迹只是其中的一个缩影。它生动地体现了中华儿女为民族解放事业敢于与外敌血战到底的英雄气概,长期以来,一直鼓舞、激励着后人。

1982年10月,经黑龙江省人民政府批准,林口县人民政府在乌斯浑河畔建立"八女投江纪念碑"。纪念碑正面是抗联老战士陈雷的题词:"八女英魂光照千秋。"碑文铭刻着八名女战士的英名和她们可歌可泣的光辉事迹。1995年春,中共林口县委、县政府对原"八女投江纪念碑"进行了重建。

1984年,中共牡丹江市委、市政府决定在牡丹江市江滨公园建立"八女投江英烈群雕"。群雕由中央美术学院教授张德华、司徒兆光设计,四川美术学院采用花岗岩石材料雕凿,于1988年8月1日正式落成,时任全国政协主席邓颖超亲笔题写了"八女投江"四个大字。1986年9月7日,牡丹江市举行"八女投江纪念碑"奠基典礼。时任全国政协副主席、全国妇联主席康克清为工程奠基题词:"八女英灵永垂不朽!"

2009年9月14日,在中华人民共和国成立60周年之际,"八女投江"的烈士们被评为100位为新中国成立作出突出贡献的英雄模范之一。

云山苍苍,河水泱泱。八女之风,山高水长!

血与火的历史烟云已经随岁月消逝,但消逝的岁月带不走那一个个熟悉的姓名,如今静静流淌的乌斯浑河还在倒映着一个个鲜活的身影,她们如穿越时空的星星,总是闪耀在这天地之间!

让我们永远记住这些如星星般闪耀的名字!她们是:指导员冷云,班长胡秀芝、杨贵珍、战士郭桂琴、黄桂清、王惠民、李凤善和被服厂厂长安顺福。

参考文献

[1][2]冯仲云.东北抗日联军十四年苦斗简史[M].北京:中央文献出版社,2008:24,54,62,64.《东北抗日联军史》编写组.东北抗日联军史:大事年表[M].北京:中共党史出版社,2015:1080-1096.

[3]高代红.东北抗日联军第五军妇女团的抗日斗争[J].中共黑龙江省委史志研究室.世纪桥,1998(1):38.

[4][5][6][7][10][13]胡真一口述,姜宝才采访,赵亮整理."对日本鬼子我恨,也有家仇也有国恨"——"八女投江"的见证人胡真一.国家图书馆中国记忆项目中心.我的抗联岁月——东北抗日联军战士口述史[M].北京:中信出版社,2016:100-112.

[8]史义存.东北抗联中的女战士[J].党史博览,2014(1):3.

[9]东北抗日联军史料编写组.东北抗日联军史料[M].(下).北京:中共党史资料出版社,1987:832,833.

[11][12][14][15][16]闵智.抗战史回眸之八女投江:最大的23岁 最小年仅13岁[N/OL].北京日报,新华网,2015-08-25[2015-08-25].http://www.xinhuanet.com//politics/2015-18/25/c_128162615.htm

扁舟飞跃趁晴空,斜抹湖天夕照红
——洪泽湖纪事

▲ 洪泽湖上的风景(李亚敏 摄)

洪泽湖,是我国第四大淡水湖,位于江苏省西部淮河下游,苏北平原中部西侧,淮安、宿迁两市境内,为淮河中下游结合部。原为浅水小湖群,古称富陵湖,两汉以后称破釜塘,隋称洪泽浦,唐代始名洪泽湖。1128年以后,黄河南徙经泗水在淮阴以下夺淮河下游河道入海,淮河失去入海水道,在盱眙以东潴水,原来的小湖群逐渐扩大为洪泽湖。洪泽湖湖面广阔,资源丰富,历史悠久,为南来北往的航运枢纽,盛产各种鱼类,农业及养殖业也很发达,素有"日出斗金"的美称。

七七事变后仅十个月,北平、天津、上海、南京等重要城市相继落入气势汹汹的日寇之手,大片国土沦陷,"亡国论""速胜论"的观点到处流传。为适应新的斗争形势，1938年5月，毛泽东在其所著的《抗日游击战争的战略问题》中指出："江北的洪泽湖地带、江南的太湖地带和沿江沿海一切敌人占领区域的港汊地带，都应该好好地组织游击战争，并在河湖港汊之中及其近旁建立起持久的根据地，作为发展全国游击战争的一个方面。"[1]为此，中共中央向洪泽湖地区调集精兵强将，一大批经过长期革命战争考验的优秀军政干部被陆续派到这里开展工作。其中著名的有刘少奇、徐海东、彭雪枫、黄克诚、邓子恢、张爱萍、韦国清、刘瑞龙、张震、肖望东、黄春圃、赖毅等。在他们坚强有力的领导下，广大游击健儿纵横驰骋在广阔的洪泽湖地区，坚持长期抗战，有力地打击了日本侵略者。

新四军围湖痛歼顽匪

抗战时期，烟波浩淼的洪泽湖是淮北抗日根据地的天然依托和可靠后方，更是连接淮南、淮北两大根据地的纽带。它位于苏皖两省交界处，上接800里长淮，下连大运河和白马湖、高宝湖。湖面宽阔，港汊纵横，芦苇丛生，地形复杂，比较适宜开展水上游击战。但是这里长期却被几股土匪武装所占据，百里草滩、万顷芦荡，成为匪徒为非作歹的巢穴，百姓称之为"满湖鱼虾，满湖匪霸"。从清末到民国，官府多次发兵进剿，然而湖匪如湖草，大兵来时，四散而去；大兵走后，重新啸聚湖上。数十年间，匪患不断，加之兵匪一家，官匪勾结，湖匪日益坐大，洪泽湖周围十多个县的老百姓谈匪色变，苦不堪言。

洪泽湖西岸的浅滩过去分为三大溜，即溧河溜、安河溜与成子溜，成子溜后来形成了成子湖。溧河溜一带是匪首魏友三的地盘，魏匪俗称"老魏三"，为人心狠手辣，杀人如麻，当地人相互赌咒："谁要是干坏事，就是老魏三的种！"可见其作恶残暴程度令人发指。安河溜是匪首孙乃香等人的领地，孙自称所部为"十路军"，湖边百姓的生杀予夺全凭他高兴与否，被人们视为恶煞，称之为"凶三爷"。成子湖边的尚嘴、罗嘴、高嘴附近则属于高铸九、陈佩华的势力范围，他们无恶不作，民愤极大。高匪还把所部称为"九路军"，暗中勾结日伪军，与南下的八路军作对。另外，湖上还有王乃汉、张文博、刘四乱子、刘五练子等匪帮，他们横行湖上，鱼肉百姓，自称"上水马子"

和"下水马子"。

为了配合江南新四军渡江北上，时任八路军第5纵队第3支队司令员的张爱萍奉命率主力东进开辟淮海根据地。罗炳辉带领的新四军江北指挥部第5支队也同时向洪泽湖以东的淮阴、淮安、宝应挺进。而盘踞在洪泽湖地区的顽军和土匪势力，趁我军主力部队东进和日伪对皖东北扫荡之机，对根据地猖狂捣乱。严重的匪患，引起了根据地人民的极大愤怒。

1941年皖南事变后，改任新四军3师9旅旅长的张爱萍和政委韦国清，率部进驻洪泽湖西岸的半城镇。风光秀丽的洪泽湖，如今日寇入侵，土匪横行，令张将军极为愤慨，一个大规模剿匪的计划在他的脑海中正逐步形成。洪泽湖进可以攻，退可以守，对建立巩固淮北抗日根据地，是天然的大后方；而肃清湖上匪患，是湖区人民的强烈愿望，更是迫在眉睫。通过广泛细致的调查侦察，新四军九旅基本摸清顽匪的实力装备与活动规律。

▲ 洪泽湖（孟凯　摄）

在新四军到来之前，中共洪泽湖地下党组织即发动渔民抗日，组织了一支规模不大的湖上游击队。他们把渔船改造成战船（船头竖一块钢板作掩体的木制战船，称之为"钢板划子"），每日在湖上巡逻。由于规模小、战斗力弱，游击队只能打击小股湖匪，尚无能力和匪霸及日伪顽军正面作战。

湖上匪徒与日军、伪军、顽军互相勾结，他们打着江苏省政府主席兼鲁苏战区副总司令韩德勤的旗号，与新四军对着干。湖匪的实力具体分布为：

陈佩华部，原为江苏省洪泽湖水警队，后改为韩德勤部独立支队，有匪徒200多人，有"九里锥"炮(俗称)3门、轻重机枪3挺、船近百条，其中钢板划子20多条，陈为支队司令；魏友三部，为韩德勤部游击五支队，魏称司令，拥众百余人，有轻机枪2挺、驳壳枪30余支、钢板划子10余条；高铸九为惯匪，与盱眙县城及老子山日军据点过从甚密，拥有200余众、船百余只、钢板划子15只、土炮10门、鸭枪200余支；王乃汉部，拥众200余人，有钢板划子20余条；张文博部，拥众百余人，张自称苏皖游击指挥。其中以陈佩华、高铸九、魏友三气焰最为嚣张。高铸九更是扬言：八路军是"旱鸭子"，不敢下水，"九路军"不怕八路军。

张爱萍则鼓励官兵们：什么"九路军""十路军"？都是乌合之众！话是这么说，剿匪还得精心准备。张爱萍和韦国清认真分析了战情，其中有利我军的条件也较多：首先，渔民痛恨土匪，人心向我，有老百姓贡献船只和做向导；其次，土匪内部不团结，经常火并，可以各个击破；再次，钢板划子虽然坚固，但可以采取迂回战术，侧面射击；第四，有水性好的渔民做教练，官兵们能迅速掌握水上作战的技能。

于是，张爱萍根据水上作战的要求和各类船只的特点，对部队进行编组训练，战斗队形按照突击船队、钳制船队和后勤船队的队形组成，由"主力舰"(实为木船，下同)、"炮舰"、"通讯舰"和"救生舰"组成钳制队，从正面攻击并吸引敌人；由二、三级"主力舰""驱逐舰""通讯舰"组成的突击队从左右两翼出击；由"救护舰""运输舰"组成的后勤舰队殿后，与突击队保持一定的距离。指挥所设在钳制船队上。联络信号白天用旗语，夜间用包着红布的手电筒。

很快，在洪泽湖边的老汴河、濉河等河道上，就响起九旅官兵训练的喊杀声。

1941年4月初，张爱萍与韦国清讨论起草了给中共华中局及新四军军部的请战报告。新四军代军长陈毅与政治委员刘少奇批准下达了肃清洪泽湖上匪患的命令："张韦部应乘芦苇尚未生长之机，肃清湖中顽匪……二师五旅派一个团协助进剿，该团电台与九旅联络并归张韦二人指挥。"[2]

九旅剿匪的主体计划是：政治上分化瓦解，经济上严密封锁，军事上彻底消灭。首先肃清环湖周围的散匪，切断韩德勤所部对湖匪的支援，在老子山、成子湖、临淮头等地实行军事封锁，然后再进行水上攻坚战，集中力量消灭顽匪。

在作好充分战斗准备的同时,9旅还充分发动群众,很多渔民青年报名参战,每船一两人帮助操桨。不少渔民在岸边结芦为舍,腾出船来做战船。一位十五六岁的小姑娘是当地有名的游泳和划船能手,抢着报名参加剿匪,张爱萍见她年纪偏小,没有同意,可她十分执着,每天一到部队训练时,她就来找张爱萍磨缠,还主动给部队作游泳和划船示范表演。张爱萍见她很坚决,就同意她参加战斗。

与此同时,9旅还对湖匪展开政治攻势,并有意放风:"我军不习水性,只有等敌匪上岸作战",以此麻痹敌人,暗藏的坏分子果然把这些消息传递给湖匪。部队还对被捕的敌探说:"我们下不了水,但你们上来破坏根据地,我们就打掉你们。"敌探听了害怕不愿回去。张爱萍指示部队,把敌探放回去,让他替我们宣传。如此一来,湖匪果然上钩,认为新四军不敢下湖作战。

1941年5月1日,剿匪战斗准备就绪,9旅指战员整装待发。张爱萍的动员令是:"用洪泽湖战斗的胜利迎接红5月。"第二天拂晓,剿匪部队按预定部署分头出击。9旅25团和警卫营执行主攻任务。新四军二师五旅以一个团的兵力,担任湖东蒋坝、高良涧、顺河一线警戒。地方武装在管鲍套子把守,临战时,主要港口、码头实行戒严,防止匪徒逃跑。

5月3日拂晓发起总攻,张爱萍亲率25团3营及警卫营的主力舰队,从今泗洪县临淮镇的老汴河口驶出,向着顽匪的巢穴安河口出击。这也是顽匪的主要防御方向,正面有30多只匪船担任警戒,10多只钢板划子一字排开,向剿匪部队开枪开炮,阻挡进攻。张爱萍指挥"炮舰"用四根长竹篙前后左右将"炮舰"固定起来,命令战士们集中火力向敌船猛烈开火。一时间,高射机枪子弹如飞,炮弹在匪船上炸开了花。8连连长齐德宽带领突击队,分乘2只大船6只小船,在火力的掩护下冲到敌船附近,高喊:"不准动,缴枪不杀!"100余名顽匪见势不妙,纷纷举手投降,西路阻击的顽匪被率先击溃。

25团1营从东路自今泗阳县黄码头出击,主攻顽匪陈佩华部。湖匪用"九里锥"炮射击,企图打退我军进攻。1营指战员如猛虎下山,锐不可挡,一面用重机枪扫射,一面破浪前进。顽匪一见遇上了新四军主力,"九里锥"也不管用了,就调转船头逃跑。

25团政治委员李浩然率领2营与团直机关,从成子湖西岸的高嘴向南

中国河湖的
红色记忆
RED MEMORIES OF RIVERS AND LAKES IN CHINA

进攻,主攻高铸九的"九路军"。上午10时左右,与敌船接上了火。高匪以50条大船出兵对抗,想从气势上来压倒新四军。2营集中重火力强行推进,几番冲锋,打得敌船转舵而逃。

▲ 夕阳下的洪泽湖(李亚敏 摄)

中午12时许,剿匪部队三路合击,在成子湖东南湖面上会师,继续追歼残匪。

第二天,张爱萍命令参战部队,稍作休整再乘胜分进合击,不痛歼顽匪,誓不罢休。陈佩华残部逃至湖东被2师5旅截获全歼。高铸九残部在成子湖东北岸遭10旅29团伏击被歼,高匪只身潜逃,投靠了日伪军。

由于战前准备充分,布置严密,火力猛烈,剿匪战役仅用两天就大获全胜,百年匪患铲除于一旦,洪泽湖回到人民手中。

第三天，几百条载满部队的船只汇集在洪泽湖上举行祝捷大会，十几条船一排围成一个半圆形的大会场。旁边陈列着缴获的战利品。渔民们也争先恐后地摇着渔船参加大会，还带着鱼、虾、菱、芡等水产品慰劳部队。会场上锣鼓、鞭炮和嘹亮的军号响成一片。张爱萍将军即兴赋诗一首《平定洪泽湖》[3]：

洪泽水怪乱水天，奋举龙泉捣龙潭。红旗漫展万众勇，白帆云扬千樯舷。塞江倒海斩妖孽，长风劈浪扫敌顽。炀鸟红天炀红泊，渔歌满湖鱼满船。

这次剿匪战役，使新四军巩固和扩大了淮北津浦路东敌后抗日根据地，打通了淮北与苏北、淮南几块根据地的联系，有力地支援了路西反顽斗争。开创了新四军水战胜利的先河，为淮北抗日根据地的发展作出了重大贡献，在华中抗战史上留下了光辉的一页。

粉碎日寇的"三十三天大扫荡"

剿匪胜利后不久，洪泽湖区人民抗日民主政权——洪泽湖管理局（1942年4月改称洪泽县人民政府）宣告成立。从此，广大湖区人民在党和政府的领导下，开展减租减息运动，建立渔民抗日救国会，组织起草民抗日协会。有组织地开展和地主、渔霸、滩主的斗争，清算剥削阶级的罪行。贫苦的渔民子弟一批批被选为区乡政府的领导班子，他们带领群众在党的领导下，开展了轰轰烈烈的大生产运动，建立了生产合作社，废除了牙行老板的中间剥削，渔业、手工业、商业呈现出欣欣向荣的景象。芦苇、鱼虾、芡实、莲子等特产，是淮北根据地的主要外贸物资，远销到敌占区的上海等地，换回枪械弹药、布匹、医疗器械等军需用品。洪泽湖地区每年为淮北苏皖边区行政公署及新四军四师提供的外贸物资中仅芡实就达几十万斤。丰饶的物产，使这里真正成了淮北根据地的坚强后方基地。

此时的洪泽湖，进可以攻，退可以守，实现了张爱萍将军的战略构想，淮北、淮南、淮海乃至苏中几大根据地连成一片，在洪泽湖滋润下，整个华中根据地都活转起来。2 000多平方公里的水面，既有利于游击战争的回旋、跳跃，又便于根据地之间物资运输和部队安全转移。洪泽湖成了淮北各个抗日根据地的水上通道。沿湖广阔的芦苇荡更有利于我小股部队开展游击活动。纵横交错的沟、河、港、汊又便捷我地下交通。

洪泽湖所在的淮北敌后抗日根据地，位于侵华日军三大军事重镇——徐州、蚌埠、淮阴的核心地带，也是八路军和新四军联系的重要枢纽，战略地位十分重要，从而也成为侵华日军的心腹之患。1942年冬，日军调动精锐部队，以第17师团的清水旅团、第13旅团混成旅团一部为基干，总兵力万余人，由第17师团长平林盛人统一指挥，从徐州、淮阴、泗县、固镇等地兵分五路向淮北苏皖边区的中心半城镇等地进行规模空前的大扫荡。日军妄图在洪泽湖畔消灭新四军第4师主力及淮北党政机关。得到日军大扫荡的情报后，第4师师长兼淮北军区司令员彭雪枫、政治委员邓子恢立即召开师部会议。针对武器精良的日军扫荡部队，会议决定在日军"扫荡"初期以一部分兵力置于内线配合地方武装就地坚持游击作战，主力跳出包围圈转移到日伪军的侧翼和后方予以袭扰，相机打击日军。如果日伪军在抗日根据地内增设据点则以一部分兵力返回抗日根据地，抓住日军兵力分散、作战疲劳、补给困难等弱点与敌人开展争夺战，歼击日伪军，恢复被侵占的地区。

1942年11月，时年27岁的26团团长罗应怀临危受命。此前该团经过数次激战，仅有三个营，六个连，总兵力不足900人，而且弹药极其缺乏。但罗应怀对洪泽湖的芦苇荡十分熟悉，在民兵配合下与日军周旋了二十余天。12月7日，罗应怀抓住时机攻打防御薄弱的日军青阳镇据点，驻防日军遭受沉重打击，附近日军得到消息立即回援，当日军赶到青阳镇时，26团已经撤离战场。

12月10日凌晨，日军重兵包围了朱家岗，对新四军阵地进行猛烈炮击。一时间硝烟四起，火光冲天。罗应怀紧急组织部队抵抗。战斗从团部驻地外围的交通沟展开，日军在交通沟东端进行密集炮击，26团战士跳下交通沟，凭借地形优势击退了日军的多次进攻。仗着火力凶猛，日军抢占了阵地外围的有利地形，把26团战士压制在交通沟内。

12月10日上午八时，交通沟内的战斗进入白热化阶段，罗应怀来到阵前亲自指挥作战，战士们打退了日军多次进攻，但自身伤亡也在增多，阵地逐渐缩小。战士们在宽不到两米的交通沟与日军展开白刃战，反复激烈拼杀，战斗到下午一点，阻挡日军已达8个小时之久。

丧心病狂的日军用燃烧弹烧毁房屋，顷刻间村庄里浓烟滚滚，火光冲天，村里是团部所在地，团部的安危关系着整个战局，副团长严光派出了最后的预备队——小鬼班。所谓小鬼班只有12个人，最大的不超过16岁，最

▲ 战斗在洪泽湖畔（来源《张震回忆录》）

小的还不足 14 岁。他们大多数是淮北根据地穷苦农民的孩子，有的父母被日寇杀害成了孤儿，新四军本来要送他们去后方学文化，但是还未启程，就赶上了这次战斗。小鬼班接到命令纷纷拿起大刀和手榴弹冲进战场，火速增援阵地，趁乱杀进大麦场，抢下两辆牛车堵住村口大门。

12 月 10 日下午四时许，四师骑兵团奉彭雪枫军令火速支援朱家岗。26 团随即发起了全面反击。包围朱家岗的日军完全没有料到新四军援军会如此神速，在 26 团和骑兵团的内外夹击下，日军如鼠逃窜，溃不成军，逃回据点。至晚十点，历时 18 个小时的浴血奋战，新四军一举打破日军围剿，取得重大胜利。朱家岗战斗，粉碎了日军在淮北地区 33 天的大扫荡，巩固和壮大了淮北敌后抗日根据地。据统计，朱家岗保卫战共击毙敌军 280 余人，新四军 26 团阵亡 73 人。

此后，新四军第四师各部重整军力，乘胜扩大战果，收复失地，大力开展反蚕食战斗,日伪军龟缩在青阳镇、归仁集等据点中避而不出,不久后在新四军猛烈攻击下日伪军放弃据点,全线撤退,淮北根据地全部恢复。

以当地人民武装为骨干的洪泽县武装大队,也参加了反扫荡战斗。广大群众切身体会到新四军是为国为民打鬼子的队伍,无不踊跃参军参战。到1942年,洪泽县武装大队发展为总队,并由最初的3个连发展为4个连,并用缴获敌人的9条运煤大船,改制成36条钢板划子。他们在湖上神出鬼没地与日伪军展开游击战,取得了一个又一个胜利,使敌人畏之如虎。

1945年,抗日战争进入最后阶段。日军垂死挣扎,急于打通淮河运输线,不断进犯洪泽湖抗日根据地。活跃在湖区的新四军和地方武装积极备战,时刻提高警惕,在各河口布置水雷或用烂渔网封锁河道,只要敌人的汽艇进入这些河口,乱草烂网便卷进汽艇的推进器,使之寸步难行,无法进湖,日伪军进犯洪泽湖的阴谋一直未能得逞,洪泽湖区根据地的安全得到了保障。

坚守58天湖上斗争

1946年7月,国民党军对淮北发起重点进攻。8月底,中共中央制定"向北发展,向南防御"的战略方针。我军主力于宿北大捷后北撤到山东。洪泽湖军民转入艰苦的敌后坚持时期。

9月19日和22日,国民党军先后占领两淮(淮阴、淮安),接着运河沿线各城镇相继被敌人占领,华中第七分区与苏北的联系被切断。11月25日,敌人对成子湖西畔吕集一带发动大规模围剿,在五六个小时的战斗中,撤退到此的淮北各县乡干部及地方武装就有500余人壮烈牺牲。11月26日,洪泽湖西岸的临淮头失守,整个洪泽湖被敌军5个团、1个交警大队及沿湖土顽和还乡团所包围。

11月下旬,随着洪泽湖附近的陆地都被敌军占领,洪泽湖周边的各县党政干部、地方武装以及家属,华中第七分区尚未撤走的工作人员和《拂晓报》社的人员,共计2 000多人被迫撤入洪泽湖中。由于人多船少,物资又被封锁,撤退到湖上的部队生活很困难。正值隆冬时节,滞留湖上的人员只能靠小麦和捕鱼充饥。缺少棉被,只能采集芦花编成毯子来御寒。

在生死攸关的关键时刻,华中七地委联络部长姚克和各个县委及地方武装负责同志,于11月26日迅速聚集在赵沙召开紧急会议,就坚持还是突围的重大问题展开了激烈的讨论。最后,大家统一了思想,决心坚持洪泽湖敌后斗争,誓与洪泽湖共存亡。会议决定成立中国共产党洪泽湖工作委员会。大家一致推选姚克为工委书记,泗南县委书记洪沛、洪泽县委书记王化东、县长谢楠为委员。

为了分散隐蔽,更好地保存干部和武装力量,洪泽湖工委决定把那些非战斗人员和不能参战的同志分批送上陆地,动员他们投靠亲友,到敌占区隐蔽下来,能做情报工作的就设法进行情报联络。这一决定得到了同志们的理解和拥护。有的同志带一批人上岸到淮南打游击,有的同志带一批干部到运东去找上级,更多的同志为了顾全大局,暂时离开了组织和战友,各自上岸分散隐蔽。

11月下旬,工委派遣原七地委敌工部的干部戴胜五、朱淑华夫妇,通过老子山伪保长张明科的关系上岸,利用同乡关系打进盱眙县城并住了下来,通过敌交警大队队长王德顺为首的山东同乡会,开展地下活动,并从敌交警大队买来子弹、药品、布匹等急需物品送到湖上。12月初,工委提出要在敌占区设法建立地下党组织,以便有计划、有领导地开展对敌斗争。不久,老子山、仁和乡的地下党组织相继建立起来。他们利用各种关系了解敌情,并建立了情报站,不断为工委和指挥部提供敌人的活动情况,为我军牵制、打击、瓦解敌人创造了条件。

工委决定成立"新四军洪泽湖武装指挥部",任命魏存平为指挥,刘凯顺、贺庆为副指挥。下设政治处和参谋处,贺庆兼任参谋长,李明辉任政治处主任。在工委和指挥部统一领导下,以洪泽县总队为基础,和泗南、盱凤嘉等县的武装混合编成两个主力连。连队为四四编制,即一个连四个排,一个排四个班,一个班少则十几人,多则二十几人。每班都配有一条大船和几条作战灵活的小划子(小船)。每个连配有小炮、机关枪和钢板划子。指挥部直辖鸭枪队和直属队。

12月上旬,驻守临淮头的国民党广西军出动了一个营的兵力进入湖中"清剿"。我湖上武装指挥部事先得到情报,立即出动两个主力连,以几十条钢板划子在外河口组成三角形阵地。当敌人在距我阵地500米时,冲锋号吹响,所有轻重武器一起开火。1连在左,2连在右,指挥部和工委居中,船打满篷,乘风破浪冲向敌人。敌人的小船在我军机枪、步枪的突然袭击下,

中国河湖的
红色记忆
RED MEMORIES OF RIVERS
AND LAKES IN CHINA

歪歪斜斜地直打转,受到重创后仓惶溃逃。

敌人武装"围剿"失败后,仍不甘心,又改变策略,用小股武装采取偷袭和埋"钉子"的方法,企图分割我军在湖荡里的活动基地。

40多天过去了,粮食和弹药已经接济不上了,困难越来越大。工委根据大家的意见,决定再派《拂晓报》社熟悉运东情况的谈一菲和五河县委组织部长柳林通过关系到运东去找上级党组织。历经曲折,他们终于找到了华中分局,向领导汇报了在敌后坚持斗争的情况。

1947年1月18日,根据华中分局的决定,饶子健、赵汇川等带领淮北挺进支队的77团、81团、骑兵大队和一部分地方干部顶着刺骨的寒风,从宿迁到皂河之间强渡运河,重返淮北。1月23日,挺进支队派两名联络员化装成国民党军官进入洪泽湖与工委联系。工委负责同志看到挺进支队首长的慰问信,不由得热泪盈眶。大家知道主力打回淮北后,无不欢呼雀跃,战士们把船板跳得叮咚响,整个驻地一片沸腾,沉寂多日的军号又吹响了。几十只钢板划子立即启锚扬帆,向成子湖进发。

▲ 洪泽区二河闸(孟凯 摄)

1月21日,半城镇的敌军对驻守赵沙的泗南武工队发起偷袭。洪泽湖2连副指导员俞德让率一个班护送精减人员从半城上岸,正与这股敌人相遇,随即展开激战,俞德让肩膀中弹后,仍在甲板上坚持指挥战斗。又一颗子弹飞来,击中了他的头部,俞德让光荣牺牲。这场遭遇战为泗南武工队赢得了时间,得以安全转移到湖上。

1月24日,工委几位负责同志和副指挥贺庆在洪泽湖北岸的谢咀与淮支首长饶子健、赵汇川等胜利会师。

在人民群众的支持下,湖上部队克服了种种困难,坚持了58天艰苦卓绝的斗争,始终保持着旺盛的斗志和乐观情绪,为解放淮北地区积蓄了力量,也为坚持敌后武装斗争树立了一面光荣的旗帜!洪泽湖不愧为苏北、淮北人民的母亲湖,它在抗日战争和解放战争中的重大历史贡献和作用永远值得后人的珍惜、铭记。

参考文献

[1] 毛泽东选集:第二卷[M].北京:人民出版社,1991:421.
[2] 洪磊.长风破浪扫敌顽荡平匪患保安宁——张爱萍平定洪泽湖战斗[OL].宿迁市党史学习教育领导小组办公室,宿迁日报社.速新闻.2021-04-21.
[3] 孙智萍,李阳.洪泽湖上扫敌顽[J].铁军,2010(4).

芦苇丛中燃火种,沙家浜里葬敌顽
——沙家浜纪事

▲ 沙家浜(孟凯 摄)

"回忆过去,将会使我们珍惜革命胜利的今天,珍惜我们的事业;将使我们把过去的斗争历史,同今天伟大的社会主义社会建设事业紧紧地联系起来;将使我们气势磅礴、勇敢地迎接更艰苦的、但是美好的未来。"[1]曾任新四军18旅旅长、解放军第20军军长的刘飞将军,1957年撰写了长篇回忆录《火种》。1968年,现代京剧《沙家浜》被拍成电影在全国播放,沙家浜从此家喻户晓,名扬天下。

星河若出　书香遍地

沙家浜的战斗故事发生在阳澄湖和昆承湖之间的水

草芦荡及其东北的淼泉、梅李等地。从地理上看,这里位于相城、常熟和昆山之间。沙家浜地处长江下游三角洲冲积平原,总体地势北部略高,其中镇域东片(原唐市镇)地势西北高、东南低,镇域西片(原沙家浜镇)地势西南高、东北低。全境最高海拔4.85米,最低海拔2.5米,平均海拔3.6米(吴淞标高),大部分农田的高程在太湖平均水位以下,每逢暴雨即患涝灾。沙家浜是典型的江南水乡,地势低洼,河浜纵横,湖荡密布,芦苇丛生,水面面积占总面积的20.7%。沙家浜气候温和湿润,经济以渔业、农业为本。民国年间民间养鱼已盛,以草鱼、鲤鱼、鲢鱼、鳊鱼等品种为主;渔民漂流各地,常年以捕鱼挖鳝为生。

阳澄湖,又名阳城湖,"在苏州府东北里。上接吴淞江,东流入昆山县界。常熟县南境之水亦流汇焉。吞吐群川,波流浩瀚,灌溉甚溥。东为包湖、傀儡诸湖,皆余流所浸溢也。东北为巴城湖"。阳澄湖是沙家浜的天然水障,没有阳澄湖的水面掩护,沙家浜终是无险可守。

昆承湖,"在常熟县东南五里。长三十六里,广十八里。《水经》云:'广长各十八里。'无锡以东、长洲以北之水,泛滥而出,汇流于此。昔时分流入白茆、浒浦以达于江。其后诸浦渐湮,湖流亦日狭,土人于滩浅处占为田,而分为泾港,散入于太仓、昆山之界,从七鸦浦、刘河诸口入海"[2]。

隋大业十一年(615),位于今天沙家浜境内的法华庵筑朗城,成为乡民聚居地。后乡民东移,逐渐聚居于尤泾河及语溪狭窄处,搭桥建屋,渐成集市,旧名尤泾,又称语溪。南宋宝祐二年(1254),现沙家浜西片已有横泾、洋澳、毕泽、金泽、三家村、草荡等村,隶属常熟县双凤乡第四十三都莫邪里;东片的唐市隶属常熟县双凤乡第四十三都进贤里。明正统年间(1436—1449),沙家浜分属双凤乡第四十三都进贤里、朗城里、莫邪里等管辖。聚居尤泾河畔的乡民以唐姓居多,对尤泾进一步开发,使之逐渐繁荣,故改名唐市,隶属双凤乡第四十三都进贤里南一场。

沙家浜人文资源丰厚,近代以来,不仅诞生了出版家、藏书家毛晋,还涌现出复社先驱杨彝、思想家顾炎武,更有何香凝、张治中、谭震林、叶飞、李强等近百位名流贤士在此留下足迹,积淀了深厚的文化遗产。

顾炎武(1613—1682)是我国明清之际开一代学术风气的杰出学者,他具有浓厚的民族气节和博大的爱国思想。根据顾炎武《吴同初行状》中自述"未旬日而北兵渡江,余从军于苏,归而昆山起义兵",自清军南下后,顾炎武与杨永言、归庄等辅佐在昆山的王永祚义军,参与了闰六月上旬攻打苏州的军事行动,后来也参与了昆山的反抗斗争,"聚粮移檄为久守计"。

昆山起义后,顾炎武败乱之际退避唐市语濂泾。语濂泾,是江南水乡中一条不起眼的小河,在今天的常熟唐市。据载"河长三里,西通黄泾,东接尤泾"。顾炎武在语濂泾的这段时间,除了受到外来的家族矛盾带来的扰乱之外,还经历了国破家亡的无限辛酸。他与嗣母住在离昆山县城四十里的常熟乡下。顾炎武为唐市邻居陈梅所作的《常熟陈君墓志铭》也记载了这一段经历:"崇祯十七年,余在吴门,闻京师之报,人心凶惧。余乃奉母避之常熟之语濂泾,依水为固,与陈君鼎和隔垣而居……乃未一岁而戎马驰突,吴中诸县并起义兵自守,与之抗衡。而余以母在,独屏居水乡不出。自六月至于闰月,无夜不与君露坐水边树下,仰视月食,遥闻火炮。……无何,城破,余母不食以终。余始出入戎行,犹从君寓居水滨。"

顾炎武一生感念其嗣母王氏的教导,嗣母绝食殉国更加坚定了他矢志不移的反清志向。

顾炎武避居的语濂泾,位于沙家浜的东部。虽然只是江南水乡的一条普通小河,但唐市在明末却是一个文化气氛浓烈,知识分子往来频繁的地方。唐市,旧名尤泾,又名语溪。明正统年间,由唐氏招商成市,故名。明代末年,唐市居住着一位颇负盛名的学者杨彝,他的周围汇聚了一大批士人。

顾炎武寄居的唐市,给他留下了很多美好的回忆,也是激发他报国之志的重要地方。他在为陈梅祝寿时写的《桃花溪歌赠陈处士梅》一诗中,以苦为乐,把语濂泾比喻为可以避秦害的桃花溪。"与君同是避秦人,不醉春光良可惜。春非我春,秋非我秋,惟有桃花年年开,溪水年年流,为君酌酒长无愁。"陈梅的长孙陈芳绩写有《秋日怀涂中先生(亦亭林号)》诗:"把臂十年风雨夕,回思一度一沾襟。"两首诗可以印证出,顾炎武在沙家浜的唐市呆了十年。

可见,沙家浜自古以来就是一个避乱、避兵、避仇的地方。

沙家浜所在的常熟,还是一个著名的文化繁荣的地方。钱谦益和毛晋也与此结缘。毛晋,原名凤苞,字子久,明末著名藏书家、出版家、文学家。世居江苏常熟昆承湖七星桥。毛晋少为诸生。天启、崇祯间屡试不就,遂家居读书、藏书。毛晋和钱谦益都是家产富饶之人。与顾炎武家境衰败不同,毛晋家广置田产,立志于藏书,搜集各地善本秘籍遗书,以高价买下,书籍有

84 000余册。建有汲古阁和目耕楼。

到民国时期,沙家浜的各种社会矛盾已非常突出。1911年10月10日,辛亥革命爆发,封建帝制瓦解。1927年3月,横泾青年石楚材组织成立横泾农民暴动委员会,在唐市、横泾地区开展土地革命运动。四一二反革命政变后,活动基本停止。1928年石楚材恢复党组织,率领常熟红军在横泾、唐市、浒浦、赵市一带开展游击战争。这一时期,它是红军的庇护所。

铁流东进 "江抗"军兴

九一八事变爆发后,日军向上海发动进攻。1932年3月3日,参加淞沪抗战的国民党第5军军长张治中奉命率领第87、88两个师退守常熟,军部设在唐市。唐市以其特殊的地理位置,在中华民族的抗日斗争中发挥了重要作用。

1937年7月7日,日本全面侵华战争爆发。日本侵略者攻陷上海后,即挥兵西向。沙家浜又成为日军进攻方向的要点。日军第13师团由太仓北部沿长江南岸直扑常熟、福山之间的肖家桥、谢家桥。刚从淞沪前线退至常熟的第20军,其先头部队第798团在梅李以北地区与日军登陆部队遭遇,阻击日军一天。

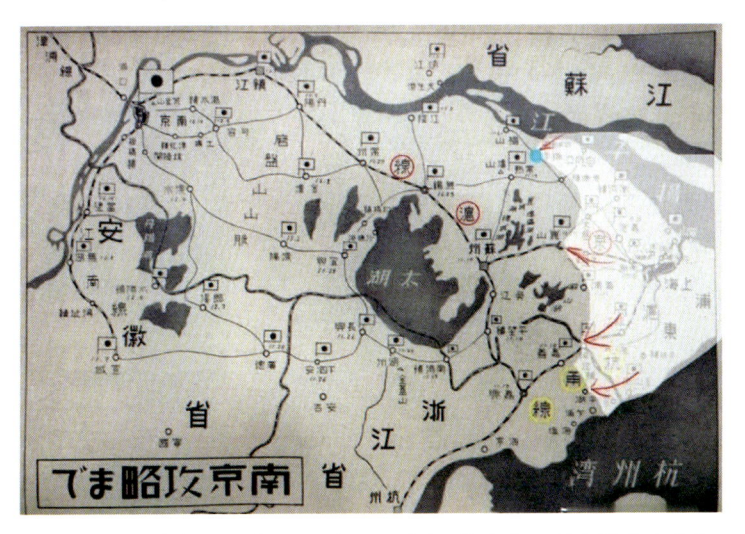

▲ 日军进攻南京军用地图,图中显示淼泉、梅李为日军右翼攻击方向

中国河湖的
红色记忆
RED MEMORIES OF RIVERS AND LAKES IN CHINA

上海、苏南沦陷后不久,沙家浜军民根据毛泽东提出的全面抗战的游击战争思想,开始探索在沙家浜的水网稻田地带建立根据地。1938年5月,毛泽东在《抗日游击战争的战略问题》中指出:"江南的太湖地带和沿江沿海一切敌人占领区域的港汊地带,都应该好好地组织游击战争,并在河湖港汊之中及其近旁建立起持久的根据地。"[3]在这一思想指导下,经过近一年的努力,常熟东乡地区、吴县阳澄湖、漕湖等地形成了若干游击基点。其中活动在沙家浜基点的是常熟人民抗日自卫队,主要在梅李、塘桥地区展开斗争。这些为新四军东进及苏常游击区的开辟奠定了良好的基础。不久,叶飞、谭震林来到苏南,形成江南抗日义勇军(后称"江南人民抗日救国军",即"江抗")。

1939年2月下旬,周恩来到皖南新四军军部传达六届六中全会精神,会议共同确定了"向南巩固、向东作战、向北发展"的战略方针,进一步为新四军东进做出了正确的决策。陈毅会后返回苏南,4月间部署了苏南东路发展的任务:冲破国民党限制,独立自主地发展部队,武装自己,筹措经费给养,壮大抗日力量,同时要求相继创建根据地。

5月初,叶飞率新四军6团自茅山东进,先是在武进戴溪桥会合梅光迪、何克希部,成立江抗总指挥部和中共东路工作委员会(简称"东路工委")。5月5日,江抗部队1 000余人,由戴溪桥出发,越过京沪铁路,经江阴月城,穿过锡澄公路,进入苏南东路。5月中旬,江抗副总指挥吴焜率江抗二路一部,向阳澄湖地区挺进,到达阳澄湖畔的吴县太平桥。江抗主力部队和江南特委领导的常熟民抗、新六梯团、苏北抗日义勇军在阳澄湖畔胜利会师,标志着阳澄湖地区的抗日武装斗争进入了新阶段。

江抗到达东路苏常地区后,首先打击匪伪武装,攻克了梅李、何村等伪军据点,在常熟东乡和阳澄湖地区形成了一片抗日游击区。江抗东进,完成了独立自主、壮大人民抗日武装力量的任务,证明了党中央关于新四军"向东作战"的正确方针。

5月底,江抗回师无锡梅村,途中与日军在黄土塘激烈交战。江抗出东路后首战告捷。这一仗振奋了沙家浜的军民。6月间,江抗以苏常地区为基地,挺进太仓、昆山,直抵上海近郊。江抗与常熟民抗等采用游击战术,利用沙家浜水网地带的优势,频繁出击,打击日伪。6月25日,在无锡与苏州之间的火车小站浒墅关,江抗奔袭成功,大大震惊了日军。受其影响,7月

▲ 即将东进开拔的新四军将士（来源：外冈游击队纪念馆）

21日,何克希率江抗三路一部和苏北抗日义勇军改编的江抗独立一支队400余人,由常熟唐市,背靠沙家浜的地形优势,向东进入昆山袭击了伪周墅乡公所、自卫团一分团团部和警察分驻所,缴获8支步枪和部分档案卷宗,处决了罪行累累的伪绥靖中队长。8月中旬,江抗主力一部从梅李等地出发,奔袭福山的仲炳炎伪保安团。

江抗东进抗日,引起了国民党顽固派的妒恨和恐慌。国民党第三司令长官部奉蒋介石之命,派国民党忠义救国军进行防堵和挑衅,不惜与日军进行勾结。日军配合忠义救国军的行动,对新四军进行大扫荡。江抗为了顾全抗日大局决定部队向西回撤。江抗与来援的二团在与忠义救国军进行决战前夕,陈毅通过谈判避免了一场大规模的摩擦战。

青青芦苇荡　抗日好战场

1939年10月初,江抗副总指挥叶飞根据陈毅指示精神,派遣原常熟民抗政治处主任杨浩庐返回苏常太地区,传达指示:"为执行抗日民族统一战线的政策,主力西移待机。留在东路部队人员与地方党配合,重新组织武装,坚持原地斗争。"

由于刘飞伤势严重,已经康复的夏光便与杨浩庐一起到东唐市,找到了东路特委组织部长张英、常熟县委书记李建模、常熟民抗司令任天石等人商议,大家进行了热烈的讨论。本来留在东路地区的江抗伤病员和地方党的干部对下一步的工作任务和方针是不太明确的。江抗伤病员想的是等养好伤、治好病后重返主力部队,而地方党的干部想的则是等待主力回师再大干一场,都没有想到要自力更生重建武装,在东路地区坚持和发展游击战争。陈毅、叶飞的指示使大家统一了思想,明确了工作任务和方针,受到很大的鼓舞。

1939年11月3日,由张英主持,特委、县委的领导参加,组织夏光、杨浩庐等在东塘市的破庙里召开会议。

会议重点讨论了如何重建武装的问题。夏光提出,要坚持原地斗争,至少要有一个加强营的兵力,即四个连的武装,才能控制基点,逐渐巩固发展,迎接江抗主力回师。

经过讨论,会议决定:成立江南抗日义勇军东路司令部,由夏光任司令、杨浩庐任副司令兼政治处主任,黄烽任政治处副主任;继续保留"江抗"东塘市办事处,蔡悲鸿任主任;常熟"民抗"恢复活动,扩充部队,仍以任天石为司令,薛惠民为参谋长,李建模为政治处主任。这样,夏光以36个伤病员为核心走出芦苇荡,在地方党和群众的协助支持下,搞到40多条枪,于11月6日在常熟东塘寺成立"江抗"东路司令部。这支部队也被人们称为新江抗,是新四军6师18旅的前身。下辖四个连400多人。

"新江抗"成立的第二天,就伏击了下乡抢粮的日伪军。这些日伪军没想到会遇到新四军,被打得狼狈逃窜。老百姓则欢欣鼓舞,奔走相告"共产党没有走","江抗回来了!"不久,陈毅又派新四军老六团的营长陈挺支援"新江抗",后来新四军军部又派吴仲超、何克希来到了"新江抗",大大增强了"新江抗"的领导力量。

新江抗的部队在苏州、常熟和太仓一带活动,利用地形伏击日伪军。有一天早上,夏光得知梅李鬼子据点要换防的情报,立即拟定伏击计划。午后,他将部队拉到梅李桥附近隐蔽起来。不一会儿,敌人来了,夏光下令:"打!"顿时枪声四起,全歼鬼子25人,缴获1挺崭新的重机枪和24支步枪。

谭震林到澄锡虞后,决定继续对顽匪马乐鸣和胡肇汉给予打击。由何克希、温玉成、夏光、刘飞等率陈挺部主力突袭西练塘马乐鸣老巢,不料扑了个空;就继续向东南进发打胡肇汉,行至张家浜与下乡日军的汽艇遭遇。敌军上岸,占据要点,用猛烈火力封锁河道。参谋长指挥陈挺派一个连上前顶住,打得相当惨烈,伤亡不小。夜幕渐深,参谋长径直走到阵地前沿,亲自观察动静良久,判断敌人暂停攻击,决定抓住时机撤退。

当晚转移到阳澄湖畔的洋沟溇村宿营。这是个只有几十户人家的小村子。见自己的队伍来了,乡亲们急忙腾出堂屋,让战士们休息。1940年2月7日是除夕,这天天刚亮,百姓们就拿着鸡蛋、年糕等物品慰问部队。服务团员忙着借门板、长凳和船帆,准备搭个简易戏台,在春节期间与乡亲们联欢。然而新四军的行踪却被日军派出的密探发觉了,狗腿子急忙跑回巴城据点向鬼子报信。这个据点里驻有60多名日军和百十名伪军,负责指挥的鬼子名叫斋藤。这个家伙经常带着鬼子和伪军在阳澄湖一带抓人、抢掠。新江抗成立后,夏光带领部队多次伏击下乡抢掠的日伪军,敌人再也不敢像以前那样嚣张了。斋藤也因此把新江抗视为眼中钉、肉中刺,急于除之而后快。

当他得知夏光率部队驻扎在洋沟溇村后欣喜若狂,认为这是个把新江抗一网打尽的好机会。大年三十夜里,斋藤集合了100多个鬼子和伪军,分乘多艘汽艇向洋沟溇村扑来。为了防止鬼子偷袭,夏光在村口设置了岗哨,哨兵是个新入伍的战士,名叫陈锦棠,虽然他责任心很强,但眼睛却有点近视。为了能当新四军打鬼子,他在参军的时候向负责招兵的同志隐瞒了自己的这一情况。此时鬼子已经上岸,距岗哨仅有100多米了,陈锦棠还没有发现敌人。这时恰好连长李超起来查哨,这才发现了敌情,当即鸣枪示警。

夏光听到枪声立即翻身下床,命令特务连和二连抢占有利地形和屋顶制高点正面阻击敌人,同时指挥一连和三连从左右向敌后包抄。敌人占了火力优势,我军则占有地利和兵力优势,激烈的战斗一直进行了5个多小时。久攻不下,斋藤气昏了头,竟然登上一块突出的高石,举起望远镜向村内瞭望,当即被我包抄的一连击毙。斋藤一死,敌人失去指挥,纷纷夺路而逃。此战我军共击毙日伪军50余人,但自身也付出了很大的代价,一连指导员褚学潜和副连长曹德清等17人先后牺牲。

芦荡火种闻天下　沙家浜里美名扬

　　进入沙家浜景区，映入眼帘的就是象征新四军伤病员的 18 棵青松，这些树让大家深受鼓舞，它们代表新四军伤病员泰山压顶不弯腰的革命精神和军民鱼水情。沪剧《芦荡火种》与现代京剧《沙家浜》即取材于新江抗建立前后的那段史实。

▲ 沙家浜（李亚敏　摄）

　　《沙家浜》是八大样板戏之一。京剧《沙家浜》的前身是由沪剧《芦荡火种》改编而来的。《芦荡火种》是由上海市人民沪剧团，于 1958 年根据新四军在沙家浜进行革命斗争的历史原型创作的文学作品。沪剧《芦荡火种》上演后，在戏剧界和观众中引起了广泛兴趣和强烈的反响。仅上海一地，就有不同剧种的 9 个剧团对《芦荡火种》进行演出创作。而当时在全国演出《芦荡火种》的剧团竟有 31 个之多。

　　1963 年，北京京剧团改编了沪剧《芦荡火种》。剧名请毛泽东主席亲自确定。主席曾经幽默地说："芦荡里都是水，革命火种怎么能燎原呢？再说，那时抗日革命形势已经不是火种而是火焰了嘛……戏是好的，剧名可叫《沙家浜》，故事都发生在这里。"

　　由于京剧《沙家浜》的传播作用，"沙家浜"之名家喻户晓，前来参观的人络绎不绝。1971 年建立起的沙家浜革命传统教育陈列室，三年间共接待参观人员约 11 万人次。1988 年重建的沙家浜革命历史展览馆和昆承湖游泳场开放。1989年又开放了4公顷天然芦苇荡。1991年沙家浜风景区正式挂牌对外开放经营。《新民晚报》称"大上海挤垮了沙家浜"。这里的年客流量到1998年开始翻番到20万人次。

1999年景区从前荡村转归沙家浜镇管理。自2000年起,这里又陆续开发了沙家浜阳澄湖大闸蟹美食节、阿庆嫂民俗风情节、中国常熟沙家浜旅游节、沙家浜啤酒节、沙家浜风筝节、沙家浜红色旅游节、沙家浜湿地节等节庆活动。2005年1月,沙家浜旅游发展公司成立;3月,横泾老街影视基地建成。2007年游客数量已经突破100万人次。2009年成立沙家浜旅游度假区管委会。2010年,沙家浜镇获得"全国特色景观旅游名镇"称号。2013年,沙家浜景区入选国家AAAAA级旅游景区,并获批国家湿地公园。2014年,沙家浜景区接待游客210万人次。

沙家浜推出了以传统教育为主题的"红色教育游"、以观光休闲为内容的"绿色生态游"、以水产餐饮为特色的"金色美食游"、以古镇文化为重点的"影视文化游"。2004年投资1 500多万元修复性建成的横泾老街(沙家浜水乡影视基地),恢复了沙家浜老街、刁宅大院、春来茶馆、江南小渔村等一批红色遗迹,进一步提升了当地红色旅游的承载能力,增强了红色景点的可看性和教育性。2006年投资建成的沙家浜革命历史纪念馆,采用了声、光、电等高科技手段和雕塑、绘画以及木刻等多种艺术表现手法,进一步增强了展览的形象性和艺术感染力。

沙家浜,这个承载着阳澄湖、昆承湖以及唐市范围内众多的河湾港汊,正在以沙家浜这个历史名片,发挥出新的时代活力。沙家浜的经典,是苏南新四军和人民浴血斗争的经典,是苏南人民奋力拼搏建设全面小康社会的经典,是中国红色革命事业在新时期花蝶飞天的经典。

参考文献
[1] 刘飞手稿.火种——忆"江苏人民抗日义勇军"[M].1959年铅字油印本,自序.
[2] 江苏省地方志编纂委员会办公室.江苏省通志2,都水志[M].南京:江苏古籍出版社,1993:488.
[3] 毛泽东.毛泽东选集[M].第2卷.北京:人民出版社.1991:421.

百万大军横渡,硝烟弥漫长江
——长江纪事(一)

▲ 长江之滨(孟凯 摄)

一

长江,中国第一大河流,与黄河并称为中华民族的母亲河。

长江,发源于"世界屋脊"——青藏高原的唐古拉山脉各拉丹冬峰西南侧。自青藏高原蜿蜒东流,流经青海、西藏、云南、四川、重庆、湖北、湖南、江西、安徽、江苏和上海等十一个省(市、自治区),流入东海,全长 6 300 公里,仅次于非洲的尼罗河(6 632 公里)和南美洲的亚马逊河(6 400 公里),为世界第三长河。

长江流域水系发达，由数以千计的支流组成，有雅砻江、岷江、沱江、嘉陵江、乌江、湘江、汉江、赣江、青弋江、黄浦江等支流。它的支流南北延伸，分布到甘、陕、豫、黔、桂、粤、闽、浙等八个省（自治区）的部分地区。流域面积180余万平方公里，约占全国总面积的五分之一。

长江分为上、中、下游。自发源地至宜昌为上游，宜昌至鄱阳湖口为中游，湖口至入海口为下游。

▲ 岷江风光（孟凯　摄）

长江流域的地势，从河源至河口，由西北向东南倾斜，形成巨大的三级台阶：第一级阶梯由青南、川西高原和横断山高山峡谷区组成，一般海拔在3 500～5 000米；第二级阶梯为秦巴山地、四川盆地和鄂黔山地，一般海拔在500～2 000米；第三级阶梯由淮阳山地、江南丘陵和长江中下游平原组成，一般海拔在500米以下。这不同的河谷、如网的支流、多样的地形，便构成了长江流域多姿多彩的地貌。

长江流域一直以来都是我国农业文明的发源地，农业资源占了很重要的位置。长江流域的耕地面积约占全国的24.3%，而粮食产量占全国的40%，其中水稻产量占全国的70%，棉花产量占全国的33%以上。耕地95%分布在四川盆地和长江中下游地区。

长江水资源十分丰富，年入海水量近10 000亿立方米，居全国七大江河之冠。长江流域的水能资源理论上储量达2.68亿千瓦，可开发量1.97

中国河湖的
红色记忆
RED MEMORIES OF RIVERS AND LAKES IN CHINA

▲ 长江南京段江心洲洲头（孟凯　摄）

亿千瓦，年发电量约 10 000 亿度，占全国的 53.4%。水能资源主要分布在长江上游的金沙江、雅砻江、大渡河、岷江、乌江、长江三峡段以及长江中游的清江、沅江、汉水、赣江上。2006 年 5 月，三峡大坝工程全线修建成功，三峡电站安装 32 台 70 万千瓦水轮发电机组和 2 台 5 万千瓦水轮发电机组，总装机容量 2 250 万千瓦，年发电量超过 1 000 亿千瓦时，成为世界上装机容量最大的水电站。

长江水系有通航河道 3 600 余条，通航总里程 5.7 万余公里，占全国内河通航总里程的 52.6%，其中 1 000 吨级以上航道 3 042 公里。长江支流航道与京杭运河共同组成我国最大的内河水运网，干支流水运中心为重庆、武汉、长沙、南昌、芜湖和上海等六大港口,长江水系通航里程居世界之首。

长江流域湖泊众多,河川如网,鱼类的品种、产量均居全国首位,占全国产量的60%以上。[1]

二

我们的古人很早就对长江有记载,一般称"江",与"河"对称。

《诗经·周南·汉广》中有云:"江山永矣,不可方思。"汉代司马相如《子虚赋》中则曰:"缘以大江,限以巫山。"一般认为,最早在三国时期才开始称"长江",首见于《三国志》的记载,以后长江之说就逐渐普遍。

不过在不同的历史时期,不同地区的人对本地区的长江段有许多地区性的称法,如称金沙江为若水、绳水、泸水,称金沙江下游为马湖江,称宜宾到宜昌间为川江。长江进入江汉平原后,长江枝城至城陵矶段又称荆江,在今江西九江一带又称浔阳江,在安徽一带又称楚江,而在江苏仪征、扬州一带又有扬子江之称,后来被外国人借指整个长江。

我住长江头,君住长江尾。

日夜思君不见君,唯见长江水。

这是北宋词人李之仪的浪漫描写,表达了他的相思之情。

长江源头在哪里,曾困扰中国几千年。许多志士仁人对长江源头进行过探索、考察。

我国古代最早认为岷山是长江的发源地。大约成书于战国时代的《尚书·禹贡》,已经有"岷山导江"的记载。同时代的《荀子·子道篇》则直言"江出于岷山"。成书于春秋末年至汉代初年的《山海经》则说:"岷江,江水出焉,东北流,注于海。"这个认识明显与当时人们的活动范围有关,但也确实不易了。

直到明朝末年,著名地理学家徐霞客通过对云南的实地考察,写成《江源考》(又名《溯江纪源》)一文,明确提出"推江源者,必当以金沙江为首",主张金沙江是长江的正源。他并未探索到源头,但为探索源头指明了方向。

1976年,我国曾组织专家考察长江源头地区。那次考察得出的结论是源头五大河流中沱沱河最长,约375公里,当曲河长358公里,并据此确定沱沱河为长江的源头。1978年1月13日,新华社据此向世界公布:长江的源头是位于唐古拉山主峰各拉丹东雪山西南侧的沱沱河。[2]

为了这个答案,我们走过了两千多年的探索历程。

三

长江,江宽水深,历来被兵家称为天堑。《南史·孔范传》借孔范之口说:"长江天堑,古来限隔,虏军岂能飞渡!"

正因为长江地形险要,难以逾越,长江南岸广大地区遂成为一些王朝称雄割据的场所和落难王朝的栖息地,而长江以南虎踞龙盘的南京,更是历代君王甚至国民党政府的建都之地。

历史上围绕着长江天堑爆发过许多次战争,比较有名的如三国时期的曹魏与孙、刘联军的湖北赤壁大战,西晋王濬灭吴之战,元末陈友谅与朱元璋的鄱阳湖大战,清咸丰年间的太平军将领石达开与曾国藩的湘军的湖口激战。这些战争直接或间接地改变了中国历史的进程。

历史已经远去,江水依旧东流。元代大戏剧家关汉卿,在他所写的杂剧《单刀会》中,借关羽之口发出这样的慨叹:

这不是江水,这是二十年来流不尽的英雄血!

早在红军长征时期,我英雄的红军战士就曾经在长江的上游上演过许多精彩的战事。

敌强我弱,面对重重围困的国民党部队,遵义会议后重新获得领导权的毛泽东将他的军事指挥艺术发挥到淋漓尽致,突破乌江,巧渡金沙江,强渡大渡河……这一系列奇招妙着终于将围追堵截的国民党军队远远地甩在身后,胜利地踏上北上抗日的道路。

经过十多年的奋斗转战,历史的天平终于向共产党领导的人民军队倾斜。在经历辽沈、淮海、平津三大战役之后,国共双方的实力也发生了根本性的逆转。国民党军只剩下204万人,解放军则上升到358万人,形成了压倒性优势。

历史的风云际会,决战的战场再次摆到长江两岸。只是这一场战役其战线之长、规模之大、声势之壮、影响之远,都将远远地超过以往。

不只是军事上的一败涂地,国民党统治区的民族工商业纷纷倒闭,农村经济破产,国统区广大人民陷于失业、贫困、饥饿的深渊。民族资产阶级公开转向共产党,各民主党派和人民团体的代表与知名人士成批地投奔解放区。美国政府也深感回天无力,抛下了在危境中的蒋介石,等待所谓的尘埃落定。

无可奈何花落去,1949年1月1日,蒋介石发布了《新年文告》,暗示自己将下野,并提出了国共议和。

蒋介石试图以议和来求得喘息之机,妄图依托长江以南半壁江山,重整军力,伺机反扑的伎俩,中共中央与毛泽东主席看得很清楚。

但是,"为迅速结束战争,实现真正的和平,减少人民的痛苦",中国共产党提出以惩办战争罪犯等8项条件作为基础,与"南京国民党政府及其他任何国民党地方政府以及军事集团进行和平谈判"。

1月21日,蒋介石宣布"引退",由副总统李宗仁代行总统之职。经中共中央同南京政府协商决定,中共方面派出以周恩来为首席代表的中共代表团,与南京方面派出以张治中为首席代表的国民党政府代表团,以中共中央提出的8项和平条件为基础,自4月1日起在北平开始谈判。

但是,蛰居在奉化溪口的蒋介石,仍以国民党总裁身份继续总揽大权,幕后操纵指挥,困兽犹斗,妄图凭借长江天险,阻止人民解放军南下。

国民党军统帅部依据蒋介石的意图,将其京沪杭警备总司令部和华中军政长官公署两大兵力集团共70万人,以及海军第2舰队、江防舰队、空军4个大队,在东起上海、西至湖北宜昌段的沿江地带和浙赣线以北地域设防。以一部兵力前出汉口至江阴段长江北岸,控制江北若干桥头堡和江心洲,主力沿南岸布防,将主要防御方向置于江阴以西、南京以东地段,并在纵深控制一定机动兵力,企图在人民解放军渡江时,依托既设阵地,在海、空军的配合下,大量杀伤解放军于江面,或反击歼灭解放军于滩头阵地。如江防被突破,则退守上海及浙赣铁路一线,继续组织抵抗。

蒋介石命令在南京、上海的国民党军事、政治、党务、特务首领,必须作战到底。

而被蒋介石架空和孤立的李宗仁急于做出"谋和"的积极姿态,实际意图是通过和谈,实现划江而治,建立"南北朝"。在大唱"和平、和谈"高调的同时,也在暗中积极进行军事部署和准备。

中共中央对谈判的最终结果并不抱幻想,也一着不让地做着军事斗争的准备。

淮海战役结束后,华东、中原野战军全面转入春季休整。

为了适应向全国进军的需要,中央军委于1949年1月15日发布了《关于野战军番号改按序数排列的决定》,利用1949年春季休整期间,对中国人民解放军陆续进行了整编。

其中中原野战军改称第二野战军,由刘伯承任司令员,邓小平任政治委员,张际春任副政治委员兼政治部主任,李达任参谋长,下辖第3、第4、第5兵团。

华东野战军改称第三野战军,由陈毅任司令员兼政治委员,粟裕任副司令员兼第二副政治委员,谭震林任第一副政治委员,张震任参谋长,唐亮任政治部主任,刘瑞龙任后勤司令员兼政治委员,下辖第7、第8、第9、第10兵团。

与此同时,长江以南几支较大的游击队,遵照中央军委的命令,也先后进行了整编。这次整编,使人民解放军在正规化、现代化建设方面迈进了一大步。

2月11日,毛泽东以中央军委的名义致电刘伯承、陈毅、邓小平等人,决定让统筹指挥淮海战役的总前委照旧行使领导军事及作战职权,指挥渡江作战。

总前委由刘伯承、陈毅、邓小平、粟裕、谭震林5人组成。并以刘伯承、陈毅、邓小平为常委,其中邓小平担任书记。

此前的2月9日,遵照中共中央、中央军委的指示,针对国民党军江防布局和地形情况,总前委已初步确定了渡江作战的方案。

3月31日,总前委书记邓小平在听取各野战军情况报告的基础上,统筹全局,最终确定了渡江作战的决心部署。邓小平亲自起草了《京沪杭战役实施纲要》(以下简称《纲要》)。

4月3日,中央军委批准了这一战役纲要。

《纲要》确定以第二野战军3个兵团组成西突击集团,以第三野战军4个兵团分别组成中、东两个突击集团,采取钳形突击和宽正面、有重点的多路攻击的战法,在江苏省的靖江至安徽省的望江段实施渡江作战,首先突破江防,粉碎国民党军的江防企图,进而分割消灭逃敌,占领苏南、皖南及浙江全省,彻底摧毁国民党反动统治的政治经济中心。

各部队渡江后,即派遣有力部队向两翼扩张,主动接应友邻登陆,密切协同作战。

四

4月6日晚,安徽省无为县临江坝。

天黑漆漆的,第9兵团第27军军长聂凤智和政委刘浩天在长江北岸为渡江先遣大队送行。

这支先遣大队是专门为查清沿江纵深敌情、地形、水情、民情和选择登陆点等情况而派遣的,大队约300人,由242团参谋长章尘和侦察科长慕思荣负责指挥。

22时许,先遣大队分乘20条小船,利箭一般直插长江南岸。

就在船只即将靠岸时,船队被南岸的防守之敌发现了。刹时间敌人发射的炮弹在江上掀起一道道水柱,涌起来的波浪把小船冲得东扭西歪。

章尘指挥所属人员镇定自若,迎着敌人的炮火前进。

很快,先遣大队便登上长江南岸,并以迅雷不及掩耳之势端掉阻碍队伍前进的几个火力点,直奔敌人阵地后面的狮子山。

这支队伍过江之后,在地下党组织和游击队的帮助下,神出鬼没地在江南开展敌后斗争,就像一把插入敌人软腹的利刃,搅得敌人寝食不安,草木皆兵,并且将侦察到的情报源源不断地传递给江北部队。

解放后上演的一部轰动全国的电影故事片《渡江侦察记》就是以这支侦察先遣大队为原型的。[3]

尽管在国共谈判中,中共为和平解决国内问题,对南京政府做了许多宽怀大度的让步,但事与愿违,4月20日深夜,国民政府代总统李宗仁、行政院长何应钦致电北平南京谈判代表张治中,拒绝在和平协定上签字,至此,国共和谈破裂。

渡江战役由此正式拉开帷幕。

4月20日黄昏,江北。

中突击集团的总指挥谭震林来到第7兵团司令部,向兵团司令王建安下达了渡江命令。

一声令下,长江北岸枞阳至裕溪口段万炮齐发,密集的炮弹拖着簇簇火光在暮色苍茫的天空中划出无数道明亮的光弧,径直落向长江南岸。火光映红了天空,咆哮的江水被炮火照耀得格外明亮。顷刻间,长江南岸滩头火光闪闪,浓烟滚滚。

与此同时,第7兵团第21、24军和第9兵团第25、27军的战船乘风破浪,直扑南岸而去。

约20分钟后,冲在最前面的船只已经接近了南岸。敌人组织密集的火力拼命阻击,企图把突击队压制在水面上。突击队员们没有别的选择,嘶喊着边射击边迎着火力向岸上冲。

经过短促激烈的战斗,先头部队终于登上南岸,粉碎了敌军的反抗,建立起滩头阵地。第27军占领了矶头山、大盖山,第25军占领了岳山、羊头尖,第24军占领了铜陵,并与第21军会师大通。国民党惨淡经营的长江防线被撕开了100公里长的大口子。

4月21日上午,汤恩伯见芜湖段江防被突破,急调第99军增援,妄想堵住缺口。哪知第99军刚到宣城,就与溃军迎头相撞,道路严重堵塞,前进不得。

溃军的"恐共症"很快就传染给援军,于是第99军也调头东窜向杭州逃去。

在我中突击集团突破长江天险之后,4月21日19时30分,东突击集团和西突击集团同时发起渡江作战。

这次,东突击集团担负主要突防任务,主要突破口则是国民党整个江防上力量最强的江阴段。

江阴,东倚上海,西近南京,南靠沪宁铁路,为京沪锁钥,素有"江防门户"之称,历来为重兵防守之要地。蒋介石不但在此部署了大量的防守兵力,而且将林遵统率的海防第二舰队也集中于此。

但蒋介石无论如何也想不到,在渡江战役前夕,江阴要塞的实际控制权早已落入共产党手中。要塞成为埋在国民党千里江防上的一颗定时炸弹。

东、西突击集团发起攻击的同时,江阴要塞宣布武装起义。于是,要塞与北岸的炮火同时落在江防守敌的阵地上,打得敌人摸不着头脑……

长江北岸,船如云,人如潮,万箭齐发,势不可挡。长江南岸,炮火连天,守敌乱如麻……

守敌原本想在空军、海军的配合下,集中火力将我军消灭于江中,但此时一看,对岸的共军全线出击,万船齐发,势如排山倒海,于是顾此失彼,一触即溃。

东、西突击集团各部队在密切协同下,英勇作战,先头船只仅以15至30分钟便冲过长江天险,并很快抢占敌滩头阵地和要点。接着东、西突击集团以一部横扫沿岸之敌,主力则向敌纵深挺进。

至当晚21时,东、西突击集团已渡过16个团的兵力,控制了长江南岸宽100余公里、纵深10公里左右的登陆场。

又经过22日、23日两天的英勇战斗,东、西突击集团占领了青阳、高坦、至德一线和马当要塞,解放了浠水、黄梅、荆门、汉川等地,并歼灭了沿江守敌一部。安庆守敌也弃城南逃,被歼于吴田铺地区。

至此,国民党一直作为屏障、借以苟延残喘的长江防线已完全崩溃了。

国民党政府留在南京的一部分机构仓皇迁移广州,南京及其以东守敌纷纷沿京杭路和京沪路向杭州、上海方向撤退,企图"以海空军全力确保淞沪"。

五

就在三路突击集团向各自的目标发起猛烈攻击的同时,东突击集团第8兵团也在按预定计划执行着自己的作战任务。其中第35军的任务是与第34军一同钳制"三浦",尔后视情况渡江,从正面攻占南京。

这"三浦"之地,指的就是浦口、浦镇、江浦三角地区。

浦口、浦镇地区,丘陵起伏,山头上布满了弯弯曲曲的交通壕和坟冢般的地堡群。浦镇通往浦口的公路,在丘陵间蜿蜒伸展,宽阔的路面上,到处堆着成堆的石头,并挖有防御工事,在岔道路口,敌人还构筑有各式的碉堡。

浦镇、江浦、浦口互为犄角,构成一条坚固的防线。守敌第28军企图利用这条防线阻挡解放军跨过长江,以保全他们的统治中心南京。

4月21日零点,我第35军军长吴化文、政委何克希率部对江浦发起攻击。

由于江浦镇四周全是厚2至3米、高6至7米的城墙,担任主攻任务的部队连续两次攻城未遂,伤亡惨重。

第三次攻击一开始,我军严密的炮兵火网就罩住了城北的突出部。此时,敌在我猛烈的火力打击之下毫无还手之力,攻城部队架长梯飞速上城,经过数小时激战,一举夺占江浦镇及其附近诸前沿阵地,天亮之后,吴化文军长对部队重新作了部署。以一部兵力积极地从左侧进攻,威胁敌人侧背;主力部队与敌在浦镇以北山地诸重要阵地进行逐点、逐线、逐个碉堡的争夺。

战至22日晨,"三浦"守敌在我锐不可当的攻势下,仓皇渡江南逃,龟缩于南京附近。

23日晚,第35军利用征集来的少量船只,分批渡江南下。一夜间,4公里宽的江面上,浪花飞溅,舟楫如梭。

24日凌晨,首批过江的第103师312团的官兵高举旗帜直冲总统府,迅速占领了总统府。几乎与此同时,第104师直扑紫金山、中山陵,从东侧控制了南京城;第103师一部直插清凉山、五台山等制高点,从西侧控制了下关江面;第105师则直插南京中心地带,占领了新街口、中山门一线。

当金色的太阳从东方冉冉升起,把金色的光辉洒至紫金山顶峰之际,南京城已经换了人间。

国民党吹嘘的"固若金汤"的长江防线被击溃,守军各部慑于解放军的强大攻势,纷纷南逃。

4月23日,中突击集团第7兵团第21军奉命向宣城、宁国、广德地区追击逃敌。5月3日,杭州解放!

就在21军解放杭州的同时,西突击集团已经进入浙西山区,直插浙赣线,中、东突击集团已在苏浙皖边会合,围住了国民党南逃溃军30余万,展开了郎(溪)广(德)战役。经过两天激战,歼敌8万余人。

在此期间,西突击集团的四野先遣兵团和中原军区部队先后攻占湖北孝感、黄陂等地,逼近武汉,牵制白崇禧集团,使退缩于上海一隅的汤恩伯集团更趋孤立。

三野准备以中突击集团第9兵团和东突击集团第10兵团并第26军(第8兵团)共8个军的兵力合击上海。

5月12日,上海战役打响。

与此同时,三野第7兵团相继解放了温州、宁波及浙南、浙东广大地区;二野部解放了浙西、闽北及九江、南昌;四野第12兵团也进占了武汉。

6月1日,长江中下游地区获得解放,渡江战役(亦称京沪杭战役)宣告结束。

远在北京香山双清别墅的毛泽东一直关注战役进展情况。在他得知解

放军已攻占国民党老巢南京之后,内心非常高兴,挥笔写下了一首著名的七律《人民解放军占领南京》:

  钟山风雨起苍黄,百万雄师过大江。
  虎踞龙盘今胜昔,天翻地覆慨而慷。
  宜将剩勇追穷寇,不可沽名学霸王。
  天若有情天亦老,人间正道是沧桑。

  伟大的渡江战役以人民解放军一举突破长江天险,并以运动战和城市攻坚战相结合,合围并歼灭国民党军的重兵集团,解放了南京、上海、武汉、杭州、南昌等重要城市和广大地区而胜利结束。这场战役粉碎了蒋介石妄图以长江天险划江而治的梦想,从而使中国避免再一次出现南北朝分裂的局面,也为迅速进军华南、西南奠定了基础,大大加快了全国解放的进程。

  当人民解放军攻占南京,冲进总统府,登上楼顶,拔去青天白日满地红的旗帜,插上鲜艳的红旗的一刹那,一个旧政权就轰然倒塌了。一个新生的人民民主政权即将诞生。就像它的缔造者毛泽东主席所预言的那样,"它是站在海岸遥望海中已经看得见桅杆尖头了的一只航船",已经触手可及。

  在42天的连续作战中,二野、三野及四野一部共歼灭国民党军11个军部、46个师约43万人。二野、三野及四野亦伤亡49 878人。

  渡江战役也是中国共产党工作重心转变的重要标志。中国革命从此走完了农村包围城市的道路,在夺取和接管南京、上海等大城市的实践中向新的阶段发展。

参考文献

[1] 王忠强.长江[M].长春:吉林文史出版社,2010:2-11.
[2] 王忠强.长江[M].长春:吉林文史出版社,2010:12-22.
[3] 王晓君.《渡江侦察记》脚本中的往事.大众电影[J].2004(7).

烽烟海峡波浪急,海角天涯今胜昔
——琼州海峡纪事

琼州海峡位于广东省雷州半岛和海南省海南岛之间。西接北部湾,东邻南海北部,即北起雷州半岛西端的灯楼角至南端的博赊角,南到海南岛的临高角至木栏头,东西总长103.5公里,最宽为39.6公里,最窄处仅19.4公里;海域面积约为2 370平方公里,平均水深44米,最大深度为114米。琼州海峡是我国的三大海峡之一,是连接海南岛与大陆的交通咽喉,也是北部湾与南海北部的最佳通道,其南岸有铺前、马村、海口等主要港口。琼州海峡素称连接琼州与大陆的"咽喉",1939年琼州沦陷,琼州海峡受侵华日本军队的控制。抗日战争胜利后,琼州海峡由国民党政府海口航政局管理。

1949年下半年,人民解放军横扫江南,大批国民党溃军从大陆撤离到海南岛。10月29日,蒋介石派东南军政长官陈诚飞到海南,召开秘密军政联席会议布置防务。12月底,国民党广东省政府主席薛岳根据军政联席会议的议定,成立了国民党海南防卫总司令部,由薛岳任总司令,统一指挥在琼的国民党陆、海、空三军(总兵力10余万人)。薛岳制定了《海南防卫作战计划》,设置环岛防御,加强海防工事,"依海居险",以海空配合,构筑起一道海、陆、空立体防线——"伯陵防线"。薛岳企图通过控制琼州海峡,全力阻止人民解放军野战部队渡海作战,增加登陆的困难,阻遏人民解放军渡海作战解放海南岛,以实现国民党政府"变海南岛为第二个台湾"的目的。

为了顺利解放海南岛,1949年12月18日,正在苏联进行访问的毛泽东主席吸取金门战役失利的教训,就解放海南岛问题给第四野战军前委作了重要指示。1950年1月10日,毛泽东主席于苏联莫斯科再次致电四野前委:"海南岛与金门岛情况不同的地方,一是有冯白驹的配合,二是敌军战斗力较差,只要一次运两万人登陆,又有军级指挥机构随同登陆……就能建立立足点,以待后续部队的续进。"毛泽东主席的指示是根据当时的国际国内形势和金门战役的经验教训而作出的,其中正确地阐明了渡海作战的特点,明确地规定了渡海工具和登陆方向,强调指出了战役的有利条件,为野战军组织部署海南战役指明了方向。

为贯彻落实毛泽东主席的指示,2月1日至2日,在中共中央华南分局书记、广东省人民政府主席、广东军区司令员叶剑英领导下,十五兵团在广州召开了海南岛战役作战会议。会议由十五兵团司令员邓华主持。会议经过充分的研究后,确定了渡海作战采取"分批偷渡与积极准备大规模强渡,两者并重进行"的战役指导方针。在大规模强渡之前,两个军各先准备一个团偷渡登陆,以利加强岛上力量和取得渡海登陆作战经验。至于主力部队的大规模强渡,则以准备好为原则。会议要求参战部队积极开展海上大练兵运动,尽快熟悉海洋,掌握航海作战的本领,做好发动解放海南战役各项准备。同时,要求琼崖纵队继续做好接应、配合的准备工作。

海上大练兵:木船打军舰

解放军十五兵团的指战员多是北方人,在发起渡海战役之前,部队进行全军海上大练兵,尤其是练习游泳和操纵帆船。1950年2月20日,43军382团4连副排长鲁湘云,带领7名战士乘坐一条没有橹桨的小木船跟随大部队出海练习渡海作战。他们的小木船在海上靠着风力走走停停,傍晚时分,海面风平浪静,别的船都已经划了回去,他们却只能抛锚等着风来才能开船。

21日清晨,风终于来了,但来自东北方向的风把船往敌军占领的海南岛方向吹了过去!他们很快就发现了海平面上出现了敌人军舰!鲁湘云非常冷静,他命令大家摘下军帽,同时将武器上膛,隐藏起来,同时也命令战士们做好最坏的打算。此时船上共有8个人,1挺轻机枪、4支冲锋枪、3支步枪、1个枪榴弹筒和12发枪榴弹,还有手榴弹和炸药包,鲁湘云觉得有足够的武器对付敌舰。他鼓励战士们说:"敌人没啥子了不起,只要我们沉着应战,就一定能取得胜利!"

敌舰不断逼近木船,双方的距离迅速缩短,在距离约300多米的时候,突然朝着木船打了四炮,其中一发击中船尾,打落了船篷。随后敌军又用机枪向我射击,同时继续向木船靠近,但因木船小轻便,而且在海浪中颠簸不停,很难瞄准,多数子弹都没有命中。当敌舰离木船约150米左右时,感觉到木船没什么危险,就停止了射击。炮手和机枪射手都离开了岗位,聚集在甲板看着木船。敌舰越来越近,木船上的战士已经可以看清敌舰有4门炮和2挺高平两用的机枪。

当敌舰已前进到距木船约50米处,鲁湘云见己方已经完全做好了战斗准备而对方毫无防范,便大喊一声:"打!"顿时木船上所有人一起猛烈开火。机枪手第一时间对着敌舰桥指挥台扫射,舰桥内的人非死即伤。另外一名战士连续对敌舰发射了4枚枪榴弹,全部命中。敌舰上一片混乱。

惊魂稍定后,敌舰立即转舵摆脱木船拉开了约500米的距离,然后向我木船猛烈射击,但木船目标小,对方打了20多分钟也没有打中木船,情急之下对方开足马力对准木船冲来,妄图撞碎木船。鲁湘云识破了对方的意图,命令大家准备手榴弹。等敌舰第二次靠近木船约70米时,他命令舵手向右转,避开了直冲而来的军舰,同时在双方擦身而过时,趁势向敌舰投了一排手榴弹。随着爆炸声,敌舰甲板上冒起了浓烟。与此同时,他们再次集中所有火力向敌舰猛烈开火。敌舰被迫再次拉开距离到约1 000米处,对着木船又打了一阵,但此时我军有几只木船前来寻找鲁湘云他们,出现在海平面上,敌舰见势不妙便加速向东南方向脱离了接触。

就这样,一条仅8人的小木船与1艘军舰在海上与敌人激战一个多小时,最终将其打跑,在战史上创造了奇迹。木船打败敌兵舰的消息很快在部队传开后,极大地鼓舞了部队的士气,增强了全军渡海作战的信心。上级授予鲁湘云的船"英雄船"称号,还奖励了他们一只新船。同时,授予鲁湘云"战斗英雄"称号,记大功一次。

第一批潜渡:登陆白马井

1950年3月5日傍晚,40军渡海先锋营和儋县23名船工从徐闻灯楼角,乘坐13只帆船出发时,东北风很大,帆船速度很快。但到深夜12时风停了,各船只得摇橹前进。3月6日拂晓,船队离白马井镇还有70多里,大雾消散,前方冒出国民党军的一支帆船队,4架敌机也在上空盘旋。见到敌船有很多小红旗,我先锋营也插上小红旗,对方换成白旗,我船队换上同样颜色的旗帜,敌机盘旋了几圈,分辨不清,便飞走了。

距离海岸线越来越近,岸上的国民党守军终于发现是解放军渡海部队,于是慌乱开炮。敌机接连向海上的船队投弹。先锋营迅速组织迫击炮和机枪还击。顿时,海上岸上与空中,枪炮声震耳欲聋,炸得海水翻腾,浪花四溅,硝烟弥漫,砂石横飞。而在岸上的接应部队用机枪、步枪一齐向国民党军开火,给敌军以更猛烈的反击,枪声、炮声和喊杀声混成一片,硝烟笼罩着整个海滩。渡海部队先头3艘船上的指战员把生死置之度外,冒着敌人的枪林弹雨划桨、摇橹,向岸边猛冲。

13号船上的一营三连副排长傅世俊英勇战斗,把愤怒的子弹射向敌人。同船的儋县寨基村船工万小井被子弹击中腿部,鲜血直流,傅世俊上前从万小井的腿中拔出子弹。此刻,情况十分紧急,他赶紧把舵,使船继续前进。距离岸边只有200多米,张仲先立即命令部队涉水抢占海滩。张仲先带头跳进齐胸深的海水中,战士们也跟着跳下,一边射击,一边冲向岸边。后面的船只以迫击炮、重机枪掩护先头部队登陆。

先锋营登陆时,担负接应的琼崖纵队第一总队8、9团密切配合渡海先锋营,两面夹攻,打退了国民党军猛烈的陆空阻击,海岸守军纷纷溃逃。当日下午,两支部队在海边胜利会合。先锋营强行登陆与敌作战的时候,白马井附近的松鸣、山营、王五、排南等乡村的上千民兵和民工队伍也到达阵地附近参加战斗。有的及时抢救伤员,有的给部队送水送饭。随后,部队突破国民党军两个团的追截,向白沙县阜龙解放区转移。首批渡海部队胜利到达阜龙乡,居住在周围的黎族同胞纷纷前往慰问,有的挑来粮食,有的送来猪肉,有的送来芭蕉、芒果、菠萝蜜等水果。一位黎族老大爷高兴地牵来一头牛,要送给部队宰肉吃。部队领导知道黎族同胞生活很困苦,再三婉言谢绝。老大爷说什么也不答应,把牛牵回去杀了,挑着牛肉送来。

野战军第一次潜渡成功并与琼崖纵队会师,"是琼崖人民及琼崖解放军在坚持二十余年的孤岛艰苦斗争中第一次得到外力帮助的胜利会师","是琼崖解放的第一炮",极大地鼓舞了琼崖革命军民。先锋营在白马井的成功登陆,不仅为成功贯彻毛主席渡海登陆的战略战术探出了路子,还谱写了我军战争史上用木船迎战军舰飞机的战例。

第二批潜渡：血战白沙门

1950年3月31日夜10时半，43军127师加强团的3 733名指战员，在师长王东保、政委宋维栻的率领下，从雷州半岛博赊港起渡口起航，预定次日在琼山县塔市乡的卜创港一带登陆。

在渡海中，担负阻击敌舰，护卫渡海船队的379团3营的8、9连与团部失去联系，因风向、潮流所至，迷失方向，误登海口附近的白沙门岛。当时在船上的3营副营长王金昌身负重伤，仍坚持指挥船只靠近白沙门岛，消灭了国民党军一个排，顺利登上白沙门岛。海口市的国民党守军大为震惊，陷入一片惊慌混乱之中。薛岳急派重兵进攻白沙门，自己急忙逃往文昌。

海口国民党守军调遣3个步兵团和3个炮兵营及军舰、飞机疯狂地反扑，企图收复白沙门阵地。敌人不分昼夜地向解放军阵地冲击，从4月1日上午8时开始，一天就向岛上阵地发起30多次进攻，到晚上6时，仍未能攻上白沙门岛。解放军伤亡惨重，总共剩下100多人。

晚上8时，剩余人员成立临时战地党委，决定重新部署部队，并拟定两个突围方案：次日战斗，部队要继续前进，泅渡南渡江，与琼崖纵队部队会合；如果不能渡过南渡江，马上抢船只返回海北。晚上10时左右，八连40多人出其不意地冲破敌人的封锁线，抢到船只，顺利地返回海北。第二梯队、第三梯队和营部一起向前冲，因敌人炮火猛烈，大多壮烈牺牲。

4月2日晨，在白沙门岛上剩余的35名指战员，再次发起冲锋，抢夺1艘停泊在白沙门村附近南渡江中的淡水船，未能成功。379团政治处组织股长秦道生、连指导员王治中牺牲。训练排长曹金城带领10名战士登上1只小舢板，准备再次夺取淡水船，被退潮海水冲到距白沙门岛2公里处的一个小沙洲上，隐藏在野菠萝丛中，继续战斗到10时结束。其余的20多名解放军战士被捕，被杀害于府城甘蔗园。副指导员丁本教负伤被捕后，拒绝说出解放军渡海情况，被吊在国民党军舰上，从海口到榆林活活地被吊死。副连长褚玉武负重伤，被捕后坚贞不屈，被杀害于海口发电厂附近。

隐蔽在沙洲中的7人从海口机场和五公祠之间穿过，朝铁桥方向前进。4月3日晨，到达铁桥后，与当地地下党组织取得联系。在地下党组织的帮助下,4月5日,到达琼崖纵队独立团部,受到热情接待。后在琼崖纵队的安排下,他们到五指山革命根据地休整。解放军登陆海南后,他们重新归队。

在整个解放海南岛战役中,白沙门岛之战打得十分壮烈。这次战斗造成琼崖国民党守军误判,牵制了他们的兵力,为主力的胜利登陆和向纵深发展创造了有利条件。面对数倍于己的敌人,登岛的解放军勇士同仇敌忾,英勇顽强,顶住敌军飞机、炮舰的狂轰,展现了中国人民解放军的坚定意志。

大规模登陆:风门岭阻击战

4月16日,大规模渡海作战正式开始。解放军40军共1.87万名指战员,分乘300多只帆船,从雷州半岛的灯楼角一线海岸起渡,预定次日在临高角的美夏、昌拱一带海岸登陆。与此同时,解放军43军共6 968名指战员,分乘81只帆船,从雷州半岛的港头港、三塘港一线起渡,预定次日在澄迈县的玉包港一带海岸登陆。

4月20日,解放军43军128师与国民党32军252师在黄竹地区激战。国民党海南防卫总司令薛岳急召62军153师、步兵教导师和福山溃逃来的暂编13师,分东西路迅速向黄竹、美亭地区增援。国民党在美亭地区投入兵力达5万多人。在美亭决战中,能不能抵挡住敌人6个团的援兵,是决定战局胜败的关键。

当时,43军前线指挥所根据实际情况部署:以海澄公路为分界线,以北属127师,以南归128师,并肩迎击海口援敌。4月20日,128师插到黄竹、美亭围歼守敌后,127师加强团挺进美玉、群典等村,其中381团警卫连进展神速,从行进间发起进攻,战斗仅持续10分钟便夺占风门岭,切断了国民党军海口与澄迈的联系。这无异于卡住薛岳的脖子。薛岳命令国民党军队不惜一切代价,夺下风门岭和105高地,打通海澄公路。于是,敌人发疯地向105高地发动一次又一次的猛烈进攻。

风门岭不能失。国民党军看重风门岭,解放军亦然。要守住风门岭就需精兵。于是,127师381团首长决定把减员较多的警卫连替换下来,派381团一连接防。381团一连曾在渡江和粤桂边战役中表现上乘,特别是在北流追击战中,该连作为尖兵连半小时就协同其他部队一举歼敌两个团。4

中国河湖的
红色记忆
RED MEMORIES OF RIVERS
AND LAKES IN CHINA

▲ 风门岭阻击战幸存的 13 名勇士战后的合影

月 21 日凌晨 2 时，一连受领任务。21 日凌晨 3 时，一连全部到位，完成与警卫连阵地交接。时间紧迫，一上阵，连长朱胜国便组织班、排干部勘察地形，确定兵力部署、阵队编成和火力配系。105 高地位于海澄公路西侧 1 公里处，东西约长 300 米，南北长约 500 米，长满了木棉树、刺子、苦栎树等，茅草一人高，地面花丛五颜六色，这些成为解放军战士最好的隐蔽物。

在风门岭周围，大连村、前亭等几个小村子已经被敌军占领。敌军企图以这几个村子为支撑点，包抄、围歼风门岭上的解放军。为了便于攻击，敌军利用地形将部队机动至距 105 高地仅百米的位置占领攻击出发阵地。眼睁睁看着敌军靠近，一连没有办法。风门岭地势起伏大，通视条件不良，射界受限。从纯军事角度而言，该地形利于攻不利于守。

4 月 21 日上午 9 时，经短暂炮火后，敌军以一个连的兵力开始攻击 1 连 3 排阵地。仅仅 1 个小时，即有 3 次进攻，3 排伤亡已过半。连长紧急调动 2 排增援 3 排。战至中午，一连又打退敌人两次进攻，风门岭阵地岿然不动。随后敌军又新调两个营，同时出动一个山炮连、一个步炮连和三个迫击炮连，还将飞机"请上"风门岭。

4 月 21 日 12 时，敌军开始火力准备，105 高地在炮火中震颤，上空遮云蔽日，阵地上四面开花，这座小山头似乎随时都有倾覆的危险，强大的气浪撕扯着空气,硝烟和烈焰熏得指战员直流眼泪。风门岭成了"焰山",战况空前激烈。

敌人的冲锋一轮接着一轮,一连的损失越来越大。21日下午3时,一连连长、副连长相继牺牲,指导员身负重伤,阵地上已没有能指挥战斗的指挥员,只剩17人,大部分还是伤员。战斗还在继续,风门岭的战斗也越来越艰苦,因为国民党军封锁很严,给养送不上来,战士们身上带的弹药打光了,就与敌人展开肉搏战,后来刺刀折弯了,枪托也砸断了,但就是不让敌人上前一步……经过反复的拉锯战,一次次将敌人赶了回去。

从4月21日上午9时至下午7时,短短10个小时,敌军从整连到整营的轮番进攻达13次,向105高地发射炮弹千发以上,飞机投弹百余枚。炮火削去105高地足足1米,但敌军始终未能冲上风门岭。4月21日晚,当解放军增援部队赶到风门岭时,105高地200余名解放军战士(含战时增援的381团警卫连1个多排),仅存13名勇士。而这13人个个身负重伤,有的腿部受伤,无法站立,趴在弹坑上射击;有的一只胳膊被炸断,但仍蹲在阵地上,用另一只胳膊投弹;有的头部受伤,不能站立,也不能坐,就躺在地上。就是这样,风门岭阵地仍牢牢控制在我军手中。

此次战斗中,一连官兵将随身携带的弹药及先后四次补充弹药全部打光,投出的手榴弹达1 600余枚,击毙敌人500余人,击伤1 300余人,成功阻击了敌军3个步兵团、1个山炮连、3个迫击炮连、5门火箭炮、6架飞机的疯狂进攻,用血肉之躯筑起了一道钢铁般的防线。由于敌人援兵被阻于风门岭下,美亭、黄竹之敌孤立无援。战士们与美亭、黄竹之敌反复争夺,经过两天两夜激战,在43军和40军的夹击之下,全歼美亭、黄竹之敌,取得美亭决战胜利。敌军潮水般地向海口、府城方向溃败奔逃。23日,43军127师和40军118师攻克海口市。解放海南岛战役进入追击阶段。

在渡海战斗中,渡海大军以大无畏的革命英雄主义精神,排除万难,浴血奋战,前仆后继,强渡琼州海峡,一举攻破国民党海陆空军组成的"立体防御";登陆后,在海南各族人民的积极支援下,渡海大军和琼崖纵队团结奋战,乘胜追击,以摧枯拉朽之势迅速歼灭敌军残余,彻底粉碎了敌人依靠海峡天堑固守海南的企图。1950年5月1日,海南全岛宣告解放。

解放海南战役的伟大胜利,结束了中国人民解放军解放中南地区的最后一战,使海南各族人民摆脱了旧社会的苦难深渊,走上了一条自力更生、当家作主的社会主义康庄大道。海南历史从此掀开了崭新的一页。海南解放70年后,全面开启海南自由贸易试验区、自由贸易港建设伟大征程,海南全省人民决心在党的坚强领导下,坚定理想信念,坚持以习近平新时代中国特色社会主义思想为指引,在自贸港建设的实践中经风雨、强筋骨、长才干,高标准高质量推进自贸试验区、自贸港建设;坚持实事求是、不断改革创新,以制度创新为核心大胆试、大胆闯、自主改,坚持"全省一盘棋、全岛同城化"和"一张蓝图干到底",把海南建设成为引领我国对外开放的鲜明旗帜和面向太平洋、印度洋的重要开放门户。

【附录】

海南自贸港建设

2018年4月13日下午,习近平在庆祝海南建省办经济特区30周年大会上郑重宣布,党中央决定支持海南全岛建设自由贸易试验区,支持海南逐步探索、稳步推进中国特色自由贸易港建设,分步骤、分阶段建立自由贸易港政策和制度体系。11月8日下午和9日上午,中共中央政治局常委、国务院副总理、推进海南全面深化改革开放领导小组组长韩正在海口分别主持召开专家座谈会和领导小组全体会议,研究讨论海南自由贸易港建设政策和制度体系,部署下一步重点工作。2020年6月1日,中共中央、国务院印发了《海南自由贸易港建设总体方案》,并发出通知,要求各地区各部门结合实际认真贯彻落实。

海南自由贸易港的建设是党中央着眼国内国际两个大局,为推动中国特色社会主义创新发展作出的一项重大战略决策,也是我国新时代改革开放进程中的一件大事,具有重大的现实意义和深远的战略意义。

参考文献

[1] 中共海南省委党史研究室.中国共产党海南历史:第一卷[M].北京:中共党史出版社,2007.

[2] 中共海南省委党史研究室.英明的决策 辉煌的胜利——纪念海南解放40周年[C].海口:三环出版社,1990.

[3] 中共海南省委宣传部、中共海南省委党史研究室.解放:海南解放60周年纪念文集[C].北京:中共党史出版社,2010.

中国河湖的
红色记忆
RED MEMORIES OF RIVERS
AND LAKES IN CHINA

下篇
峥嵘岁月——激情澎湃展宏图

防洪排涝巧安排，水旱从今不成灾
——江都水利枢纽纪事

▲ 江都水利枢纽（孟凯 摄）

司马迁在《史记·河渠书》中历陈大禹治黄河、李冰筑都江堰、西门豹引漳水、汉武帝兴修水利等伟大的治水业绩，故而感慨："甚哉，水为之利害也。"

治水国之大事，在江苏省扬州市江都区有一座伟大的水利工程——江都水利枢纽，它位于京杭大运河、新通扬运河和芒稻河交汇处，地处广袤的苏北平原，这里河网密布、沟渠纵横，既是十里荷香、稻菽千重的鱼米之乡，又是易涝易旱的多灾之地。

新中国成立后，毛泽东主席发出"一定要把淮河修好"的号召。1950年，政务院（国务院前身）发布《关于治理淮河的决定》，制定了上中下游按不同情况实施蓄泄兼筹的方针,新中国水利建设事业的第一个大工程拉开了帷幕,紧接着在周恩来总理的直接关怀下,江都水利枢纽工程于1961年12月破土动工。

江都水利枢纽工程第一抽水机站在1963年4月胜利完成,接着又兴建了二、三、四站及其配套工程。历时17年,到1977年3月,一个拥有远东最大排灌能力,能灌、能排、能发电、能航运的综合水利枢纽在世界东方巍然出现,这是我国南水北调东线工程的源头,是江苏省江水北调的龙头。该工程由4座大型电力抽水站、12座节制闸、2个地下涵洞、3座船闸等组成,共拥有33台机组,总装机容量为55 800千瓦,总抽水能力为508.2立方米/秒。一天一夜的抽水量,如果注入深宽各一米的渠道,可绕地球赤道1.09周。

两淮地区水患频仍的根源是黄河变道,夺淮入海,使淮河水系紊乱。众所周知,历史上黄河从夏朝的"禹河古道"到抗战时的花园口决堤共经历七次改道。北宋末年,为阻挡金兵铁骑南下,时任东京留守的杜充不敢与金人正面交锋,便想到春秋时"水灌晋阳城"的计谋,开掘黄河堤坝,使黄河水自泗水入淮,从而阻挡金兵。结果是金兵未能被阻止,而百姓死难无数。从此黄河改道南下,夺淮入海,因黄强淮弱,黄河水含沙量极大,导致淮河下游河床逐年提高,入海口拥堵,四处泛滥。

明清两代虽然对治理淮河很重视,但治淮政策对苏北地区而言却是雪上加霜。明清两代的国都北京并不是当时粮食主产地,需通过大运河从江南运输至北京。因此,保运河、保漕运成了明清两代中央政府施政的重中之重,是头等的"大局"。为了保证漕运安全,就不能让黄河水患影响大运河,为此明清两代治理黄淮的总方略是把黄河水逼向苏北地区,修筑高家堰,以苏北为"邻壑","大雨大灾、小雨小灾、无雨旱灾"的积年痼疾就此形成。

江都水利枢纽建设初衷是为了解决千百年来的江淮水患,在它的北面是芒稻河和新通扬运河,芒稻河直通长江,新通扬运河则直通里下河腹地,与苏北河网联通,两条河流连接处设有东、西两座闸。当雨量较大时,东闸开启,抽水站就可以通过新通扬运河,把北边多余的水抽到长江内;而当雨量减少,天气干旱时,西闸开放,便可将长江水送到北边去。如此,江淮两川从此跨流域互调,并通过8级提水站,将水直送徐淮地区和洪泽湖畔的安徽毗邻地区,直接灌溉360多万亩农田。

1978年徐淮地区严重缺水,4站往北输送近60亿吨长江水,有效解决了三麦冬灌、水稻培植、人民生活用水问题,打破了过去"江水望不到,淮水

▲ 江都水利枢纽（孟凯 摄）

不可靠"的困窘局面。1994年大旱之年，苏北地区没有受灾影响，反而仓满囤盈。1991年百年未遇的大涝中，4站共倒排洪水达27亿立方米，有效地缓解了苏北的灾情，避免了1931年水漫泽国、饿殍遍野的历史悲剧的重演。百万水乡人民由衷地发出"一个甲子两重天"的感慨。

　　在改革开放和现代化建设的新时期，随着国家南水北调工程的正式提出和规划实施，向华北地区输送优质生产生活用水成为江都水利枢纽工程的重要功能。江都水利枢纽经过工程改造，负责从长江下游干流提水，沿京杭大运河逐级翻水北送。2013年，源于江都水利枢纽工程的第一股江水向山东半岛输出，我国北方水资源短缺的状况开始得到缓解。

中国河湖的
红色记忆
RED MEMORIES OF RIVERS
AND LAKES IN CHINA

江都水利枢纽既有"碧水东流至此回"的雄奇壮丽,也有"江流宛转绕芳甸"的清新优美。门前,朱穆之题写的"江都水利枢纽工程"金色大字遒劲有力。园内道路两旁植有龙柏、雪松、银杏,绿荫与碧水相映成趣。十里春风,间植的桃树和柳树,像极了陶渊明笔下"芳草鲜美,落英缤纷"的武陵桃花源;夏日炎炎,几丛芦苇傍水而生,静谧之中,时有"惊起一滩鸥鹭";秋意渐浓,金色的银杏大道,吸引游人无数,满地翻黄银杏叶,盘根错节几经秋?寒冬腊月,高大的雪松,盘旋曲折的虬枝,厚厚实实的针叶,庄重雍容傲视一切萧瑟。

江都水利枢纽,它像一个魔力阀门,使长江和淮河两大水系互调互济;它像一支神奇画笔,为苏北千万亩盐碱地改良提供了水源,从此改写贫穷落后的命运;它更像是一座明亮灯塔,凝结着一代代江淮人治水的勤劳智慧和坚韧不拔,给后人无尽的精神瑰宝。它从建成至今的数十载间,默默地沿芒稻河,引一江春水汩汩北上,在"滟滟随波千万里"的深沉宁静中,滋养亿万华夏儿女。

人行明镜中，鸟度屏风里
——新安江纪事

▲ 山青水碧新安江（吴浩云 摄）

新安江水清澈见底，数千年来众多文人墨客为之赞叹不已，一江碧水更是孕育了丰富多彩的新安文化。新安江水电站的建设赋予了江水新的使命，发电、防洪、养殖、航运、供水、灌溉……大坝所凝聚的自强不息的精神鼓舞着一代代水利人。水电站的建设造就了美不胜收的千岛湖，如火如荼的生态旅游业，又给这座大坝带来了新的活力。

青山碧水　钟灵毓秀

新安江发源于安徽徽州（今黄山市）休宁县六股尖，

中国河湖的
红色记忆
RED MEMORIES OF RIVERS AND LAKES IN CHINA

流经安徽省的屯溪、歙县和浙江省的淳安县,在建德市与兰江汇合称富春江,之后流经桐庐、富阳等县市,至杭州市后称钱塘江,后向东流入杭州湾。[1]新安之名源于位于安徽祁门县西 90 里的新安山,西晋太康元年(280),改新都郡为新安郡[2]。

▲ 新安江流域地理位置图

新安江干流全长 373 公里,流域面积 11 452.5 平方公里,占钱塘江流域面积的四分之一。流经建德市境内的新安江干流长度为 41.4 公里,地处亚热带季风气候区,四季分明,夏季高温湿热,冬季晴冷干燥,雨量充沛,年平均降水量 1 700 毫米左右,多年平均径流总量 110 亿立方米,多年平均流量 349 立方米每秒。

新安江水穿行于崇山峻岭之间,两岸风光旖旎,山清水秀,充满了诗情画意。唐代诗人李白在《清溪行》诗中写到"人行明镜中,鸟度屏风里",道出了江水的清澈。沈约的《新安江至清浅深见底贻京邑同好》写出了新安江的清澄透彻:"洞澈随清浅,皎镜无冬春。千仞写乔树,万丈见游鳞。"无论深浅,不拘季节,江水总是清澈如镜,江水深深却能见乔树、游鱼。

新安江不仅山清水秀,而且历史悠久,名人辈出,文物古迹众多。淳安、建德便是古睦州所在地。这片土地养育了唐代著名诗人如方干、皇甫湜、皇甫松以及宋代状元詹骙、方逢辰和明代三元及第的宰相商辂。自宋朝以来,淳、遂两县题榜进士共341人[3]。淳安历来重视教育,兴办书院。瀛山书院就是代表之一,宋代著名理学家朱熹曾在此讲学三年,留下了"半亩方塘一鉴开,天光云影共徘徊。问渠那得清如许?为有源头活水来"的经典诗篇。2001年,贺城、狮城两座水下古城被发现,轮廓清晰的城墙,纵横交错的街道,保存完好的牌坊、民居、宗祠揭示了古城上千年的历史。淳安境内还留存着包括方腊洞、唐代铜山铜矿遗址在内的4 000余处文物古迹。淳安、建德传承了悠久的文化传统,淳安竹马和睦剧作为当地特有的表演形式,先后被列入国家级非物质文化遗产名录。淳安竹马是一种灯彩歌舞,始于700多年前的南宋,竹马通常分红、绿、黄、白、黑五种颜色,表演者以戏曲人物模样装扮,伴随锣鼓表演各种舞蹈动作和交换队形[4]。睦剧是淳安地区颇为流行的地方戏曲,早期演出只有小旦、小生、小丑三个角色,故民间称之为"三脚戏"[4]。睦剧以本地口语作为表演语言,唱词通俗易懂,乡村生活气息浓郁,受封建礼教影响甚少,具有健康、纯朴、明快的特色[5]。此外还有古朴有趣的九姓渔民水上婚礼,表达生命礼赞的寿昌祭奠礼仪,讲究中庸之道的严东关五加皮酿酒技艺……

淳安县不仅历史文化悠久,还曾经是红潮涌动的革命老区。淳安县枫树岭镇白马村有着深厚的红色底蕴,红军标语墙、革命历史纪念碑、红军抗日先遣队司令部遗址等红色遗迹均位于此。1934年为了推动抗日民族运动,同时牵制国民党军围剿中央苏区,中共中央和中革军委决定向闽浙皖赣派出先遣部队。北上抗日先遣队曾四次挺进淳安县,展开了"送驾岭阻击战""白马之战"等一系列激烈的战斗。红军北上抗日先遣队孤军深入,历尽艰辛,英勇无畏,是我党我军为实现民族解放运动进行政治军事战略大转移迈出的第一步。为纪念牺牲的英勇将士,1984年淳安县人民政府建立红军北上抗日先遣队烈士纪念碑。

自力更生　造福一方

新安江水电站位于建德市铜官峡谷,百米高的大坝循山势建造,上宽下窄,呈倒梯形,侧边牢牢嵌入两岸山体,水库蓄水造就了千岛湖的碧波荡漾。

中国河湖的
红色记忆
RED MEMORIES OF RIVERS AND LAKES IN CHINA

水电站拦河大坝坝顶高程 115 米，最大坝高 105 米，坝顶全长 466.5 米，集水区域达 10 442 平方公里，水面积 580 平方公里，平均水深 34 米，为混凝土宽缝重力坝。水库正常蓄水位 108 米，库容 178.4 亿立方米；死水位 86 米，库容 75.7 亿立方米，为多年调节水库。顶部有 9 孔开敞式溢洪道，最大泄洪流量为 13 200 立方米每秒。发电厂房位于下游坝趾处，为溢流式厂房，泄水流经厂房顶后由挑流鼻坎挑射入下游河床。这是新中国水电建设历史上的一座丰碑，是我国第一座"自己设计、自制设备、自行施工"的大型水力发电站，年均设计发电量 18.6 亿千瓦时。

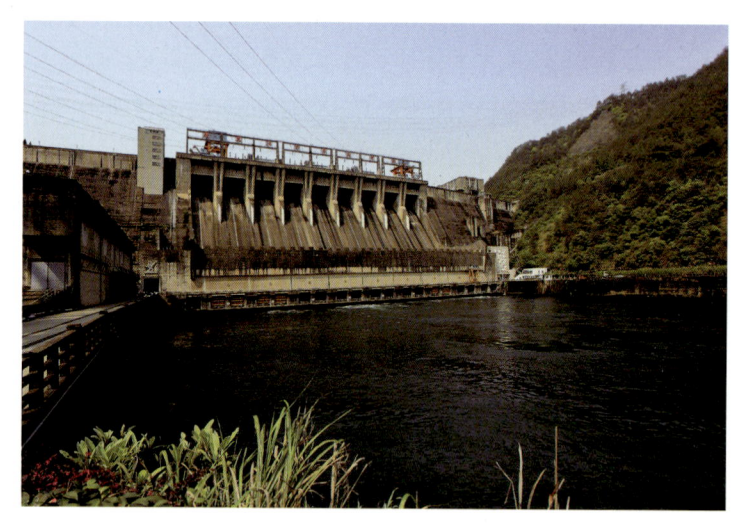

▲ 新安江水电站（刘顺 摄）

　　解决华东地区电力供需矛盾是建站的初衷。20 世纪 50 年代，华东地区的电力供应以火电为主，一旦火电厂发生供电事故或遭到破坏，便会造成大面积停电，严重影响区域经济发展。水电的开发迫在眉睫[6]。新安江干流落差大，水能丰富，适合建造大型水电站。1956 年 6 月，国务院提前将建设新安江水电站列入国家第一个五年计划。

　　1957 年 4 月，主体工程正式开工建设。成千上万的建设者从五湖四海齐聚工地，用智慧和汗水共筑这一伟大工程。1959 年 4 月，周恩来总理莅临新安江水电站工地视察，并为工程题词："为我国第一座自己设计和自制设备的大型水力发电站的胜利建设而欢呼！"这极大地鼓舞了全体建设者，1959 年 9 月，水库开始蓄水，比原计划提前 15 个月；1960 年 4 月第一台机组发电,比原计划提前20个月;1977年10月,9台机组,总装机容量66.25万千瓦的新安江水电站全部投入系统发电[8]。水库蓄水量达220亿立方米,淹没耕地32万亩,移民29万余人,库区人民为支持新安江水电站的建设做出了巨大的牺牲。包括移民补偿在内,电站的造价与建设同等容量火力发电厂相当,电站投产后仅5年就收回全部成本[9]。

新安江水电站是社会主义制度集中力量办大事的典范,是中国人民勤劳智慧、艰苦奋斗的杰作。电站的成功建设不仅为大型水电站建设积累了宝贵经验,还为国内许多大中型水电站锻炼、培训了大量人才。两院院士、中国工程院副院长潘家铮,以及柴松岳、葛洪升、孙华锋、苏立清、钟伯熙等一批优秀人物,都在新安江水电站经过锻炼,之后积极投身水电站建设事业,先后走上领导岗位[10]。

新安江水库在防洪发电、风景旅游、航运灌溉、水产养殖、气候调节等多方面发挥了巨大的作用。电站装机容量大,承担了华东电网主要的调峰、调频和事故备用任务,在确保华东电网稳定、提高供电质量、降低系统运行成本方面发挥了重要作用。截至2020年8月24日12时,新安江水电站累计发电已突破1 000亿千瓦时,减少二氧化碳排放量9 970万吨,节约煤炭4 001万吨[11]。

历史上,新安江洪涝灾害频繁。水库蓄水后,下游地区的防洪压力大大减轻,建德、桐庐、富阳等下游城市的防洪标准提高到百年一遇,即使发生特大洪水也可降低受灾程度。新安江水电站建成六十多年来,一直安全平稳运行,抵御10 000立方米每秒的洪峰33次,4 000立方米每秒以上的洪峰100多次,在防洪度汛、保障人民生命健康和财产安全方面起着至关重要的作用[12]。

2020年,钱塘江流域遭遇史上最强梅汛期,降雨范围广、雨量大、历时长,河流水位高,防汛压力大。新安江水库水位持续上涨,超过防洪限制水位,创下108.45米的新高。浙江省委省政府高度重视,迅速启动防汛Ⅰ级应急响应,转移群众,科学调度[13]。

新安江水库的削峰作用明显,此次强降雨期间,新安江水库坝址最大入库流量23 000立方米每秒,经过新安江水库的拦蓄作用后,新安江河段洪峰流量降至7 700立方米每秒,三分之二的洪峰被水库拦下[14]。为保障上游库区及大坝安全,7月7日10时,新安江水电站正式开闸泄洪,这是电站建成以来第 7 次泄洪。泄洪孔数量由开始的 3 孔逐渐增加到 7 月 8 日 9 时的 9 孔,是建库以来首次开启 9 孔泄洪,总下泄流量高达 7 800 立方米每秒,半小时的泄洪量与一个西湖相当[15]。在多方努力之下,新安江安然度汛。

为满足新安江水电站开展洪水预报调度、保障防洪安全、提高发电效率的迫切需要,以河海大学赵人俊为首的水文学家和工程师在前人的基础上,创造性地提出了"流域分单元、蒸散发分层次、产流分水源、汇流分阶段"的产流和汇流计算方法,并通过程序设计在计算机上得到实现,成为中国最具影响力的流域水文模型——"新安江模型",取得了令人满意的精度和防洪发电调度效果[7]。新安江模型作为国内水利科学领域一项具有重大影响的科研成果,是中国在 20 世纪对世界水文科学作出的重要贡献之一,受到世界气象组织的推荐,至今被国内外广泛使用,如美国国家天气局予以采用,爱尔兰国立大学等将其纳入研究生教材内容。

新安江水电站建成蓄水以后,海拔 108 米以下被淹没,淳安境内形成了一个巨大的人工湖,分布着大小岛屿 1 078 个,因此,新安江水库又名千岛湖。1963 年,郭沫若畅游新安江水库,即兴赋诗"西子三千个,群山已失高。峰峦成岛屿,平地卷波涛",赞誉千岛湖的盛景。

千岛湖集水面积 10 442 平方公里,水域面积 580 平方公里。湖面烟波浩瀚,水天一色;湖水清澈见底,平均能见度 5~7 米;水质自然纯净,无需处理可直接饮用;岛屿星罗棋布,地貌景观丰富[16][17],被誉为"天下第一秀水"。猴岛、鸟岛、蛇岛、鹿岛、水貂岛等动物特色岛屿更增添一份山林野趣。

千岛湖风景区是我国首批国家级风景名胜区、国家 5A 级旅游景区。千岛湖以自然风貌见长、湖光山色相映成景、清新悦目而闻名,吸引着国内外游客。建德地区 2019 年国民生产总值(GDP)383.24 亿元,全年接待国内外游客 1 306.2 万人次,实现旅游总收入 134.60 亿元[18]。淳安县 2019 年国民生产总值(GDP)254.50 亿元,全年接待国内外游客 1 884.50 万人次,实现旅游总收入 231.93 亿元[19]。建德、淳安作为旅游城市,依托旅游业带动当地经济发展。

新安江山清水秀,水电站建成前以滩多流急闻名,据记载古淳安地带有多处急流滩地,行船有着诸多不便。新安江水电站建成后,坝址上游九曲十八弯、急流浅滩的河流变成万顷碧波,上下游航运条件明显改善[20]。

▲ 千岛湖（刘顺 摄）

在过去的60多年里，千岛湖渔业充分发挥区域、生态、体制优势，集"养殖、管护、捕捞、销售、加工、烹饪、旅游、文创"于一体，形成一条完整的产业链，实现经济效益和生态效益双丰收[21]。

千岛湖持续稳定开展鱼类增殖放流活动以治理湖泊蓝藻水华问题，包括鲢鱼、鳙鱼等滤食性鱼类，和黄尾鲴、细鳞鲴等碎屑食性鱼类。"人放天养"的生态渔业模式，不仅可以补充千岛湖不能自然繁殖或资源受损的经济鱼类，而且能够有效地保护和净化水质。巨网捕鱼，作为千岛湖渔业生产的主要环节，已经被开发成常规旅游项目，定时定点表演，游客也可以参与捕捞，体验捕鱼的乐趣。如今，"淳"牌商标展现了千岛湖有机鱼独特的产品属性。2000年10月，"淳"牌千岛湖鲢、鳙等10种鱼类通过原国家环保总局有机食品发展中心的有机食品认证，是我国第一批有机水产品。千岛湖以有机渔业带动以鱼为主题的餐饮、旅游、文创等产业发展，社会综合效益达20亿元。

虹鳟鱼肉质紧凑鲜美，营养价值高，是冷水性重要经济鱼类，喜欢栖息在山涧、河川、溪流等水质澄清、溶解氧含量高、流量丰富、沙砾石底质的冷水中。引进我国的虹鳟鱼最初只能在北方生存。而新安江的水温常年保持在14℃～17℃，寒凉的水温恰好满足了虹鳟鱼苛刻的生长条件，为虹鳟鱼提供了良好的栖息环境[22]。1980年网箱试养成功后，新安江便成为华东地区唯一的虹鳟鱼养殖基地，虹鳟鱼也成为了高档的新安江特产。

新安江水质极佳，为改善杭州城市饮用水质量，确保杭州市供水安全，建设历时近5年的杭州千岛湖配供水工程于2019年9月29日正式通水运行。工程从淳安千岛湖的金竹牌取水，采用重力流方式，流经淳安、建德、桐庐、富阳至杭州市余杭区闲林水库向杭州主城区配水,输水隧洞全长112公里,同时在输水线路途中向建德、桐庐及富阳供水[23]。

新安江水不仅水质天然纯净,而且甘甜爽口。农夫山泉是中国包装饮用水及饮料行业的龙头企业,坚持选取天然优质水源,新安江便是其中之一。农夫山泉、致中和作为水、酒、饮料制造业的代表,已经成为建德市低能耗、低污染、高附加值的绿色支柱产业[24]。

2019年,新安江水电站开始为杭黄高铁供电,确保与西部高铁线路互联互通[24]。

生态补偿　水环境保障

"绿水青山就是金山银山"是时任浙江省委书记习近平于2005年8月在浙江湖州安吉考察时提出的科学论断,生态补偿是实现绿水青山价值转化的重要机制[1]。

新安江流经皖浙两省,在"保护与不保护""补偿与不补偿""标准基于河与基于湖"等问题上存在争议而引发了上下游冲突[1]。全国首例两轮六年(2012—2017)跨界生态补偿协议在中央有关部门协调下协商达成,并付诸实施。第一轮(2012—2014)每年筹集生态补偿资金5亿元,其中,中央财政出资3亿元,安徽、浙江两省各出资1亿元。如果年度水质达标,浙江拨付1亿元给安徽;不达标则安徽拨付1亿元给浙江;无论评估结果如何,中央财政3亿元全部拨付给安徽。第二轮(2015—2017)浙皖两省每年各出资2亿元,中央财政出资递减,2015至2017年分别出资4亿元、3亿元和2亿元。补偿原理与第一轮类似。大坝上游(黄山市)大部分地区成为限制开发区和禁止开发区,工业化进程减缓。两轮试点成效显著,安徽省生态环境保护力度明显加大,出境水质明显改善。

千岛湖地处亚热带季风气候区,茂密的森林和广阔的水域使千岛湖流域形成了冬暖夏凉的独特小气候,使新安江成为名闻遐迩的旅游休闲度假胜地。百米高的坝底下泄的尾水,水温常年保持在14~17℃,调节了下游20公里范围内的气候,使得建德成为避暑胜地,大坝下游4公里的江面烟雾缭绕,犹如仙境,夏季尤为明显。"17℃建德新安江"旅游品牌乘势打响,碧水、清风、奇雾作为独特的自然资源融入灿烂悠久的人文历史,吸引了越来越多的关注。

"丰碑矗立水电史,雄姿勃发新安江",新安江水电站已成为"不忘来时的路——浙江省红色地名"之一,将永远被人们铭记。近年来,建德人依托新安江独特的水质、水温、水景、水电四大优势,不断开拓思路,积极谋划,靠水吃水,把一江碧水转化成取之不尽的绿色生产力。

参考文献

[1] 沈满洪,谢慧明.跨界流域生态补偿的"新安江模式"及可持续制度安排.中国人口·资源与环境[J].2020(9):156-163.

[2] 方才.新安江及其分段名称的来历[M/OL].淳安县政协,2019[2020-09-17].http://www.qdh.gov.cn/art/2019/1/18/art_1621411_29634165.html.

[3] 淳安县政协文史委编辑室.淳安概况[M/OL].淳安县政协,2018[2020-09-17].http://www.qdh.gov.cn/art/2018/12/21/art_1603641_28036379_4.html.

[4] 王盼,徐灵夏,鲍家轩.岛语:千年人文风雅,一湖家国情深.中华民居[J].2018(3):19-28.

[5] 陈起銮.淳安地方剧种—睦剧[M/OL].淳安县政协,2018[2020-09-17].http://www.qdh.gov.cn/art/2018/12/21/art_1603641_28036485_2.html.

[6] 粟运华,徐传亢.新安江水电站纪事[M/OL].淳安县政协,2019[2020-09-17].http://www.qdh.gov.cn/art/2019/1/14/art_1620096_29438565.html.

[7] 芮孝芳,凌哲,刘宁宁,等.新安江模型的起源及对其进一步发展的建议.水利水电科技进展[J].2012,32(4):1-5.

[8] 蒋华,方韦.新安江水电站建设史略.春秋[J].2009(1):12-13.

[9] 陈富强.新安江往事.当代电力文化[J].2016(6):89.

[10] 谢泽.梦启新安江.中国三峡[J].2019(9):104-111.

[11] 黄筱.新安江水电站累计发电量突破1000亿千瓦时[EB/OL].新华社,[2020-08-26].http://www.xinhuanet.com/2020-08/26/c_1126416546.htm.

[12] 水电十二局华东院.新安江水电站9孔泄洪 "防汛大脑"助力流域防洪[EB/OL].[2020-07-10].http://www.sedc.cn/art/2020/7/10/art_3540_822883.html.

[13] 新安江水库建成以来首次9孔全开泄洪 以决战状态全力夺取梅汛防洪最后胜利[EB/OL].浙江日报,[2020-07-09].http://www.zj.gov.cn/art/2020/7/9/art_1545482_50151733.html.

[14] 金梁,方臻子,徐鹤群.浙江顶住了超长梅汛压力,昨结束防汛应急响应,钱塘江流域性洪水顺利"过关"——新安江水库泄洪背后的浙江治水"秘笈"[EB/OL].新华

社,[2020-07-28]. http://slt.zj.gov.cn/art/2020/7/28/art_1567479_53234835. html.

[15] 新安江水库史上首次正式9孔全开泄洪[EB/OL].新华社,[2020-07-08]. http://www.xinhuanet.com/2020-07-08/c_1126213399.htm.

[16] 杨瑾,傅菁菁,芮建良.新安江水电站生态景观效益分析.水电站设计[J].2007(3):58-62.

[17] 程雷生,王忠仁.美哉,千岛湖[M/OL].淳安县政协,2019[2020-09-17]. http://www.qdh.gov.cn/art/2019/1/18/art_1621346_29614273.html.

[18] 2019年建德市国民经济和社会发展统计公报[EB/OL].今日建德,[2020-03-25]. http://jrjd.jdnews.com.cn/Article/index/aid/3349328.html.

[19] 淳安县2019年国民经济和社会发展统计公报[EB/OL].[2020-04-17]. http://www.qdh.gov.cn/art/2020/4/17/art_1289622_42597245.html.

[20] 粟运华.新安江水电站综合利用效益调查报告.水电能源科学[J].1991(1):65-69.

[21] 孙梦婷,邵建强,汪敏,等.千岛湖生态牧场构建现状与发展展望.科技促进发展[J].2020,16(2):249-253.

[22] 毕役.虹鳟鱼的故事.百科知识[J].2014(23):38.

[23] 赖勇,张永进.千岛湖配水工程概况及前期论证关键问题探讨.浙江水利科技[J].2017,45(6):42-44+48.

[24] 来逸晨,陈迁.新安江电站:高坝碧水焕新生.杭州[J].2019(38):40-41.

长淮忽迷天远近,青山久与船低昂
——淮河纪事

淮河古称淮水,历史上是一条外流河,在今江苏省响水县南部的云梯关入黄海,与长江、黄河和济水并称为"四渎"。淮河是我国的七大河流之一,也是我国重要的南北自然地理与人文地理分界线,发源于河南省境内的桐柏山,经豫东、皖北、苏北合运河入长江,全长约1 000公里。两岸多支流,有洪、史、泗、浉、涡等河;流域内湖泊众多,有洪泽湖、高邮湖、宝应湖、城东湖、城西湖等。流域覆盖山东、河南两省的南部,江苏、安徽两省的北部,流域面积约为28万余平方公里。

微禹,吾其鱼乎!

长期以来,大禹其人,一直存在着争议。2002年,随着青铜器遂公盨的出现,一切都有了定论。这件铸造于2 900年前的西周礼器上有铭文98个字:"天命禹敷土,随山浚川,乃差地设征,降民监德……"记述大禹采用削平一些山岗堵塞洪水和疏通河流的方法平息了水患,并划定九州,还根据各州土地条件规定各自的贡献。遂公盨的发现,将有关大禹治水的文献记载提早了六七百年,有力地证实大禹治水不是神话传说,而是真实的历史事件。

人们再次被这位战胜远古洪水的英雄所吸引,把目光投向大禹和他所处的年代。

四千多年前,在中国乃至世界范围内都遭受了一场空前的洪水灾害,持续长达几十年。"当尧之时,天下犹未平,洪水横流,泛滥于天下,草木畅茂,禽兽繁殖,五谷不登,禽兽逼人,兽蹄鸟迹之道交于中国。"[1]作为部落联盟首领的帝尧对此很忧虑,为了战胜洪水,他向各部落首领发出咨询:"四岳,汤汤洪水方割,荡荡怀山襄陵,浩浩滔天……"[2]"天下的民众都在哀叹,有谁能制服洪水呢?"众人都推荐了鲧。

关于这次大洪水,已得到现代天文学资料的证明。当时发生了九星地心会聚,从而引发了各种自然灾害,尤以洪灾最为严重。

鲧用"湮"法领导万民治水,历时九年,未能成功,被舜杀死在羽山。

鲧之子禹受任于危难之际,出任司空,统领百官,带领百姓治水,他改"湮"为"导",即改"堵"为"疏","禹疏九河,瀹济漯而注诸海,决汝汉、排淮泗而注之江,然后中国可得而食也。当是时也,禹八年于外,三过其门而不入。"[3]淮即九河之一,彼时,沿淮一片汪洋,人畜葬身洪水,随波逐流。禹"导淮自桐柏,东会于泗、沂,东入于海。"[4]为治理淮河水患,大禹上至桐柏,下至东海,"左淮绳,右规矩","沐甚雨,栉疾风,置万国",借助与涂山氏国的联姻,大会诸侯,在涂山劈山导淮,自此"淮出于荆山之左,当涂之右,奔流二山之间,而扬波北注也。"[5]明弘治《中都志》卷二山川引《水经注》云:"二山对峙,相为一脉,自神禹以桐柏之水泛滥为害,凿山为二以通之,今两崖凿痕犹存。"[6]

"禹治理洪水取得的成功,标志着华夏居民战胜自然灾害的能力有了飞跃的进步。治水的巨大成果,首先消除了危及华夏居民生存的洪水大患,使人民的农业生产活动得以正常进行。当时和后世人们对禹治水的功绩无不交口称赞,称他为'大禹',译成今天的文字,便是'伟大的禹'。春秋时刘定公称'美哉禹功!明德远矣。微禹,吾其鱼乎!'……《庄子·天下》称赞道:'禹,大圣也。'"[7]

大禹,这位治水英雄、导淮先驱,其功在三代,利在千秋,古老的淮河流域,承其水利之惠,加之气候温暖,光照充足,雨量丰沛,土地肥沃,千百年来成为中国的大粮仓,曾有"江淮熟,天下足""走千走万,不如淮河两岸"等美誉。北宋著名思想家李觏在其《寄上富枢密书》中对江淮地区有这样的一段评价:"当今天下根本在于江淮,天下无江淮,不能以足用;江淮无天下,自可以为国。"[8]

然而,这一切都在1194年黄河夺淮入海后发生大逆转。

自从黄河夺淮后,十年就有九年荒

历史上有一首《凤阳歌》,曾经在淮河中游广为传唱:"说凤阳,道凤阳,凤阳本是好地方,自从出了朱皇帝,十年倒有九年荒。大户人家卖骡马,小户人家卖儿郎,奴家没有儿郎卖,身背花鼓走四方。"这首民间小调既唱出了淮河流域沦为重灾区后,水旱连年、殆无虚岁、民不聊生的实情,却又错怪了"朱皇帝"。出生于1328年的朱元璋其实也是134年前那场大灾变的受害者。元至正四年(1344),淮河流域迭遭旱灾、蝗灾和瘟疫,户户死人,天天死人,不上十天,许多村庄就十室九空,朱元璋的父亲母亲和大哥在半个月内接连死去。即使在多年后,他已经坐上皇帝宝座,念及往日苦难,还是悲伤难抑:"俄尔天灾流行,眷属罹殃,皇考终于六十有四,皇妣五十有九而亡,孟兄先死,合家守丧……值天无雨,遗蝗腾翔,里人缺食,草木为粮……兄云此去,各度凶荒。兄为我哭,吾为兄伤。皇天白日,泣断心肠……空门礼佛,出入僧房……"[9]

那么,给千百万淮河人民带来巨大灾变又是如何发生的呢?

金代以前,黄河也曾有过数次向南决口,洪水侵夺淮河流域,但黄河主流一直保持北流在今河北、山东一带入海。

金章宗明昌四年(1193),黄河又在卫州决堤,大名、清州、沧州都遭水淹。洪水北流,冲垮长堤十多处,河水平地漫灌,泛滥成灾。次年正月,都水监丞田栎向章宗献策:"可于北岸墙村决河入梁山泺故道,依旧作南、北两清河分流。然北清河旧堤岁久不完,当立年限增筑大堤,而梁山故道多有屯田军户,亦宜迁徙,今拟先于南岸王村、宜村两处决堤导水,使长堤可以固护。"[10]

这一治河方案事后证明是切实可行的。而在当时,却遭到尚书省的非议,金章宗因而也否定了田栎的方案。

当年八月,"河决阳武故堤,灌封丘而东,"[11]滔滔的洪水向东南奔泻,到寿张冲入梁山泊,又分为两派,北派由北清河入海;南派由泗水入淮,侵夺了淮阳以下淮河的河道。至此,原本由今津附近入海的黄河北流完全断绝。对于这次历史上罕见的大水灾,昏庸无能的金朝统治者束手无策,仅仅调集民夫在孟阳河堤和汴河堤岸作些填筑修补的工作,使洪水不至于浸没南京

(今开封)而已。更有甚者认为河堤不必修复,河水泛滥"有利可图"。金单州刺史史颜盏上书称:"臣尝闻河侧故老言,水势散漫,则浅不可以马涉,深不可以舟济,此守御之大计也。若曰浸民田,则河徙之后,淤为沃壤,正宜耕垦,收倍于常,利孰大焉!"[12] 如此以邻为壑、罔顾百姓死活的荒唐之言,金宣宗竟然颔首示可"诏命议之"。

这场天灾人祸,使山东、河北、河南等路黄河两岸的大批农民丧失生命,幸存者流离失所,农村经济遭到严重破坏。

更为严重的,黄河南决,所挟带的大量泥沙使得淮河河床淤塞,行洪不畅,在淮河下游,今淮安、宿迁两市境内,诸多中小湖泊渐渐被阻塞的洪水连接起来,形成了一片千余平方公里的广阔水域——洪泽湖。而失去了入海口的淮河,也被迫在洪泽湖破堤南下,沿三河入宝应湖、高邮湖,经邵伯湖由夹江在今三江营注入长江。

原本稳定的淮河水系出现紊乱,由此开启了近800年的泛滥史。自明中叶以来,"每淮水盛时,西风激浪,白波如山,淮扬数百里中,公私惶惶,莫敢安枕者,数百年矣。"由于黄河"善淤、善决、善徙",受其影响,淮河的排泄和灌溉能力大为削弱,成为历史上的严重灾区,灾害与日俱增,形成了"大雨大灾,小雨小灾,无雨旱灾"的痼疾,这也是"十年倒有九年荒"的主要原因。清咸丰五年(1855),黄河在铜瓦厢决口迁徙,经山东省利津县注入渤海。淮河虽然摆脱了黄河的侵扰,但淮河入海故道已被淤成一条高出地面的废黄河,只能全借运河进入长江。据不完全统计,从明中叶到新中国成立初期的450年间,淮河每百年就平均发生水灾94次;从1885年到1948年,发生较大水灾14次,其中1921年淹地1 900万亩,1931年淹地7 700万亩。

安澜伏波,是"苦淮久矣"广大沿淮民众多年以来的共同期盼,中华人民共和国成立后,翻身得解放的人民终于看到了实现这一梦想的曙光。

"不解救人民,还叫什么共产党!"

历朝历代虽然也对淮河进行过局部治理,但收效都不大。清末,提倡"实业救国"张謇目睹淮河泛滥的惨状,发出导淮"大治淮水"的第一声呐喊,从1903年到1911年,他奔走相告八年,效果甚微,导淮只是迈出了测量的第一小步。1929年,南京国民党政府设立导淮委员会,设在南京东厂街,因其挨着秦淮河东岸,当时的《大公报》记者就讽刺道:"导淮委员会设在秦淮河畔是名副其实的。"就是这样的专门机构,也只是对淮河中下游做了一些修补工程,但由于政府贪污腐败,导淮越导越坏。

1938年6月,蒋介石下令炸开黄河花园口大堤,滚滚河水由贾鲁河、颍河直冲入淮,令河南、安徽等省66个县数百万人民流离失所。洪水泛滥达九年之久,形成所谓的"黄泛区",而且使淮河堤防涵闸工程破坏殆净。到新中国成立时,淮河堤身"百孔千疮,亟需修补",抗洪能力极为低下,等于不设防。

新中国建立伊始,党和政府就把解决水害的问题放在首位。成立不到一个月的中央人民政府水利部,于1949年11月8—18日召开了第一次全国水利会议,正式确立新中国水利建设初期的基本方针:"防止水患,兴修水利,以达到大量发展生产之目的。"时为政务院总理的周恩来接见与会代表时,用"大禹治水,三过其门不入"的故事勉励代表们要下决心为人民"除害造福"。他说:"中国人民长期以来受尽了水旱灾害的折磨,水利工作做的是开路的工作,'种树'的工作。水利工作本身就是为人民服务。"[13]

1950年6月初,华东军政委员会水利部和皖北行署在蚌埠召开淮河水利会议。会上确立"疏浚排水,结合防洪灌溉"的治淮总方针。

然而就在此次会议结束后不到半个月,一场无情风雨就向淮河流域袭来。

从1950年6月26日到7月19日,20多天里持续阴雨,连降三场暴雨,短时间内局部降雨量高达700多毫米,淮河上中游干支流水位急速上涨,超过了1921年和1931年的洪水水位。淮河堤防因标准过低而相继漫溢崩溃,造成非常严重的洪灾。据统计:淮河流域受灾面积达4 687万亩,灾民1 300多万人,倒塌房屋89万余间。其中皖北因连降七天暴雨导致淮河干流决口泛滥,灾情尤其严重,被淹土地3 161万亩……灾后断粮人口581万,无粮、无住者109万人。

7月20日,毛泽东主席收到华东防汛总指挥部的灾情电报,立即批转给周恩来总理:"除目前防救外,须考虑根治办法,现在开始准备,秋起组织大规模导淮工程,期以一年完成导淮,免去明年水患。"[14]

8月5日,毛泽东又收到中共皖北区党委书记曾希圣的灾情电报:"今年水势之大,受灾之惨,不仅重于去年,且为百年来所未有。淮北20个县,

中国河湖的
红色记忆
RED MEMORIES OF RIVERS
AND LAKES IN CHINA

淮南沿岸7个县均受淹……其中不少是全村沉没……由于水势凶猛，群众来不及逃走，或攀登树上，失足坠水(有在树上被毒蛇咬死者)，或船上浪大，翻船而死者，统计489人，受灾人口990万，约占皖北人口之半……今后水灾威胁仍极严重。由于这些原因，干部均极悲观，灾民遇着干部多抱头大哭，干部亦垂头流泪。"[15]毛泽东看罢电报，心情沉重，在"不少是全村沉没""被毒蛇咬死者""多抱头大哭"等文字下方画下横线，潸然泪下："解放了，老百姓还受这么大罪！"他对秘书田家英说："不解救人民，还叫什么共产党！"[16]

毛泽东再次把电报批转给周恩来："请令水利部限日作出导淮计划，送我一阅。此计划八月份务须作好，由政务院通过，秋收即开始动工。"[17]

8月31日，心系灾情的毛泽东收到华东军政委员会转报的中共苏北区委关于治淮意见的电报，阅后，他批写道："导淮必苏、皖、豫三省同时动工，三省党委的工作计划，均须以此为中心，并早日告诉他们。"[18]接连三次批示，充分体现毛泽东对灾民的迫切关怀和根治淮河的决心。中央人民政府先后拨出粮食1亿多斤，盐1 000万斤，煤52万吨，籽种贷款350亿元(旧币)，进行紧急赈灾。

在周恩来直接领导下，水利部于8月25日至9月12日在北京召开治淮工作会议，具体落实毛泽东关于治理淮河的批示。参加会议的有华东水利部、中南水利部、皖北行署、苏北行署及河南省政府、淮河水利总局等部门的负责人和专家40余人。由于治理淮河关系到上中游不同地区的切身利益，豫、皖、苏三省在治淮办法上存着意见分歧。上游地区由于内涝严重，希望尽快、尽多地将淮河洪水排入下游洪泽湖；而下游省份则担心洪水猛泄不能顺利入江而加重当地水患。因此，在"泄""蓄"之间，往往各执一词。淮河长约1 000公里，"两头翘、中间洼"，总落差只有200米，洪泽湖中渡以下150公里的下游，落差只有6米。中下游洪水下泄十分缓慢。

会议期间，周恩来多次参加会议并听取汇报，并多次与三省区的领导进行个别谈话，在此基础上，他兼顾上中下游的利益，就今后治淮工作的方针提出指导性意见。在9月12日的闭幕会议上，周恩来说："这是新中国第一次对一条河流提出根治。如何达根治？综合你们的意见，研究千年的治淮历史，我的体会是应该坚持蓄泄兼筹，以达到根治之目的。在中国历史上，治水就有蓄泄之争。新中国治水，既不是单纯地蓄，也不是一味地泄，要蓄泄兼筹,不但要送走淮水,而且还要根治淮河,全面达到除害兴利的目的。"[19]

此时,中国大地上正发生着两件大事:关乎年轻共和国存亡的抗美援朝迫在眉睫,影响到千万人民安危的淮河治理必须上马。两件大事错综复杂,利益攸关,考验着共和国领袖的胆略与智慧。

9月21日晚,毛泽东收到曾希圣向中央电告皖北灾民积极拥护治淮决定的情况,并提出向三省治淮调配粮食的建议。毛泽东再次把电报批转给周恩来:"现已9月底,治淮开工期不宜久延,请督促早日勘测,早日做好计划,早日开工。"[20]

在两个月多一天的时间里,毛泽东就淮河救灾和治理淮河,作出四次重要批示。此时,他决心已下:治淮将与抗美援朝战争同时并举。中国共产党不惮国力微弱,毅然决然作出了两线作战的决策,目的就是为了"解救人民"!

"将'导淮'改成'治淮',一字之别,显示中国共产党人决心跳出过去800年也没有解决淮河水患问题的怪圈,构建全新的治水方略。"[21]

1950年10月14日,随着周恩来主持制定的《政务院关于治理淮河的决定》正式颁布,淮河治理便正式上升到国家层面。

决定确立了"蓄泄兼筹"的治淮方针。具体措施是:"上游修建水库,普遍推行水土保持,以拦蓄洪水发展水利为长远目标;中游蓄泄兼顾,按照最大洪水来量,一方面利用湖泊洼地,拦蓄干支洪水,一方面整理河槽,承泄拦蓄以外的全部洪水;下游开辟入海水道,以利宣泄,同时巩固运河堤防,以策安全。洪泽湖仍作为中下游调节水量之用。"[22]

1950年10月27日,在周恩来主持召开的政务院第56次政务会议上,通过了组成政务院治淮委员会的决定,11月6日治淮委员会正式成立,分设河南、皖北、苏北三省区治淮指挥部。同时,负责治淮的指挥机构也从南京迁到安徽蚌埠。

治理淮河从此翻开新的历史一页。

翻身农民治淮显身手,女劳模破镜重圆传佳话

1950年11月,第一期治淮工程正式开工,新中国大规模的治水事业也由此拉开序幕。就在上个月的19日,25万志愿军雄赳赳、气昂昂跨过鸭绿

江出国作战。从此,在朝鲜三千里江山和千里淮河两岸,中国好儿女同时摆开战场,共同奏响胜利凯歌。

一期治淮工程有三项基本任务:在上游河南境内修建山谷水库和洼地蓄洪工程,疏浚整理20多条干支流;在中游皖北境内,主要是在润河集修建一座控制洪水的大型分水闸,培修干流和重要支流的堤防,疏浚重要支河;在下游苏北境内,主要培修运河堤防。

兵马未动,粮草先行。即使在抗美援朝战争紧张进行、国家财政十分吃紧的情况下,中央人民政府仍在当年11月拨出治淮工程款原粮4.5亿斤,小麦2 000万斤,从而保证了工程如期开工。

治淮是一项前所未有的艰巨工程,既无经验,也缺少工程技术人员和工程资料,而且时间紧、任务重,这对党和政府以及广大治水大军来说,都是一个巨大的挑战。

毛泽东主席亲笔题词"一定要把淮河修好",向全国人民表达党和国家根治淮河的决心。他叫身边工作人员制成四面锦旗,由邵力子率领的中央治淮视察团颁发给治淮委员会、河南、皖北、苏北三个省区的治淮指挥部。并将题词精印了15万份,由中央视察团分赠给治淮干部和民工中的劳动模范。这一伟大号召,极大地鼓舞了各省区广大治淮民工、干部和工程技术人员,他们一致表示,今后将加倍努力,来争取提前完成毛主席所给予的"一定要把淮河修好"的光荣任务。

"皖北行署发出《治淮动员令》,号召皖北人民用比支援淮海、渡江战役更加英勇积极的精神参加治淮工程,总计动员83万民工,8 314只大小船只、7 349辆大小车辆奔赴治淮工地。"[23]

一期工程遍及河南、皖北、苏北三省区的13个专区、2个市和48个县,先后共动员民工达300万人,从全国各地赶来参加治淮的工程技术员1万人以上。

在那个激情燃烧的火红年代,血是热的,心也是热的。淮河两岸几千个大大小小的工地上,人们纷纷展开劳动竞赛,夺红旗、戴红花、抢英雄榜,"工地是战场,工具做刀枪,多干一方土,就是多打一个野心狼!"这句极富战斗色彩的劳动口号,留在了那个时代很多人的记忆里,极大地激发了人们战天斗地的无比勇气和重造山河的劳动热情,也涌现出许多可歌可泣的英雄模范人物。

在江苏省宿迁市治淮博物馆里,至今还陈列着一把超大的铁锹和一个巨大的柳筐。它们的主人是当年治淮工地上的劳动模范,"王大锹"和"董大车"。"王大锹"原名王兆山,为了在治理沂沭河工地上多装土,找铁匠为自己特制了一把特大的铁锹,他个子高臂力过人,加上锹头大,三锹就是一车土,人们称赞道,"扒河模范王大锹,一人抵上三人挑"。"董大车"原名董继德,为多装土,专门给自己编了一个超大的柳筐绑在独轮子车上,车头上的土堆得高高的,被别人戏称为"董大车"。一天,他累病了,发了烧,却瞒着大家,咬着牙坚持上工。后来晕倒在小车旁边。他被送到医疗站吃了药,发了一身汗后,又偷着跑回了工地,推起他那辆超大独轮车。

同样的场景,在每一个工地上天天出现,这些普通劳动者用简单原始的劳动工具,创造出令人惊叹的建设奇迹。

不仅是男子汉治淮大显身手,而且巾帼不让须眉,妇女也要撑起治淮半边天。当年奋战在润河工地上的"女子突击队"队长李秀英,就是其中的一位杰出代表。

润河集分水闸位于安徽颍上县,是控制整个淮河干流洪水和霍丘城西湖的关键,也是治淮一期工程的重点。

为赶在汛期前的7月份竣工,民工们需要在四个月的时间内克服技术条件落后等困难,完成2 000多万立方米的土方。大家没有被困难吓倒,迎难而上。

1951年夏,四万多建设大军分成两个班,昼夜不停施工,他们展现出来的是比当年皖北烈日还要火热的劳动热情。为了抢工期,民工们开展了拼土方量争夺光荣红旗的劳动竞赛。当时只有22岁的李秀英,带领由26个姐妹组成的"女子突击队",与男子汉进行劳动竞赛,比干劲、夺红旗,让工地上的男人都不得不服气。像淘洗沙子这样的苦活累活,她们更是抢着干,晚年的李秀英回忆道:"那个冰渣子从你腿上过去,腿上割得都是红印子,到晚上睡觉的时候,疼得脚尖一蹬一蹬的……"为了夺红旗,在一次担筐抬土的劳动中,虎口粗的木杠,李秀英的"女子突击队",就压断了四根。大家肩膀肿得老高,夜里疼得睡不着觉,第二天照样抬。

在淮河改道合龙的劳动竞赛中,"女子突击队"的姐妹们,正齐心协力往河里抛扔大石,李秀英突然"扑通"一声晕倒了,并大口大口地吐血。

时任华东军政委员会水利部副部长兼治淮委员会工程部副部长的钱正

英,正在润河集工地上担任副总指挥。工程紧张的时候,都是警卫员把饭送到工地上的指挥部吃,钱正英通过工地上的广播里听到李秀英累病的消息,扔下饭碗就往医院跑。天天在一个工地上,当时也只有27岁的钱正英很了解这个李队长。在急救室里,她仔细察看了昏迷中的李秀英,又把医生叫到了一边,斩钉截铁地命令道:"记住,没有我的命令,不许她出院!"即使这样,医生还是没能看得住李秀英带病往工地上跑。李秀英说:"为啥我要治淮,我要下决心治淮呢?我那个时候就差一点被洪水冲跑了,绊在那里,人家给我挡住了,不挡住也死掉了,哪有我今天!"所以毛主席发出治理淮河的号召,她第一个就报了名。

这些为了治淮拼命干的淮河儿女们,就是抱着这样的一个朴素信念:淮河闹灾的苦,我们这辈子算是吃尽了,也吃够了,不能让子孙再吃下去!

1951年7月20日,随着润河集分水闸提前完工,治淮第一期工程胜利竣工。除此以外,一期工程还完成石漫滩水库的兴建,以及完成了复堤、疏浚、沟洫等土方工程1.95亿立方米,使皖北当年就做到了"小雨免灾,大雨减灾"。

时任水利部部长的傅作义视察淮河工地,他从伏牛山上颍河和洪河的源头,来到三江营淮河入江的尾闾,向人们生动描叙他所看到的治淮场景:"我看见凭劳动人民的双手,平地修起蜿蜒的千百公里长堤和巨大雄伟的建筑,在对着淮河的水流,傲然欢笑;我看见几十万地方干部,依照毛主席的心,到处做着团结、鼓舞、领导群众的工作;在极为偏僻的农村里,我看见没有一个闲人,没有一个懒人,到处洋溢着增产的热潮,到处活跃着抗美援朝运动……我所看见的一切,真是满眼都是力量,满眼都是希望……依靠共产党的领导,人民政府是深深扎根在每一个角落、每一块地方、每一个人,因此人民政府的力量是不可动摇的伟大。"[24]

工地上,李秀英两次被评为特级治淮劳动模范,在表彰大会上,钱正英亲手为她戴上了象征荣耀的大红花。

紧张的施工期间,中央新闻纪录电影制片厂也在跟拍治淮纪录片,劳模李秀英作为重点拍摄对象,多次在电影里出现。

1951年国庆节,李秀英作为治淮劳模的代表来到北京,并登上了天安门国庆观礼台。在两天后的政协会议上,毛主席挨个与全国各地的代表握手,到李秀英的时候,在一旁的钱正英介绍她是此次治淮的劳动模范,毛主席很高兴,询问了一些治淮过程中的情况,然后亲切地与她握手。

李秀英十分激动,拿出会议记录本,请毛主席签名。在以后的很多年里,不管走到哪里,她都会带着这个宝贵的签名本。她说每次看到毛主席的字,都能激励自己努力工作,争当先进模范。

因为治淮成了劳模,见到了毛主席,肖像还上了当年《人民画报》的封面。让李秀英这个农村妇女的人生从此得到改变。更没想到拍摄影片又给她的命运带来了意外的转折和惊喜。

李秀英自幼家贫,四岁被送到舅舅家抚养,19岁那年,养父母给她招了个上门女婿,丈夫敦厚能干,家里的日子渐渐有了好转。然而没过几年,一场意外发生了,那一年麦收时候,丈夫回父母家帮忙,一去几天没了音信。李秀英找到婆家,婆婆却说你丈夫早就回去了,一个大活人就这样没了踪影。此时的李秀英,一个孩子才三岁,肚子里还有一个刚刚七个月,养父又有痨病在身,没有劳动能力,一家人眼看没了活路,李秀英只能咬着牙,靠着卖菜干杂活养活全家五口,用女人单薄的肩膀苦苦支撑起一个家庭。

1952年的福建前线,担任连长的颍上县人冯学永,在部队看到了电影纪录片《一定要把淮河修好》。六年前,他赶集路过润河路口,被国民党抓了壮丁,后来又参加了解放军,去了朝鲜战场,又随部队辗转东南沿海。银幕上,他第一次看见了离开很久的家乡,家乡的河流、家乡的口音、家乡的人,当一个年轻女人的身影伴随着电影解说"颍上县农家女李秀英"出现时,这个身高一米八几的大汉嚎啕大哭!李秀英,正是冯学永6年前离别后再无音信的妻子。连年征战的冯学永,其间也曾多方打听妻子的消息,但最终都没有联系上。因为担心妻子已经改嫁,冯学永没敢直接给家里写信,他犹豫再三,决定先给当地政府写信询问李秀英的现状,信很快转到了李秀英手里,李秀英跑到淮河边,拿着信泣不成声。

1952年底,李秀英来到冯学永的部队,见到了离别六年的丈夫,两个人一见面就抱在一起,一个劲地哭。

从此,李秀英夫妻团圆,事业有成,幸福美满。

如今已步入期颐之年的李秀英,子孙满堂,老有所养。回首往事,她感慨地说:"我们的幸福生活来之不易,国家能够发展到今天,这样强大和有影响力,都是因为有共产党的坚强领导,没有中国共产党,哪有我和我们一家人的今天。对党忠诚,此生不渝。"

老教授一言九鼎,佛子岭连拱成坝

从1951年11月起,第二期治淮工程开工。二期工程的总量要比一期工程增加60%;疏浚开挖的河道也比一期要多,兴建水库等技术性较高的工程也大大超过一期。其中最著名的大工程有两项:淮河中游的佛子岭水库和苏北灌溉总渠。这两项工程正体现了"蓄泄兼筹"的治淮方针,格外引人注目。

说起佛子岭水库的,不能不提到中国水利界一位泰斗级的科学家,他就是中国现代水利工程技术的开拓者,中国科学院学部委员(院士)汪胡桢。

汪胡桢,浙江嘉兴人,1915年从浙江省立第二中学毕业,以第一名的成绩考入南京河海工程专门学校(今河海大学的前身),师从水利学家李仪祉。1918年,他毕业后应聘到北京全国水利局暂署主事,不久,回到河海工程专门学校任教。1920年,他考入美国康乃尔大学,学习水利发电专业。1923年,他从康乃尔大学毕业,获得土木工程硕士学位。1924年,汪胡桢归国,取道英、法、德、比、荷、瑞士等国,参观当地的水电站。归国后回到南京河海工科大学(今河海大学)任教。1929年,汪胡桢应李仪祉邀请,参加导淮工程建设。设计了邵伯、淮阴、刘老涧三个船闸,这是汪胡桢第一次与淮河结缘,由此开始了他为淮河水利事业奉献几十年的生涯。然而在旧中国,汪胡桢有志难伸,还要饱受洋人的歧视。在美国留学时,汪胡桢参加过摩尔瀑布水电站、骚土斯水电站等设计施工。回国前,他向美国同事索要连拱坝的图纸,美国人给了他一个密封的卷筒,嘱咐他踏上中国土地时才能打开。回国后的汪胡桢立即打开这个卷筒,谁知竟然是一张白纸!

1949年10月,正在浙江大学任教的汪胡桢教授,突然收到周恩来总理的亲笔信,诚恳邀请他出山,参加新中国的水利建设,周总理还特地请华东水利方面的领导同志代为拜访,三次登门。汪胡桢被这番诚意打动,出任华东军政委员会水利部副部长。

1950年9月,汪胡桢和其他水利专家一起前往北京,参加周恩来总理主持的治淮会议。

按照会议确定的"蓄泄兼筹"的方针,汪胡桢和其他水利专家一起制订了治理淮河的总体规划。根据淮河洪水地区组成的特点,首先决定在淮河上游兴建一批山谷水库,而这些水库建成,将在汛期有效拦蓄上游的洪水,从而大大减轻淮河下游在汛期时的洪水压力。其中最主要的就是位于淠河上游的佛子岭水库。治理淮河是汪胡桢为之奋斗了半生而没有完成的愿望,如今这个愿望得以实现,他心情十分激动。会议结束后,汪胡桢便赶往大别山里的佛子岭,新中国治理淮河的第一座大型水库将在这里动工兴建。

抗美援朝战争打响后,美国对我国实行了经济封锁和禁运,钢筋、水泥等施工材料严重缺乏。在保证水库建设质量的同时,如何减少人力、物力的支出,是汪胡桢首先要考虑的问题。

水库坝型的设计决定着建筑材料的用料多少,因此对于坝型设计的选择,汪胡桢格外重视。当时设计人员提出了混凝土重力坝、土坝、钢筋混凝土平板坝及连拱坝等四种方案。在工地上,一遍一遍演示坝型模型时,汪胡桢作出了一个大胆的设想:将佛子岭水库大坝修成钢筋混凝土连拱坝。因为连拱坝的体积只是重力坝的1/5。当时,世界上只有美国和法属阿尔及利亚各建有一座连拱坝,中国水利界很多人都没有见过连拱坝。加之美国的封锁禁运,器材、资料无法取得,连拱坝的设计施工及抗震性能的计算要比混凝土重力坝复杂得多,所以一开始人们很难接受。

1951年冬的大别山,异常寒冷,在佛子岭工地简易的工棚里,会集了茅以升、钱令希、黄文熙、黄万里、张光斗、谷德振等十六位国内顶尖的水利水电专家,对于坝型设计,他们讨论了三天三夜。有图纸和工程量估算表相助,专家们很容易明白连拱坝在好、快、省方面占有的突出优势。找到这样一个既能节约建材、又能缩短工期的坝型设计方案,专家和领导无不表示赞同。当他们满怀期待地请苏联专家给出意见时,却遭到当头一棒!苏联专家认为:"我们到现在也没敢去建连拱坝,你们凭什么敢建连拱坝!太冒险了吧!"

设计方案难以定夺,钱正英赶往上海,向治淮委员会主任曾山汇报。

听完情况汇报,曾山沉吟片刻说:"既然中国专家认为连拱坝方案有道理、有把握,就应当相信我们自己的专家。"他还表示:"汪胡桢是有胆识的专家,今后要全力支持他,克服困难,早日建成大坝。"

当曾山主任的意见通过无线电传到佛子岭时,工地上的技术人员无不欢欣鼓舞。施工大军也从四面八方陆续赶来。汪胡桢主动请缨担任佛子岭水库的总工程师,他与广大建设者发出"誓与连拱坝共存亡"的铿锵誓言。

中国河湖的
红色记忆
RED MEMORIES OF RIVERS AND LAKES IN CHINA

▲ 佛子岭水库

  当时工地上人才奇缺,国家一声令下,上海交通大学、南京大学的50多位三年级的学生背着行李,在交大助教曹楚生的带领下,奔赴佛子岭工地。按计划他们实习一年,1952年秋返校复课。然而经过一年的实习,这些年轻人都成为汪胡桢和其他工程师的得力助手,最后都留在了佛子岭工地。

  修建连拱坝,既无书本资料,更无建设经验,汪胡桢就带领工程技术人员边学习边设计。他把从国外带回的书籍送到图书馆,供大家借阅;他亲自讲授"坝工设计通则""佛子岭连拱坝的初步设计"等课程,人们把工地称为"佛子岭大学",并亲切地称他为校长。这个"大学"培养了一代新人,如曹楚生、曹宏勋、朱起凤等都已成为技术骨干。

  由于施工人员大都来自农民和战士,缺乏专业施工技能,工程队领导、技术员便组织工人学技术、学文化,工地上掀起学习热潮。工人们边学习边施工,很快就掌握了操作规程、质量规范和安全生产等施工技术,创造出"分区平行流水作业法"等400多项技术革新。

虽然施工条件简陋,但汪胡桢始终一丝不苟,带领大家解决一个个难题,保证水库的工程质量,确保来年汛期前大坝完工。然而一场突如其来的洪水,让佛子岭工程被迫停工。但是佛子岭工地上的建设大军万众一心,抢修设备、维护工具,使得洪水退后,工程继续进行。

洪水过后不久,一场意外的火灾却又接踵而来。这场大火使工人们自建的宿舍毁于一旦,连生活用品也被大火烧光,但大家毫不气馁,工地上反而更加忙碌。

1953年11月27日,工地上气氛紧张,人们肩挑手抬,奋勇抛石,终于在太阳落山之前完成了一次性合龙。

1954年6月,淮河流域发生了50年一遇的大洪水,淮河瞬间告急。一个月后,刚刚完工8个月的佛子岭水库首次接到拦蓄洪水的命令,而此时水位离坝顶仅有5米,水位不断上升,大坝随时都有溃决的风险。如果水库此时决口,淮河下游势必会发生严重水灾,所有人的心都悬了起来。让人惊喜的是,大坝最终安然无恙!它巍峨屹立,保住了一方百姓安宁。

经过两万名建设者三年奋战,1954年10月,中国第一座钢筋混凝土连拱坝水库,也是亚洲第一座、世界第三座连拱坝水库,终于矗立在世界的东方。大坝全长510米,高74.4米,总库容量4.96亿立方米,可发电9 500千瓦时。当年就发挥了抗洪减灾的巨大作用,为治淮立下大功。

"佛子岭水库的建成,为新中国赢得巨大的国际声誉,苏联列宁格勒水电设计院院长连连称赞:'中国工程师,了不起!'"[25]汪胡桢也被水利界誉为"中国连拱坝之父"。更可贵的,他所创办的"佛子岭大学",为新中国水利建设事业培养输送了80%以上的专业技术人才。

如今佛子岭连拱坝已平安度过67个春秋,历经洪水考验,至今坝面碳化度不超过0.5厘米,而上世纪七八十年代修建的一些混凝土坝坝面碳化度都达到1厘米以上。佛子岭水库的建成,开拓了连拱坝在中国的新纪元,以后又在梅山水库建成了当时世界上最高的连拱坝,进一步提升了中国水利工程技术在国际上的威望和影响。

淮河入海流，130 万治水大军 83 天毕其役

1951 年 8 月，在第二次治淮会议上，决定修筑一条从洪泽湖到黄海的以灌溉为主结合排涝的干渠，并命名为"苏北灌溉总渠"。

这是一个大型综合水利工程，既可以利用洪泽湖的水来发展淮河下游地区的灌溉，同时又可分泄淮河 700 多立方米每秒的洪水入海。工程于 1951 年 11 月 2 日正式开工。总渠西起洪泽湖高良涧，向东经过淮阴、淮安、阜宁、滨海四县县境，最后至扁担港入黄海，全长 168 公里。河道底宽 50～140 米，并在两岸筑堤。

政务院以及水利部提出了指导性方案，明确这项大规模的水利工程由国家主办，淮河流域各省市通力协作，其他省市在物资建材、技术人员等方面给予大力配合。这一做法充分体现了社会主义制度集中力量办大事的原则。

在治淮委员会的动员组织下，苏北的盐城、南通、扬州等地区共有 130 万民众参加了工程建设。他们用铁锹挖土，用石碾打夯，日夜奋战，汗水洒在几百里长的工地上。在工程沿线先后建起高良涧进水闸、运东分水闸、阜宁腰闸、苏北灌溉总渠地涵、六垛南闸五级枢纽等水利设施，并在两岸修建灌排涵洞 36 座，共完成土方 7 300 多万立方米。整个工程于 1952 年 5 月 10 日竣工，只用了 83 天的时间，创造了奇迹。当时前来参观的国际友人称赞道："中国人的手真是铁打的！"

苏北灌溉总渠自投入运用以来，在灌溉、防洪以及排涝、航运等方面都发挥着十分显著的作用。此外，又在总渠之北开挖了一条 130 公里的排水渠，使灌溉总渠以北，废黄河以南地区的积水直接排泄入海。

淮河入海流，彻底改变了多年以来黄河、淮河并患苏北的局面，从根本上实现了变"水灾"为"水利"。苏北灌溉总渠是新中国成立以后开挖的第一条最大灌溉工程，可以灌溉 2 500 万亩良田，从而使苏北地区变成无涝无旱的农业丰产区。

1953 年秋，一位苏联科学院院士考察治淮工地后，发出这样的感慨，中国人民用落后的生产工具，以艰苦创业的精神和创造性劳动，完成并达到了和机械化施工相近似的工程标准。

曾几何时,失去入海口的淮河"脾气"大坏,肆虐江淮八百载;苏北灌溉总渠,为淮河建起一条复归大海的通道,其"脾气"好了不少;然而这条水道较为狭隘,无法照单全收滔滔淮水,更容纳不下暴雨成灾后淮河的庞大身躯。于是,2003年便有一条新的淮河入海水道应运而生。

这一水道位于苏北灌溉总渠北侧,与之平行,全长163.5公里,宽750米,深约4.5米。起于洪泽湖东二河闸,至扁担港入黄海。是在原苏北灌溉总渠的渠北排水渠的基础上建成的,全部实行机械化施工,最多的时候4 000台套设备同时施工,仅用工1.3万人。与当年的"人海战术"相比,机械化施工的效率确实要高出许多。由此可见,国家的发展、国力的增强是何等重要!这条现代化的人工河道,近期工程设计流量2 270立方米每秒,校核流量2 540立方米每秒;远景设计流量7 000立方米每秒,校核流量7 920立方米每秒。

令人欣慰的是,淮河入海水道主体工程一完工就开始发挥了重要作用。2003年6至7月,淮河全流域遭遇大洪水,洪泽湖水位猛涨,形势十分危急。7月4日国家防总下达紧急命令,当夜启用入海水道。是日23时48分,入海水道二河新闸开闸行洪,连续泄洪33天,43.8亿立方米洪水东流入海,避免了洪泽湖周边滞洪区30万人大转移。2007年7月10日至8月2日,淮河入海水道再次行洪22天,共下泄洪水36亿立方米,相当于一个洪泽湖的蓄水量。

如今,淮河入海水道的二期先导段工程已于2019年开始施工。二期工程建成后,行水能力将提高到7 000立方米每秒,其行洪能力并将随行洪冲刷进一步扩大,使洪泽湖入江入海设计泄洪能力提高到20 000~23 000立方米每秒,洪泽湖防洪标准达到300年一遇,淮河入江水道的行洪压力将得到根本改变。

"修了淠史杭,淹死老旱狼,老天不下雨,丰收粮满仓"

民谣里的"淠史杭",说的是淠史杭灌溉工程,这一大型水利综合利用工程所形成的灌区位于安徽省中西部和河南省东南部的江淮丘陵地带,是新中国成立后兴建的全国最大灌区。江淮分水岭把灌区分成两大区域:北部

中国河湖的
红色记忆
RED MEMORIES OF RIVERS AND LAKES IN CHINA

为淮河流域,面积 7 900 平方公里;南部为长江流域,面积近 5 000 平方公里。如今这里已成为沃野千里的鱼米之乡。

然而在上个世纪五十年代之前,这一地区还是旱灾频仍的贫瘠之地。据史料记载,在新中国成立之前的 300 年中,皖西地区平均五年就有一次大旱,"河水涸竭,禾苗焦枯"、"举村外逃,饿殍遍野",种种惨象令人触目惊心。究其原因,江淮丘陵岗冲起伏,虽然有淠河、史河、杭埠河三条河流纵横贯穿,但河床一般都低于农田 10~20 米,无法利用河水灌溉。春夏之交往往暴雨成灾,而夏秋之交庄稼生长旺季却往往少雨甚至无雨。当地流传着:"一年忙到头,浑身累出油,立秋不下雨,收个瘪稻头。"

随着拦蓄大别山区山洪的佛子岭、梅山、磨子潭、响洪甸、龙河口五大水库陆续建成,饱受旱灾之苦的皖西人民开始看到了希望,要是能利用大别山区水库的蓄水,把流经本地的淠河、史河、杭埠河改道,引水上岗,灌溉农田,该有多好!

其实,早在 1950 年治淮初期,就提出了淠史杭的工程方案,1952 年、1957 年又相继修改完善,只是条件不成熟,没有批准实施。1958 年安徽大旱,严重影响到省会合肥市的供水,从而推动了这个方案的实施。

▲ 切岭开河(田准 摄)

1958 年 8 月 19 日,淠史杭工程在淠河灌区渠首横排头首先破土动工。按照规划,整个工程主要利用大别山东北麓各个水系的水利资源为主,利用灌区当地径流和抽引河、湖外水为辅,形成蓄、引、提相结合,大、中、小相结

▲ 横排头水利枢纽工程

合的"长藤结瓜"灌溉系统,是以灌溉为主,还兼有发电、航运、养殖、绿化、城镇生活用水和工业供水等效益。

这一工程中,"干渠需 5 次通过江淮分水岭,翻越数以百计的岗岭沟壑,切岭 10 米以上的岗岭 33 个,长达 38 公里,填平抬高 10 米以上的沟壑 40 处,长达 40 公里,才能保持渠道在同一等高线上,让大别山水库之水畅通无阻地流向四面八方。这些工程共需完成 5.3 亿立方米土石方的挖掘和运输,若把每立方米土石方排列起来,可绕地球 10 多圈"[26]。

▲ 吴家岸高填方(田准 摄)

高楼万丈平地起。工程初期,施工全靠肩挑人抬,物资器材十分紧缺。皖西人民在党和政府的指挥下,发扬愚公移山的精神,采取大兵团作战,"蚂

中国河湖的
红色记忆
RED MEMORIES OF RIVERS AND LAKES IN CHINA

蚁啃骨头"战术,最高上工劳力80多万人。有3万多人为了工程需要,拆房让地重安家园。前方不乏父子同上阵、夫妻同竞赛的动人场面,后方老弱妇孺也加入为工程添砖加瓦的行列,一时涌现出许多英雄劳模。

张店人刘美三,1948年参加人民解放军,在部队入了党,七次荣立军功。1958年,已转业返乡任公社副业部长的他率领100多名民工奔赴工地。

在长达3公里、最深渠段切深14米的樊通桥切岭工地上,刘美三的队伍遭遇比石头还难对付的"麻礓土"。人们的铁锹卷了刃,岗岭只破了一点皮。工程受阻,干部群众无不心焦。刘美三带领大家攻关,经过反复实验,发明了"陡坡深挖劈土法":他们先在作业面下方挖一条长沟,然后在沟里向土方挖进一到两尺,形成空脚,再在作业面上方钉木桩,钉入一定深度,岗土涨裂,自动倒下。一次就能劈掉好几百立方的麻礓土,提高工效50倍。这项技术创新,后来在江西丰城召开的全国水利施工工具评比选型会议上,荣获全国第二名。"劈土法"诞生后,广泛在淠史杭各个工地上使用,并推广到全国。淠史杭工程指挥部授予刘美三"特等劳动模范"的称号;1960年,他光荣地出席了全国群英大会,受到中央领导的表扬和奖励。

▲ 万众一心(田准 摄)

史河灌区的渠首位于平岗岭,切岭工程要挖出深26.5米、长2 500米、宽60米的渠口。劈开麻礓土,下面还有岩石层,用十字铁镐、铁锹怎么也挖不动。这时一个叫冯克山的抗美援朝转业军人发明了"洞室爆破法",一炮炸掉几万立方米的岩石,原来要用三年的工期,后来仅用八个月就提前完成了。挖下来大量土石方怎么运走呢？人抬肩挑,费力费时,工效还不高。于是,"倒拉器""脚踏运土器""牛拉滑车"等较为先进的运土载具相继出现在工地上,大大提高了效率。

有人日夜奋战而积劳成疾,也有人献出宝贵的生命,如爆破时指挥群众撤离而献身的赵学信和规划设计主要负责人黄昌栋等,他们用热血和生命铸就了淠史杭灌区这座中国水利建设史上的丰碑。

1959年,淠史杭灌区水利工程就开始发挥作用,当年就有97万亩农田得到灌溉。其后,灌区进一步大抓配套工程,进一步改进施工方法。到1965年春,淠史杭灌区三个渠首工程基本竣工,灌溉的农田扩大340万亩。

1971年5月,淠河灌区江淮分水岭上的广大人民群众,以较小的投资,高速度地建成将军山渡槽,有了这座大跨度双拱结构的渡槽,再加上一条小型渡槽,就使得长江水系的滚滚河水经由杭淠干渠,飞跨丰乐河,直上江淮岗脊,与淮河水系沟通,为发展农田水利灌溉和航运提供良好的条件。

到1988年,淠史杭灌区工程已建成总干渠2条,总长145公里;干渠11条,总长840公里;分干渠19条,总长400公里;支渠326条,总长3 345公里;分支渠、斗渠和农渠1万多条,总长2万多公里。兴建各类渠系建筑物3万座;修建中小型反向调节水库1 200座;建成机电灌站644处,外水补给站39处。整个渠道和建筑物工程共完成土石方近5亿立方米。已形成长藤结瓜式灌溉系统,有效灌溉面积达1 190亩土地,并为合肥、六安等城市提供生活和工业用水。

淠史杭灌区工程的建成,给皖中、皖西带来翻天覆地的变化,惠及2 000多万人口,灌区人民的生产条件和生活面貌发生了很大的变化。到1988年,淠史抗灌区累计灌溉面积1.83亿亩。粮食生产已达到102.5亿公斤,仅此一项的价值就已超过总投资的三到四倍。

灌区人民自豪地说："有了淠史杭,水稻种上岗,天旱也不怕,穷乡变富乡。"

一条大河波浪宽

淮河是中国最难治理的河流,但又是新中国成立后第一条全面系统治理的大河。令人扼腕叹息的是,淮河在上个世纪90年代却成为水污染最为

中国河湖的
红色记忆
RED MEMORIES OF RIVERS
AND LAKES IN CHINA

严重的河流。

改革开放以来,为了加快脱贫步伐,一些小型造纸、化工、制革等污染严重的企业纷纷上马。到 1995 年,淮河沿岸各类工厂达上千家,这些企业排污量大,加上 30 多个城市排出的生活污水,每天排入淮河干流和支流的污水达 700 万吨,整个淮河流域的水质呈明显恶化趋势。广为流传的顺口溜"50 年代淘米洗菜,60 年代洗衣灌溉,70 年水质变坏,80 年代鱼虾绝代,90 年代拉稀生癌",就是当时淮河水环境变迁的生动写照。

▲ 除险加固后的红石嘴渠道枢纽工程(蒋常虹 摄)

1994 年 7 月,淮河中下游发生大面积水污染事故。由于淮河上游河南境内突降暴雨,致使 2 亿吨污水注入干流,形成长达 70 公里的污染带,造成安徽、江苏两省 150 万人饮水困难,30 多万人患肠胃病、皮肤病。

如此严峻的水染污形势,引起党和政府的高度重视,当年就果断关停并转191家污染严重的企业。1995年3月,又对19家排污大户停产治理,并关停淮河流域四省71家小型造纸厂,对54个重点造纸污染源提出限期治理。

1995年,国务院颁布中国第一部流域性法规《淮河流域水污染防治暂行条例》,规定自1998年1月1日起,禁止一切企业向淮河流域水体超标排放水污染物,由此拉开了淮河流域水污染综合治理的序幕。1997年12月31日淮河流域4省1139家企业按时完成污染治理。这就是轰动全国的"淮河治污零点行动"。

20世纪90年代以来,淮河水利委员会组织河南、安徽、江苏3省有关部门开展淮河水污染联防联治,降低了淮河干流发生重大水污染事件的风险。2005年至今,淮河干流再未发生大范围突发性水污染事故,水质持续改善,从上世纪90年代Ⅴ类及劣Ⅴ类水提升到常年保持在Ⅲ类水的水平。

淮河复现清水绿岸、鱼翔浅底的美景。淮河巨变,于此可见一斑。

1950年,毛泽东主席发出了"一定要把淮河修好"的伟大号召,从那时起已经过去了70年。在这70年里,国务院召开12次治淮会议,对淮河治理做出一系列重大决策部署,集中开展五轮淮河治理,总投入9000多亿元,直接经济效益达4.7万亿元;在这70年里,佛子岭水库、蒙洼蓄洪区、临淮岗洪水控制工程、淮河入海水道近期工程等治淮工程相继建成,使淮河流域基本建成以水库、河道堤防、行蓄洪区、控制性枢纽、防汛调度指挥系统等组成的防洪除涝减灾体系;在这70年里,淮河流域已经建成6300余座水库,约40万座塘坝,约8.2万处引提水工程,规模以上机电井约144万眼,水库、塘坝、水闸工程和机井星罗棋布。南水北调东中线一期、引江济淮、苏北引江等工程的建设,与流域内河湖闸坝一起,逐步形成了"四纵一横多点"的水资源开发利用和配置体系。淮河流域以不足全国3%的水资源总量,承载了全国大约13.6%的人口和11%的耕地,贡献了全国9%的GDP,生产了全国1/6的粮食。

"70年治淮实践证明,只有中国共产党缔造领导的新中国才能根治水患,修好淮河!"在安徽蚌埠的治淮陈列馆里,解说员是这样激动地对参观者讲解的。[27]

2020年10月22日,"纪念新中国治淮七十周年座谈会"在安徽蚌埠召开。回顾梳理70年淮河治理成果经验,与会代表认为,首要一条就是"坚持党对治淮工作的领导","这是做好淮河治理的根本保证"。

2020年初,新冠肺炎疫情肆虐,6月以来,我国江南、华南、西南暴雨增多,多地进入主汛期,7月,淮河发生流域性较大洪水。

疫情防控与防汛救灾,面临"两线作战",就像1950年时那样。习近平总书记作出重要指示,要求全力做好洪涝地质灾害防御和应急抢险救援,坚持人民至上、生命至上,切实把确保人民生命安全放在第一位落到实处。

2020年7月20日8时31分,根据国家防总指令,有千里淮河"第一闸"之称、位于安徽阜南县的淮河王家坝闸第16次启用,在开闸的76个小时里,蒙洼蓄洪区共蓄洪3.75亿立方米,为淮河安澜起到关键作用。

一个月后,习近平总书记深入安徽考察调研,第一站就是王家坝闸。他强调,70年来,淮河治理取得显著成效,防洪体系越来越完善,防汛抗洪、防灾减灾能力不断提高。要把治理淮河的经验总结好,认真谋划"十四五"时期淮河治理方案。总书记的指示,为进一步做好新时代淮河保护治理工作提供了科学指南和根本遵循。

新中国治淮70年,成果辉煌;展望未来,前景更加光明,任务依然艰巨。在"纪念新中国治淮七十周年座谈会"上,水利部淮河水利委员会主任刘冬顺说:"我们将持之以恒贯彻习近平新时代中国特色社会主义思想,坚定不移践行'节水优先、空间均衡、系统治理、两手发力'的治水思路,坚持人民至上、造福人民,坚持'蓄泄兼筹'的治淮方针,坚持生态保护和高质量发展,积极推进新发展阶段淮河保护治理取得新成效。"[28]

参考文献

[1] [3]孟子注疏卷五下·滕文公[M]:(上).[汉]赵岐,注.[宋]孙奭,疏.//世界书局缩印本十三经注疏.杭州:浙江古籍出版社影印本,1997:2705.

[2] [4]尚书正义卷二·尧典,卷六·禹贡[M].[汉]孔安国,传.[唐]孔颖达等,正义.世界书局缩印本十三经注疏.杭州:浙江古籍出版社影印本,1997:123,152.

[5] [6][北魏]郦道元.水经注校证:卷二十[M].陈桥驿,校证.北京:中华书局,2013:680,689.

[7] 戴文标,胡华明.大禹治水及其与传统文化的价值取向[M]//海峡两岸大禹文化研究.北京:中国社会科学出版社,2010:227.

[8] [宋]李觏.李觏集:卷二十八[M].王国轩,点校.北京:中华书局,2011:317.

[9] [明]朱元璋.皇陵碑[M]//全明文:(第一册).上海:上海古籍出版社,1992:171.

[10][11][12] [元]脱脱等.金史·河渠志:(卷二十七)[M].北京:中华书局,1975:675,678,681.

[13] 中共中央文献研究室.周恩来年谱(1949—1976).上卷[M].北京:中央文献出版社,1997:13.

[14][17][18][20] 建国以来毛泽东文稿:第1册[M].北京:中央文献出版社,1987:440,456,491,530.

[15] 曹应旺.周恩来与治水[M].北京:中央文献出版社,1991:14.

[16][27][28] 马荣瑞,常河.千里淮河应无恙[N].光明日报,2021-02-23(06).

[19][21][23][25][26] 陈劲松,陈逸霞.新中国大规模治水事业的开端:治淮工程[J].炎黄春秋,2019(9):36,38-40.

[22] 政务院关于治理淮河的决定[M]//中国社会科学院,中央档案馆.1949—1952中华人民共和国经济档案资料选编·农业卷.北京:社会科学文献出版社,1991:452.

[24] 傅作义.毛主席的领导决定了治淮工程的胜利[N].人民日报,1951-11-13.

五羊城下泊烟渚,两岸春潮木棉红
——珠江纪事

珠江,原指从广州到入海口的那一段水道,有96公里长,因其流经海珠岛(石)而得名,所以又叫粤江,后来逐渐成为西江、东江、北江以及珠江三角洲上各条河流的总称。珠江是一个众河汇聚的复合水系,发源于云贵高原乌蒙山系马雄山,流经滇、黔、桂、粤、湘、赣等6省(自治区),以及越南社会主义共和国的东北部,支流众多,水道纷纭,并在下游三角洲漫流成网河区,经由分布在广东省境内6个市县的虎门、蕉门、洪奇门(沥)、横门、磨刀门、鸡啼门、虎跳门和崖门八大口门流入南海。珠江年径流量3 300多亿立方米,居全国江河水系的第2位,全长2 320公里,流域面积453 690平方公里(其中11 590平方公里在越南境内),为中国第三长河流。

珠江自古以来水网稠密、舟楫通达,"山川之秀异,物产之瑰奇,风俗之推迁,气候之参错,与中州绝异"[1],形成了种水稻,住干栏,嗜水产,以龙蛇为图腾,尊崇水神、好祭信巫等风俗习惯。这里濒临大海,造船业一向发达,有着"以海为商"的悠久传统,也养成当地人开放豁达的进取精神和敢于冒险的勇气。

18世纪前后,英国利用海运之便,通过珠江向中国大量倾销鸦片;1839年林则徐虎门销烟,对祸害国人的舶来毒品公开宣战;不甘"银路"被断,英国借机发起鸦片战争,炮舰驶入珠江口;为保卫家园,三元里民众自发抗英;民气如此可用,而腐朽没落的清王朝却慑于船坚炮利的新兴帝国,签下丧权辱国的《南京条约》,中国由此沦为半殖民地,为五千年来未有之奇耻大辱! 不甘被奴役的珠江儿女前仆后继发起抗争,仅过八年,洪秀全就发起金田起义,广大不堪忍受三座大山压迫的劳苦民众纷纷加入太平军,席卷大半个中国的太平天国运动几乎倾覆了清王朝,但在清廷和外国侵略者的共同镇压下,还是失败了;然而反帝、反封建的火种并没有熄灭,只待春风吹又生,1911年4月23日,革命党人在广州再次发动武装起义,虽然多人牺牲,但是"黄花岗72烈士"的"碧血"却催生了半年后在武昌城头怒放的"黄花",1911年10月10日爆发的武昌起义,终于结束了二百多年清王朝封建统治和二千多年封建帝制。

辛亥革命是不彻底的革命,无论是继其未竟之业的大革命、第一次国共合作和北伐战争,还是土地革命也大都肇兴于珠江流域。一时间,风云际会,群贤毕至。"问苍茫大地谁主沉浮"的毛泽东来到五羊城,主持农民运动讲习所,为中国革命找到新的起点——农民革命;邓小平来到广西,发起席卷左右江的百色起义,开启他军事斗争的生涯。

新中国建立,三座大山被推翻,站起来的人民大众在党和政府领导下,通过系统治理,开启了珠江流域的安澜伏波之路。

越秀起星火　红光万丈长

在繁华的广州越秀区,有一组红墙黄瓦殿堂式的建筑群,名叫番禺学宫,曾经是古代儒生学习和祭孔的场所。1906年改为番禺中学堂的八桂中学,中华民国十五年(1926)将大部分租给毛泽东等在此主办第六期农民运动讲习所,从此,这一古老的学宫便有了"红色摇篮"的美誉。

1924年7月3日,在广州越秀南路惠州会馆国民党中央党部里,第一届广州农民运动讲习所正式开学了。这座"为养成农民运动之指导人才"的讲习所,它的倡导者和主办人,正是时任国民党中央党部农民部秘书的彭湃。在领导海丰农民运动的过程中,他痛感缺少革命同志,意识到培养农民运动人才的重要性。于是通过农民部向国民党中央党部提出举办农民运动讲习所的建议,很快就得到国民党中央执行委员会的批准。

农讲所是以国民党中央执行委员会名义开办的,担任主任的都是跨党的中国共产党人,彭湃担任第一届和第五届主任,罗绮园、阮啸仙、谭植棠分别任第二、三、四届主任。农讲所招收的学员,都经过"五四"运动的洗礼,并从事过工农运动,多数为共产党员和社会主义青年团成员。农讲所的课程分为革命理论、军事训练和农村实习三个方面。一至五届共毕业学员454人,其中约有三分之一的人被选派为国民党中央农民部特派员,其他人则被派回原籍从事农民运动,成为各地农民运动的骨干。

1926年3月16日,国民党中央农民部农民运动委员会召开第一次会议,讨论开办第六届农讲所有关问题。会议决定农讲所主持者由主任改称所长,并任命毛泽东担任,以番禺学宫为讲习所所址。

经过筹备,第六届讲习所于1926年5月3日开学,共招收来自全国各地20多个省区的学员327人,农讲所希望学员毕业后:"散布全国,必能组织全国之农民,立定国民革命之基础。"[2] 1926年5月15日至22日,蒋介石在国民党二届二中全会上提出《整理党务案》,毛泽东被迫辞去国民党中央宣传部代理部长后,便全身心地投入农讲所的工作中去。

本届的授课时间增加到4个多月,理论学习时间达252小时,课程也从10多门增至25门,内容都是围绕中国革命的基本知识,其中关于农民运动的课程占8门。毛泽东亲自讲授《中国农民问题》《农村教育》《地理》三门课程,萧楚女担任农讲所专职教员,参加授课的还有周恩来、彭湃、阮啸仙、恽代英等负责实际工作的领导人和有着丰富实践经验的农民运动领导者,此外,瞿秋白、陈延年、林祖涵、吴玉章、郭沫若等人,也都给学员讲课或作报告。

毛泽东从6月初开始讲授《中国农民问题》这门课,共23个学时,是所有课程中授课时间最多的。授课中,毛泽东对中国革命的历史经验进行了回顾和总结,指出以往革命党人都没有注意研究农民问题,辛亥革命、五卅运动之所以失败,就是由于没有得到三万万二千万农民的拥护,他从人口、生产、革命力量、战争关系、革命目的五个方面系统阐明农民问题在国民革命中的地位,指出"国民革命的目标,是要解决工农商学兵的各阶级问题,设不能解决农民问题,则各阶级问题也无由解决"。"可以说中国国民革命是农民革命","故土地问题为本党中心问题"。[3]

毛泽东在讲授《中国社会各阶级的分析》专题时,生动形象地把"阶级压迫"比作"一座多层的宝塔"。[4] 他在黑板上画了一个多层的塔,指着它最粗最大最有力量的底部对同学们讲:我们中国社会的结构,底下最大,就是工人阶级、农民阶级和小资产阶级,都在底层,但是人数最多,力量最雄厚。只要大家齐心,团结紧,劳苦大众起来斗争,压在工农身上的几重大山就可推翻,人民就站起来了!"[5]

周恩来给本届学员讲课的题目是:军事运动与农民运动的关系。他指出:"如果没有农民武装,就不能巩固农民政权,如果没有工农支援,革命政权就不能巩固。"[6]

毛泽东还通过农民研究会的方式,引导学员研究各省的农民问题,组织了以地区划分的十三个农民问题研究会,研究主题涉及地租率、田赋、地主来源、抗租减租、农村组织状况、农民观念、民歌等36个方面,要求学员根据家乡的实际情况一一填写。当时,彭湃领导的东江农民运动最为成功,八月间,毛泽东又组织师生到那里实习两周,大大加深对农民运动的了解。

毛泽东对少数民族学员关怀备至。据第六届学员高布泽博的回忆:毛泽东为了照顾少数民族同学的饮食习惯,特别设了一个面食灶,有时还让厨房熬一些小豆粥给他们吃。

1926年7月,北伐战争打响,革命形势发展很快,本届农讲所决定,9月11日,让经过四个多月学习和训练的318名学员毕业,迅速回到全国各地进行宣传和组织农民运动。毕业前,毛泽东特意和学员谈了一次话,他要学员们回去以后,在农牧民和军队里多做工作,把大多数人都发动起来。他还特别对蒙古族学员指出,你们蒙古族人民要解放,必须和汉族人民联合起来,把蒙汉农牧民组织在一起,就有力量。[7]

而毛泽东,正是在这一期间,加深了对中国革命中心问题的探索和思考,自觉地认清只有依靠占中国人口绝大多数的深受压迫的农民群众,只有把农民最关心的土地问题放在中国革命的中心问题地位上,才有可能领导中国革命取得成功。此后,他把自己的主要精力都投入到这个方面,而且再也没有改变。这也就为他以后创造性地提出"农村包围城市,武装夺取政权"这条符合中国实际情况的胜利之路奠定了最初的基础。[8]

广州农讲所是中国农民运动史上的伟大创举,具有强大的吸引力和辐射力。在它的影响下,各地区纷纷效仿举办农讲所。据不完全统计,1925—1928年,广东、福建、江西以及两湖地区等,先后举办了40多个农讲所或农训班,培养了成千上万的农民运动骨干,有力推动了全国农民运动不断蓬勃发展。北伐战争打响,战火硝烟四起。在农讲所受过革命教育的700多名农民运动的骨干,或是拿起武器奔赴战场,或是发动群众支援北伐军。他们聚是一团火，散是满天星，将革命火种播撒在珠江两岸乃至全国各地，使革命大潮一浪高过一浪。珠江红色的洪流漫卷起广大工农阶级，汇聚无与伦比的力量，冲刷愚昧和屈辱，冲向没有压迫没有剥削的新中国。[9]

右江荡百色　人民在心上

珠江有一条支流，名叫右江。右江之水源远流长，绵延千里，滋养了中国南疆的大片土地和世代居住于此的各族百姓，这条河起源于一个有着丰富历史内涵的地方：广西百色。

百色粤东会馆、百色起义纪念馆、百色起义烈士纪念碑、世纪铜鼓楼……见证了这一西南小城的不凡历史：1929年12月11日，年仅25岁的邓小平和张云逸等在这里唤起"工农千百万"，举行了震惊西南的百色起义，创建了中国工农红军第七军第八军、右江苏维埃政府和右江革命根据地，推动了广西革命运动的发展。

百色起义是邓小平领导军事斗争的开始，是他军事生涯辉煌的第一篇章。[10] 在百色这片红色土地上，小平同志摸索着、实践着，形成了他的军事艺术和军事思想。百色起义后，邓小平在右江停留了一段时间。也是这一段时间，让右江人民感受到邓小平细致入微的温暖关怀，像右江水一样，长久地滋润着人民的心田。

在右江，邓小平出了名地爱走村串户。他不辞劳苦地走进人民真实的生活，主动把党的温暖送到群众之中。1930年夏天，红七军队伍集中整训。作为主要领导人，邓小平忙得头发长了也顾不得理。即使在这样紧张的日子里，他还是挤出时间，深入村寨访贫问苦，了解人民群众的实际生活，解决群众的困难。

一天，邓小平来到一位穷人家里。还没进门，就被眼前的情况惊住了：房顶使用茅草盖，由于日晒雨淋，茅草已经霉烂，东边裂开一个洞，西边穿了一个孔，风吹着都簌簌作响；再看四周的墙壁，也是用稻草拌泥巴糊起来的，只要轻轻一捅，就能穿个大窟窿。小平看着眼前的一幕，心都揪起来。他正想说些什么，屋里传出几声咳嗽声，接着又是一串令人心疼的呻吟。小平同志快步走进屋里一看，一位老大娘正病恹恹地躺在床上。小平走到床边，扶起老大娘，关切地问她：你得了什么病？家里有几口人？大娘没有说话，同行的梁连长替老大娘作了回答:老人叫梁姆蕊,原来家里九口人,由于天灾,她的丈夫受苦受累去世了,儿女7个,病饿死了4个,只剩下3个也实在没有办法过活,只好把8岁的儿子和10岁的女儿卖掉,与大儿子相依为命。没有饭吃,就一把粗糠一把野菜活了过来。小平听完,忍不住流下泪来,背过身去止住泪水,再安慰梁大娘。后来小平与梁连长回到驻地,拿出自己的两百个铜板交给梁连长,让他送到梁大娘家,还吩咐梁连长带领战士上山割茅草,帮梁大娘修好房子。有了钱治病,梁大娘的身体便很快好转,病好之后,梁大娘带着大儿子找到小平同志,请求把儿子留下当红军。小平见她一片诚意,态度坚决,答应了她的请求,批准她儿子当红军。[11]

珠江之水清又清,流经大地,润物无声。天寒地冻的冬天里,被服厂厂长送给邓小平一件过冬的棉衣,他舍不得穿。在平马整训期间,邓小平常也不忘挨家挨户地访贫问苦,给他们送去衣服与钱粮,为他们排忧解难。一次,他下到仑圩访贫问苦,带去了这件棉衣,把它送给当地的贫苦人家。

1992年,百色平果县凤梧希望小学收到5 000元捐款。这笔捐款来自北京某发展基金会,因数目较大,校方为登记入册,询问捐款人的姓名,捐款人不愿透露姓名,还说如果一定要写名字的话,就写"一个老共产党员"。这位"老共产党员"是谁呢?校方一再打听,最后终于得知:捐款人是时年88岁的邓小平。消息传开,百色人民对邓小平的崇敬感激之情更上一层楼。[12]

右江之水暖又暖,邓小平在此地留下的关怀和深厚的爱民之心,像右江水一样,流经每一个角落,温暖着世世代代的百色人。

"珠"连南中国 江风拂海韵

上古时期,为五岭阻隔的百越被视为"蛮荒之地"。两千多年前,为一统山河,秦始皇派遣精通水利的史禄凿通灵渠,沟通珠江、长江水系,派大军征服百越设郡立制后,百越之地便成为中原王朝的南疆。

通江达海、水系发达的珠江水域,横贯华南大地,滋润了辽阔富庶的珠江三角洲,然而水能载舟也能覆舟,属于雨洪河流的珠江,春夏时节往往暴雨成灾。从明嘉靖时到民国中期的近400年间,广州地区曾发生水灾253次,平均一年半发生一次。1915年广州大水灾,造成10余万人的死伤。

中国河湖的
红色记忆
RED MEMORIES OF RIVERS
AND LAKES IN CHINA

1947年和1949年,珠江流域发生过两次特大洪水,造成广东江海堤围崩垮残破,数百万人民不聊生。[13]

新中国初期,广东省江河堤围千疮百孔,破败不堪。全省仅有一座140万立方米的小型水库——东莞怀德水库,江海堤围防御洪涝灾害的能力极低,基本处于不设防状态。为了提高抵御洪水的能力,广东推出治水重招,在1952年基本完成堵口复堤任务后,实施联围筑闸,将许许多多低矮单薄、高低不一、不成体系的小堤围,连成一条条大堤。人们熟悉的北江大堤,就是在1954年至1955年间,将石角、沙头、良安等十三条分散独立而低矮单薄的小围,通过联围筑闸,加高培厚而形成的大堤,并正式命名为北江大堤,使之形成完整的防洪体系。

后来,在中央人民政府"防止水患,兴修水利"的治水方针指引下,广东省按照"小型为主、以蓄为主、社办为主"的思路,提出"以小型为基础,中型为骨干,积极兴修一些必要的大型蓄水工程,实行大中小相结合"和"以蓄为主、引蓄结合、排灌结合、综合利用"的措施,积极采用堵口复堤、联围筑闸、修筑水库、加强排涝等多种措施,提升水利设施防御能力。经过多年努力,广东有数千条小堤围,联成数十条捍卫耕地10万亩以上的大围。其中珠江三角洲的中顺大围、佛山大堤、江新联围、樵桑联围、东莞大堤等五大联围,也是在这一时期建成的。全省原来千疮百孔的堤围整治一新,有效提高了防洪能力。[14]

1979年国庆节,沐浴着改革开放的春风,珠江水利委员会在广州挂牌成立。当时,它还是一个"一穷二白"的新组建单位,人员少、骨干力量薄弱,技术资料、设备、资金缺乏。大家"边组建、边基建、边开展工作",从实际出发,实事求是,扬长避短,克服困难,努力为珠江的治理开发和国家"四化"建设多做贡献。[15]

在此过程中,饮水问题也日益突出。水是城市发展的命脉,没有水的支撑,城市寸步难行。一些长年生活在深圳的市民至今仍清晰记得当年饱受缺水之苦的日子。地处华南沿海的深圳,虽然有着丰富的雨水资源,却是一个淡水资源非常匮乏的城市。深圳境内没有大的河流经过,没有大型湖泊蓄水,并受海水回流等影响无法从珠江口直接取水使用。与之比邻的香港地区,水资源更加缺乏,常年有"制水"记录,最为严重的1929年,出现只有"街喉"(即街上的公用水龙头)供水的情况,日供水2小时,逃荒居民多达

20万人。

1963年,香港出现自1884年有气象记录以来的最严重干旱,遭遇特大水荒,每4天供水1次,每次只供应4个小时。全港350万居民顿时苦不堪言,度日如年,20多万人逃离家园。因为缺水,香港一度沦为臭港、死港,遭遇开埠以来最严重的生存危机。针对香港发生大干旱、淡水奇缺的情况,广东省政府表示愿意积极协助解决香港供水。经双方会谈,广东决定从深圳水库增加供水317万立方米,并同意香港派船只到珠江口免费取运淡水。但这也非长久之计,后来,为解决香港同胞长期缺水之苦,广东省委、省政府决定报请国家立项同意兴建东江—深圳供水香港工程。[16]

东江—深圳供水工程于1964年2月正式开工,通过建立8级泵站抽水,实现了"水往高处流",使东江水源源不断流向香港,令香港同胞赞叹不已。1965年3月1日,满载祖国人民深情厚谊的东江水,沿着新建成的东深供水工程,在石马河一路倒流,一路提升,一路欢歌,流进深圳水库、流进香江、流进香港同胞的心田。香港从此结束缺水的历史。东江水的到来,极大地促进了香港经济社会的快速发展,经济建设日新月异,发展成国际金融和航运中心,成为耀眼的东方之珠。在1965年2月供水工程落成庆祝大会上,港九工会联合会和香港中华总商会赠送了写有"饮水思源,心怀祖国"以及"江水倒流,高山低首;恩波远泽,万众倾心"的两面锦旗,表达了香港同胞对祖国的无限感激之情。[17]

参考文献

[1] [清]潘耒.广东新语序[M]//屈大均.广东语:(上).北京:中华书局,1985:1.

[2] [6] 黄金魁.一切权力归农会——大革命时期的农民运动[M].石家庄:河北人民出版社,2015:79-80.

[3] [8] 金冲及.毛泽东传(1893—1949)[M].北京:中央文献出版社,1996:115-116.

[4] 中国共产党新闻网.毛泽东《中国社会各阶级的分析》的面世[OL].2017-01-06. http://dangshi.people.com.cn/gb/n1/2017/0106/c85037-29002855.html.

[5] 人民网.农民运动讲习所:农民革命的大本营[OL].2013-07-18. http://theory.people.com.cn/n/2013/0718/c366646-22238487.html.

[7] 南方网.走进广州农讲所旧址——番禺学宫变身农民运动的摇篮[OL].2018-01-04. http://news.southcn.com/gd/content/2018-01/04/content_180095789.htm.

[9] 金羊网.广州农讲所纪念馆:忆昔星火燎原 传承红色血脉[OL].2021-02-05. ht-

tps://news.ycwb.com/2021-02/05/content_1459207.htm.

[10] 初试锋芒:百色起义 辉煌起步[N].羊城晚报,2004-08-20.

[11] 广西党史网.小平的情结[OL].2020-05-21.http://www.gxdsw.cn/showarticle.asp?articleid=16519.

[12] 人民网.小平同志与百色的故事[OL].2017-01-20.https://www.sohu.com/a/124801819_114731.

[13] 羊城网.广州近代最严重嘅水灾,只有百岁老人先经历过[OL].2016-08-26.https://www.sohu.com/a/112318081_391257.

[14] 广东省水利厅网站.一路艰辛一路歌——广东水利70年奋斗历程综述[OL].2019-09-29.http://slt.gd.gov.cn/zhyw/content/post_2640054.html.

[15] 长江水利网.珠江水利建设与发展的见证者[OL].2005-12-30.http://www.cjw.gov.cn/zjzx/wxtd/bgwx/1186.html.

[16] 广东省水利厅网站.建设蓄引提水工程 形成供水保障体系 群众饮水不断提质升级[OL].2019-09-30.http://slt.gd.gov.cn/gdslxlbd/content/post_2641390.html.

[17] 广东省水利厅.东江清流润紫荆[OL].2019-07-25.https://www.sohu.com/a/329263812_120214184.

万里江帆秋水阔，一声渔笛夕阳归
——海河纪事

水是生命之源，也是文明之源。"水"对于一个城市的发展尤为重要，四大文明古国的文明均起源于河流。中国历史上，一座座城市的兴起、发展都离不开江、河、湖、海的润泽，因之，很多城市的命名也与水结缘。天津就是这样一座历史名城。无论岁月怎么变迁，海河已然成为天津亮丽的城市"名片"。海河，起自天津下西部的南运河、子牙河相交的三岔河口西，东至大沽口入海，全长70多公里。它的上游有南运河、子牙河、大清河、永定河、北运河五条河流和300多条支流。河脉纵横交错，像一把巨大的扇子斜铺在华北大地上。

海河史话

说起海河的由来，可谓历史悠久。海河水系是全国七大水系之一，海河流域面积31.82万平方公里，流经的一级行政区域有：山西、内蒙古、河北、北京、河南、山东、辽宁、天津。[1]大体来说，海河流域西起太行山，东邻渤海，北跨燕山，南接黄河。这其中，占到全流域面积百分之五十以上的是河北省，北京和天津则处于海河流域的东北部。天津，一座临水而兴、依河而建的城市，三岔古河口，蕴藏着源远流长的津河文化，建卫六百年，海河养育了一代又一代津门儿女。

海河水系形成的原因有三个，其一是流域内西、北、南三面高，东部低的地势，使诸水顺势东流；其二是黄河北迁提供了条件；其三是人为的因势利导。东汉建安年间,第一次出现众流归一的扇形河道结构,形成海河水系尾闾雏形。《水经·沽河》中说到:"清河者,泒河尾也。"当时清河的泉州,也就是现在天津的武清境内到军粮城那一段已经形成了海河干流。历史更迭,隋大业四年,也就是公元608年,南北大运河建成的时候,海河水系又一次形成。世人皆知,经过400多年,黄河于北宋庆历八年(1048)至元符二年(1099)间三次决口北迁、夺海河入海,海河流域广大地区成为黄河下游。至南宋建炎二年(1128)黄河南徙后,漳卫南运河、子牙河、大清河、永定河、北运河分别注入海河干流,海河水系再一次形成。宋朝时候,海河为界河下游段,金、元时称为直沽河、大沽河。海河这个名字始见于明末。清代陈仪的作品《直隶河渠志》中记载:"海河,南、北运河,淀河(大清河)之汇流,自天津东北迄至大沽口一百二十里。"这里所说的海河,也就是今天的海河干流。也就是从这时候起,直沽河等名称才逐渐被海河这个名字所取代,直到现在。

海河水路的修建,主要用途在于适应征战。从隋唐的"三岔沽"、金的"直沽寨"、元朝的"大直沽",到明朝的天津卫,可以说天津的发展从未离开过"水"。据《旧唐书·地理志》记载,唐朝为经略河北和东北地区,在幽州、渔阳等地就派驻军队10万多人,年需粮50万石,主要靠组织大规模漕运以供军需,天津地区是漕粮转运的必经之路。到了金朝,天津已经形成了漕运码头。金大定二十一年(1181),经三岔河口运往中都(今北京)的粮食达170万石。元朝时,据《元史·食货志》记载,每年从江南运往北京的漕粮多达300余万石。

生活在天津的人都知道"先有大直沽,后有天津卫"。《方舆纪要》中记载:"在县东南十里,小直沽受群川之流。大直沽又在其东南,地势平衍,群流涨溢,茫无涯俟,固有大直沽之名。"它作为当时中国北方漕运的中心,记载了天津漕运繁荣的盛况。"一日粮船到直沽,吴罂越布满街衢"的诗句,反映了漕运给天津带来的商业兴盛。海河水滋养了天津人,塑造了天津的繁荣。千百年来,海河像条巨龙,充满无穷的活力。

海河与城市的兴起

天津的得名和城池的建造都在明代。建文元年(1399),燕王朱棣与建文帝争权,从北京发兵,由直沽"济渡沧州",南下夺取政权。事后因直沽是天子渡河之地，遂赐名天津。

明永乐二年(1404)设天津卫；永乐三年、四年（1405、1406）先后设天津左卫、右卫，并于1405年在南北运河交汇的三岔河口西南修筑天津卫城，主要职能是屏蔽京畿，保护漕运和军事防卫。

据《天津卫志》记载，"城垣九里十二步，高三丈五尺"，开设四门皆有城楼，分别名为：镇东、定南、安西、拱北。城外引海河水，同城四面设炮台七座，护卫城池。这些城池遗迹，在1949年后的城市建设中不断被发现：南门外出土记载天津名称由来的《重修三官庙碑记》，东门曾发现墙基和门栓石，西门发现作城门基础的木桩，三岔河口北岸发现明代和清代的二座炮台基址，都和史书记载相符。从明代开始，天津商业渐趋繁荣，主要集中在直沽和大直沽一带。今北门外的锅店街、针市街、估衣街，以及牛行、驴市、布店胡同等，都是天津的早期商业区。至清末，在城的北门和东门外还出现了洋货街。城市人口达40万，开始向国际商埠发展。

天津作为漕粮的贮存基地与转运枢纽，自然而然成了"通舟楫之利，聚天下之粟，致天下之货，以利京师"的地位，南北方商货物品的集散场所，促进了天津商业日趋活跃。长芦盐业产运销的发展，使很多盐商成为津门首富。这成为繁荣天津城市经济的重要因素。

那时，天津海船亦有驶至朝鲜、日本进行贸易的，但规模很小。清后期，携带土特产品和洋货来津贩卖的闽粤潮帮船队逐渐增多，天津出现专营洋货的洋货街，但与外商的直接贸易仍很少见。

1860年第二次鸦片战争后，天津辟为商埠，列强把持了海河干流。之后，天津城市形态与城市地域都发生了巨大变化。城市的发展，形成了新旧城区以大经路、东马路为中心和租界区以海河为中轴的网状城区街道格局，海河东西两岸有六座铁桥相连，使整个城市成为一个整体。

随着元、明、清三朝定鼎北京，海河流域成为全国的政治和文化中心。但是，海河流域的文化发展却如奔腾不息的海河一样源远流长。

在漫长的旧石器时代，海河流域从永定河的上中游到漳卫河的上游都有人类活动的足迹。大约在公元前1万年至前3000年，海河流域内，新石器遗存主要有：山西鹅毛口石器遗址、河北磁山遗址、河南安阳后岗遗址和山西蔚县三关遗址等，分别分布在永定河支流桑干河、子牙河支流滏阳河、漳卫南运河支流卫河上。磁山遗址，把中国黄河流域植粟的记录提前到距

中国河湖的
红色记忆
RED MEMORIES OF RIVERS
AND LAKES IN CHINA

今 7 000 多年前，填补了前仰韶文化的空白，也修正了世界农业史中对植粟年代的认识。

相传，商朝的始祖曾在漳河下游一带活动，以后又在大清河支流易水河畔放牧。西周初，周公平定了东方叛乱，推行分封制和宗法制，在全国封藩建卫。在重要的封国中，海河流域有两个：卫，都朝歌（今河南汲县北），淇水一带是其统治中心；燕，都蓟（今北京市），永定河下游一带是其统治中心，势力远及滦河支流青龙河源头。春秋战国时期，由于铁制生产工具的使用和推广，耕作技术的提高以及水利工程的兴修，海河流域的农业发展向前推进了一大步。随着社会经济的发展，海河流域形成了赵国的邯郸、中山，燕国的蓟以及卫国的濮阳，这些都是当时远近驰名的城市。三国两晋南北朝时期，海河流域社会动荡不安，战火连绵不绝，经济社会和科学文化发展缓慢。西晋时，许多文人以避世的态度隐逸山林饮宴谈玄、研经作赋，其中以竹林七贤最为著名。北魏时玄学盛极一时，佛教获得进一步传播，文学、史学、艺术、地理以及科学技术等方面都取得了很大的成就，海河流域涌现了许多杰出人物，如地理学家郦道元，数学家祖冲之，画家杨子华，书法家卢湛、崔悦等。这一时期，雕塑和民歌大放异彩，兴盛一时。随着佛教的传播，海河流域内大兴石窟，其中云岗石窟举世闻名。

隋朝兴修了举世闻名的南北大运河，它的开凿对巩固中央政权对东南地区的统治和加强南北经济文化交流起到了重要作用。在南北朝时，南北方的经学已经产生区别。《隋书·儒林传》说："南人约简，得其英华；北学深芜，穷其枝叶。"唐朝建立后，海河流域文化灿烂夺目，宗教思想、文学艺术、史学、科学技术等领域成果辉煌，造就出魏征、李百药、李吉甫、卢照邻、高适、刘长卿、贾岛、孔颖达、僧一行等杰出人物。宋辽时期，海河流域制瓷业和寺塔建筑业十分发达。在制瓷业方面，河北曲阳的定窑以其精细的制作、惊人的装饰技巧和优雅的风致冠绝当世，一时之间引得各地瓷窑效仿，形成了定窑瓷系。从元朝起，海河流域的北京成为历代都城，海河流域便成为中国的政治和文化中心，推动了中国经济文化的发展。

海河是天津的母亲河。三岔河口一带的直沽寨是天津最早的城市胚胎，海津镇的出现则确立了天津地区河海通津的重要地位。从金元时期开始，作为天津城市前身的直沽，经济、文化中心即在三岔河口沿河一带，天津设卫建城后这种情况未尝稍改，从而为天津确立了河海通津、南北交融的文化品格。开埠后,各国租界自海河上游向下发展,不但形成了天津城市发展夹河而立的总格局,也决定了"百年风云看天津"和东、西文化荟萃的文化走向。[2]

海河的根治

海河是由永定河、北运河、大清河、子牙河和南运河五大河流还有众多支流汇集而成的,在华北平原上形成一个幅度不大的向心形水系,地势平缓,夏秋季节降雨集中,且多暴雨,山区河流坡陡流急,洪水出山口就进入平原,坡度骤降,流速减慢,泥沙淤积,河床提高,百川灌河,相互顶托,都要通过海河这个咽喉入海,宣泄不及,往往泛滥成灾。史书记载,从1368年到1948的580年间,海河流域发生过严重水灾387次。1917年,永定河的洪水淹没了天津英、日租界,泥沙淤塞了海河。1939年8月,华北地区普降暴雨,海河上游和天津市内多处河道水势猛涨,洪水汇成一片。街道水深达2米,津浦铁路被冲毁。天津市区百分之八十的地区被洪水所淹,大部分地区被洪水浸泡长达一个半月之久,天津的陆路交通和工商业濒临瘫痪,造成直接经济损失法币约6亿元。天津及其周边有65万居民成为灾民。

中华人民共和国成立伊始,中央人民政府就着手治理海河。1949年,开始计划根治海河的最长支流——永定河。工程分三部分:一是在上游推行水土保持;二是在中游利用山峡修建水库;三是在下游整理疏浚河道。计划中的水库以官厅水库为最大,对永定河流域控制意义最大,拦蓄洪水也最多。1951年10月,在毛泽东主席和党中央的关怀下,经政务院批准,官厅水库工程正式开工,由此拉开治理海河的序幕。

经过广大工程技术人员不懈的努力,到1954年5月上旬,在完成44米高的巨型进水塔工程后,官厅水库工程全部胜利竣工。此前的1954年4月12日,毛泽东视察了水库土地,水库建成后,他又亲笔题词:"庆祝官厅水库工程胜利完成。"

这是继治淮工程和荆江分洪工程之后,新中国兴建的又一个大型水利工程。"整个水库可以控制永定河千年一遇的洪水"[3],免除了永定河洪水对北京和天津一带的威胁,减少了下游千百万人民的灾害。

1957年5月24日,国务院全体会议第49次会议批准成立海河水系治理委员会。随后,又编制了《海河流域规划》。在社会主义建设的高潮中,党领导人民在海河上游相继修建了十三陵水库、怀柔水库和密云水库。

这一时期,还在海河的上游开挖了一条直接入海的独流减河,重修了新开河,使得海河入海口由一变为三。加上官厅、十三陵、怀柔三大水库和星罗棋布的中小水库,海河水患大为减轻。

然而,海河下游就是一条受渤海湾潮汐影响的河道,每天涨落潮两次。海水涨潮时如遇上游来水不足,海水就会倒灌入河,使河水变咸。据记载,1945—1957年间,海水曾倒灌上溯到小刘庄一带,直接影响了沿河工农业生产和人民生活用水。枯水期,海河水变得又臭、又咸、又少。为了改变不断加剧的水质恶化问题,党和政府开始规划对海河本身进行改造。

1958年7月4日,天津市第三届人民代表大会第一次会议决定修建海河防潮闸和下水道改造,主要目的是实现海河水"咸淡分家,清浊分流"。工程得到国务院批准,于当月开工。

改造海河工程规模巨大,仅海河闸和下水道工程就需要挖填土方500多万立方米,相当于十三陵水库拦河坝土方量的30倍,改造下水道管道的总长为202公里,其中有30公里的管道直径为3米。

海河节制闸工程由水利部北京勘测设计院设计,天津市市政工程局组织施工。建闸及相关工程,需挖掘土方420万立方米、浇筑钢筋混凝土23 660立方米、抛砌石及杂石枕15万立方米,使用的主要物资达50余万吨,总投资1 566万元。参加施工的除专业队伍之外,还组织社会各界十余万人参加义务劳动,施工现场最高日人数达5万人。广大建设者苦干实干加巧干,掀起了"人人献计,个个献策"的技术革新高潮,共提出革新建议43万多件,被采纳实现了26.8万件。海河工程还得到了全国各地人民的大力支援,有11省市直接以人力物力支援了海河工地。江苏省水利厅接到天津市的求援信后,立即抽调一名经验丰富的工程师和14个筑坝老工人前往天津支援海河改造工程。12月28日,海河节制闸工程竣工。12月30日,污水系统改建工程全部竣工。海河从此进入了"咸淡分家,清浊分流"的新时期。

1963年8月,海河南系降下有历史记录以来的最大暴雨,降雨强度大、范围广、持续时间长,总降水量达577亿立方米,相当于1939年的2倍多,1956年的1.9倍,达到了有水文记录以来的最大值。大暴雨使得各河水位迅速上涨,形成特大洪水。京广铁路多处被水冲毁,海河中下游低洼地带和天津市面临巨大威胁。特大洪水压境,新中国成立以来兴修的水利工程起到了显著的蓄洪和滞洪作用,加上广大军民在党中央和各地领导部门的组织指挥下,奋力抗洪、团结一心、多措并举,终于确保了天津和津浦铁路的安全。"63.8"大水灾是新中国成立以来海河流域遭受的最严重灾害。抗洪救灾虽取得局部胜利,但这是在牺牲大量良田进行分洪的基础上实现的,洪水淹没天津市以南、津浦路以东大片土地,工农业损失严重。

据河北省对灾情的统计:邯郸、邢台、保定三市市内水深2~3米,连同石家庄市共计有88%的工矿企业停产;全省受灾村庄22 740个。其中,水淹13 124个,全部荡毁2 545个,倒塌房屋1 265万间。受灾面积达317.1万公顷,成灾249.3万公顷。受灾人口达2 200万,死亡5 030人,受伤42 700人。京广线中断运输27天。洪灾给河北省带来的直接经济损失达59.3亿元,间接损失131亿元。

触目惊心的灾情,发人深思,全面、彻底地根治海河已成为亿万人民的期盼,也成为中央领导人的共识。灾后的八个月内,毛泽东曾四次到河北了解灾情,询问救灾工作进展,并被河北省水灾之严峻而触动,他"一年一年地计算河北的年景:从1949年到1963年十五年间,三年大灾、五年中灾、三年丰收、四年中收,受灾年份占一半多,心情显得十分沉重"[4]。1963年11月12日,毛泽东乘专列到天津,他在专列上听取河北省救灾和治水工作的汇报。毛泽东指着刘子厚、阎达关切地说:"你们都是河北人,你们要把河北灾民救出来,要把水切实地治起来!"随后他又说:"你们10年能把水治好吧!"在问过在座各位领导的年龄后,毛泽东说:"我快70了,不一定看得见了,你们这一辈子要把水治好吧!"当林铁提出要在天津举办抗洪斗争展览,并请毛主席题词时,毛泽东表示以后要来看看。毛泽东最后说:"我现在不做湖南人了,要做河北人,生在湖南,死在河北。"[5] 11月17日,毛泽东为河北省抗洪抢险斗争展览会题词:"一定要根治海河。"

毛泽东的号召发出后,海河流域广大人民群众在党和各级政府的领导下,建水库、疏河道、筑堤坝、修渠道,掀起了声势浩大、波澜壮阔的治理海河的高潮,由此拉开长达近20年的"根治海河"群众性水利运动的大幕。

经过精心筹备,1965年秋,大规模的"根治海河"工程全面展开,这是在水电部参与下实施的国家级水利工程。在中共中央和国务院的领导下,海

中国河湖的红色记忆
RED MEMORIES OF RIVERS AND LAKES IN CHINA

▲ 毛泽东主席题词：一定要根治海河

河流域各地区分别成立相应的"根治海河"指挥部，以此作为海河治理的领导机构。参加施工的有河北、山东、河南、北京和天津五省、市。

1966年11月，水电部海河勘测设计院编制出《海河流域防洪规划（草案）》，提出了海河防洪规划的方针："上蓄、中疏、下排，适当地滞，开源节流，保持水土，阔河建库……巩固建成现有水库，保证丰收，保卫京津，保卫交通干线……"[6]

由于海河流域河流众多，且需重点解决下游尾闾不畅问题，因此河道工程土方量巨大。从1963年11月到1973年11月的"根治海河"群众性水利高潮时期，仅河北省每年冬、春两季，就动员民工40万到50万人，以县、公社、大队为单位，按照"团、营、连、排、班"的形式组成治水大军，开赴工地。采取了"集中力量打歼灭战"的方针，集合民工对海河五大河系依次治理，以便做一项成一项，当年施工，当年受益。先后开挖疏浚支流河道270条，骨干河道52条，总长3 700公里；并新辟了漳卫新河、子牙新河、永定新河、潮白新河等8条入海河道，使排洪入海能力达到2.5万立方米每秒。还修建堤防4 300公里，为京津和华北平原筑起了防洪屏障；先后兴建大小水库1 900多座，总库容265亿立方米，控制了山区流域面积的83%；并对五十年代修建的一些大型水库进行了巩固和扩建。

黑龙港流域位于海河流域的东南部，面积约为2万平方公里，历史上受黄河、漳河、滹沱河泛滥侵扰，沙丘岗坡起伏，是全流域最大的封闭洼地，一向受灾严重，粮食生产一直无法实现自给。当地民谚称"涝了收蛤蟆，旱了收碱巴,不旱不涝收蚂蚱,就是难以收庄稼"。当地的粮食平均亩产,丰收年能到一百几十斤,灾年也就四五十斤,有时颗粒无收,靠国家救济过日子。因此,治理黑龙港,是解决河北省粮食自给的一项关键措施。在周恩来总理的支持下,黑龙港除涝工程作为"根治海河"的第一个大工程,于1965年秋开工,来自河北省7个专区48万治河大军,不畏天寒地冻,奋战在绵延900公里的治水工地上。1966年春,广大民工继续奋战,开挖和疏浚了9条骨干河道,开挖了35条较大支流、183条较小支流河道,完成了1 200多座桥梁、涵洞等工程,解决了1 600万亩耕地正常降雨年份排涝的问题。到1970年,河北省人民经过5个冬春的奋战,完成了黑龙港地区防洪排涝骨干工程和主要配套工程。之后,又对盐碱化土地进行治理,当地人民用造台田、开条田的办法,使流域内的盐碱地由重碱变轻碱、轻碱变良田。

在"根治海河"过程中,河北省共有1 171万亩盐碱地得到彻底改造,那种"春天白茫茫,夏天水汪汪,只听蛤蟆叫,不见粮归仓"的景象一去不复返,为农业连年丰收打下良好基础。

曾在河北省长期担任领导的刘子厚回忆道:"'根治海河'工程使河北省抗御洪涝灾害的能力有了显著的提高,低洼易涝地区的农业生产条件有了很大的改善。处于九河下梢的天津市和京广、津浦两大铁路干线,也基本免除了洪水的威胁。当年生活在经常受灾地区的干部、群众,至今仍然津津乐道根治海河所带来的巨大好处。"[7]

参考文献

[1] 王尚义,张慧芝.历史流域学论纲[M].北京:科学出版社,2014:17.
[2] 天津:海河历史文化街区保护规划公布[J].城市规划通讯,2014(01):11.
[3] 官厅水库工程全部胜利竣工,从此减免永定河洪水对下游人民的灾害[N].人民日报,1954-05-14.
[4][7] 刘子厚.回忆毛主席在河北的几个片断[M]//缅怀毛泽东.北京:中央文献出版社,1993.
[5][6] 杨学新.根治海河运动编年史[M].保定:河北大学出版社,2015:14,96.

数声鸿雁雨初歇，七十二峰青自然
——太湖纪事

▲ 太湖风光（吴浩云　摄）

"碧波万顷太湖水，悠悠千载古运河。"太湖流域因湖得名，因水而兴。在水的孕育下，流域劳动人民经历了长期艰苦的探索实践，谱写了治水兴水的辉煌篇章，造就了闻名遐迩的鱼米之乡和繁荣昌盛的锦绣江南。

筚路蓝缕启山林

太湖，古称震泽，是仅次于鄱阳湖、洞庭湖的中国第三大淡水湖。太湖流域地处长江三角洲的核心区域，北抵长江，东临东海，南滨钱塘江，西以天目山、茅山等山区为界，行政区域分属江苏、浙江、上海、安徽三省一市，是我国著名的平原河网区,面积约3.7万平方公里。中华人民共和国成立后尤其是改革开放以来,流域经济社会迅猛发展,2019年以不到全国0.4%的国土面积承载了全国4.4%的人口和9.8%的GDP,在我国经济社会中占有举足轻重的地位。受气候和人类活动影响,太湖流域历来就是洪涝灾害多发地区,治理流域水患一直是重要任务。

治水史和文明史,一直以来密不可分。太湖流域的水利工程及防洪工程历史悠久,发展于秦汉,兴于隋唐之际,到五代吴越时期,湖区的塘浦圩田系统臻于完备[1]。历史上的三次人口大迁移,给太湖流域带来了发展契机。西晋永嘉之乱引起我国人口第一次大南迁,太湖流域社会经济发展,治水活动也随之兴起。隋唐至宋代,太湖流域经济已逐渐超过北方。唐"安史之乱"和宋"靖康之变",又导致两次大量人口南迁,全国经济重心也随之向南方转移,水利发展逐渐兴盛。南宋定都临安(今杭州),更带来这一地区的繁荣。江南运河两岸逐渐成为鱼米之乡、丝绸之府,"上有天堂,下有苏杭"的民谚就始于南宋。随着太湖流域经济地位的上升,人类经济活动加剧,围垦发展很快,导致流域水环境的剧烈变化,南宋建炎元年(1127)后,杭州湾出海口全部封闭,淀泖及杭嘉湖排水均改为东入吴淞江,但此时的吴淞江下游几近淤塞,排水已非常困难,此后治理水患的措施重在河道整治疏浚。明永乐元年(1403),开挖范家浜[2],引淀山湖众水由范家浜东流,黄浦江替代吴淞江成为太湖下游主要排水通道,促进了上海地区的繁荣。清末,太湖流域已经开始引进了近代水利技术和设备,中华民国时期在流域内进行了一些水文观测工作,还修建了一些小型钢筋混凝土水工建筑物。但在晚清到中华民国,中国从封建社会进入半封建半殖民地社会,外有帝国主义的入侵,内有军阀混战和官僚资本主义剥削和掠夺,水利失修,水旱灾害给流域人民带来了深重的灾难。中华民国二十年(1931),太湖流域梅雨成灾,外加长江大水倒灌,造成重大损失[3]。

兴水利、除水害历来是治国兴邦的大计。中华人民共和国成立初期百废待兴。1954年太湖流域经历了大洪灾,太湖流域治理规划被提上日程。流域内各省市有关部门克服重重困难,建设大量水利工程,在上游修建水库,中下游拓浚河道,平原洼地建设圩区,完善农村水利基础设施,大力推进节水灌溉,在长江、钱塘江和杭州湾沿岸整修和加固江堤海塘。此后四十年间,治理、开挖、疏浚了数以万计的中小河道,建设了数以千计的排涝站和水闸,加高加固近万米的圩堤[4],取得了一定的效益,但因为缺乏统一规划,省界矛盾突出。1991年太湖流域发生流域性大洪水,灾后进行了历史上空前的大规模治理,国务院做出了"关于进一步治理淮河和太湖的决定",太湖流域管理局(以下简称太湖局)和流域两省一市组织第一轮治太工程建设,确定实施太湖流域综合治理11项骨干工程[5],至2005年左右基本完成。流域达到了防御1954年雨型的50年一遇洪水标准,基本形成洪水北排长江、东出黄浦江、南排杭州湾的排水格局,"蓄泄兼筹,以泄为主"的流域防洪骨干工程体系逐步完善,提高了流域防御水旱灾害的能力。

▲ 太湖太浦闸工程(吴浩云　摄)

回顾太湖流域走过的数千年的历史,就是一部开发太湖的水利史,也是一部和水灾的斗争史。太湖地区的治水活动随着太湖平原的形成逐渐展开,不断创新,不断发展,让流域经济社会发展更加行稳致远、欣欣向荣。

水环境治理见实效

随着经济社会的快速发展,加之不合理的用水方式,流域水环境污染、水生态问题日益突出。至20世纪90年代中期,随着水体污染加重,湖泊富营养化也越来越严重,太湖蓝藻时常暴发,影响流域下游地区供水安全,水污染已成为流域经济社会发展的重要制约因素。1996年全国八届人大四次会议通过的《国民经济和社会经济发展"九五"计划和2010年远景目标纲要》,将太湖与淮河、海河、辽河以及巢湖、滇池(简称"三河""三湖")同列为国家水污染防治工作的重点。1998年1月国务院批复《太湖水污染防治"九五"计划及2010年规划》,将太湖列为我国水污染治理的重点项目"三湖三河"之一,要求加强治理。随后,太湖局组织开展跨流域调水,水资源、水环境改善效果十分明显。

水资源保障组织有力。太湖流域虽地处平原河网丰水地区,但人均本地水资源占有量低,水资源供需缺口较大,主要依靠引长江水和上下游水资源重复利用弥补。2002年开始,太湖局组织开展引江济太调水试验,利用流域现有水利工程体系,通过望虞河将长江水引入太湖和河网,缓解水资源供需矛盾。此外,在太湖流域出现高温、干旱年份时能及时补充清水资源,维持太湖和河网水位,保障流域生活、生产和生态用水需求。实践证明,引江济太调活了流域水体,增加了水资源有效供给,促进了河网有序流动,改善了太湖及河网水环境,有效提高了流域水资源和水环境承载能力[6]。

水环境改善持续发力。冰冻三尺,非一日之寒。进入21世纪,流域水污染治理虽取得了一定成效,但水环境恶化的趋势并未得到有效遏制,湖泊水体富营养化仍在发展。2007年5月,太湖蓝藻大规模暴发,致使无锡市太湖水源地水质严重恶化,严重影响当地近百万群众的饮水安全。太湖局获悉后,立即组织会商研判太湖蓝藻处置及引江济太工作,紧急启动常熟水利枢纽泵站全力引水,通过应急调水,有效改善了太湖水质,化解了无锡供水危机。实践证明,望虞河引江入湖对于加快太湖北部湖湾水体交换,抑制湖湾蓝藻水华的发生有重要作用,同时,调水改善了流域和区域水环境,带动了流域内旅游、房地产等产业的发展,产生了巨大的社会经济效益。

综合治理成绩斐然。自无锡供水危机后,国家决定全面开展太湖流域水环境综合治理。2008年5月,国务院批复了《太湖流域水环境综合治理总体方案》(以下简称《总体方案》)[7],提出了流域综合治理目标。目前,《总体方案》实施已初见成效,河湖水环境总体已有改善。同时,流域各省市全面推进河网综合整治,江苏省实施了太湖主要出入湖河道以及锡澄运河、江南运河和应天河等骨干河道疏浚,浙江省实施了江南运河及骨干河网整治,上海市实施了淀浦河西段整治。多年来,通过望虞河引江济太,结合太浦河适时加大下泄流量等措施,成功应对了2003年黄浦江上游重大突发燃油污染事故、2013年上海金山朱泾突发水污染事件、2007、2017、2020年等多次太湖蓝藻水华暴发或水体异常事件、2014—2017年7次太浦河锑浓度异常事件等,并保障了2004年世界遗产大会、2006年上海合作组织峰会、2010年上海世博会、2016年G20杭州峰会、2018—2020年进博会等重大活动期间的良好水环境,有效保障了流域水安全。

通过全面实施水环境综合治理各项工程,开展流域引江济太科学调度,充分发挥了水利工程在改善水环境中的作用,流域综合管理稳步推进,河湖水质普遍得到改善,太湖水生态持续向好发展。

栉风沐雨谱华章

通过十多年的太湖流域水环境综合治理实践,治理的边际效应已经显现,步入新时代,长三角一体化发展上升为国家战略,太湖水利面临新形势、新任务、新挑战。面对机遇和挑战,太湖局会同流域两省一市,科学规划,打造多元共生的生态系统,整体提升流域水生态品质,统筹山水林田湖草系统治理,强化监管,建立太湖治理与管理新模式,形成统一规划、综合施策、两手发力、全民参与的太湖流域水环境综合治理新格局。

绿色发展做表率。作为"两山"理论的发源地,浙江省安吉县天荒坪镇余村,是一个悠闲宁静、宛如世外桃源的小村庄。应该继续开采资源发展经济,还是坚定保护生态谋划未来?站在发展的"十字路口",余村也曾经纠结困惑。2005年8月15日,时任浙江省委书记习近平在余村考察时,以充满前瞻性的战略眼光,首次提出"绿水青山就是金山银山"的重要论断,为余村的发展指明了方向。10多年来,余村乃至安吉全县的干部群众护美绿水青山,做高金山银山。如今,余村乡村旅游发展得有声有色,满目皆是鲜嫩的青翠,生态廊道连点成线,农房村居鸟语花香,"借景生财"成为现实。

规划引领著文章。党的十八大以来,我国进入大力推进生态文明建设的历史时期,中央提出了"节水优先、空间均衡、系统治理、两手发力"治水思路,为加快水利改革发展指明了方向、画好了蓝图、提供了遵循。在国家水

▲ "两山"理论发源地（吴浩云 摄）

安全战略、高质量发展要求的指引下，太湖局不断加强顶层设计，完成《太湖流域水环境综合治理总体方案（2013年修编）》，深入推进河湖综合整治；出台推进太湖流域水利高质量发展的指导意见，启动编制了示范区水安全保障规划，在规划和顶层设计中落实节水优先的方针；聚焦长三角生态绿色一体化发展示范区河湖长制提档升级，会同两省一市河长办共同制定印发《关于进一步深化长三角生态绿色一体化发展示范区河湖长制 加快建设幸福河湖的指导意见》，持续深化示范区联合河湖长制建设，全力打造河湖长制高质量样板地区、幸福河湖样板地区[8]；太湖流域水治理迈入提质增效新阶段。

创新机制显担当。在气候变化与长三角一体化发展背景下，太湖流域的水问题已经由单一的洪旱转变为水旱灾害防治、水资源配置、水环境治理、水生态修复、水应急管理等交织并存的综合性水问题[9]，水事关系复杂，治理与管护难度高。为做好太湖水治理工作，太湖水利人在凝心聚力、创新体制机制上动脑筋、做文章。作为河长制的发源地，2017年底，太湖流域率先全面建成河长制[10]；以推动河长制湖长制从"有名"到"有实"为目标，持续加强河湖管控，加强跨省河湖协同治理，从环太湖城市水利工作联席会议机制，到太湖淀山湖湖长协作机制；从太湖流域水环境综合治理信息共享工作机制，到太浦河水资源保护省际协作机制……太湖水利人始终坚持从流域水利工作实际出发，聚焦制度完善、机制创新，坚持以水定产、以水定城，不断破解流域治理体制机制深层次制约，共同维护良好水事秩序和河湖健康生命,不断推进流域水治理体系和治理能力现代化。

▲ 太湖环湖大堤(吴浩云 摄)

一项项决策出台,一种种制度建立,一个个规划部署,一次次专项行动,为实现流域人民群众对"幸福河湖"的期待,促进水生态修复,全面落实节水优先,推进幸福太湖建设,敢担当、善作为的太湖水利人创新流域治水的脚步从未停歇!

"数声鸣雁雨初歇,七十二峰青自然。"如今的太湖流域,水利事业取得了巨大成就,流域水环境质量有所改善,水体富营养化得到遏制,太湖连续13年实现了确保饮用水安全、确保不发生大面积水质黑臭的"两个确保"目标[11]。同时,通过不断加强防洪工程建设,对骨干水利工程实施科学精细调度,推动上下游团结协作,太湖流域防洪工程体系的潜力得到全面发挥,有效应对了2016年太湖流域特大洪水和2020年太湖流域大洪水。在太湖局和流域各地共同努力下,实现了流域因汛未死一人、未垮一库、未溃一堤,最大程度减轻了灾害损失,维护了流域经济社会稳定,取得了超标洪水防御阻击战圆满胜利[12]。胸怀千秋伟业,恰是百年风华。太湖水利人将不断以人民为中心、永葆初心、勠力同心,积极践行水利改革发展总基调,全力推动太湖治理进入新阶段,砥砺奋进,续写辉煌,绘就一幅春华秋实、硕果累累的太湖治理精彩画卷,为建党一百周年献礼。

参考文献

[1] 缪启愉.太湖地区塘浦圩田的形成和发展[J].中国农史,1982(1):12-32.
[2] 陈俊才.太湖的水患与水治[J].古今农业,2004(4):55-64.
[3] 水利部太湖流域管理局,《太湖志》编纂委员会.太湖志[M].北京:中国水利水电出版社,2018.
[4] 刘露.太湖流域历代防洪思想与措施研究[D].华中师范大学,2013.
[5] 黄宣伟.论《太湖流域综合治理规划》的得失[J].湖泊科学,2002(3):203-208.
[6] 叶建春.加强综合管理 促进太湖流域协调发展[J].中国水利,2009(18):115-116.
[7] 朱威,周小平,蔡杰.太湖流域水环境综合治理及其启示[J].水资源保护,2016,32(3):149-152.
[8][12] 吴文庆.深入践行水利改革发展总基调 全力打造长三角幸福河湖新样板[J].中国水利,2020(24):59-60.
[9][11] 吴浩云,陆志华.太湖流域治水实践回顾与思考[J/OL].水利学报:1-14[2021-02-17].https://doi.org/10.13243/j.cnki.slxb.20200728.
[10] 杨晶,尤珍.逐浪长三角 水利勇担当[N].中国水利报,2021-1-15(2).

洪波激湍归何处，松辽江水已安澜
——松花江、辽河纪事

松花江，一条美丽而又富饶的大河，全流域水资源总量约为880.28亿立方米，是仅次于长江、珠江的中国第三大河流[1]，既是东北地区最重要的水上运输线，也是中国内河航运的重点河流之一。松花江造就了沃野千里，滋养了万物生灵，生命之源，川流不息。

一

松花江，东晋至南北朝时，上游称速末水，下游称难水；隋、唐时期，上游称粟末水，下游称那河；辽代，全河上下游均称混同江、鸭子河；金代，上游称宋瓦江，下游称混同江；元代，上、下游统称为宋瓦江；明朝宣德年间始名松花江。明英宗天顺五年（1461）修成的《大明一统志》，混同江和松花江都被收入其中，前者："源出长白山北，流经五国城，又北合松花江，东注于海。"后者："源出长白山湖中，北流经南京城，合灰汊江，至海西合混同江，东流入海。"[2]公元1682年，清圣祖康熙出巡盛京，至松花江，有诗《松花江放船歌》："松花江，江水清，夜来雨过春涛生，浪花叠锦绣縠明。……松花江，江水清，浩浩瀚瀚冲波行，云霞万里开澄泓。"[3]

松花江有南北两源：北源即发源于大兴安岭支脉伊勒呼里山的嫩江，南源即发源于长白山天池的西流松花江。水文上以南源为正源，北源嫩江一般作为支流。南源第二松花江，至三岔河口处，与嫩江汇合，成为松花江的干流，长939公里[4]，是黑龙江在中国境内最大的支流，吉林省第一大河。

松花江水系航道涉及黑龙江、吉林两省的大部分地区,内蒙古自治区的11个市,及辽宁省清原县的三个乡[5],沟通了哈尔滨、齐齐哈尔、佳木斯等工业城市,其间支流密布,四通八达,串联起一颗颗城市明珠,如北国江城吉林、北国春城长春、中国雪城牡丹江、百湖之城大庆,等等[6],全流域人口达8 500多万[7]。松花江也连通着黑龙江、乌苏里江等国际界河,发达的航运拉动了沿岸的经济发展。

松花江流域的动植物资源十分丰富,是东北地区大型淡水鱼场之一,每年供应的鲤鱼、鳇鱼、哲罗鱼等达4 000万公斤以上。这里还坐落着长白山、大兴安岭、小兴安岭,山峦重叠,森林面积为中国之最。然而,当中国沦为半殖民地时,东北更成为日、俄等列强瓜分的势力范围,他们长时间地盗伐这里的森林,使林区资源遭受巨大破坏,自然生态环境岌岌可危。

"我的家在东北松花江上,那里有森林煤矿,还有那漫山遍野的大豆高粱。……哪年,哪月,才能够回到我那可爱的故乡?"在那段关乎民族存亡的岁月里,一曲《松花江上》,唤醒了多少中国人,前仆后继奔赴抗日战场。

从1931年到1945年,抗战14年,不甘做亡国奴的东北人民在中国共产党的领导下,勇往直前,无所畏惧,在白山黑水间与日本侵略者展开了艰苦卓绝的斗争。

1934年11月7日,东北人民革命军第一军正式成立,杨靖宇担任军长兼政委。1936年6月,该部队正式改称为东北抗日联军第一军,在极其艰苦的条件下,抗联战士们转战南北,在广阔的松花江流域狠狠打击了日寇的嚣张气焰。[8]1940年,年仅35岁的杨靖宇牺牲在冰冷的濛江大地上。1946年,濛江县改名为靖宇县,以此纪念为国捐躯的杨靖宇将军[9]。

杨靖宇牺牲后,他的亲密战友魏拯民带领抗联将士继续对敌作战,主动出击,不断取得胜利,鼓舞了东北人民抗战到底的信心。1941年3月,这位杰出的革命者也把自己的生命献给了他所热爱的这片国土,年仅32岁[10]。

松花江水向东流,见证着沧桑巨变,青山埋忠骨,江水祭英魂,共和国永远不会忘记,人民永远不会忘记,那些镌刻在历史丰碑上抗联将士的英名。

二

日本侵略者为了达到长期侵占中国东北的目的,并把这里作为他们赖以生存和扩大侵略战争的基地,疯狂掠夺东北三省的能源物资,对于水利资源丰富的松花江,更是垂涎三尺。

1935年7月,伪满洲国产业部国道局提出"松花江治水利水调查实施计划"。随后,时任伪满洲国电气建设局局长的本间德雄,开始了在松花江上修建丰满水利电气发电所的规划,计划修建一座长1100米、高91米的重力坝,蓄水量达112亿立方米,设计发电量19万千瓦的水电站。

1937年4月,丰满水电站在吉林市东南小丰门破土动工。修建水电站需要大量的劳动力,日伪政权用强抓、骗招、征集等手段,从华北、东北等沦陷区招来11万多名劳工。工地上,平均每天都有一万至一万八千多名劳工在日寇的刺刀和皮鞭下像牛马一样劳作。劳工的安全没有任何保障,工伤事故频发,很多劳工被炸死、电死、摔死。在这里的劳工,没有自由,衣不遮体,食不果腹,几乎与世隔绝,许多劳工因饥饿、寒冷、疾病和过度劳累失去生命[11],计有6000多名劳工被迫害致死。

惨无人道的日寇把已死甚至奄奄一息的劳工都扔到3条100多米长、6米宽、4米深的坑沟里掩埋,尸骨一层压着一层。中华人民共和国成立后,人民政府在"东山万人坑"附近建起一座丰满劳工纪念馆,森森白骨在警示人们:在这片土地上,日本侵略者曾无数次犯下反人类罪行,活生生将一个水电工地变为一座"人间炼狱"。

1942年,大坝蓄水,1943年5月29日,丰满水电站第一号机组开始发电。直到1945年日本战败,工程仍没有结束。1946年,国民政府从苏联红军手中正式接收丰满水电站时,仅剩两台大机组和两台小机组。

1948年3月,国民党在东北大势已去,蒋介石下令必须在撤退前彻底炸毁小丰满堤坝和发电厂全部设备。时任运行值长张文斌故意把次要部位说成是重要部位,最终得以保住电站和大坝的重要部分。很快,这座历经坎坷的"半成品"水电站终于回到人民手中。

中华人民共和国成立后,丰满水电站的完工建设被列为我国第一个五年计划的重点项目。新中国的建设者们以满腔热情投入火热的建设中,他们的汗水流淌在松花江上,他们的智慧让丰满水电站重获新生。

1953年,工程基本完成。在装机容量和发电量两方面,当时的丰满电站占东北电力系统的一半以上,担负着东北地区国民经济恢复和抗美援朝战争军工产品生产的主要供电任务。1960年丰满电站8台机组全部建成并投产发电,成为当时亚洲规模最大的水电站,被人们誉为"中国水电之母"。其后又历经数十年的改造,丰满水电站先后进行二期及三期扩建工程,复建后的丰满大坝高91.7米,总库容109.88亿立方米,总装机容量达100.25万千瓦,成为一座以发电为主,发电防洪并重,兼具灌溉、城市供水、旅游等综合效益的现代化大型水利水电工程。[12]

筑坝截水形成的丰满水库,水域辽阔,景色优美,人们将之命名为松花湖。湖面沿着原来的自然河道绵延伸展,像一条飞舞的蛟龙,全长200多公里,最宽的湖面约为10公里,总面积达500多平方公里,是中国最大的人工湖[13]。放眼望去,百里湖区碧波荡漾,白帆点点,得天独厚的地理位置和四季分明的气候条件造就了数不胜数的美景。

"美丽富饶的松花湖,诗一样的情韵,画一样的风度。烟波浩渺映日月,青山隐隐若有无。……松花湖啊松花湖,你像一块碧绿的翡翠,镶嵌在我的心灵深处。"这首《美丽富饶的松花湖》,以其优美的歌词和舒展的旋律,唱响了祖国大地,并被选为"庆祝建国三十五周年天安门庆祝游行歌曲"。

为了使丰满水电站发挥更大的效益,广大水利建设者们把青春甚至一生都奉献给这里,用他们的辛勤与智慧在松花江上陆续又建成白山水电站、红石水电站等阶梯电站。白山水库调节性能好,下游的红石和丰满两大水库可起到反向调节作用,上下游联动,三座水利枢纽共同构成松花江上游的系统水利工程,运行调度更加灵活,在调蓄洪水和综合运用水资源方面有了更大空间。[14]

受历史条件的限制,丰满水电站初期设计施工技术水平较低,虽经多次大规模加固和系统改造,一些先天性的缺陷仍无法根治。有着近80年历史的电站老坝体逐渐呈现出防洪能力不足、混凝土强度低等问题,不仅无法正常发挥作用,也严重威胁到下游沿江人民群众的生命和财产安全。经过多方论证,有关部门决定对丰满水电站进行全面治理。2012年,丰满水电站全面治理(重建)工程得到国家发改委正式核准,10月29日,丰满水电站全面治理工程正式开工。丰满重建工程首次克服"一址双坝"的建设难关,于2014年开始在老坝下游120米处新建一座碾压混凝土重力坝。

2018年12月,工程完成对丰满水电站老坝首次爆破撤除,大坝被炸开一个5米宽的缺口,松花江水从缺口处穿过,缓缓流向新建的丰满大坝,两个水坝之间开始充水。新坝防洪能力是旧坝的两倍,发电能力是旧坝的

1.5倍,总装机容量达到了148万千瓦。多年来一直困扰着人们的重大安全隐患也彻底消除。在中国共产党领导下,广大水利建设者以艰苦奋斗的精神为东北地区的经济发展书写下浓重的一笔,并为全国各地输送了大批优秀水电技术人才,为新中国的水利建设事业贡献了自己的力量。

松花江水川流不息,千万年来冲击而形成的松辽平原,是我国面积最大的平原,又称东北大平原,包含北部的松嫩平原、中部松辽分水岭的北西部地带,南部的下辽河平原[15],这是一片广阔肥沃的黑土地。新中国成立后,经过几代建设者的共同努力,使昔日的北大荒变成了如今的北大仓。自1998年起,国家又积极开展"天保工程",从根本上遏制生态环境恶化,保护天然林等自然资源,而松花江流域天然形成的众多沼泽和湿地,也在无形中对调节松花江的水量起到关键作用。黑龙江省的扎龙国家级自然保护区,吉林省的莫莫格、向海等国家级自然保护区,也对保护生物多样性,保持松花江流域的水土资源,发挥着巨大的作用。

时至今日,水利工作者们以科学发展的眼光研究、保护、合理开发利用祖国的每一条江河,将具有综合效益的现代化水利枢纽工程纳入大水系、大循环之中。其中,松花江被纳入松辽水系,这里的"辽"就是指东北地区另一条大河——辽河。

三

《水经注》记载:"大辽水出塞外卫白平山,东南入塞,过辽东襄平县西,"其注云:"辽水亦言出砥石山,自塞外东流,直辽东之望平西县,王莽之长说也。屈而西南流,径襄平县故城西。秦始皇二十二年,灭燕,置辽东郡,治此。"[16]书中的"大辽水"就是今天的辽河。

辽河是中国东北地区南部的一条河流,其上游分为东辽河与西辽河,西辽河发源于河北省燕山山脉北侧七老图山的光头山,流经河北、内蒙古、吉林、辽宁四省(自治区),全长1 394公里,注入渤海,流域面积21.96万平方公里[17],是中国七大河流之一。1935年,红山原始文化遗址首次在内蒙古赤峰市郊区红山被发现,其分布地东起辽河流域,西至燕山南北的广大地区,时间可追溯到新石器时代,令人叹为观止。[18]

历史上,辽河多次因自然或人为因素分流改道,其水系较为纷乱复杂。

因辽河水携带有丰富沉积物,经过千百年来的冲积,形成了肥沃的辽河平原,各族人民世世代代繁衍生息于兹。清末,政治腐败,列强入侵,多少东北人民在战争中流离失所,家破人亡。

1945年抗战胜利后,毛泽东和党中央审时度势,确定了"向北发展,向南防御"的战略方针,派两万名干部、十万大军出关,逐步建立了巩固的东北根据地,为全国解放战争创造了条件。

1948年9月,毛泽东选择东北战场作为战略大决战的起点。对此,叶剑英曾分析道:"毛泽东同志将战略决战方向,首先指向东北战场的卫立煌集团,这就将战略决战的初战胜利放在稳妥可靠的基础上,这是毛泽东同志宏图大略全局在胸投下的一着好棋子。决战首先从局部优势开始,进而争取全局上的更大优势。由于迅速而顺利的取得了辽沈战役的胜利,就使全国战局急转直下,使原来预计的战争进程大为缩短。"[19]

1948年9月12日,辽沈战役打响,东北野战军在广阔的辽河平原上开始向国民党军队发起进攻。10月17日,长春和平解放;11月2日,沈阳解放,至此东北全境解放。辽沈决战历时52天,东北人民解放军百万雄师在人民群众的大力支援下,取得歼灭国民党军47.2万人的空前胜利。至此,人民解放军有了巩固的有较强工业基础的东北战备后方,"奠定了在数年内解放全中国,然后将中国逐步建设为工业国家的巩固基础"。[20]

东北解放以后,百废待兴,党中央就计划把蕴含着丰富矿产资源的辽河平原建设成新中国的重工业基地之一。此后,这片热土便发生了翻天覆地的变化。1949年4月25日,鞍钢第一炼钢厂二号平炉倒出了新中国第一炉喷涌的钢水;1953年7月15日,长春第一汽车制造厂破土动工;1956年7月19日,我国自行设计生产的第一架喷气式飞机在沈阳飞机厂起飞;1958年11月27日,新中国第一艘万吨巨轮从这里入海;1964年7月4日,辽河油田第一井试钻成功;2012年下水的中国第一艘航空母舰也以辽宁舰命名。这里创造出无数个中国第一,铸就了无数灿烂辉煌,为新中国注入了无限的动力。

由于气候等因素的影响,辽河流域内洪水频繁,汛期常因排水不畅或河堤决溃酿成洪涝灾害,这里又是中国水资源贫乏地区之一,特别是中下游地区水资源短缺情况更为严重。东北刚解放,人民政府就陆续对二龙山水库进行增建、扩建,把水库打造成集防洪、灌溉、发电、养殖、供水于一身的大型水利枢纽工程,在东辽河流域发挥着巨大作用。[21]

浑河是辽河较大的支流,其上游多为山地,树木稀少,河床狭而陡,每逢雨季,河水暴涨,不仅威胁沈阳、抚顺等工业城市和浑河两岸人民生命财产的安全,而且加重了辽河下游的水灾。1952年,东北人民政府就决定首先着手修建大伙房水库,作为治理浑河的第一步。1953年11月1日,大伙房水库工程开式动工。经过数万建设者四年半的辛勤劳动,"一五"计划中的第一个大型水库——大伙房水库,于1958年5月底基本建成。这是中国自行设计的巨型水库,也是当时中国的第二大水库,坝身长达1 370米,可以蓄积20亿立方米的水量。自1956年成功拦洪以后,就开始发挥治理水害的重大作用。沈阳附近的浑河灌区因得水之利而逐步扩大,沈阳、抚顺两市的工业用水由此得到更充分的供应。

另一座有着标志性意义的红山水库于1958年开工,1965年竣工,是一座以防洪为主,兼顾灌溉、发电、养殖、旅游等综合效能的大型水利枢纽。

除此之外,辽宁省东部地区太子河流域内,风景优美的汤河水库被开发为风景旅游区,水库下游是大片稻作区,不仅成为辽宁省重要的稻米生产基地之一,渔业也十分发达,是辽河流域有名的鱼米之乡。近年来,随着城市和工业用水量增加,汤河水库由原先的农业灌溉为主转移为城市、工业供水。[22]在党和政府的领导下,经过几十年的水利建设,新中国在辽河流域兴建成大中小型水库近七百座[23],辽河流域水库总库容已超过整个流域的地表径流量。这些水库对控制全流域各地区的洪水,对辽河流域的防洪起到了重要作用,不仅保障了人民生命财产的安全,也为经济建设作出了巨大贡献。

辽河向来就是一条重要的航道,清末以来,辽河流域被称为黄金水道,在促进东北地区可持续发展的道路上发挥着重要作用。然而,伴随着城市建设和经济繁荣,铁路公路不断发展,辽河的污染也日益加重,加之辽河流域季节性变化,河水分流、淤患等因素,辽河成为中国江河中污染最严重的河流之一,航运也渐渐衰落。

从1993年起,辽宁省开始大规模整治辽河,采取关停多家未达标排污单位、保护流域植被等一系列措施,治理取得了一定成效,辽河水质得到明显改善,鱼类资源也得到恢复。21世纪初,随着辽河流域生态的逐渐修复,部分河段得以复航,城市景观建设为人们的生活带来舒适和愉悦感。

与此同时,水利工作者们也在积极解决辽河流域内水资源贫乏的问题,在流域内各缺水地区开源节流,实施北水南调工程,即从嫩江、第二松花江调水至辽河。工程计划在松花江上修建哈达山水库,在嫩江上修建布西水库,在辽河的干流上兴建石佛寺反调节水库[24],再修建一条长约400公里的引水渠,引水渠自哈达山水库于嫩江上的大赉渠首取水,两条输水渠道于后八方汇合后,在太平川附近穿越松辽分水岭,又在双辽附近注入辽河,尽可能多引调松花江洪水期水量,从而减轻松花江的防汛压力,补充辽河流域的水资源。

　　北水南调初步实现后,松辽运河建设也被提上日程,届时,黑龙江、松花江、松辽运河、辽河将成为一条贯通整个东北地区的内河航线,与海运连接,松花江航运也将从封闭型转化为开放型,干涸、缺水的辽河也可复航,整个松辽流域就会形成一个四通八达、通达江海的航运体系。

　　对于我国东北地区而言,松辽水系好像一道道四通八达的血脉滋润着东北的山川草木,养育了生活在这里的各族人民,造就了这片神奇而富饶的土地。"思乐江畔,物庶民丰",敬畏自然,尊重自然,坚持科学发展,与时俱进,松花江和辽河将迎来更加美好的明天。

参考文献

[1][5][7][11][12][13][15][17][18][24]王俊杰主编.松花江 辽河300问[M].郑州:黄河水利出版社,2000:10;3;83;44;108;126;88;3-4;63;61;70;105.

[2][明]李贤等.大明一统志(卷二十五)[M].西安:三秦出版社影印天顺原刻本,1990:425.

[3]金恩晖.玄烨《松花江放船歌》小笺[J].吉林大学学报(社会科学版),1979(03):92-95.

[4]水利部规划计划司,松辽水利委员会.松花江、辽河流域规划概要[M].北京:中国水利水电出版社,1998:1.

[6]松辽水利委员会.中国江河防洪丛书 松花江卷[M].北京:水利电力出版社,1994:16-18.

[8]苏梅.抗日民族英雄杨靖宇[J].世纪桥,2009,(12):46-47.

[9]刘善业.悲壮恢弘的最后岁月——杨靖宇将军牺牲前的战斗历程[J].党史纵横,2002(02):18-20.

[10]李伟.东北抗日联军第一路军副总司令魏拯民[J].文史月刊,2015(01):4-13.

[14][21][22][23]陈启文.命脉:中国水利调查[M].合肥:安徽文艺出版社,2019:510; 451;460-461;453.

[16][北魏]郦道元.水经注校证[M].陈桥驿,校证.北京:中华书局,2013:335.

[19]叶剑英.伟大的战略决战[M]//星火燎原编辑部.星火燎原:选编之十.北京:中国人民解放军战士出版社,1982:6-7.

[20]中央档案馆.中共中央文件选集:第17册[M].北京:中共中央党校出版社,1992:445.

劈山凿洞夺天工,红旗渠水济万民
——红旗渠纪事

1969年7月,红旗渠及其配套工程全部建成通水;1971年元旦,实地跟拍十年的大型新闻电影纪录片《红旗渠》也在全国上映。周恩来总理观看过这部影片后,激动地对出席全国出版会议的代表说:"你们看《红旗渠》电影了吗?要组织会议代表看看这部纪录片。红旗渠是人工天河,是英雄的林县人民用两只手修成的。林县人民是勤劳的,他们自力更生、艰苦奋斗,用十年时间,修成闻名中外的红旗渠,工程艰巨,很伟大。红旗渠和南京长江大桥,是新中国的两大奇迹!"[1]

红旗渠合计总长1 525.6公里,几十万林县人苦干近十个春秋、逢山凿洞、遇沟架桥,削平1 250个山头、架设152个渡槽、凿通211个隧洞、挖砌2 225万立方米土石修建而成。鸟瞰红旗渠,70多公里的总干渠像一条美丽的蓝色飘带,蜿蜒于雄浑的太行山腰,在分水岭分作三条干渠后,又四散为若干条分干渠、支渠、斗渠。这些水渠又像一条条鲜活的脉络,将奔腾不羁的浊漳河水纳入其中,注入这片极度干旱的土地,滋润着每一片庄稼,染绿了每一处草木,使林县从一个十年九旱、民不聊生的贫瘠之地变成了瓜果飘香、物阜民丰的北方小江南。

水之殇

林县(1994年改名林州市),位于河南省西北部的太行山东麓,处于晋冀豫三省交界处,是个革命老区,也是个山高岭险、沟壑纵横、土薄石厚、水源奇缺的贫瘠山区县，总面积2 046平方公里，荒山就占了一半。这里气候干燥，地下水埋藏较深，蓄水、取水都极其困难。林县境内虽然有浊漳河、淇河、洹河和淅河四条河流，但基本上是过境河，基流很小，又属于季节性河流，冬春干涸见底，汛期却又山洪暴发、泛滥成灾。又因地形特殊，开发利用难度非常大。用河水灌溉是想都不敢想的事，更多的时候，连生活用水都要翻山越岭到很远的地方去挑。在林县流传着这样的民谣："天旱把雨盼，雨大冲一片，卷走黄沙土，留下石头蛋。"

翻开林县县志，充斥着"旱、大旱、连旱、久旱、凶旱、亢旱……"这些的字眼，可以说，"一部林县志，满卷旱荒史"。据县志记载，从明朝正统元年（1436）到中华人民共和国成立的1949年，514年间，林县发生自然灾害100多次，大旱绝收30多次。有时连年大旱，河干井枯，庄稼颗粒无收，饥饿难耐，卖儿鬻女，甚至出现"人相食"的惨状，光县志记载的"人相食"的年份就达5次之多。

▲（图片来源：红旗渠纪念馆）

在姚村镇寨底村一座古庙里,至今还保存着一块清光绪五年(1879)所立的石碑,记载着清光绪元年至四年(1875—1878)林县大旱、民不聊生的情景:"三年间,无麦无禾。大米一斗,大钱一千六百文,小米一斗,一千三百文,黄豆一斗一千文,黑豆一斗九百文。人苦无钱,难买粮食,众所食者,树叶野菜,更有非人所食之物……有饥而死者,有病而死者,起初用薄木小棺,后用芦席,嗣后即芦席亦不能用矣。死于道路者,人且割其肉而食之,甚有已经掩埋犹有刨其尸剥其肉而食之者。十人之中,死有六七……"[2]

桂林镇流山沟村有一块荒旱碑,也记录了清光绪年间,当地大旱之后继以大瘟,死者众多的悲惨情景。

在红旗渠纪念馆里,有一组雕塑再现了一个在林县流传很广的真实故事:民国年间,任村桑耳庄的300多户人家,常年要到村外8里远的黄崖泉担水吃,山高风猛,路窄坡陡,经常有人畜跌伤的惨事发生。有一年的大年三十,年迈的桑林茂老汉起个大早饿着肚子去担水,一直到天黑还不见回来。刚过门的儿媳迎出村去,接过了公公的担子,天黑路陡,她被石头绊倒,一担水倾倒个净光。本来就租债沉重、缺吃少穿,过年了连口水也喝不上,儿媳越想越羞愧难当,当晚就上吊自尽了。大年初一,满腔悲愤的桑老汉埋葬了儿媳,带着全家人到山西逃荒去了。

当地有一首民谣:"光岭秃山头,水缺贵如油;豪门逼租债,穷人日夜愁",就是旧社会林县人民悲惨生活的真实写照。

中华人民共和国成立初期,50万林县人民仍然过着糠菜半年粮的生活。当时的一个行政区三五万人,却只有几眼水井。每逢干旱时节,井边打水的排成了长龙,有时一天才能挑一担水。井边也常常会发生为争水打架伤人的事。

据《红旗渠志》记载,红旗渠修建之前,林县550个行政村中,有307个村常年人畜饮水困难,有181个村要跑2.5公里以上的路取水吃。林县每年因取水误工达480万人次,超过农业总用工的百分之三十,也就是说,林县人每年要有近4个月时间,都耗在了取水的山道上。

因为缺水,林县人惜水如命,平时很少洗脸洗衣服,连洗脸盆也只有烩面碗那么大;因为缺水,卫生条件极差,致使各种地方病、传染病时有发生;因为缺水,山区生活极度贫困,很多村里的男青年娶不上媳妇,成了"光棍汉"……林县人民的命运与水紧紧联系在一起,缺水的痛苦,成为林县人难以磨灭的记忆。

引漳入林

  为了解决缺水的问题,在红旗渠之前,林县也修建过一些水利工程,最著名的有修建于明万历二十年(1592)的谢公渠和修建于抗日战争时期的爱民渠,还有1949年后在林县县委县政府带领下,发扬革命老区艰苦奋斗的优良传统修建的英雄渠、淇河渠和南谷洞水库、要子街水库、弓上水库等水利工程,这些水利设施在一定程度上改善了林县缺水的状况,但是水源有限,仍经不起大旱考验,更不能从根本上改变林县水资源匮乏的状况。

  1959年,林县遭受到前所未有的大旱,境内所有河流都断流干涸,已经建成的水渠无水可引,水库、池塘见底,土地龟裂,庄稼枯黄。时任林县县委书记、已经在林县工作了五个年头的杨贵心急如焚,严峻的现实让他深刻地认识到,要彻底改变林县缺水的现状,要实现山区的农业发展,必须有新的可靠水源,林县没有怎么办?那就得到县外去找!

  经过多日徒步调研,杨贵一行终于在与林县交界的山西省平顺县一处峡谷中发现了波涛翻滚、水流湍急的浊漳河。这条河发源于山西省沁县漳源镇,上游有3个源头,还有3条支流在中游汇合,平均海拔1 000多米,其间,还有多处地下泉水不断补给,水源丰富,常年流量30立方米/每秒,最小流量13立方米/每秒,就是在枯水季节也有十几个流量,况且其主河道海拔高程比坟头岭(后改称分水岭)高。得到第一手材料,杨贵和同志们都露出了欣喜的笑容,一个即将改变林县人民命运的大计划——"引漳入林",已经在杨贵心头萌生。

  经过反复考察、论证,经过广泛征求干部群众的意见,经过上级的批准同意,经过广泛动员、组织勘探、考察渠线、异地协商……带着"重新安排林县河山"的豪情壮志,带着林县人民千百年来对水的渴望,引漳入林工程就要在万众期待中开工兴建!

  1960年2月10日,林县县委召开广播动员大会,向全县人民发出《引漳入林动员令》,里面这样写到:

  "引漳入林是彻底改变林县面貌的决战工程,这一工程建成,将有20~25个水的流量,像一条运河一样,滔滔地流入我县全境。……这一工程建成,将使我县千年万代的旱地变成水田,无数荒山凸岭变成美丽的果园,沟沟有鱼塘,山坡种稻田,一年种三季,农业产量番上再加番,来往行走都可乘船,从此,龙王大权就掌握在人们的手里了,不仅用渠水浇地,还能用它发电。……它是我县水利建设史上的最大工程。"[3]

《引漳入林动员令》通过广播顿时传遍了林县的城填乡村。人们欢欣鼓舞地议论着、摩拳擦掌地准备着,很多地方的报名人数大大超过分配人数,人人都想要为彻底改变家乡面貌出把力。

2月11日,农历正月十五元宵节的清晨,首批3万多人的修渠大军,在县委领导的带领下,从15个公社的山村窝铺同时出发。人们自带干粮、背着行李卷,有的推着小车,拉着锹、镢、钢钎,有的赶着马车,拉着粮食、炊具。夹道欢送的人群中,有一幅标语最为醒目:"愚公移山,改造中国。"正月里的早晨,寒风料峭,但是这支浩浩荡荡的队伍却带着火热的激情与愚公后代骨子里的顽强,向着太行山出发了。

▲ 千军万马上太行(魏德忠 摄)

此后的十年间,林县人尽管经历了很多艰难困苦,但太行山中铁锤砸钢钎的声音不绝于耳，炸石崩山的炮声一直在隆隆作响，充满力量的号子始终在山间回荡，谱写了一曲当代愚公战太行的英雄交响诗。

鏖战太行

20世纪60年代，我国的工业化水平还比较低，红旗渠工程从酝酿到实施又赶上三年困难时期，物资匮乏，困难重重，要想打通这条"人工天河"，必须最大程度地发挥建设大军的聪明才智和持续不断的创造力。

面对总干渠1/8 000的坡度要求，缺乏测量仪器，林县人就发明了水盆里面支板凳的"盆面测量法"；没有现代化的开山设备，那就一锤一钎的凿；炸药缺口很大，那就用土办法炮制；石灰供应不上，那就就地取材，随用随烧；涵洞、渡槽的拱券任务大，缺乏木料，那就用石头代替木料，创造简易拱架法；渡槽施工，缺乏起吊设备和脚手架，那就制造土吊车代替起重机；山路陡峭，运料困难，那就用箩筐担、小车推，连上学的学生也自发组织起来在放学的路上运送几块石头。

开山最难的还要数怎样对付那些坚硬的石头。林县一带的太行山属于嶂石岩地貌，崖壁陡峭，都是由硬度很高的石英砂岩组成，树好钢钎，近八斤重的大锤打下去，石头纹丝不动，只是留下几点钢钎印儿。材质欠佳的土制钢钎用不了多久就无法使用。一锤下去如果砸偏，就会砸到扶钎人的手上，顿时鲜血直流。即使是这样，人们也要和顽石决战到底，一锤一钎，一点点凿进，林县人把这叫做"蚂蚁啃骨头"。

对付最顽固的石方，那就先用炸药炸，把山石炸酥了，再用钢钎劈凿。

在渠道经过的地方，要先凿出一个平台来，可是仅仅靠人工一锤一钎的凿，进度非常缓慢，那就需要放炮崩山。放炮崩山可是个技术活儿，在坚硬的石头中如何设置炮眼呢？民工们先找准炮眼位置，并打成一个小炮眼，然后在炮眼中放烧炮，烧炮后，再下洞作业，就这样打打烧烧，最后打成直径1米多、深10余米的老炮眼，在炮眼中装上1 000多公斤的炸药，进行爆破，随着轰隆一声巨响，半座山头应声倒下。至今，在红旗渠的渠壁上，还留下一些岁月沧桑的老炮眼。

被炸掉的山石纷纷滚落，山体上还残留一些摇摇欲坠或大或小的浮石，随时都会掉下来，对在下方修渠人构成巨大的威胁，为了安全，必须用人工

▲ 巾帼不让须眉（魏德忠　摄）

把浮石一块块剔除掉。于是，崖壁除险队就上场了。

除险队员个个都是攀岩高手。他们身系大绳，手拿、背插钢钎、勾撬等工具，溜着大绳飞下悬崖，再凌空荡起。随着一次次飞荡，他们直扑崖壁，用力的朝山石戳去，一块块浮石就这样被勾撬掀落下来。由于每天大绳拴腰，飞荡摩擦，除险队员们的腰间皮破血出，留下一道道紫红的血痕，时间长了，慢慢就结成了白皮茧子。在山崖间飞来荡去，随时会被飞石砸伤，胆大心细的除险队员从容自如，像一只只雄鹰翱翔在山间。

除险英雄任羊成回忆道："除险需要三人一组，一人负责把绳，一人下崖除险，一人在地面指挥，哪个任务都不轻松。我的任务是下崖除险，我拴好绳子，手执一根两米长的木杆，背插钢钎、铁锤等工具，下到半空中，四面不挨，人像捻捻转儿似的直转圈儿，转得我头晕目眩。摸索了一会儿，我慢慢找到了窍门，情况才有所好转。我用铁钩子钩住崖壁，用钢钎别石头。"[4] 从来没有天生的英雄，"宝剑锋从磨砺出"，一个平凡的劳动者为了改变家乡面貌，舍生忘死，练就一身过人的本领，成为工地上的"守护神"、令人瞩目的英雄。然而命悬一线，危险如影随行，任羊成就在除险时被一块石头砸中嘴部，三颗牙齿顿时横在嘴里，满嘴是血，他强忍疼痛，随手把牙齿抠出来扔

中国河湖的
红色记忆
RED MEMORIES OF RIVERS AND LAKES IN CHINA

▲ 凌空除险（魏德忠　摄）

掉，继续战斗，直到把面前的险石全部除掉。他第二天又忍着疼痛，戴上口罩，飞荡在山间，投入除险工作中去。多年以后，他依然豪迈地说："红旗渠是我们拿命换来的……"[5]

　　明知山有虎，偏向虎山行，修渠工地上，像任羊成这样的英雄有很多。姚村公社井湾大队妇女主任李改云，是一位年轻的共产党员，带领大队三百多位民工日夜奋战在工地上。1960年2月18日，临近中午，李改云在现场检查施工进度，突然听见头顶上有碎石滚落的声音，抬头一看，上方崖壁已经裂开一条大缝，塌方就在眼前，崖下还有十几名民工正在埋头干活。李改云连声大喊"快跑快跑，石头要掉下来了！"民工们听到呼喊，丢下工具四散跑开，一个16岁的小姑娘被吓傻了，一动也不动，李改云奋不顾身冲上去把她奋力推开，小姑娘得救了，李改云却被倒塌下来的土石吞没。经过抢救，李改云脱离了生命危险，却造成她的右腿粉碎性骨折。李改云并没有因伤而退，伤愈不久又挂着拐杖重返修渠工地。

　　为有牺牲多壮志，敢叫月月换新天。1960年3月28日，民工发现王家庄渠线隧道的土壁上出现裂缝,赶紧报告已经收工的技术员吴祖太,险情就是命令,吴祖太顾不上休息吃饭,就和姚村公社卫生院院长李茂德一起跑去查看情况。可是刚进入隧洞,随着轰隆一声巨响,隧洞塌方了,吴祖太和李茂德都没能活着走出来。年仅27岁的吴祖太,是工地上唯一受过专业教育的水利技术员,也是红旗渠施工方案的主要设计人之一,他的牺牲,令林县干部群众极其悲痛,人们永远怀念这位为修建红旗渠牺牲的外乡人。这也是发生在工地上的第一次死亡事故。

在红旗渠纪念馆的一面墙壁上,铭刻着81名干部和民工的名字,他们都是在红旗渠建设过程中献出生命的英雄。其中在总干渠建设中牺牲的有73名,在三条干渠建设中牺牲的有8名。81名牺牲者,年龄最小的才17岁,最大的60岁,女性4人。

与伤痛和牺牲相比,更多的修渠人需要克服的困难是简陋的居住环境和难耐的饥饿。当时正值共和国历史上最艰苦的岁月,修渠工地上,没有地方住,就铺个被褥住在山洞里或者睡在悬崖边。冷了,垫些茅草;下雨了,就抱着被褥四处打游击。每个人一天只有1市斤左右的伙食补助,这点粮食对于每天轮捶打钎的强劳力来说是远远不够的。主食糠团是红薯片、玉米和糠碾碎后和在一起蒸熟的;稀汤里没几粒米,或者就是几片菜叶子。粮食不足的时候,漳河里的水草、山上的树叶、野菜都被弄来充饥。时任林县副县长兼红旗渠工地总指挥长的马有金时常抱着杯子喝浓盐水,别人很诧异,他说因为喝盐水就容易渴,渴了就得喝水,喝水,就能把肚子撑饱……

就是这些食不果腹的林县人,凭着坚定的信念和强大的毅力在和太行山决战,渠首截流、架通林英渡槽、打通王家庄隧洞、征服石子山、强攻红石崭、闯过老虎嘴、鸻鹉崖大会战……他们完成了一个又一个似乎不可能完成的艰巨任务。

红旗引领

林县人战太行的征程中,"红旗渠"这个名字,可以说是令他们一往无前的精神动力。

1960年3月6日至7日,中共林县引漳入林委员会扩大会议在盘阳村召开。会上,针对引漳入林工程的进展和施工中出现的矛盾和问题,县委书

中国河湖的
红色记忆
RED MEMORIES OF RIVERS AND LAKES IN CHINA

▲ 山洞安家（魏德忠　摄）

记杨贵作了《要多快好省地完成引漳入林任务》的报告，提出"要清楚完成引漳入林任务是光荣的、伟大的，我们必须鼓足干劲，力争上游，积极努力，艰苦奋斗，树立不怕困难、不怕牺牲的大无畏革命精神，向太行山开战"。

会议进行到最后，杨贵建议："把引漳入林工程命名为'红旗渠'！"杨贵进一步解释说："红旗象征着革命，象征着胜利。把引漳入林工程命名为红旗渠，就在党员干部和人民群众中树起一面旗帜；把引漳入林命名为红旗渠，既表明了林县人民不畏艰险征服自然的雄心壮志，也表明了县委要力挽狂澜，高举毛泽东思想伟大红旗前进的坚强决心。"[6]大家一致鼓掌表示同意，都说："好，红旗渠好！"

这次会议,被称为"盘阳会议",人们都说,这个会对于红旗渠工程是具有里程碑意义的会议。十多年后,杨贵还感慨道:"盘阳会议的战略调整,真是决定红旗渠命运的关键!如果不是那样,红旗渠能否建成,不堪设想……"[7]"盘阳会议"凝聚起林县人的共识,提振了士气,鼓足了干劲,全县上下总动员,前方后方打成一片,工地内外群策群力,万众一心保修渠。红旗渠纪念馆记录下这样一段文字:工地为前方,机关、厂矿、农村是后方。为了修渠这个大目标,前后方紧密配合。前方克服一切困难开山修渠,后方各行各业全力支援。机动车辆少,后方往前方运送物资就靠畜力车、小推车、人挑驴驮。前方需要芦席搭席棚,县直机关工作人员就把自己床上铺的席子揭下来送往工地。商业和供销系统派出人员,把民工所需的日用品送往工地,服务民工;工业系统派出人员在工地设立工具修理队、缝纫组;卫生系统派出人员设立战地医院,在工地治疗伤病员;文化系统派出剧团、电影放映队,沿渠线巡回演出、放映,活跃民工文化生活;新华书店把书籍送到工地,为民工提供精神食粮。当时物质条件虽然匮乏,但后方总是千方百计满足前方的需要。

　　一个干部就是一面旗帜,在县委书记杨贵的带领下,县委和县政府的成员奔走在工地一线,身先士卒,与群众同吃同住、同甘共苦。杨贵在工地上一待就是3个月;马有金更是抡大锤的好手,他身着补丁衣、脚穿打掌鞋,抡起12磅的大锤,一口气能打一百多下,他在工地上一年劳动100多天……干部们和普通民工一样,凿石头、扶钢钎、看大绳、放炮眼、砌渠沿……头一天的任务没干完,第二天一定要补上。

　　和民工不一样的是,无论什么时候,干部们的伙食补助一定要比民工的低。据资料记载,1960年2月至4月,民工补2市斤,干部补1.5市斤;1960年9月到10月,民工补1.2市斤,干部补0.8市斤;1961年至1966年,民工补1.8市斤,干部补1.2市斤……如果粮食供应不上,就先降低干部的补助。

　　红旗渠工地上还建立了严格的管理制度,以杜绝损害群众利益的事情发生。杨贵要求大家要明明白白做事、干干净净修渠。工地上的所有开支账目都清清楚楚,每一斤粮食、每一斤炸药、每一根钢钎,谁领谁签字,谁领谁负责。

　　红旗渠修了十年,工程总投资7 154.7万元,"没有一个干部贪污挪用

中国河湖的
红色记忆
RED MEMORIES OF RIVERS AND LAKES IN CHINA

▲ 县委书记杨贵带领群众走在工地上（魏德忠 摄）

一分钱建渠物资，没有发生过一起请客送礼、挥霍浪费情况。所有这些，当时林县干部群众都觉得理应如此。"[8]

杨贵曾经当着高层领导的面，掷地有声地说："我们都是共产党员，党的干部，我们的党性原则不允许我们眼睁睁看着地里旱得长不出庄稼，十几万人翻山越岭找水吃而无动于衷。自然灾害是事实，但是，都坐等老天爷恩赐，战胜不了灾害。如果这样的话，自己的乌纱帽保住了，可遭罪的还是老百姓！千百年来，林县人想水、盼水，共产党来了，群众的愿望才变成了现实。修建红旗渠为的是林县人民，为的是子孙万代，我问心无愧！"[9]

虽然物资匮乏、条件艰苦，但工程质量绝不能降低，甚至要更高。杨贵经常讲："修渠是为人民谋利益，是百年大计，出了质量问题就是犯罪。要把红旗渠修成水缸一样，不漏一滴水。"

马有金对建渠质量要求也非常严格，只要发现有人弄虚作假、偷工减料，就当场给予严肃批评，立即掀掉，坚决返工。他多次在工地召开现场会，对大家说："我们现在干的是祖祖辈辈的千秋大业，即使我们以后过世了，我们的子孙还要吃水浇地，必须提高工程质量，绝不能让他们受二茬罪。"马有金在红旗渠工地任指挥长长达九年时间，为红旗渠建设作出了巨大贡献。[10]

让林县人民念念不忘的还有李贵、李运宝、秦太生、刘友明等县领导;还有那些修建红旗渠的英雄劳模,80%都是共产党员!在林县流传这样一句话,"干部能搬石头,群众就能搬山头;干部能流一滴汗,群众的汗水流成河。"

▲ 分水岭举行红旗渠通水仪式(魏德忠 摄)

心中有信念,身上才有力量。在红旗渠精神引领下,林县数十万建设者无私无畏、团结协作,完成了渠首拦河坝、青年洞、空心坝、分水闸、桃园渡桥、红英汇流、夺丰渡槽、曙光洞、曙光渡槽等一个又一个建筑,创造了一个又一个奇迹。

1965年4月5日,庆祝红旗渠总干渠通水典礼大会在分水岭隆重举行。这一天,万人空巷,贫下中农代表、厂矿职工坐着大卡车,青年们骑着自行车,老人们有的坐着手推车,有的骑着毛驴纷纷赶往分水岭。公路上、山道上车水马龙,人流滚滚;会场上,红旗招展,人头攒动,欢笑声、歌唱声此起彼伏。日思夜盼的漳河水终于要流过家门口,好多老人都激动得流下了热泪。分水岭旁,最引人注目的还要数那些手捧着奖状的74名建渠模范,他们一排排整齐的蹲在渠沿上,自豪和喜悦溢于言表。

下午2时30分,随着杨贵的一声:"开闸放水!"顿时,波涛滚滚的红旗渠水通过分水闸涌了出来,哗哗地流进第一干渠。把会场上的气氛推向高潮,鞭炮声声,鼓乐齐鸣。人们欢呼雀跃,都迫不及待地想尝一尝这来之不易的渠水。不少人专门准备了茶缸,用绳子系着从渠里舀水喝,好甜哪!林县人千百年来的夙愿终于实现了!

渠水流长

1966年,三条干渠全部竣工通水,又经过三年奋战,到1969年7月6日,红旗渠支渠配套工程完工。"为有源头活水来",林县腾飞,未来可期。

劈山凿洞夺天工,红旗渠水济万民。有了水,林县粮食大丰收,多种经济作物同时并举,生态环境得到大改善,畜牧养殖业快速发展,干旱山区变江南,太行山前唱渔歌,一片生机盎然。红旗渠水流潺潺,既像甘霖滋润着林县的每一寸土地,也像火炬点亮了每一个林县人的梦想。

红旗飘扬,擎起永不言败的精神;重新安排河山,没有战胜不了的困难。在修建红旗渠的过程中,林县县委带领全县干部群众把党的事业、人民的利益,和县域治理实现了有机结合,形成了宝贵的精神财富——"自力更生、艰苦奋斗、团结协作、无私奉献"的红旗渠精神。

习近平总书记指出:"红旗渠精神,是我们党的性质和宗旨的集中体现,历久弥新,永远不会过时。"

为传承好红旗渠精神,如今的林州市依托红旗渠大力开展红色研学和党性教育,成立了红旗渠干部学院,已培训学员25万多人,来自全国各地的500余家机关、院校、企事业单位在红旗渠挂牌设立"红色教育基地"。每年来红旗渠景区的游客达960多万人次,直接经济效益30多个亿,而社会效益更是无法估算。[11]

林州市还成立了红旗渠集团,将"红旗渠"注册了商标,涵盖了文化、建筑、商贸等多个行业,形成了庞大的品牌体系,经评估品牌价值就达到了260多亿元。这不仅是对红旗渠精神的丰富和发展,也为红旗渠精神注入了新的内涵。在红旗渠精神的引领下,林州的经济和社会各项事业持续健康发展,从偏远的山区县跨入了全省前十强,全国前百强。[12]

红旗渠精神不但成就了林州人民六十年代"战太行"、八十年代"出太行"、九十年代"富太行",更鼓舞着现在的林州人"美太行"的伟大实践。而今,新时期的创业者又给红旗渠精神增添以新的内涵,那就是"难而不惧、富而不惑、自强不已、奋斗不息"。红旗渠精神不但成为林州人干事创业的源头活水,而且也与井冈山精神、长征精神、延安精神、西柏坡精神……一脉相承,融会贯通,激励人们在实现中华民族伟大复兴的征程中阔步前行!

参考文献

[1][6][7][8][9] 郝建生,杨增和,李永生.杨贵与红旗渠[M].北京:中央编译出版社,2004:281,147,148,422,172.

[2] 林县志编纂委员会.林县志[M].郑州:河南人民出版社,1989:208.

[3] 李运宝.修建红旗渠片段回忆[M]//河南文史资料:总109辑,66-67.

[4] 任羊成口述,侯新民执笔.难忘修建红旗渠[M]//河南文史资料:总第109辑,133-134.

[5] 郑雄.中国红旗渠[M].郑州:河南文艺出版社,2015:202,195.

[10] 林州市红旗渠志编纂委员会,红旗渠志[M].北京:三联书店出版社,1995:195.

[11][12] 李蕾.在河南省政协十二届三次会议上的代表发言.

中国河湖的红色记忆

无边落木萧萧下,不尽长江滚滚来
——葛洲坝水利枢纽纪事

▲ 葛洲坝水利枢纽工程(远近 提供)

万里长江波澜壮阔,自唐古拉山奔涌而来,流经青海、西藏、四川、云南、重庆五省市,又在渝鄂交界处穿越瞿塘峡、巫峡、西陵峡三座大峡谷,其中最长、最险峻的西陵峡位于湖北省宜昌市。郦道元在《水经注》中描述道:"江水又东迳西陵峡,宜都记曰:自黄牛滩东入西陵界,至峡口百许里,山水纡曲,而两岸高山重障,非日中夜半,不见日月,绝壁或千许丈,其石彩色,形容多所像类,林木高茂,略尽冬春,猿鸣至清,山谷传响,泠泠不绝。所谓三峡,此其一也。"[1]

长江一出南津关,摆脱了高山峡谷的束缚,水流由东急转向南,江面由300米扩展到2 200米,由于泥沙沉积,在南津关下游3公里处的江面上，形成了葛洲坝和西坝两个小岛，把长江分为大江、二江和三江，其中，大江为主河槽，二江和三江会在枯水季节断流[2]。两岸山势坦荡，狭长谷深，不但水利资源丰富，也是天然的优良坝址，万里长江第一坝葛洲坝水利枢纽工程就坐落在这里。

▲ 长江葛洲坝段（孟凯 摄）

一

历史上，长江流域洪水频发，平均十年就有一次大洪水。中华人民共和国成立后，毛泽东、周恩来、邓小平等老一辈革命家对治理长江水患、开发长江水利资源极为重视，他们曾多次亲临长江和三峡坝址视察。1956年，毛泽东巡视武汉时曾畅游长江，有感而发，写下了《水调歌头·游泳》一诗，其中"更立西江石壁，截断巫山云雨，高峡出平湖。神女应无恙，当惊世界殊"，更是广为世人传颂[3]。

1954年，长江流域发生特大洪灾，造成巨大的经济损失和社会影响，人们更加认识到防御洪水，确保长江中下游安全的重要性和迫切性。1958年1月，中共中央在南宁召开会议，讨论了三峡问题，毛泽东在听取正反两方面的意见后，提出了"积极准备，充分可靠"的方针，并指示周恩来来管这个问题。1958年2月，周恩来和李富春率100多位中外专家及国务院有关部委和湖北省的领导就三峡工程问题进行实地考察，并召开了现场会议，会议的结论是"三峡必须搞，也能够搞"。3月23日，成都会议召开，周恩来在会

中国河湖的
红色记忆
RED MEMORIES OF RIVERS AND LAKES IN CHINA

上作了三峡水利枢纽和长江流域规划的报告，25日，会议通过了该报告，并专门通过了《中共中央关于三峡水利枢纽规划和长江流域规划的意见》，4月15日，中央政治局会议批准了这个文件。1958年8月，周恩来在北戴河主持召开了长江三峡会议，研究加快三峡设计和准备工作的有关问题，要求在1958年底完成三峡初设要点报告。

  为改变华中地区工农业生产用电非常紧缺的局面，1970年11月，武汉军区和湖北省革命委员会联名向中央呈交了《关于兴建宜昌葛洲坝水利枢纽工程的请示报告》，在充分研究葛洲坝工程与三峡工程的关系，并听取各方面的意见后，12月24日，周恩来总理亲自给毛泽东主席写报告[4]，建议中央同意修建宜昌葛洲坝工程作为三峡工程的实验工程，以便锻炼队伍，积累经验。12月26日，中央批准兴建葛洲坝水利工程，毛泽东作出批示："赞成兴建此坝。现在文件设想是一回事，兴建过程中将要遇到一些现在想不到的困难问题，那又是一回事。那时，要准备修改设计。"[5]

  工程因坝址处在江中小岛葛洲坝而得名，而当时为纪念毛泽东主席1958年3月30日视察长江三峡，则把这一工程命名为"三三〇工程"。

  1970年12月30日，举行盛大的开工典礼，两万多建设者参加大会。"三三〇工程"指挥部总指挥长张体学为葛洲坝工程坝基挖了第一锹土，宣告着"三三〇工程"正式开工。一时间，群情激奋，万众欢腾。"截断巫山云雨，高峡出平湖"的宏伟蓝图由此将逐步化为现实。宜昌城很快聚集了十几万建设大军，这与当时宜昌市的人口相差无几。

▲ 长江葛洲坝段（孟凯　摄）

在当时的形势下,葛洲坝工程建设采取的是边勘测、边设计、边施工的方式。正如毛泽东所预料的那样,工程进展并不顺利,上马不足两年,事故不断发生,矛盾不断显现,一些复杂的重大技术问题逐步暴露出来,使得工程建设陷入困境。

周恩来总理抱病三次主持召开紧急会议,认真听取各方面的意见并进行充分讨论,深思熟虑后,从深刻阐述毛泽东主席对工程批示的认识入手,耐心细致地表明他的态度,1972年11月,周恩来果断决定主体工程暂停施工,由长江流域规划办公室(现为长江水利委员会)负责修改设计;并成立由长江流域规划办公室主任林一山主持的葛洲坝工程技术委员会,研究决定工程设计和施工中的重大技术问题,直接对中央负责;改组葛洲坝工程指挥部为葛洲坝工程局,负责施工[6]。周恩来语重心长地说:"新中国成立二十几年了,在长江修一个坝,不成功,断航,垮了,是要载入党史的问题。"[7]

正是由于重新研究设计,水库淤积、大坝基础地质夹层以及挖除葛洲坝小岛等重大技术难题才找到了解决途径;而葛洲坝工程技术委员会的设置和科学决策机制的确立更是这一工程得以胜利建成的组织保证,做到了"失败是成功之母"。

22个月后,1974年10月,国务院批准葛洲坝主体工程复工。周总理指示道:"要尊重科学,多做试验研究,战战兢兢,如临深渊,如履薄冰,做到确有把握。"[8]这座承载着一代伟人治国大略,寄托着中国水电人梦想的工程由此进入精心设计、精心施工、进展基本顺利的新阶段。勤劳善良的宜昌人民与葛洲坝建设者们同甘苦共患难,无私奉献,共同谱写了一曲时代的赞歌。

1980年7月12日,中国改革开放的总设计师邓小平视察拟建的三峡工程坝址和在建的葛洲坝水利枢纽工程,他向工程技术人员详细了解长江三峡建设问题以及葛洲坝工程的建设情况,并嘱咐大家,一定要把葛洲坝的成功经验带到三峡去。

1981年1月3日,葛洲坝水利工程准备实施大江截流,在每秒4720立方米流量的长江之上[9],采取上下游双戗进占、上游单戗立堵的截流方案进行截流,这是中国水电史上的一个创举。大家屏住呼吸等待着"冲锋的号令",7时30分,一声截流令下,四五百台重型机械的轰鸣声响彻大江两岸,那是前进的号角,更是向世界发出的宣告。

为了确保整个截流施工过程安全、顺利进行,降低截流难度,改善抛投物料的稳定条件,施工人员预先用船舶向水下抛投钢架石笼和混凝土四面体预制块,形成石坎护底,随着无数的石料投入大江,大坝渐渐合拢。但受到节制的江水更加湍急,大坝每小时只能前进六米,每向前一分一厘,都是在和滔滔的江水进行艰苦搏斗,当龙口只剩 20 米时,25 吨重的混凝土块一投下去就被江水冲走。而后截流突击队改用粗实的钢丝绳把几个混凝土块连成"葡萄串",从两岸同时抛入龙口,汹涌的江水终于逐渐平缓下来。

1 月 4 日 19 时 5 分,当运载卡车抛投下最后一车石料,大江截流顺利完成,人们欢呼雀跃,在这永载史册的大坝上胜利会师。工程建设者们仅用 35 小时 35 分就"斩断"了长江。龙口护底在大江急流施工中更是堪称杰作[10],这一壮举充分展现了葛洲坝建设者们的胆识和智慧。当时的香港英文报纸《南华早报》为万里长江第一坝发表社论,认为这和美国把宇航员送上月球一样了不起。

1981 年 7 月,二江电厂首台机组发电[11]。同年,刚刚建成的葛洲坝工程经受了长江百年罕见特大洪水(72 000 立方米每秒)的考验,大坝安然无恙,工程运行正常。在葛洲坝二江电厂安装的 2 台 170 MW 水轮发电机组是我国自行设计、研发、制造、安装的大型机组,其中176 MW 水轮机是当今世界上尺寸最大的轴流转桨式水轮机。目前,仍保持世界上转轮直径最大的低水头立轴转桨式水轮发电机的记录[12]。

1982 年,二期工程全面开始施工。1984 年 6 月 15 日,中华人民共和国邮电部为了宣传水利建设取得的巨大成就,发行了 T.95 特种邮票《长江葛洲坝水利枢纽工程》,全套三枚,分别描绘了长江葛洲坝水利枢纽工程大江截流、主体工程、二号船闸的壮美景象。邮票虽小,寓意非凡,仿佛可以看到,在波涛滚滚的长江之上,一队队载着巨石土方的大型车辆宛如条条长龙,从未停下前进的脚步。这座由船闸、电厂、泄水闸、冲沙闸等建筑群构成的雄伟且美丽的大坝,截断长江,为人类造福,随着闸轮的起闭,水位的升降,"大庆"号客轮正缓缓穿过大坝,壮美景象的背后,是我国劳动人民改造自然的坚定信念和磅礴气势,蔚为壮观。

1986 年 5 月 31 日,大江电厂第一台机组并网发电。1987 年,创造出一个电站一年装机发电 6 台的中国记录。1988 年 9 月,大江航道 1 号船闸进行实船通航试验[13]。到 1988 年底,广大建设者历经十八年艰苦奋斗,终于将葛洲坝水利枢纽工程全部建成。1991年11月27日,第二期工程通过国家验收,葛洲坝工程宣告全部竣工。在当时有限的技术条件下,每一次全新的突破对工程技术人员来说都是极大的挑战。

葛洲坝水利枢纽工程是长江干流上的第一座大坝,控制流域面积100平方公里,是日后建成的长江三峡水利枢纽工程的重要组成部分,是三峡工程的反调节水库和航运阶梯。主要解决三峡电站发电调峰与航运的矛盾,并利用三峡坝址至葛洲坝河段的落差发电。工程正常蓄水位66米,大坝北抵江北镇镜仙,南接江南狮子包,坝顶高程70米,最大坝高53.8米,最大水头27米,水库总库容15.8亿立方米,坝轴线全长2 605.6米。大坝主要由拦水坝、三座船闸、两座电站厂房、一座泄水闸、两座冲沙闸及挡水墙组成。三闸共计42孔,可以安全宣泄11万立方米每秒的历史最大洪水流量。两座电站共装有发电机组21台,总装机容量271.5万千瓦,多年平均发电量157亿千瓦时,是世界上最长的水坝之一,也是世界上最大的低水头大流量、径流式水电站。

▲ 长江葛洲坝(孟凯 摄)

在数十年的施工建设中,广大水利工作者为了祖国和人民的需要,始终坚守在第一线。河海大学作为中国第一所培养水利人才的高等学府,开创了中国水利高等教育的先河,源源不断为祖国水利建设事业输送人才。1956年,郑允中毕业于华东水利学院(今河海大学),他曾任长江水利委员会枢纽设计处副总工程师、长江水利委员会副总工程师、科学技术委员会顾问,葛洲坝工程二江电站厂房和大江工程水工建筑物设计负责人。杰出校友郑守仁毕业于1963年,曾任长江水利委员会副总工程师,兼葛洲坝工程设计代表处处长和隔河岩工程设计代表处处长,后成为中国工程院院士。1994年2月起,郑守仁长驻施工现场开始全面负责三峡工程设计,主持解决葛洲坝工程大江截流及围堰施工等技术难题,"只要三峡工程需要我一天,我就在这里坚守一天。"这是郑守仁用一生实现的承诺,也是奋斗着的水利人,接下先辈的愿望,守护的诺言。

二

葛洲坝水利枢纽投入运行以来,发挥了巨大的经济、社会、环境效益,正常运行期的年平均发电量高于设计的多年平均发电量,强大的可再生的清洁能源送往华中和华东地区,有力地满足了这些地区的用电需要。工程总投资48.48亿元,到2002年底,仅发电实现的利税就有96.88亿元,刚好是葛洲坝工程总投资的两倍。水库成功蓄水后,改善了川江近五分之一的航道,淹没了库区内的主要险滩,共计取消单向航道和绞滩站九处,三峡河段航行安全度大为提高,结束了川江自古以来不能夜航的历史。

葛洲坝的兴建,给宜昌市带来了一次大发展,使之成为著名的"水电城"。

截至2019年3月1日,葛洲坝水电站已累计发电5 000亿千瓦时,在华中电网起着举足轻重的作用。葛洲坝水利枢纽工程亦在一定程度上缓解了长江水患的困扰,同时对改变华中地区能源结构,减轻煤炭、石油的供应压力,提高华中、华东电网安全运行都起到了积极的作用[14],每年减少近千万吨原煤燃烧,可相应减少十万吨二氧化硫,几万吨二氧化碳的排放及数百万吨废渣,对湖北省乃至华中地区的环境保护起到重要作用,发挥出巨大的经济和社会效益。

1985年,葛洲坝集团中标广西岩滩水电站建设项目,在国内水电系统率先告别计划经济。1994年,该集团拿下首个国际项目——上波迪科西水电站。其后,集团参建的埃塞俄比亚特克泽水电站获评海外水电项目首个中国建筑领域最高奖"鲁班奖"。同年,葛洲坝集团被评为全国水电行业首批安全文明生产达标企业。2002年10月,电厂改制为股份公司,实现了由计划经济向市场经济体制的转变。

▲ 长江葛洲坝远眺(孟凯　摄)

历经50年的发展壮大,中国葛洲坝集团公司已成为世界500强之一的中国能源建设集团有限公司的骨干企业,逐步发展为承包、投资双轮驱动,国内国外协调发展的跨国经营集团,形成了集建筑、环保、房地产、水泥、民爆、公路、水务、装备制造、金融等为一体的业务格局,各方位齐头并进,协调发展,在环保业务方面更是致力于打造领军行业,涵盖水土治理、再生资源回收、城市垃圾处理等方面的研发、设计、施工和运营的全产业链,为社会发展提供强劲动力。不仅是知名的基础设施投资建设运营商,还是一带一路的领军企业,其业务遍及140个国家,如在非洲承建的安哥拉凯凯水电站、缅甸耶涯水电站、巴基斯坦NJ水电站、阿根廷CC-LB水电站等。

葛洲坝水利枢纽工程共创造出100多项中国水电施工记录,这不仅是我国在长江干流上自主设计、施工、制造、安装、运行管理的第一座大型水利枢纽工程,也是当今世界最大的低水头、大流量、径流式水电站,其采用配套的、大容量的施工机械设备和现代化的施工技术,把我国水利水电建设推向新阶段,成为我国水利水电建设史上的重要里程碑,经过多年的运行实践证明,我国有能力在国内所有江河中修建大型水利水电工程[15]。

长江三峡早已闻名于世,万里长江第一坝又为三峡美景锦上添花,丰富其旅游资源。据长江三峡旅游发展有限责任公司的数据统计显示,2019年,三峡大坝旅游区共计接待游客320万人次,创历史新高。

葛洲坝工程为后来的三峡工程建设培养了大批施工和管理人才,提供了非常宝贵的经验,其中包括:大型水利水电工程建设管理运行的经验、水库调度航运管理和防洪度汛的经验、水轮发电机组检修方式的选择与现代检修技术运用的经验、500千伏超高压直流输电的经验、安全文明生产与科学管理人才培养的经验,同时,还逐渐掌握了现代化操作与管理、减人增效实现无人值守或少人值守的运行管理模式等方面的新知识,有效缓解综合处理发电、通航、泄洪、冲沙等相关矛盾,也为设计制造大型机电及金属结构,布局巨型泄洪冲沙建筑群积累了宝贵的经验,有力地推动了我国水电事业的发展。

　　如今的葛洲坝水利枢纽是三峡水利枢纽的重要组成部分,两者相距仅38公里,共同构成一个有机的整体,成为万里长江上一颗璀璨的明珠,促进了沿江产业带的形成,带动着长江沿江经济快速发展,成为我国东中西部地区经济协调发展的重要纽带和重要战略资源。但如何解决长江中上游航运事业长远发展的问题,仍是摆在水利工作者们面前的新课题,相信这支高素质的建设队伍会坚持科学发展,与时俱进,用他们的勤劳和智慧为中国水电事业创造新的奇迹。

参考文献

[1] [北魏]郦道元.水经注校证[M].陈桥驿,校证.北京:中华书局,2013:759.

[2] [4][9][13]刘一是.葛洲坝工程丛书:工程文献[M].北京:中国水利水电出版社.1998:9;4;261;262;9-10;序.

[3] 陈晋.中流击水 情归三峡——毛泽东《水调歌头 游泳》新解[J].红岩春秋,2004(01):4-6.

[5] [6][7][8][11][12][15]文伏波,郑守仁,郑允中.长江葛洲坝工程关键技术研究与实践[M].武汉:长江出版社.2014:自序 1;前言 1;自序 1;15;310;作者简介;30.

[10] 李先镇.截流工程资料之一——葛洲坝水利枢纽大江截流施工[J].中国三峡建设,1996(04):31-34.

[14] 向明.葛洲坝水电站的电能利用和经济效益[J].水力发电,1984(12):22-25.

截断巫山云雨,高峡出平湖
——三峡水利枢纽纪事

▲ 三峡枢纽工程(赵二峰 提供)

千秋长江水利与千年长江水患

长江,是我国第一长河,也是世界第三大长河。它发源于青藏高原唐古拉山的主峰格拉丹冬雪山西南侧,自西向东,途经高原、盆地、丘陵和平原,一路跌宕而下浩浩荡荡涌入东海。长江干流总长6 300公里,流经11个省、市、自治区,数百条支流辐辏南北,流域面积达180万平方公里。"长江造就了从巴山蜀水到江南水乡的千年文脉,是中华民族的代表性符号和中华文明的标志性象

中国河湖的
红色记忆
RED MEMORIES OF RIVERS AND LAKES IN CHINA

征"[1]，和黄河一起并称为中华民族的母亲河。

长江流域自然气候条件优越，尤其在广袤的中下游地区，水热条件好，土地肥沃，资源再生能力强，是我国重要的商品粮、棉生产基地，也是蚕桑、茶叶、油料、经济林木、亚热带水果、淡水鱼类的主要产区。长江"沿江11省市，横跨我国东中西三大板块，人口规模和经济总量占据全国'半壁江山'，生态地位突出，发展潜力巨大"[2]。长江上游到下游分别有着"天府之国""鱼米之乡""苏湖熟，天下足""上有天堂，下有苏杭"等美誉。在我国的经济发展中，长江流域具有举足轻重的地位。

长江流域地理、地质环境复杂，自然资源丰富而多样化。这里有丰富的水能资源，有我国第二大林区，有很多珍稀动植物物种和丰富的矿藏资源，还有着雄奇瑰丽的山川景色。长江流经四川盆地东缘时冲开崇山峻岭，夺路奔流形成了壮丽雄奇、举世无双的长江三峡。长江三峡全长193公里，它是长江风光的精华，神州山水的瑰宝，闪烁着迷人的光彩，被誉为大自然造就的"天然画廊""人间仙境"。长江流域还有着丰富的人文历史。

▲ 长江三峡工程段（孟凯　摄）

万里长江哺育了中华民族的千万子孙，但长江的水患也给沿江人民带来过巨大的损失和灾难。

据史料记载，从汉代到清代两千年间，长江发生过214次大洪灾，平均每10年一次。[3] 1860年和1870年长江洪水，接连两次给江南地区带来了灭顶之灾。仅上世纪30年代的两次大洪水就吞噬了近30万人的生命。历史上洪灾最为严重的地区在荆江一带。因为长江穿越西陵峡之后,水势由窄深流急变得宽浅平缓,而且这一带河道特别弯曲,素有"九曲回肠"之称,从上游带来的大部分泥沙,积年累月地在荆江河段淤积,河床不断被抬高,高出两岸平地,形成"悬河"。所以说"千里长流,险在荆江"。号称"鱼米之乡"的江汉平原和洞庭湖区1 500万人口以及150万平方公里的耕地,长年经受着严重的洪水威胁。

治理长江特别是中下游的水患成为历代朝廷和地方官安邦定国的大事。东晋永和元年(345),荆州刺史桓温派陈遵主持筑堤治水。因大堤保一方百姓的富庶,便称之为"金堤"。《水经注·江水》载:"江陵城地东南倾,故缘以金堤,自灵溪始,桓温令陈遵造。"[4]金堤,也叫万城堤,在今湖北江陵县境内,是荆江大堤的雏形。其后从隋唐五代十国到宋元明清,都不乏对防洪水利设施的修建,在降雨量较为正常的年份,可保一方平安,但遭到大洪水或特大洪水,这些设施往往无济于事,只能任由洪水肆虐,百姓陷入没顶之灾。"却惜无情风雨,滔滔洪水,百姓悲愁。"长江之患是中华民族的心腹之患,除害兴利更是亿万人民千百年梦寐以求的强烈愿望。

世纪梦想一波三折

早在1919年,伟大的中国民主革命先行者孙中山先生就在《建国方略》之《实业计划》里提出了在三峡筑坝建库的设想:"自宜昌而上,入峡行,约一百英里而达四川之低地……改良此上游一段,当以水闸堰其水,使舟得溯流以行,而又可资其水力。"[5]20世纪三四十年代,国民政府利用中外技术力量,对三峡水力资源进行了初步勘测、设计和研究,终因那时中国战乱频仍、民不聊生而中断。

1953年2月,毛泽东主席在湖北视察期间考察了长江防洪。在航程中,他接见了长江水利委员会主任林一山,听取了有关工作汇报。毛泽东看看地图,指着三峡口的位置说:"费了那么大的力量修支流水库,还达不到控制洪水的目的,为什么不在这个总口子卡起来? 先修那个三峡大坝怎么样?"[6]林一山说:"我们自然很希望能修建一座大坝,可现在还不敢这么想。"毛泽东叮嘱道:"三峡工程暂时还不考虑开工,我只是摸个底。"[7]由此可见,兴建三峡工程,是开国领袖毛泽东最早提出来的。从此,三峡工程便纳入中华人民共和国领导人的视野。

▲ 三峡工程（刘顺 摄）

1954年，长江中下游发生了百年少遇的特大洪水，通过刚刚建成一年的荆江分洪工程，保住了荆江大堤、武汉市堤，但还是造成长江中下游五省123个县市受灾，受灾人口1 800多万，受灾农田面积4 755万亩。灾后疾病流行，京广铁路100天不能正常运行。汛后，毛泽东主席专门题词："庆贺武汉人民战胜1954年洪水，还要准备战胜今后可能发生的同样严重的洪水。"[8]严重的洪灾，使治理长江的问题提上了党和国家领导人的工作日程。同年12月，毛泽东和周恩来在武汉至广州的专列上听取林一山关于长江三峡水利枢纽工程的汇报。随后成立"长江流域规划办公室"，负责长江流域的治理、开发、规划、设计和实施。这就是后来著名的"长办"。1955年开始，"长办"在几十个部门和单位的大力协同、苏联专家的协助下，经过流域规划和工程勘测、科研和设计，于1957年底完成了《长江流域综合利用规划要点报告》，明确指出三峡工程是长江流域规划中的关键性骨干工程，并将此报告上报党中央和毛泽东主席、周恩来总理。

在三峡工程规划工作全面展开时，1956年6月，毛泽东在武昌畅游长江后，即兴填词一首《水调歌头·游泳》，其中有"更立西江石壁，截断巫山云雨，高峡出平湖，神女应无恙，当惊世界殊"的诗句，为世人描绘出治理长江的宏伟蓝图。

1958年1月，中共中央南宁会议召开期间，毛泽东主席听取有关负责人对三峡工程的不同意见,提出了"积极准备,充分可靠"的方针,并指示周恩来总理:"长江的事,你每年过问四次,我至少听一次。"[9]

同年2月,周恩来、李富春、李先念率100多位中外专家、学者,以及国务院有关部委和湖北省的领导同志,溯江而上,就三峡工程进行实地考察。周恩来说:"我们要从全国人民的利益出发,从长江上中下游出发,以修建三峡大坝为主要工程,从根本上解决长江的防洪问题。"[10]1958年4月5日,在中共中央召开的成都会议上,通过了《中共中央关于三峡水利枢纽和长江流域规划的意见》,指出:"从国家长远的经济发展和技术条件两个方面考虑,三峡水利枢纽工程是需要修建而且可能修建的,但是最后下决心确定修建及何时开始修建要待各个重要方面的准备工作完成之后,才能作出决定。估计三峡工程的整个勘测、设计和施工的时间约需15到20年,现在应当采取积极准备和充分可靠的方针,进行各项有关的工作。"[11]这是1953年提出动议以来,中共中央对三峡工程的第一个正式决议。

但是,由于三峡工程规模浩大,当时的国力难以承受,加上随后苏联单方面撤走专家,黄河三门峡水库严重淤积及大水库防空等问题,使得三峡工程一时难以开工兴建。但据继林一山出任长江水利委员会主任的魏廷铮说:"三峡工程是周总理亲自交给'长办'的;没有人告诉我们要停办……将来中央问起来,我们可以告诉党中央,'长办'关于三峡的工作一天也没有停顿过!"[12]

20世纪70年代初,为了缓解华中地区工业用电十分紧缺的局面,武汉军区和湖北省革命委员会向中央建议先修建葛洲坝工程。中央在研究了葛洲坝工程与三峡工程的关系,并听取了对先建葛洲坝工程的不同意见后,1970年12月24日,周恩来总理亲自给毛泽东主席写报告,建议中央同意修建宜昌葛洲坝工程作为三峡工程的实验工程,以便锻炼队伍,积累经验。毛主席亲笔批示:"赞成修建此坝。"[13]

中共中央于1970年12月26日批准兴建葛洲坝工程,并指出这是有计划、有步骤地为建设三峡工程作实战准备。1988年12月,葛洲坝工程全部建成,这样,万里长江干流上诞生了第一座大坝和电站,为今后三峡工程建设培养了大批施工和管理人才,提供了极其宝贵的经验。[14]

随着改革开放的推进,党和国家的主要领导人格外重视兴建三峡水利枢纽的准备工作。

中国河湖的
红色记忆
RED MEMORIES OF RIVERS
AND LAKES IN CHINA

1980年7月中旬,邓小平乘"东方红32号轮"自重庆逐流东下,途中视察了三斗坪坝址、葛洲坝工地和荆江大堤,听取了"长办"关于三峡工程的汇报。邓小平还把魏廷铮请到自己的船舱,对他说:"今天没有上下级,就是一个老共产党员和一个比较老的共产党员之间的谈话。因为以前长江的工作都是毛主席、周总理亲自领导的,我不怎么太了解,你给我详细讲一讲。"魏廷铮回忆道:"我整整讲了两个半小时,小平同志闭着眼,一言不发。我讲完了,小平同志睁开眼说,你讲的话,我听懂了。你回去,技术的工作你来做,中央的工作我来做。我再问你一句,技术工作是不是完全可靠?""完全可靠!我们为三峡工程的技术工作,整整准备了30年,工作非常扎实,请小平同志放心!"小平同志最后说:"航天、卫星这些事情,时间到了,就都上去了。有两件事,我要不做就做不成了,这两件事就是,香港回归,三峡上马。"[15]

之后,根据邓小平的指示,国务院及有关部门负责人专程从北京赶到武汉,开会研究三峡工程问题。在实地考察并听取多方面意见后,邓小平指出:航运上问题不大,生态变化问题也不大,而防洪作用很大,发电效益很大。他说"应该很好地研究三峡工程问题,轻率否定搞三峡不好"[16]。邓小平的三峡之行,加快了论证三峡工程的步伐。

1983年,国家计委通过了三峡工程可行性研究报告,并及时报告给国务院。不久便得到国务院的原则批准。当年12月22日,邓小平在听取姚依林、宋平的汇报后,说:"三峡工程怎么样?能不能上?投资安排不可能那么准确,要安排得十分科学不可能,重要的是要争取时间,要把争取时间放在首位。这方面勇敢点,太稳了不行,没有闯劲,翻两翻翻不起来。"[17]这些话充分都表明邓小平对三峡工程早日上马的殷切心情。

1985年1月19日,邓小平在听取时任国务院副总理、三峡工程筹备领导小组组长李鹏有关三峡工程的汇报后,指出:"三峡工程是特大的工程项目,要考虑长远利益,我们应该为子孙后代留下一些好的东西……低坝方案不好,中坝方案是好方案,从现在即可着手进行。"[18]

为使三峡工程决策更加科学、民主和稳妥,中共中央和国务院联合发出通知,决定由水利电力部成立三峡工程论证领导小组,重新论证三峡工程。这次论证聘请了21位特邀顾问,组织全国各方面专家412人,分10个专题、14个专家组进行论证。1988年11月,历时2年零8个月的论证工作结束,重新提出的三峡工程可行性报告总的结论是:三峡工程对"四化"建设是必要的,技术上是可行的,经济上是合理的,建比不建好,早建比晚建有利。建议三峡工程的开发方案是:"一级开发,一次建成,分期蓄水,连续移民。"

1989年7月21日,刚当选为中共中央总书记的江泽民就冒着酷暑来到湖北宜昌,考察了三斗坪坝址。在从沙市顺江而下的船上,他详细听取了关于三峡工程的专题汇报;到了武汉,又参观了三峡水库泥沙模型试验。他表示:"三峡工程要争取早日上马,把几代人的伟大理想在我们这代人手中变为现实。"[19]

▲ 三峡水利枢纽(刘顺 摄)

1992年4月3日下午,全国人大七届五次会议对《关于兴建长江三峡工程的决议》进行了表决。大会出席代表为2 633人,1 767票赞成,177票反对,664票弃权,25人未按表决器,赞成票占全部总票数的67.1%,超过半数。全国人大委员长万里庄严宣布:"关于兴建三峡工程的决议通过。"并决定批准将兴建长江三峡工程列入国民经济和社会发展10年规划。

论证了40来年,也争议了30余年。至此,三峡工程终于有了定论。中国历史上最大的水利工程进入具体实施阶段。

经过两年多的不懈努力,三峡工程前期准备工作基本就绪。开工前夕,江泽民考察完各项准备工作后,要求三峡建设者:"一定要发扬奉献精神,保质保量将三峡工程建设好。在战略上藐视它,在战术上重视它,一点都不能马虎,战胜一切困难,夺取最后胜利。"[20]

1994年12月14日,长江三峡工程开工典礼在三峡大坝坝址——湖北省宜昌市三斗坪举行。国务院总理李鹏在大会上作了重要发言,他指出:"任何困难都难不到我们,三峡建设必将得到顺利的进行,1997年实现大江截流,2003年首批机组发电,2009年工程将全部竣工。一个宏伟壮丽的三峡工程将巍然屹立在中国的大地上,它将向全世界证明:中国人民有志气、有能力,敢于也能够建设好当今世界上最大的水利水电工程。三峡工程功在当代利千秋!"[21]最后,李鹏庄重宣布:"三峡工程开工!"

众志绘宏图,当惊世界殊

为了确保三峡工程建设的顺利进行,1993年1月,国务院决定成立三峡工程建设委员会,下设办公室、移民开发局、中国长江三峡工程开发总公司。中国长江三峡工程开发总公司作为三峡工程项目业主,全面负责三峡水利枢纽工程的建设和经营;移民开发局负责三峡工程移民工作方针、计划的制定和监督实施。国家电力公司(现国家电网公司)负责三峡输变电工程的建设。

移民工程

三峡工程的正式移民,从1992年坝区施工征地开始。党中央、国务院始终把移民群众的生产生活问题挂在心头。早在工程开工之前,相关方面就进行了长达八年的水库移民试点工作,动用资金2.37亿元。在试点工作取得经验的基础上,确定了开发性移民的方针。这是确保三峡水库移民顺利进展的根本保证。三峡工程库区移民,分为四期进行。为保证移民得到妥善安置,真正实现"搬得出、稳得住、逐步能致富",党中央、国务院在移民资金安排、财政税收、产业发展和结构调整、招商引资、生态环境保护等方面实施了一系列优惠政策。

到2008年8月四期移民工程通过验收结束,三峡工程库区累计搬迁安置移民137.92万人(重庆市111.96万人[22]、湖北省25.96万人[23])。迁建城市2座、县城10座、集镇114座、工矿企业1 632家[24];复建各类房屋5 054.76万平方米、公路830.32公里、港口7座、码头270处、输变电线路2 457.6公里、通讯线路4 556.3杆公里、广播电视线路3 541杆公里[25];实施文物保护项目1 093处[26]。2009年到2013年,完成了移民工程扫尾任务和资金、竣工决算,拨付移民资金856.53亿元[27]。新迁建的库区城镇面貌焕然一新,与老城区相比,基础设施发生了巨大变化。三峡工程建设开发性移民方针得到了较好落实。

枢纽工程

枢纽工程包括三峡大坝、电站建筑物、通航建筑物和电站机电设备四部分。

1997年11月8日,举世瞩目的长江三峡顺利实现大江截流。这是三峡工程建设中一个里程碑意义的重大胜利,标志着为期5年的三峡一期工程顺利完成,从此转入更为艰巨的二期工程建设。2002年11月6日,三峡工程导流明渠截流合龙。此次截流是世界水利水电工程中综合施工难度最大的一次截流,创造了中外水利史上江河截流的奇迹,从而为三峡二期工程顺利完成、水库初期蓄水、永久船闸通航和首批机组发电打下坚实基础。

三峡大坝建在湖北宜昌市的三斗坪镇境内,距下游葛洲坝水利枢纽工程38公里。于1994年12月14日正式动工修建,2006年5月20日,随着最后一方混凝土浇筑完毕,这座世界上最大的钢筋混凝土大坝顺利封顶,全线达到海拔185米设计高程,这是三峡工程建设史上又一重要里程碑,比预先工期提前了10个月。

▲ 三峡大坝(孟凯 摄)

三峡大坝坝轴线全长2 309.47米,最大坝高181米,混凝土浇筑总量达到2 800万立方米,如果将这些混凝土砌成1米宽、1.5米高的墙,可以从地球北极连接到南极。大坝所使用的混凝土可以浇筑85座世界第一高楼——迪拜哈利法塔。

三峡工程不仅在于体量巨大,更在于通过新技术、新工艺,成功打破大坝施工领域"无坝不裂"的惯例,并且完全满足高强度、高效率的施工进度要求,这一成就令中国在大体积混凝土工程领域遥遥领先世界。

三峡水电站是我国迄今为止综合效益最大的水电站,发电机组尺寸和容量大,水头变幅宽,设计和制造难度居世界之最。三峡电站共设有32台70万千瓦的水轮发电机组,分别位于左、右岸电站和地下电站,加上两台5万千瓦电源机组,三峡电站总装机容量达到2 250万千瓦。年设计发电量达882亿千瓦时,于2012年7月全部投产。

▲ 三峡船闸（刘顺 摄）

永久船闸是三峡水利枢纽三大主体工程之一,既是长江航运通过三峡大坝的主要通航建筑物,也是长江干流上的人工运河,全长6 442米(其中主体结构总长1 621米,引航道4 821米),宽300米,双向五级,是当今世界上规模最大、水头最高、技术最复杂的巨型船闸。担负这一重点工程施工任务的是武警水电部队第四支队的官兵,1994年4月17日破土动工,他们克服立体交叉作业、高空作业等困难,攻克一系列技术难题,工程质量和进度得到业主、设计方和有关专家一致好评,至1999年10月3日,三峡工程永久船闸全线开挖完工。2001年11月7日,三峡工程永久性船闸首扇反弧门在闸首中南竖井内安装成功。

2002年9月1日,三峡工程永久船闸开始进行有水调试。永久船闸按年单向5 000万吨和通过万吨级船队要求设计。过往永久船闸的船舶包括万吨级船队,每次过闸的时间大约需要2小时35分钟。根据三峡工程建设计划,船闸于2003年6月通航。

三峡升船机是由武船集团制造的重大技术装备,其承船厢可载3 000吨级船舶,最大爬升吨位高达1.55万吨,最大爬升高度113米。三峡升船机主体工程土建与部分设备安装工程,由葛洲坝集团三峡建设工程有限公司历时6年半完成。

三峡升船机为单线一级垂直提升式,工程全线总长度为5公里,其规模和难度均居世界之首。通航建筑于2015年7月试运行,有效提高了3 000吨级大型船只的过坝时间,使其通过永久船闸由3.5小时缩短为40分钟,现已全部竣工并通过国务院长江三峡工程整体竣工验收委员会的验收。永久船闸设计的通航能力在三峡工程完建时就接近饱和,比规划提前了近20年。现在,三峡大坝又开辟一条五级双线船闸通道建设,通航能力将达3亿吨,接近当年川江天然河道通货能力的130倍。

输变电工程

三峡输变电工程是三峡工程的又一主体工程。1997年开建,2007年完成。工程由92个单项工程组成,建成投产线路总长度为9 248公里和变电容量2 275万千伏安、换流容量1 800万千瓦的一流输变电设备。为配合地下电站建设,2010年完成葛沪直流增容改造工作,新增林枫直流输电300万千瓦。

三峡输变电工程推动了全国电网互联格局的形成,加快了直流输电项目国产化水平的提高,完成投资364.99亿元[28],供电区域覆盖湖北、湖南、河南、重庆、上海、江苏、安徽、江西、浙江和广东等八省二市。

三峡工程动态总投资达1 263.85亿元[29],创造了100多项世界之最,让长江两易其道,终于拔地而起、壁立西江。通过长期监测,三峡移民工程全面完成了"搬得出"、基本"稳得住"、正在向逐步"能致富"迈进;枢纽工程"各项指标均在设计或预测范围之内,库区地质总体安全稳定,水库水质总体良好,三峡工程质量、功能等都得到了相应的检验"[30];输变电主体工程和调度、计量、通信、继电保护二次系统工程运行安全、质量良好。

大国重器功在当代利在千秋

三峡工程历经百年梦想，40年论证，20年建设，10多万工程人员参与施工，130多万库区群众迁离家园，终于得以建成。这是人类历史上一次利用自然资源的成功实践，是世界水利工程建筑史上的一个杰作。其规模之大、效益之好，为世界瞩目，令国人骄傲。

2020年11月1日，水利部、国家发展改革委员会公布：三峡工程日前完成整体竣工验收全部程序。根据验收结论，三峡工程建设任务全面完成，工程质量满足规程规范和设计要求、总体优良，运行持续保持良好状态，防洪、发电、航运、水资源利用等综合效益全面发挥。三峡工程是迄今为止世界上规模最大的水利枢纽工程和综合效益最广泛的水电工程。监测表明，拦河大坝及泄洪消能、引水发电、通航及茅坪溪防护工程等主要建筑物工作性态正常，机电系统及设备、金属结构设备运行安全稳定。[31]

防洪效益

三峡工程建成后，江汉平原最薄弱的荆江河段防洪标准从十年一遇提高到百年一遇，可有效保护1 500万人口和2 300万亩耕地。三峡枢纽工程从2003年运行以来，多次进行防洪调度，成功发挥了拦洪错峰的作用。2010年汛期，三峡枢纽工程经受了第一次较大洪水的考验，最大入库洪峰流量达7万立方米每秒，经水库削峰后仅以4万立方米每秒下泄，确保了长江中下游防洪安全。汛期累计拦蓄洪水266亿立方米。[32]据专家估算，仅2010、2016两年，为国家挽回防洪投入和洪水损失15 000亿元以上。[33]

2020年夏季，受强降雨影响，长江上游多条支流发生洪水，三峡水库来水快速增加。实时水情显示，至8月19日12时，三峡水库入库流量涨至72 000立方米每秒，超过建库以来最大值，针对汛情形势，水利部19日9时将水旱灾害防御Ⅲ级应急响应提升至Ⅱ级，长江三峡水利枢纽工程开启泄洪深孔泄洪。

发电效益

三峡电站总装机容量达2 250万千瓦，年发电量近1 000亿度。主要供电华东、华中地区，小部分送川东，为经济发达、能源不足的华中、华东地区提供可靠、廉价、清洁和可再生的能源,对经济发展和减少环境污染起到重大作用。三峡工程提供的清洁能源,碳排放每年就值10亿到80亿人民币,欧洲各国来商议购买碳排发量的公司络绎不绝。

三峡电站的建成,还促进了全国电力联网,对获得地区之间的错峰效益、水电站群之间的电力补偿调节效益和水电火电容量交换效益,保证电力的可靠性和稳定性发挥了积极的作用,惠及全国半数以上人口。据三峡集团2020年11月18日公布,"截至15日8时20分,三峡电站2020年已累计生产清洁电能1 031亿千瓦时,打破了此前南美洲伊泰普水电站于2016年创造并保持的单座水电站年发电量(1 030.98亿千瓦时)世界纪录……据统计,1 031亿千瓦时清洁电能,相当于节约标准煤3 171万吨,减排二氧化碳8 671万吨、二氧化硫2.06万吨、氮氧化物1.96万吨。"[34]

航运效益

三峡工程蓄水后,川江通航条件大为改善,结束了"自古川江不夜航"的历史。三峡工程改善航道里程650公里,万吨级船队可从上海直达重庆,船舶运输成本降低1/3以上,能耗降低近2/3;库区水上交通事故减少2/3,重大交通事故是蓄水前的1/17,长江成为名副其实的黄金水道。自2003年蓄水通航以来,长江航运业蓬勃发展,通过三峡枢纽的货运量保持年均13%的高速增长,2011年货运量已经突破1亿吨,是三峡蓄水前平均年货运量(1 000万吨)的10倍,促进了东西部经济协调发展。

生态效益

三峡电站32台机组全部投产发电,每年生产近1 000亿千瓦时的清洁能源。截至2019年10月底,三峡电站历年发电累计超过1.2万亿千瓦时,相当于节约原煤消耗约5.9亿吨,减排二氧化碳约11.8亿吨,减排二氧化硫1 180多万吨及大量废水、废渣;或减轻因有毒有害气体的排放而引起的酸雨危害。[35]对中国温室气体减排贡献率约为2个百分点。三峡工程不仅用以解决汛期的防洪问题,也用以解决枯水期的抗旱和供水问题,可使长江中下游枯水季节流量明显增大,有利于珍稀动物白鱀豚和其他鱼类安全越冬,还有利于降减长江口盐水上溯长度和入侵时间,减少上海市区人民吃"咸水"的时间。由此可见,三峡工程所产生的生态环境效益是十分巨大的。

2018年4月,习近平总书记在视察三峡工程时说:"大国重器必须掌握在自己手里。要通过自力更生,倒逼自主创新能力的提升。试想当年建设三峡工程,如果都是靠引进,靠别人给予,我们哪会有今天的引领能力呢。我们自己迎难克坚,不仅取得了三峡工程这样的成就,而且培养出一批人才,我为你们感到骄傲,为我们国家有这样的能力感到自豪。"[36]

从开始提出设想,到三峡工程全面建成,风风雨雨,曲曲折折,历经百年。回顾这段历史,我们深刻感悟到:没有中国共产党的坚强领导,没有中国特色社会主义制度,没有改革开放,没有社会主义市场经济体制,没有强大的综合国力,没有举国同心的民族凝聚力,就没有今天的三峡工程!三峡工程是治水兴国、水治邦兴的国之重器,是不忘初心、执政为民的德政彰显,是万众一心、众志成城的伟大丰碑!

参考文献

[1][2] 11月14日,中共中央总书记、国家主席、中央军委主席习近平在江苏省南京市主持召开全面推动长江经济带发展座谈会并发表重要讲话.新华社,2020-11-15.

[3] 陆佑楣.三峡工程是改善长江生态、保护环境的工程[J].中国工程科学,2011(7).

[4] [北魏]郦道元.水经注校证[M].陈桥驿,校证.卷三十四江水.北京:中华书局,2013:763.

[5] 孙中山.孙中山选集[M].北京:人民出版社,1981:265.

[6] 林一山.林一山回忆录[M].北京:方志出版社,2004:158.

[7] 毛泽东诗词选[M].北京:人民文学出版社,1986:83.

[8] 武汉"防汛纪念碑"碑文.

[9][15][33] 张聪.百年夙愿话三峡[J].炎黄春秋,2020(9):19-24.

[10][19][20] 张毅,彭俊.千秋伟业 历史丰碑 党和国家领导人情系三峡工程建设纪实[N].人民日报,2003-09-05.

[11] 中共中央文献研究室.建国以来重要文献选编:第11册[M].北京:中央文献出版社,1995:228.

[12] 魏廷铮口述.百年夙愿话三峡[J].炎黄春秋,2020(9):22-23.

[13][14][18] 李鹏.高峡出平湖,众志绘宏图[M]//李鹏论三峡工程.北京:中国三峡出版社、中央文献出版社,2011:354-361.

[16] 刘思华.邓小平视察宜昌葛洲坝前后——访著名水利专家魏廷铮[N].三峡晚报,2007-10-05.

[17] 中共中央文献研究室.邓小平年谱(1975—1997):下[M].北京:中央文献出版社,2004:950.

[21] 李鹏.功在当代利千秋[M]//李鹏论三峡工程.北京:中国三峡出版社、中央文献出

版社,2011:137-138.
[22] 重庆市长江三峡移民工程竣工验收委员会.长江三峡工程整体竣工验收重庆市移民工程初验报告[R].2015.
[23] 湖北完成三峡及南水北调中线移民逾44万人[OL].人民网,2015-03-03.
[24][25] 国务院三峡工程建设委员会办公室.三峡移民工程[M].
[26] 王显刚.三峡移民工程100问[M].北京:中国三峡出版社,2007.
[27] 王珂.三峡工程决算金额逾2 000亿挤占挪用移民资金2.79亿[N].人民日报,2013-06-08.
[28][29] 中华人民共和国审计署.三峡工程动态总投资2 485亿元[OL].财新网,2013-06-07.
[30] 三峡工程整体竣工验收工作解读[OL].新华网,2014-07-04.
[31] "国之重器"三峡工程完成整体竣工验收[N].新华社,2020-11-01.
[32] 中国长江三峡集团有限公司网站.https://www.ctg.com.cn/sxjt/sxgc4/bwsx/727244/index.html.
[34] 郭晓莹,朱静霞,梁锡.三峡电站创单座水电站年发电量世界纪录[OL].中国新闻网:2020-11-18.
[35] 集团简介[OL].中国长江三峡集团有限公司官网.https://www.ctg.com.cn/sxjt/gywml/jtjj/index.html.
[36] 霍小光.习近平考察三峡工程:大国重器必须掌握在我们自己手里[OL].新华网:2018-04-25.

长江汉水两苍茫,神工牵引济北方
——南水北调东中线工程纪事

水,生命之源、生产之要、生态之基。兴水利、除水害,事关人类生存、经济发展、社会进步,历来是治国安邦的大事。

然而,中国是一个水资源短缺、水旱灾害频繁发生的国家,人均水资源量为2 163立方米(世界银行1998年统计数据),只有世界人均水平的1/4,而且在时间和地区分布上很不均衡,南方水多,北方水少;汛期降雨集中,非汛期干旱少雨。长江是中国最大的河流,水资源丰富,长江水量的94%以上东流入海,而长江以北水系流域占全国国土面积的63.4%,水资源量仅占全国的19%,北方地区长期干旱缺水,黄淮海流域尤其是中国水资源承载能力与经济发展矛盾最为突出的地区。据2000年数据统计,黄淮海流域人均水资源量为462立方米,仅为全国平均水平的21%,其中北京、天津地区所在的海河流域人均水资源量仅为292立方米,只是全国平均水平的14.3%。黄淮海流域总人口4.4亿,约占全国人口的35%,国内生产总值约占全国的35%,在国民经济格局中占有重要地位,而水资源量仅占全国总量的7.2%。由于资源性缺水,即使在充分发挥节水、治污、挖潜的基础上,黄淮海流域仅靠当地水资源已难以支撑其经济社会的可持续发展。[1]

南水北调工程是实现我国水资源优化配置的重大战略性基础设施。它对缓解我国北方地区,尤其是黄淮海流域的水资源严重短缺问题,保障供水安全,促进经济社会可持续发展,改善生态均具有十分重大的意义,是功在当代,利在千秋的民生、民心工程,更是历经半个多世纪、标志着中华民族走向自强与复兴道路的历史性工程。

南水北调工程规划东线、中线和西线三条调水线路,分别从长江流域下游、中游、上游向北方地区调水,通过三条调水线路与长江、黄河、淮河和海河四大江河的联系,构成以"四横三纵"为主体的总体布局,以利于实现中国水资源南北调配、东西互济的合理配置格局,具有重大的战略意义。南水北调中线工程、南水北调东线工程(一期)已经完工并向北方地区调水,西线工程尚处于规划阶段,还没有开工建设。南水北调工程是世界上距离最长、受益范围最大、受益人口最多和规模最大的工程,工程规划调水总规模448亿立方米(规划中,东、中、西线最终调水规模为148亿、130亿和170亿立方米,建设时间约需40年到50年),大约相当于给北方地区增加了一条黄河的水量。[2]

一代伟人的世纪梦想

中华人民共和国成立后,国家建设首先要面对"南方水多,北方水少"的现实问题。如何破解这一重大问题,就成为摆在党和国家领导人面前的一个重要课题,由此激发产生出一代伟人毛泽东的世纪梦想。

"善治国者必先治水"。1952年10月26日至11月1日,毛泽东利用中央批准他休假的时间,顺着山东、河南等省黄河沿岸,专程考察黄河。10月30日上午,毛泽东在河南兰考视察黄河东坝头时,黄河水利委员会主任王化云向毛泽东汇报治黄的规划设想,报告了已派查勘队行走万里查勘黄河源以及金沙江上游的通天河,希望可以把通天河的水引进黄河里来,解决西北、华北缺水问题。听了王化云的汇报,毛泽东说:"南方水多,北方水少,如有可能,借一点来是可以的。"正是这句看似轻描淡写的话语,点燃了共和国跨流域调水的世纪梦想,开启了国人长达半个多世纪的追梦之旅。[3]

南水北调工程规划论证从1952年开始,一直到2002年,历时半个世纪。2000年10月,时任国务院总理的朱镕基在中南海主持召开南水北调工程座谈会,听取国务院有关部门领导和各方面专家对南水北调工程意见后,他强调指出:"必须正确认识和处理实施南水北调工程同节水、治理水污染和保护生态环境的关系,务必做到先节水后调水、先治污后通水、先环保后用水。"从此以后,"三先三后"原则即成为指导南水北调工程规划、建设和运行的基本原则[4]。历经五十余年的规划、勘测、研究和论证,水利部于2001年组织完成了《南水北调工程总体规划》的修订,2002年10月,中共中央政治局常委会审议并通过了经国务院同意的《南水北调工程总体规划》。同年12月23日,国务院正式批复同意《南水北调工程总体规划》,12月27日,南水北调工程开工典礼在北京人民大会堂和江苏省、山东省施工现场同时举行,国务院总理朱镕基在人民大会堂主会场宣布工程正式开工。与此同时,上午九时三十分,"南水北调"工程东线一期工程的源头工程——三阳河、潼河、宝应站工程和山东省济平干渠工程同时正式开工,标志着举世瞩目的"南水北调"工程奏响了壮观的前奏曲,吹响了加快水利改革发展进军的号角,开启了我国水利事业跨越式发展的新征程。

南水北调工程经历了50年科学论证和50多个方案比选,开展了一系列跨学科、跨部门、跨地区的联合研究,110多名院士献计献策,成千上万名水利科技人员持续奋斗。早年曾在河海大学就读的杰出校友张基尧、汪易森等同志也担任了国务院南水北调工程建设委员会的重要成员。工程的开工建设,是反复论证、慎重决策的结果。经过12年艰苦奋战,南水北调东、中线一期工程于2014年12月12日全面建成通水,滚滚东流的长江水开始沿着两条人工天河向北奔流,润泽饱受干涸之苦的华北平原,为这片古老而厚重的土地注入生机和活力。[5]

东线：水往高处流

南水北调东线工程是利用江苏省已有的江水北调工程，逐步扩大调水规模并延长输水线路。东线工程从长江下游扬州抽引长江水，利用京杭大运河及与其平行的河道逐级提水北送，并连接起调蓄作用的洪泽湖、骆马湖、南四湖、东平湖。出东平湖后分两路输水：一路向北，在位山附近经隧洞穿过黄河后自流到天津；另一路向东，通过胶东地区输水干线经济南输水到烟台、威海。东线工程开工最早，并且有现成输水道，调水规模为148亿立方米，规划分三期建设。

▲ 南水北调东线工程江苏段——大运河高邮段（孟凯 摄）

东线一期工程于2002年12月27日开工，调水主干线全长1 466.5公里，其中长江至东平湖1 045.36公里，黄河以北173.49公里，胶东输水干线239.78公里，穿黄河段7.87公里。工程任务是从长江下游调水到山东半岛和鲁北地区，补充山东、江苏、安徽等输水沿线地区的城市生活、工业和环境用水，兼顾农业、航运和其他用水。[6]

东线一期工程沿途中包括京杭大运河在内有数条南北向的河道可作为江水北上的现成通道，加之江苏省境内又有江水北调工程作为基础东线工程，似乎已是地利人和只待水到渠成。然而事情却没有这么简单，黄河以南

中国河湖的
红色记忆
RED MEMORIES OF RIVERS AND LAKES IN CHINA

▲ 南水北调东线工程江苏段——淮安水利枢纽（孟凯 摄）

▲ 南水北调东线工程江苏段——泗洪泵站（孟凯 摄）

的地形为南低北高，从调水起点到黄河南岸地面高程升高近40米，这意味着想要南水北上必须实现"水往高处流"，直至水流越过最大高程点才可顺流而下抵达天津或沿引黄济青工程奔向山东半岛。于是仅东线一期工程沿线便建有34处站点、160台水泵共计13级泵站，这个世界上最大的泵站群工程，从扬州江都水利枢纽开始将长江水逐级提升近40米一路送至黄河南岸。而为了降低泵站群的能耗，其中1/3的水泵均使用我国技术人员耗时3年自行研发的灯泡贯流泵，这种装置拥有平直的流道水流，不需转弯便可直接通过，因此与传统的立式轴流泵相比，贯流泵的电能转化率可从65%提高至81%，大大提高了运行能效。经由这些泵站东线一期工程的年调水能力可达到88亿立方米，相当于每年为沿线的江苏、安徽、山东各省供给了600多个西湖的水量。[7]

2013年11月15日，南水北调东线一期工程全线通水。

东线工程，持续推进。中国版图上，另一条纵贯南北的输水动脉南水北调中线工程，也在攻坚克难，步步前行。

中线：一渠清水向北流

南水北调中线工程70%的水源从汉江流域汇聚至丹江口水库，由丹江口水库大坝加高后扩容的丹江口水库调水，从河南南阳的淅川陶岔渠首闸出水，沿豫西南唐白河流域西侧过长江流域与淮河流域的分水岭方城垭口后，经黄淮海平原西部边缘，在郑州以西孤柏嘴处穿过黄河，继续沿京广铁路西侧北上，可基本自流到北京、天津。中线工程调水规模130亿立方米，规划分两期建设。[8]

▲ 南水北调中线工程——穿黄隧洞（王峰 提供）

中线一期工程于2003年12月30日开工建设，工程总干渠（至北京）长1 276.4公里，天津干渠155.5公里。工程任务是向北京、天津等20个大中城市及100多个县（县级市）提供生活、工业用水，兼顾生态和农业用水。多年平均年调水量为95亿立方米。

中国河湖的
红色记忆
RED MEMORIES OF RIVERS AND LAKES IN CHINA

自 2005 年起，在南水北调中线的源头丹江口水库，规模空前的大坝加高工程已经开启。

丹江口水库大坝是在汉江与它的支流丹江汇合口的下游 800 米处由中国人自行设计并建造的大坝，一期工程 1958 年 9 月 1 日动工，当时的坝顶设计高度为 162 米。

在那火红的年代，虽然缺乏兴建大型水利工程所需要的重型机械设备，但是十多万建设大军自力更生、土法上马。开挖基坑缺乏风钻，就用人工打眼放炮；没有电铲，就用手镐；没有自卸汽车，就肩挑人抬。浇筑混凝土，从开采砂石到拌和、震捣，开始时都是人工操作，保证了工程进度。经过 15 年的艰苦奋斗，1974 年，丹江口水利枢纽初期工程完工。

▲ 南水北调中线工程——陶岔渠首（王峰 提供）

然而，老的大坝终究无法满足南水北调所提出的更高要求。

南水北调中线工程从丹江口水库输水到中国北方，输水距离超过 1 000 公里，它利用的是高度落差原理。丹江口水库老坝 162 米高度拦蓄的水量远远不能满足每年 95 亿立方米的调水规模。为达到这个目标，大坝高度将由 162 米增加到 176.6 米。大坝加高 14 米，其难度不言而喻，在世界水利工程史上前所未有。

中国工程院院士郑守仁说："水位虽然抬高了 13 米，但是它的水压力要增加 40%，要确保这个大坝安全运行，我还是战战兢兢，如临深渊，如履薄冰的。"

一座已服役近 40 年的老坝上重新浇筑一座"新坝"并非易事，倘若新老混凝土因温度变化产生不均匀的热胀冷缩将令坝体间产生裂缝,其后果将不堪设想,因此除了严格控制混凝土的浇筑温度外,施工人员还在大坝堰体的老混凝土上切割出一道道键槽,并植入一根根钢筋用以加强新老混凝土间的咬合和锚固。而在大坝顶部则向20个垂直伫立的闸墩中植入共计1164根钢筋,令闸墩更加坚固。

加高工程历时近8年,升级改造后的坝体变得更高更厚,不仅库容量能满足调水需求,水位高程同时可达到170米,比北京高出100余米,这就意味着来自丹江口水库的汩汩清水不再需要泵站逐级提升便能一路自流到达北京。

南水北调中线工程自丹江口水库向北进发,需要经过河流、铁路、公路、洼地等复杂地段。工程师们设想将采用一种庞大的空中输水廊道来完成跨越。这个输水廊道就是渡槽,是一种架在空中的水槽。一座座庞大的"水上立交"横空出世。整个中线工程需要架设27座不同类型的渡槽,在这27座大型梁式渡槽上南来之水源源不断凌空而过,如同一条蜿蜒北去的"天河"。[9]

2014年12月12日,南水北调中线一期工程正式通水。

习近平总书记在中线一期工程正式通水时强调指出,南水北调工程功在当代,利在千秋。要求继续坚持"先节水后调水、先治污后通水、先环保后用水"的原则,加强运行管理,深化水质保护,强抓节约用水,保障移民发展,做好后续工程筹划,使之不断造福人民。

截止2019年12月12日,南水北调东中线一期工程累计调水量近300亿立方米,直接受益人口超过1.2亿人,成为多个重要城市生活用水的主力水源。

1亿多人喝上甘甜"南水"

南水北调极大改变了北京市用水的短缺状况,该市直接受益人口超过1200万。

通水几年来,受水区的生活、生产以及航运、生态等供水保障能力得到增强,同时,地下水开采量压减8亿多立方米,有效遏制了地下水水位下降趋势。2016年北京市地下水位首次出现回升,同比回升0.52米。

中国河湖的
红色记忆
RED MEMORIES OF RIVERS
AND LAKES IN CHINA

在千年古都北京,"上风上水"这个词曾被不少人用来形容南北城的水质差异。过去,南城的水质给这里的居民添了不少麻烦。

居住在丰台区多年的赵飞艳女士一家对水质的变化有着切身感受。"原来的水碱特别多,烧完水以后壶底总是厚厚一层,不经常清理就得换壶了。"赵飞艳回忆说。直到2014年底,她惊喜地发现,家里的水和原来不一样了。"我们家现在的烧水壶用了好几年了,水垢几乎没有,之前可不敢想!"

点点滴滴的变化,源于南水北调中线一期工程正式通水。5年间,超过52亿立方米的汉江水在精心呵护之下抵达北京。如今,南城90%的居民用的都是"南水",不仅改变了北京水资源的"南北有别",也极大缓解了北京市水资源紧张情况。

位于河北省石家庄滹沱河畔的冀之光广场附近,流水潺潺、波光粼粼,宽阔水面中丛生的芦苇随着清风摇曳,不时有水鸟飞过,岸边垂钓的老人怡然自得。滹沱河是石家庄的母亲河,曾干涸了几十年,如今重现生机,正是南水北调工程生态补水的一个缩影。

▲ 南水北调中线工程——漕河渡槽(王峰 提供)

南水北调工程是重要的民生工程,同时也是生态工程。在完成正常供水任务的前提下,它也在悄无声息地改变着沿线的生态环境。

素有燕山明珠之称的密云水库,是北京市重要的水源地。在密云水库工作了20年的王荣臣,对"南水"进京后水库的新变化感到欣喜:"在2014年以前,密云水库处于低水位运行,水面可以看到十几个岛屿。而现在,水库只能看到两三个岛屿,其余都淹没在水面以下了。"

水资源总量的增加,不仅改变了首都水源保障格局和供水格局,也使宝贵的水资源得到涵养恢复。在过去的5年里,南水北调反向输水密云水库4.5亿立方米,再加上水库上游的补水,使得水面面积增大、水位抬升,并吸引了越来越多的鸟类和野生动物来此栖息。

五年来全面通水的实践证明,南水北调是我国改革开放和社会主义现代化建设取得的重大成就,是我国社会主义制度集中力量办大事的生动范例:中国共产党几代领导人擘画、重视,目标明确、接力奋斗,充分体现了党中央集中统一领导的体制优势,实施中最大限度地凝聚思想、形成共识,有效解决投资保障、征地移民、治污环保、技术攻关等重大关键制约问题,妥善处理各方面的利益关切,各地区、各部门同心协力,高效联动,全国一盘棋、上下一条心,是社会主义制度调动各方面资源、统一各方面行动、高效有力办大事的突出标志和集中展示。总之,南水北调集中彰显了中国特色社会主义制度和国家治理体系的鲜明特点和显著优势,集中彰显了中国共产党领导下的中国智慧、中国速度和中国力量。[10]

参考文献

[1][4][6] 国务院南水北调工程建设委员会办公室.南水北调工程知识百问百答[M].北京:科学普及出版社,2015:8-30.

[2] 中国南水北调工程网.http://nsbd.mwr.gov.cn/.

[3] 刘道兴等.南水北调精神初探[M].北京:人民出版社,2017:1-6.

[5][10] 国新办举行"南水北调东、中线一期工程全面通水五周年"有关情况发布会[OL].[2019-12-12].http://www.gov.cn/xinwen/2019-12/12/content_5460588.htm.

[7] 星球研究所.[2019-12-14].https://www.thepaper.cn/newsDetail_forward_5239450.

[8] 南水北调[OL].https://baike.baidu.com/item/%E5%8D%97%E6%B0%B4%E5%8C%97%E8%B0%83/500990?fr=aladdin.

[9] 中央电视台科教频道.水脉[M].北京:中国水利水电出版社,2015:51-69.

浪急风高猿啸哀,冲天高坝入云排
——金沙江梯级水电站纪事

　　金沙江是长江的上游河段,主源沱沱河发源于青藏高原唐古拉山脉。沱沱河与当曲河汇合后称通天河,通天河流至玉树附近与巴塘河汇合后始称金沙江。金沙江流经青、藏、川、滇4省(区),至宜宾接纳岷江后称为长江,宜宾至宜昌河段又称川江。金沙江流域面积47.32万平方公里,约占长江流域面积的26%,多年平均流量4 920立方米每秒,多年平均年径流量1 550亿立方米,约占长江宜昌站来水量的1/3。流域内山岳占90%,是汉、藏、彝、纳西、白族等多民族聚居地。金沙江全长3 364公里,天然落差5 100米,水能资源十分丰富,是全国最大的水电能源基地。据普查成果,干支流水能资源理论蕴藏量达1.124亿千瓦,约占全国的16.7%。金沙江干流玉树至宜宾河段全长2 326公里,习惯上将其分为上、中、下三段,石鼓以上为上段、石鼓至雅砻江口为中段、雅砻江口至宜宾为下段。[1]20世纪50年代以来,长江水利委员会、国家电力公司成都、昆明、中南勘测设计研究院(以下简称中南院)等单位对金沙江流域的开发进行了大量的勘测、规划设计前期工作。金沙江下游河段水能资源的富集程度最高,河段长782公里,落差729米。规划按4级开发,从上至下依次为乌东德、白鹤滩、溪洛渡和向家坝,4梯级水电站总装机容量为4 296万千瓦,年发电量为1 875.7亿千瓦时。[2]

一

红军万里远征难,千山磅礴走泥丸。

赤水神兵巧四渡,金沙飞渡敌军寒。

一九三五年四月下旬,红军来到金沙江,金沙江江面宽阔,水急浪大,敌机不断低飞骚扰,无法过江。如果红军过不去江,就有被敌人压进深山狭谷,遭致全军覆灭的危险。1935年5月3日,红军军委干部团接受了抢夺皎平渡的任务。他们翻山越岭日夜兼程180里,当天夜晚就来到了金沙江边。在渡口,他们幸运地找到了一条船。后来,他们又在当地农民的协助下,从水里捞出了一条破船,用布把漏洞塞上。然后,他们乘坐这两条船悄悄地渡到北岸。敌人的哨兵以为探子回来了,没有在意。他们来了个突然袭击,一举消灭了一连正规军和一个保安队,控制了皎平渡两岸渡口。后来,他们又找到了五条船,动员了36名艄公。与此同时,红一军团赶到了龙街渡口,红三军团赶到了洪门渡,但这两个渡口都没有船只,加上江宽水急无法架桥。军委命令他们迅速转到皎平渡过江。从5月3日至9日,在七天七夜的时间里,红军主力就靠这7只小船从容地过了江。担任后卫的9军团在南渡乌江以后奉军委命令一直在黔西绕圈子,时东时西,忽南忽北,牵制了敌人部分兵力。5月6日,他们到了云南东川与巧家县之间,并于5月9日在树节渡顺利地渡过了金沙江。两天以后,敌人的追兵才赶到南岸。可是红军已经毁船封江,远走高飞,无影无踪了。巧渡金沙江使中央红军摆脱了数十万国民党官兵的围追堵截,粉碎了蒋介石围歼红军于川、黔、滇的计划,实现了渡江北上的战略方针。这是红军长征中声东击西、避实击虚的一次精彩的军事行动。在革命战争年代,红军面对白浪滔天、汹涌奔流的金沙江水和金沙江两岸令人心惊肉跳的悬崖峭壁,不畏艰险,他们以不怕牺牲、大智大勇、严明纪律与军民团结的精神,在这无路险境中跋涉、攀越,在缺衣少食和敌人围追堵截的严酷条件下突破了几十万敌军的天罗地网,为顺利完成长征奠定了基础。这是红军长征精神的一次伟大胜利。

二

习近平总书记指出,"精神是一个民族赖以长久生存的灵魂"。国家和民族有精神,行业同样也有精神。水利行业是一个具有悠久历史的古老行业,在中华民族悠久治水史中,孕育了大禹精神、都江堰精神、红旗渠精神、九八抗洪精神的优秀治水传统和宝贵精神财富,在金沙江流域,水利工作者们以"忠诚、干净、担当"的可贵品质，以"科学、求实、创新"的价值取向，敢打硬仗、能打硬仗、善打硬仗，他们在悬崖绝壁的"天路"坚定攀行、施工作业，在层峦叠嶂的深谷昼夜鏖战、创造奇迹。通过水利工作者们的拼搏努力，在金沙江下游河段从上至下依次建成乌东德、白鹤滩、溪洛渡和向家坝四级水电站，浪急风高猿啸哀，冲天高坝入云排。不畏艰难的中国长江三峡集团水利工作者们充分利用金沙江下游富集的水能资源，让峡谷成湖，彩虹横架，金沙江四级梯级水电站的设计和建设水准已经达到世界顶尖水平。

乌东德水电站

乌东德水电站位于云南省昆明市禄劝县和四川省凉山州会东县交界，由中国长江三峡集团有限公司于2015年12月全面开工建设，总装机容量1 020万千瓦，共安装12台单机容量85万千瓦的水电机组，其中，水轮发电机的转子重达2 100吨，相当于1 400辆普通家用轿车的重量，为世界之最。年均发电量389.1亿千瓦时，一天的发电量即可供30万人一年的生活用电，是金沙江下游四个梯级电站的第一级，为中国第四、世界第七大水电站。[3]从近1 800米高的高空边坡上方，俯瞰乌东德大坝，好是一瓣鸡蛋壳轻轻地卡在金沙江狭窄的河谷内，从江面上看大坝，如一张张开的铁臂，紧锁两岸近90度的峭壁。大坝拥有一个世界之最，它的最大坝高270米（相当于96层楼高），平均厚度40米，大坝最薄部分仅有11.98米，是目前世界上最薄的300米级双曲拱坝。之所以选择双曲拱坝，三峡集团乌东德工程建设部副主任王义峰解释说，乌东德坝址处于金沙江狭窄的河谷，最适合设计拱坝，而在最适合的地形上选择最轻巧的坝型就像鸡蛋壳一样，更好地发挥其总量作用，工程量最小，投资最少，可以获得最大的安全性和经济性的平衡。乌东德水电站总工程师翁永红介绍说，中国的高拱坝与国际上最大的不同在于我们的高拱坝都是修建在大江大河上，我们的流量都是国外拱坝的十几倍，甚至是100多倍，乌东德水电站坝身不设导流底孔，在整个蓄水过程中坝址这个断面不断流，并且大流量地向下游放流，在整个下闸过程中水厂不受影响。通过工程设计和建设的技术体系优化，贯穿水利工程和生态有机结合起来的思想，乌东德水电站生态放水的技术大约为国家节约1个亿资金。这是值得中国人自豪的一件事情。[4]

▲ 乌东德水电站(程恒 提供)

2020年习近平总书记对乌东德水电站首批机组投产发电作出重要指示。习总书记强调,乌东德水电站是实施"西电东送"的国家重大工程,希望同志们再接再厉,坚持新发展理念,勇攀科技新高峰,高标准高质量完成后续工程建设任务,努力把乌东德水电站打造成精品工程。要坚持生态优先、绿色发展,科学有序推进金沙江水能资源开发,推动金沙江流域在保护中发展、在发展中保护,更好造福人民。[5]

2021年6月16日,乌东德水电站全部机组投产发电,平均每年可生产清洁电能390亿度,减少标准煤消耗量1 220万吨,减少二氧化碳排放量3 050多万吨,对于推进能源革命,保障国家能源安全,实现碳达峰、碳中和具有重要意义。[6]

乌东德水电站装机是一举开创特高拱坝建设8项世界第一的巨型水电站,所产强劲电流将强有力支撑中国打造世界一流"绿色能源牌",助力云南省决战脱贫攻坚、决胜全面小康,推动云南省经济社会高质量跨越式发展。

白鹤滩水电站

白鹤滩水电站是金沙江下游四个梯级电站中的第二级,上接乌东德梯级,下邻溪洛渡梯级。坝址位于四川省宁南县和云南省巧家县的界河上,上游距巧家县城约45公里,距乌东德水电站约182公里;下游距溪洛渡水电站约195公里,距宜宾市河道里程约380公里。电站控制流域面积43.03万平方公里,占金沙江以上流域面积的91%。电站距昆明直线距离约260公里,至重庆、成都、贵阳直线距离均400公里,到广州直线距离约1 150公里,到武汉直线距离约1 200公里,到上海直线距离约1 850公里。电站正常蓄水位825米,总库容206.27亿立方米,调节库容104.36亿立方米,防洪库容75亿立方米,装机容量1 600万千瓦,多年平均发电量超620亿千瓦时。

▲ 白鹤滩水电站(张斌　提供)

▲ 白鹤滩水电站(张斌　提供)

白鹤滩水电站是继长江三峡水电站和金沙江溪洛渡水电站之后又一巨型水电工程,是仅次于三峡工程的世界第二大水电站,建成后将成为"西电东送"中部通道的骨干电站。2020年11月26号,世界在建规模最大、技术难度最高的水电站白鹤滩水电站大坝首批坝段浇筑到顶,标志着我国300

米级混凝土双曲特高拱坝建造技术实现世界引领。大坝是水电站枢纽工程的核心挡水建筑物,白鹤滩水电站大坝主体混凝土浇筑总方量达800万立方米,共分31个坝段,于2017年4月启动主体浇筑,首批坝段浇筑到顶为2021年7月首批机组投产发电奠定了坚实的基础。白鹤滩水电站大坝施工难度在世界坝工史上名列前茅,三峡集团白鹤滩工程建设部联合大坝参建各方攻克了在柱状节理玄武岩岩基上建坝、高地震烈度区建300米级特高拱坝等世界性技术难题,首次在300米级特高拱坝全坝使用低热水泥混凝土,首次运用闸门门槽一期直埋高精度施工技术,首次在行业内实现双平台七台缆机安全高效运行,大坝浇筑至今没有产生一条温度裂缝,标志着我国已掌握大体积混凝土温控防裂关键技术,进一步提升了我国水电行业的核心竞争力。白鹤滩水电站由中国长江三峡集团开发建设,总投资2 200亿元,装机总容量1 600万千瓦,单机容量100万千瓦,位居世界第一,2021年7月17日,第三台百万千瓦机组顺利通过72小时试运行,正式投产发电。[7]

在白鹤滩水电站大坝建设中,三峡集团建立了智能建造信息管理平台,研发运用智能通水、智能温控、智能灌浆、智能喷雾等高新技术。埋设在坝体内上万支监测仪器能够感知温度、风速、变形等重要信息,并将信息反馈给智能建造信息管理平台进行实时分析判断,使各项系统准确进行智能控制和实时调节,实现了建造运行全周期的精细化管控。

溪洛渡水电站

溪洛渡水电站是国家"西电东送"骨干工程,工程以发电为主,兼有防洪、拦沙和改善上游航运条件等综合效益,并可为下游电站进行梯级补偿。电站主要供电华东、华中地区,兼顾川、滇两省用电需要。金沙江溪洛渡水电站坝址位于四川省雷波县和云南省永善县之间的溪洛渡大桥上游侧,下距宜宾市的河道里程约188公里,电站装机容量1 386万千瓦。

溪洛渡工程是长江防洪体系的重要组成部分,是解决川江防洪问题的主要工程措施之一,通过水库合理调度,可使三峡库区入库含沙量比天然状态减少34%以上。由于水库对径流的调节作用,将直接改善下游航运条件,水库区亦可实现部分通航。溪洛渡水电工程拦河坝为混凝土双曲拱坝,

▲ 溪洛渡水电站（冯宇强　提供）

坝顶高程610米，最大坝高285.5米，是目前世界第三高拱坝。大坝建基面高程332米，拱冠顶厚14米，拱冠底厚60米。拦河坝和泄洪建筑物按千年一遇洪水设计，万年一遇洪水校核，最大总泄量达到49 923立方米每秒，泄洪功率近1亿千瓦，居世界同类电站首位。电站引水发电系统布置在大坝上游两侧山体内，建筑物由两岸电站进水口、压力管道、主厂房、主变室、尾水建筑物、通排风系统、出线洞、地面出线场及地下厂区防渗系统等建筑物组成。地下厂房左右岸对称布置，装设18台单机最大出力，77万千瓦的巨型水轮发电机组，最大总装机容量1 386万千瓦，年发电量571亿~616亿千瓦时，左岸电站主送国家电网，右岸电站主送南方电网，电站地下洞室群开挖规模巨大，主厂房长437.95米，位居地下厂房世界第一，500千伏气体绝缘金属封闭输电线路垂直高度480.15米，居世界首位。溪洛渡水电站主体工程2015年完工，三峡集团在建设溪洛渡水电站工程中，首创"大坝智能化建设管理系统平台"，开创了我国智能化高拱坝建设的先河，2016年9月26日，溪洛渡水电站获工程咨询领域最高荣誉"菲迪克工程项目杰出奖"。

金沙江中游是长江主要产沙区之一，溪洛渡坝址年平均含沙量1.72千克每立方米，约占三峡入库沙量的47%。经计算分析，溪洛渡水库单独运行60年，三峡库区入库沙量将比天然状态减少34.1%以上，中数粒径细化约40%,对促进三峡工程效益发挥和减轻重庆港的淤积有重要作用。溪洛渡水库防洪库容46.5亿立方米,利用水库调洪再配合其它措施,可使川江沿岸的宜宾、泸州、重庆等城市的防洪标准从20年一遇过渡到符合城市防洪规划标准。溪洛渡水库汛期拦蓄金沙江洪水,直接减少了进入三峡水库的洪量,配合三峡水库运行可使长江中下游防洪标准进一步提高。研究成果表明,长江中下游遭遇百年一遇洪水,溪洛渡水库与三峡水库联合调度,可减少长江中下游的分洪量约27.4亿立方米。溪洛渡水库建成后,由于水库的水量调节和拦沙作用,将增大枯水期流量,经计算,可使新市镇至宜宾河段枯水期流量较天然情况增加约500立方米每秒。

水电是清洁、可再生能源,溪洛渡水电站大量的优质电能代替火电后,每年可减少燃煤4 100万吨,减少二氧化碳排放量约1.5亿吨,减少二氧化氮排放量近48万吨,减少二氧化硫排放量近85万吨。而且,库区生态环境和水土保持措施的落实,将有助于提高区域整体环境水平。随着溪洛渡水电站的建设,库区对外、对内水陆交通条件的改善,移民及工程开发建设资金的投入,对库区各县的基础设施建设、资源开发利用、优化产业结构、发展经济必将起到积极的推动作用。

向家坝水电站

向家坝水电站是金沙江水电基地下游4级开发中的最末一个梯级电站,上距溪洛渡水电站坝址157公里,下距水富城区1.5公里、宜宾市区33公里。向家坝水电站位于四川省宜宾县(左岸)和云南省水富县(右岸)境内,至重庆、武汉和上海的直线距离分别为240公里、980公里和1 660公里。向家坝水电站正常蓄水位380米时,装机容量6 000兆瓦,保证出力2 009兆瓦,多年平均发电量307.47亿千瓦时,装机年利用小时5 125时,向家坝水电站坝型为重力坝,最大坝高161米,坝顶长度909.3米。

向家坝水电站是金沙江水电基地一期工程建设的电源点之一,主要供电华中和华东地区,兼顾川、渝、滇的用电需要。向家坝加上1 386万千瓦的溪洛渡水电站,其总发电量约大于三峡水电站。单机80万千瓦水轮发电机组为世界最大,装机规模仅次于三峡、溪洛渡水电站。2002年10月,向家坝水电站经国务院正式批准立项,2006年11月26日正式开工建设,

▲ 向家坝水电站（朱赵辉　提供）

2014年7月10日全面投产发电。

　　向家坝、溪洛渡水电站建成后可以解决三峡最大的心病——泥沙淤积。专家认为，金沙江中游是长江主要产沙区之一，多年平均含沙量每立方米达1.7公斤，约为三峡入库沙量的1/2。利用金沙江输沙量高度集中在汛期的特性，合理调度可使大部分入库泥沙淤积在死库容内。而溪洛渡正常蓄水位达600米，死水位高达540米，拦淤泥沙后不影响电站效益。据分析计算，溪洛渡竣工投用后，三峡库区入库含沙量将比此前天然状态减少34%以上。防洪的作用也十分明显。溪洛渡273米高的拦河大坝，将抬高水位230米，总库容达126.7亿立方米，可以较好地分担三峡水库的防洪任务。

　　建设向家坝和溪洛渡水电站的技术经济指标十分优越，主要表现在工程总投资较低。在水电项目中，水库移民投资是控制工程总投资的主要因素。这两个水电站发电容量总和略大于三峡，水库移民人数仅10万人左右，相当于三峡工程移民总数的1/10。由于水库移民投资所占的比例小，两座电站单位千瓦投资和造价同国内在建和今后拟建的大型水电工程项目相比，经济指标优越。溪洛渡单位千瓦投资为3 600元，向家坝不到5 000元。因此，以后上网的电价也很有竞争力，将成为"西电东送"中路通道的骨干电源项目。向家坝水电站距溪洛渡水电站坝址157公里，电站拦河大坝为混凝土重力坝，坝顶高程384米，最大坝高162米，坝顶长度909.26米。坝址控制流域面积45.88万平方公里，占金沙江流域面积的97%，多年平均径流量3 810立方米/秒。水库总库容51.63亿立方米，调节库容9亿立

▲ 向家坝水电站（朱赵辉　提供）

方米，回水长度156.6公里。电站装机容量775万千瓦（8台80万千瓦巨型水轮机和3台45万千瓦大型水轮机），保证出力2 009 MW，多年平均发电量307.47亿千瓦时。静态总投资约542亿元，动态总投资519亿元，是中国第三大水电站，世界第五大水电站，也是"西电东送"骨干电源点。向家坝水电站大坝是金沙江水电基地25座水电站中兼顾灌溉功能的超级大坝，其余24座大坝均无灌溉水利设施，向家坝也是金沙江水电基地中修建升船机的大坝，其升船机规模与三峡相当，属世界最大单体升船机，船舶翻坝效率远超三峡五级船闸，千吨级船舶过坝只需15分钟时间，比三峡船闸5小时的平均过坝时间可谓是兵贵神速。向家坝水电工程的前期工作始于1957年，1985年由国家电力公司中南勘测设计研究院承担勘测设计工作。1996年5月中南院完成了《向家坝水电站预可行性研究报告》并通过了原电力部会同川、滇两省和长江三峡开发总公司联合主持的审查。1997年三峡总公司与中南院签订了向家坝水电站可行性研究报告的工作合同，使向家坝水电站工程建设进入了可行性研究报告编制阶段。

向家坝水电站工程于2006年11月26日正式开工建设，2012年11月5日首台机组投产，2014年7月10日全面投产，多年平均发电量307.47亿千瓦时。

乌东德水电站、白鹤滩水电站、溪洛渡水电站和向家坝水电站四座梯级电站的开发使金沙江成为"西电东送"的最大基地。在金沙江下游四座巨型水电站建设中，水利工作者们坚持生态优先、绿色发展，秉持"建好一座电站、带动一方经济、改善一片环境、造福一批移民"的发展理念，实现了生态效益与经济效益相统一。[8]

参考文献

[1] 李良县,李宁.金沙江下游(四川侧)风光水互补开发研究初探[J].水电站设计.2019(3):74-79.

[2] 温鹏.四川省境内金沙江下游干热河谷风光水互补调节开发的初步探讨[J].四川水力发电,2015(SZ):71-73.

[3] 科学有序开发　更好造福人民——聚焦乌东德水电站[OL].新华网,2020-06-29. https://baijiahao.baidu.com/s?id=16708301175496621968wfr=spider&for=pc

[4] 谢泽,但棣瑶.梦启乌东德——乌东德水电站工程筹建工作综述[J].四川水力发电,2016(1):130-132.

[5] 习近平对金沙江乌东德水电站首批机组投产发电作出重要指示[OL].新华社北京6月29日电,"学习强国"学习平台,2020-06-30.

[6] 梁丽娟,宋菀,王佳林,卢忠灿.记者探访金沙江乌东德水电站[OL]."学习强国"学习平台,2021-06-16.

[7] 中央广播电视总台.白鹤滩水电站正式投产发电　首批投产机组发电量超10亿度[OL]."学习强国"学习平台,2021-07-18.

[8] 马骏,朱敏杰.基于压力-状态-响应框架的白鹤滩水电站工程生态效应评价[J].水利经济,2016(2):6-10.

春江潮水连海平，黄埔江边看潮生
——黄埔江纪事

▲ 春江潮水（吴浩云　摄）

一

黄埔江，万里长江奔流入海的最后一条支流，发源于上海市青浦区朱家角镇的淀山湖，流经上海市区，将上海分为浦西和浦东两个部分。黄浦江全长约 113 公里，干流全长 80 余公里，干流河宽在 300～700 米之间。吴淞江（上海市内北新泾至外白渡桥段称为苏州河，因溯吴淞江而上可直达苏州而得名）是黄浦江的主要支流，发源于太湖瓜泾口，在市区外白渡桥附近汇入黄浦江。因黄浦江上游淀山湖和吴淞江都接纳了太湖、杭嘉湖平原的众多来水，黄浦江成为太湖流域来水的主要入海通道。

黄浦江名称的由来，今已无法考考。"黄浦之'黄'可以指水色发黄，也可能与黄姓相关。上海地区许多河流的名字都是以姓氏命名的，如赵浦、李浦、顾浦……明代文人就将黄浦与春申君黄歇附会在一起……但是明代方志大多用'相传'一词，如正德《松江府志》说：'黄浦，一名春申浦，相传春申君凿。黄，其姓也。'表明修志者认为这只是一个传说。战国时，闸港以北的黄浦江还在海里，两岸还没成陆，春申君为何要在海里开凿一江？谭其骧先生曾一针见血地指出了这种传说的不可信之处。"[1]

但在明代以前，吴淞江才是上海地区的主要河流，黄浦江只是吴淞江的一条支流。明朝初年，吴淞江淤浅严重，黄浦江与吴淞江的交汇处更是淤塞不通。永乐元年（1403），时任户部尚书的夏元吉令人疏浚上海县城东北的范家浜（即今外白渡桥至复兴岛段河道），使黄浦江来水通过这段宽阔河道直抵吴淞口与长江汇合。又引吴淞江源头的太湖来水通过其它河道直入长江，使吴淞江来水更少。黄浦江因此逐渐成为上海地区的主要河道，吴淞江反而成了黄浦江的支流。这就是"黄浦夺淞"的由来。明隆庆三年（1569），时任应天巡抚的海瑞在主持吴淞江治理时，判断"黄浦夺淞"趋势无法逆转，遂确立"由黄浦入海"的治水方针，从而基本形成了今天的上海水系格局。但黄浦江的入江口仍然称为吴淞口。

1840年，鸦片战争爆发。1842年，英军舰队侵犯长江口。驻扎吴淞炮台的清江南提督陈化成率部奋力抗击英军，最后血染战袍，赍恨而殁。黄浦江第一次见证了"老大帝国"的国门被船坚炮利的侵略者轰开的惨痛一幕。战后签订的《中英南京条约》，逼迫清政府开放五口通商，上海在其中。1843年，英国人巴富尔在黄浦江西岸建立英租界，上海由此开埠。其后，美国人、法国人接踵而至，沿黄浦江建立美租界、法租界。在那个"华人与狗不得入内"的年代，殖民主义者把上海变成十里洋场和西方冒险家的乐园。黄浦江成为殖民者对华倾销工业品、掠夺中国财富的重要通道。1941年太平洋战争爆发，日军占领租界。黄浦江上，日本军舰耀武扬威，横冲直撞。英、美事实上已经失去了对上海租界的管辖权。在此情况下，英、美于1942年10月向国民党当局提议将租界交还中国。1943年1月11日，重庆国民政府宣布取消英、美两国在华治外法权，收回租界。2月23日，法国政府也将法租界交还中国。至此，黄浦江西岸存在了98年的租界，终于在法律意义上回到中国手中。

黄浦江畔也是中国共产党的诞生地。1921年7月那个闷热的夏天,在浦西法租界望志路106号(今兴业路76号)石库门建筑里,发生了一件开天辟地的大事,中国共产党从此宣告诞生。风雨如磐的岁月里,黄浦江见证了中国共产党人星星之火终于燎原的光辉历程。1949年5月29日它又见证了上海回到人民手中的历史新篇章。

但直到改革开放前,黄浦江上没有一座桥梁和隧道联通两岸,浦东虽与浦西繁华的外滩一江之隔,但经济发展远远落后于浦西。上海也流行着"宁要浦西一张床,不要浦东一间房"的说法。然而这一切,随着中国的改革开放,尤其是浦东的开发开放,都已成为历史。

二

1978年召开的十一届三中全会,吹响了中国改革开放的进军号角。作为全国最大的、工业基础最好的城市,上海人责无旁贷走在了"解放思想"改革洪流的前列。1980年10月3日,《解放日报》头版发表文章《十个第一和五个倒数第一说明了什么?》[2]。文章指出,上海虽然在工业总产值、出口总产值、财政收入、上缴税利等方面居全国第一,但上海城市人口密度全国最大、人均道路面积全国最少、缺房户比例全国最高,这些方面的矛盾又是全国最突出的。这篇报道引起了强烈的反响。全市上下对如何改造上海、振兴上海展开了热烈的讨论。为了突破围城、寻找新的发展方向,从80年代开始,上海从东进(浦东)、南下(以金山石化为中心的南部)、北上(江湾、吴淞、宝山)等三个不同的方向,展开深入研究和比对最优方案。

为了疏解浦西交通拥挤、住房紧张、发展空间不足等矛盾,在国务院1986年10月批复的《上海市城市总体规划方案》[3]中,上海市委、市政府明确提出了开发浦东的设想。上海浦东,是指黄浦江以东、长江口西南、川杨河以北,紧靠黄浦江的一块三角地区,面积约350平方公里。

浦东的开发开放,从一开始就与邓小平有着密切关系。1920年9月11日,16岁的邓小平从上海启程赴法国勤工俭学。这是他第一次来到上海[4]。

从那以后的70多年,邓小平数十次到过上海。改革开放以来,邓小平尤其关心上海的发展,为上海发展谋篇布局。1988年到1994年,邓小平更是连续7次在上海与上海人民共度新春佳节。党的十三大后,中央提出了加快沿海地区对外开放和经济发展的报告。1988年1月23日,邓小平在这份报告上批示:"完全赞成。特别是放胆地干,加速步伐,千万不要贻误战机。"[5]9月,他又叮嘱中央有关领导同志:"沿海地区要加快对外开放,使这个拥有两亿人口的广大地带较快地先发展起来,从而带动内地更好地发展,这是一个事关大局的问题。内地要顾全这个大局。"[6]

20世纪80年代末90年代初,世界社会主义和中国特色社会主义事业遇到了前所未有的挑战。在这一重大的历史关头,邓小平以敏锐的目光看到了上海在辐射整个长江流域方面所拥有的地理位置、交通条件、人才资源、自然资源等方面的优势。1989年10月,上海市编制完成了《浦东新区总体规划初步方案》[7]。规划的目标是经过数十年的努力,把浦东建设成为布局合理、交通便捷、信息灵敏、设施完备的符合现代化国际大城市功能要求的新区,并结合浦西的振兴改造,把上海建设成为太平洋西岸最大的经济贸易中心之一。1990年初,邓小平视察上海时说:"上海的浦东开发,不是上海一个地方的事。浦东开发,可以带动长江三角洲和长江流域的发展,所以是全国的事。"[8]3月,邓小平回到北京后对几位中央负责同志说:"上海是我们的王牌,把上海搞起来是一条捷径。"[9]他要求将浦东的开发开放作为今后十年中国改革开放的重点。

在邓小平的积极推动下,1990年4月18日,中共中央和国务院作出了开发开放上海浦东的重大决策。提出以浦东开发开放为龙头,进一步开放长江沿岸城市,尽快把上海建成国际经济、金融、贸易中心之一,带动长江三角洲和整个长江流域地区经济的新飞跃。上海市委、市政府按照中央的战略部署,制定了"开发浦东、振兴上海、服务全国、面向世界"的方针。1990年9月8日,国务院批准设立上海外高桥保税区。1991年2月18日,邓小平听取了浦东开发的情况汇报后,不无遗憾地说:"我们说上海开发晚了,要努力干啊!"[10]他自责道:"我的一个大失误就是搞四个经济特区时没有加上上海。要不然,现在长江三角洲,整个长江流域,乃至全国改革开放的局面,都会不一样。"[11]"如果当时就确定在上海也设经济特区,现在就不是这个样子。……浦东如果像深圳经济特区那样,早几年开发就好了。开发浦东,这个影响就大了,不只是浦东的问题,是关系上海发展的问题,是利用上海这个基地发展长江三角洲和长江流域的问题。抓紧浦东开发,不要动摇,一直到建成。"[12]

1992年10月11日,国务院批复设立上海市浦东新区。从此,浦东开发开放从20世纪80年代的上海地方战略构想,上升为20世纪90年代的国家重大发展战略,"掀开了我国改革开放向纵深推进的崭新篇章"[13]。

党的十四大明确提出,要"以上海浦东开发开放为龙头,进一步开放长江沿岸城市,尽快把上海建成国际经济、金融、贸易中心之一,带动长江三角洲和整个长江流域地区经济的新飞跃"[14]。1994年,邓小平最后一次视察上海,他语重心长地对时任上海市委书记吴邦国和市长黄菊说:"你们要抓住20世纪的尾巴,这是上海的最后一次机遇。"[15]

经过十年的开发开放,浦东经济高速发展,2000年浦东GDP占全市22%,浦东的开发开放成为上海发展新引擎。浦东的城市面貌发生了惊人的变化,诞生了无数个"全国第一"——全国第一个保税区、第一个以"金融贸易"命名的国家级开发区、第一个出口加工区……浦东新区已成为上海新兴高科技产业和现代工业基地,成为上海新的经济增长点,成为中国九十年代改革开放的重点和标志,被海内外人士誉为:"进入中国经济的大门,打开中国市场的金钥匙,连接中国与世界经济的桥梁。"[16]

金山银山不如绿水青山。在开发开放浦东的同时,上海市还加强对苏州河和黄浦江的整治,还碧水蓝天和优美环境于市民。整治前的苏州河是中国污染最严重的河流之一。上海民间流传着对苏州河这样的评价:"50年代淘米洗菜,60年代洗衣灌溉,70年代全线黑臭,80年代鱼虾绝代。"苏州河水"黑如墨,臭如粪",居住在两岸的居民连门窗都不敢开。苏州河像系在上海这座繁华都市腰间的一条黑丝带。黑臭的苏州河,也成了上海一道刺眼的"风景",甚至在国际上也有了"名气"。1996年,上海市"苏州河综合整治领导小组"正式成立,全面启动苏州河环境综合整治。经过连续多年的持续治理,苏州河干流全部消除黑臭,干流消除劣Ⅴ类水体,生态系统得到恢复,绝迹了27年的鱼虾又重现在苏州河里。两岸综合环境明显改善,建起了23公里的绿色走廊、65万平方米大型绿地。今天的苏州河已成为"安全之河、生态之河、景观之河、人文之河"。

上海以港兴市,浦江两岸是近代上海金融、贸易、航运和民族工业的发祥地,沿浦江聚集大量的仓储、码头、工厂。为了提高浦江水道及两岸的综合利用功能,并满足市民休闲旅游的需求,2002年1月,上海市委、市政府正式启动了黄浦江两岸综合开发。这是继浦东开发开放之后的又一世纪工程。按"百年大计、世纪精品"的总体要求,工程旨在通过对黄浦江两岸的功能重塑和环境改造,带动上海社会、经济、环境的协调发展。经过近20年的整治,上海港从黄浦江搬了出去,面向大海,成为世界第一大港;黄浦江也从码头、仓库和工厂的包围中冲了出来,浦江两岸成为人文、生态、智慧滨江区,成为城市转型发展的重要战略空间、重要生态走廊、重要的公共活动中心和景观形象标志区。

三

时间进入21世纪,上海经济却呈下降的趋势。浦东新区的增速也明显放缓。其主要原因在于改革动力不足,政策比较保守。如何发挥上海在长三角、整个长江流域乃至全国的示范带动作用,上海需要再出发。

中国当年加入世贸组织时,为了符合世贸的要求,主动加大国内改革力度,这种为融入新规则而对国内体制进行"倒逼"改革的机制曾取得颇为丰硕的成果。但企业缺乏创造性、劳动力成本上升、部分行业产能过剩、国际需求疲软等问题又制约着我国企业的进一步发展。另一方面,中国自2001年加入世贸组织后对外贸易发展迅速,美、欧、日为维护对中国的优势地位,企望通过建立新的区域性贸易和服务规则来取代世贸组织。中国面临着"二次入世"的挑战。

党的十八大后,以习近平同志为核心的党中央,把握时代大势,立足发展大局,为浦东新区擘画更加宏伟的蓝图。上海,如同当年的深圳一样,被推到中国改革开放的最前沿。

早在2007年3月31日,刚刚担任上海市委书记的习近平,就把调研的第一站选在了浦东新区:"要进一步深刻认识开发开放浦东这项国家战略的重大意义。"[17]"为全国的改革开放探索新路、积累经验、提供示范。"[18] 2010年,习近平又一次来到浦东调研。他强调:"要进一步解放思想、开拓创新、大胆探索,坚持用全球视野、战略思维谋划发展。"[19] 2013年8月17日,国务院正式批准设立中国(上海)自由贸易试验区(简称上海自贸区)。9月29日,上海自贸区正式挂牌成立。

上海自贸区成立时面积为28.78平方公里,涵盖外高桥保税区、外高桥保税物流园区、洋山保税港区和上海浦东机场综合保税区。2014年12月28日,上海自贸区扩大到120.72平方公里,增加了金桥出口加工区、张江高科技园区和陆家嘴金融贸易区。2016年2月,上海张江综合性国家科学中心获批复。目前,国家药品监督管理局每批准3个一类新药,就有1个来自张江。全球排名前10的制药企业已有7家在张江设立区域总部、研发中心。2019年1月,上海证券交易所获准设立科创板并试点注册制。目前已助力140余家科创板企业上市。在科创板上市的15家浦东企业,总市值约占全国40%,首发募集资金约占全国的1/3。2019年8月6日,国务院印发《中国(上海)自由贸易试验区临港新片区总体方案》,上海自贸区又增加了新的成员。临港新片区挂牌以来,新增注册企业超过15 000家,投资额超过2 700亿元。

上海自贸区明确提出并坚持形成制度创新的高地,率先推动从要素市场开放到制度性开放的创新和试验,率先以全方位开发发展的实际行动向世界表明中国坚持开放的大门越开越大的信心和决心。对标国际最高标准、最高水平,大力推动制度变革,着力建设国际化、市场化、法治化的一流营商环境。发挥自贸试验区的示范引领作用,促进开放型经济发展。这正如习近平总书记指出的:"浦东发展的意义在于窗口作用、示范意义,在于敢闯敢试、先行先试,在于排头兵的作用。"[20]"鼓励和支持上海在推进投资和贸易自由化便利化方面大胆创新探索,为全国积累更多可复制可推广经验。"[21]

从2013年至2017年,每年全国两会期间,习近平都会到上海代表团参加审议,关心和指导浦东开发开放和上海自贸区建设工作。2014年3月5日,习近平参加十二届全国人大二次会议上海代表团审议时强调:"百舸争流,奋楫者先。希望上海的同志牢记使命、不负重托、再接再厉,继续当好全国改革开放排头兵和科学发展先行者,坚持以制度创新为核心,推进中国上海自由贸易试验区建设,努力走出一条符合特大城市特点和规律的社会治理新路子。"[22]

2014年10月27日,习近平在主持召开中央全面深化改革领导小组第六次会议时强调:"上海自由贸易试验区取得的经验,是我国在这块试验田上试验培育出的种子,要把这些种子在更大范围内播种扩散,尽快开花结果,对试验取得的可复制可推广的经验,能在其他地区推广的要尽快推广,能在全国推广的要推广到全国。"[23]

2018年11月,习近平在首届中国国际进口博览会的主旨演讲中,交给上海三项重要任务:增设上海自由贸易试验区新片区、在上海证券交易所设立科创板并试点注册制、实施长江三角洲区域一体化发展国家战略。在2019年11月举行的第二届中国国际进口博览会开幕式上,习近平向世界宣布上海自贸区进一步扩容:"上海自由贸易试验区临港新片区已经正式设立。"[24]浦东的开发开放,不仅为上海的发展输入了源头活水,而且盘活了整个长三角乃至整个长江流域。目前"长三角区域一体化发展已经作为国家战略正式实施"[25]。2020年11月4日,习近平在第三届中国国际进口博览会开幕式上的主旨演讲中宣布:"第二届中国国际进口博览会上宣布的扩大对外开放系列举措已经全面落实。中国持续扩大进口,一年来中国商品和服务进口额增速明显高于全球平均水平。全国外商投资准入负面清单由40条减到33条,自由贸易试验区由18个增至21个,海南自由贸易港建设总体方案、深圳进一步扩大改革开放的实施方案发布实施,商签高标准自由贸易协定、培育进口贸易促进创新示范区、保护知识产权、高质量共建'一带一路'等举措都取得了积极进展。"[26]习近平并表示:"中国将有效发挥自由贸易试验区、自由贸易港引领作用,出台跨境服务贸易负面清单,在数字经济、互联网等领域持续扩大开放,深入开展贸易和投资自由化便利化改革创新,推动建设更高水平开放型经济新体制。"[27]"中国愿同更多国家商签高标准自由贸易协定,推动尽快签署区域全面经济伙伴关系协定,加快中欧投资协定、中日韩等自由贸易协定谈判进程,加强同世界高标准自贸区交流互鉴。"[28]

2020年,习近平在浦东开发开放30周年庆祝大会的讲话中指出:"30年来,浦东创造性贯彻落实党中央决策部署,取得了举世瞩目的成就。经济实现跨越式发展,生产总值从1990年的60亿元跃升到2019年的1.27万亿元,财政总收入从开发开放初期的11亿元增加到2019年的逾4 000亿元,浦东以全国1/8 000的面积创造了全国1/80的国内生产总值、1/15的货物进出口总额。改革开放走在全国前列,诞生了第一个金融贸易区、第一个保税区、第一个自由贸易试验区及临港新片区、第一家外商独资贸易公司等一系列全国第一。"[29]这一系列令人惊叹的数字背后,是浦东永不停歇的创新发展。目前,"党中央正在研究制定《关于支持浦东新区高水平改革开放、打造社会主义现代化建设引领区的意见》,将赋予浦东新区改革开放新的重大任务"[30]。

浦东,在全国改革开放中创造的若干"首个"改革、开放和创新发展的新效应和新标杆,向世界展示了中国改革开放的巨大成功,将在新的更高起点上书写新时代拼搏奋进的浦东故事。

参考文献

[1] 傅林祥,上海市地方志办公室.浪奔浪涌黄浦江[M].上海:上海人民出版社·学林出版社,2019:14-15.

[2] 沈峻坡.十个第一和五个倒数第一说明了什么?[N].解放日报,1980-10-3(1).

[3] 国函[1986]145号.国务院关于上海市城市总体规划方案的批复[OL][2012-07-06].http://www.gov.cn/zhengce/content/2012/07/06/content_6042.htm.

[4] 黄蒙磊.邓小平在上海的革命足迹[OL].[2004-07-29].http://news.eastday.com/eastday/news/xwzxzt/node5085/node27347/node27353/node27354/userobject1ai401489.html.

[5] 张维为.震撼世界的中国工业革命:中国用一代人的时间经历工业革命[OL][2019-09-06].https://www.sohu.com/a/339180196_671272.

[6] 邓小平文选[M].第3卷 中央要有权威.北京:人民出版社,1993:277-278.

[7] 上海市人民政府.浦东新区总体规划方案[OL][2011-11-11].https://wenku.baidu.com/view/3ec14f135f0e7cd1842536d1.html#.

[8] 金姬.浦东,开放旗帜[OL][2020-11-04].http://www.xinminweekly.com.cn/lunbo/2020/11/04/15058.html.

[9] 邓小平文选[M].第3卷 国际形势和经济问题.北京:人民出版社,1993:355.

[10] 邓小平文选[M].第3卷 视察上海时的谈话.北京:人民出版社,1993:366.

[11] 邓小平文选[M].第3卷 在武昌、深圳、珠海、上海等地的谈话要点.北京:人民出版社,1993:376.

[12] 邓小平文选[M].第3卷 视察上海时的谈话.北京:人民出版社,1993:366.

[13] 习近平.在浦东开发开放30周年庆祝大会上的讲话[OL].[2010-11-12].http://www.xinhuanet.com/politics/leaders/2020/11/12/c_1126732554.htm.

[14] 江泽民.加快改革开放和现代化建设步伐,夺取有中国特色社会主义事业的更大胜利[R].中国共产党第十四次全国代表大会,北京.1992.

[15] 徐建刚.上海如何从"后卫"走向"前沿"[OL].[2014-08-14].http://dangshi.peo-

ple. com. cn/big5/n/2014/0814/c85037-25467020. html.

[16] 顾卓丹. 1992年2月7日邓小平在上海考察[OL]. [2008-11-26]. http://sh. east-day. com/qtmt/20081126/u1a505218. html.

[17][18][19]这一千多平方公里,习近平始终关切[OL]. [2020-11-04]. https://news. cctv. com/2020/11/04/ARTIoRWQoCtgkYkOXV8gS4sU201104. shtml.

[20] 上海市习近平新时代中国特色社会主义思想研究中心. 浦东开发开放:国家战略的先行先试与示范意义[OL]. [2020-04-24]. http://theory. people. com. cn/n1/2020/0424/c40531-31686016. html.

[21] 习近平. 共建创新包容的开放型世界经济——在首届中国国际进口博览会开幕式上的主旨演讲[M/OL]//习近平读治国理政:第三卷. 北京:外文出版社,2020:206 [2018-11-05]. http://cpc. people. com. cn/n1/2018/1105/c64094-30382600. html.

[22] 习近平参加上海代表团审议时强调:百舸争流,奋楫者先[N]. 人民日报,2014-03-06(01).

[23] 习近平:上海自贸区经验要忙推广[OL]. [2014-10-28]. http://jjckb. xinhuanet. com/2014/10/28/content_525349. htm.

[24][25]习近平. 开放合作 命运与共——在第二届中国国际进口博览会开幕式上的主旨演讲[M/OL]//习近平读治国理政:第三卷. 北京:外文出版社,2020:209. [2019-11-05]. http://www. xinhuanet. com/world/2019-11/05/c_1125194405. htm.

[26][27][28]习近平. 在第三届中国国际进口博览会开幕式上的主旨演讲[OL]. [2020-11-04]. http://www. xinhuanet. com/world/2020-11/04/c_1126698327. htm.

[29][30]习近平. 在浦东开发开放30周年大会上的讲话[OL]. [2020-11-12]. http://www. xinhuanet. com/politics/leaders/2020-11/12/c_1126.

最美仙居曾何似,山青水碧永安行
——永安溪纪事

▲ 误入仙境(周丽芳 摄)

  酥人的冬日,踏过薄霜铺地的林子,置身于永安溪这一处风光,寻觅泥土里渐次苏醒的花草,体会那微细的春信。或是在初春拂面之际,在永安溪静听光阴流过的声音,大自然的优美、宁静,不期然地浸润了你的性灵。

  在初夏阳光渐暖时,永安溪绿如丝绦,撑起一根长竿,只轻轻地、不经心地往波心里一点,竹筏似翠条鱼般向前滑去。亦或是在初秋的黄昏,近着新月的微光,鱼群的唼喋声在耳边轻跳,望水流静静远去。

  这是一条四季多姿多彩、处处如诗如画的河流。如今,这条荣获全国"最美家乡河"的永安溪,无声流传着仙居人的光荣和自豪;未来,它将继续携带着四季美景,还装载着仙人居住之地的梦想和期盼静静流淌。

一

永安溪,它从远古流来,它流淌的是历史,孕育的是文明。仙居,因之而号称"仙人居住之地",仙居人则因之而演绎了世代传奇。

仙居县地处浙江东南,隶属浙江省台州市。县域面积2000平方公里,其中80%以上为丘陵山地,因而有"八山一水一分田"之说。

仙居历史悠久。早在6000多年前,在永安溪中下游的河谷平原上,就已聚居着仙居人的祖先——瓯越族人。春秋战国时,仙居一带为越国领土。秦朝时属闽中郡鄞县。东汉时,仙居名闻国内僧、道两界,高僧大德竞相在此流连。汉献帝兴平年间(194—195)在今仙居县城东十里的石牛村,即建有"石头禅院"(今名"大兴寺")。

东晋穆帝永和三年(347),仙居始立县,叫乐安县,至今已有1600多年。隋、唐时期几经废置,至五代吴越宝正五年(930),吴越王钱镠,因整治盂溪,希望此地永远平安,遂改乐安为永安。北宋时,仙居已经是国内著名的宗教名胜之地。景德四年(1007),宋真宗以其"以洞天名山屏蔽周围,而多神仙之宅"而敕封"仙居",从此永安改称"仙居",沿用至今。

永安溪为浙江八大水系之一——灵江-椒江的源头,西起仙居县西南端安岭,东下至临海城西三江村与天台始丰溪汇合为灵江,直至椒江,流入东海,自西向东横贯仙居全境,长141.30公里,沿途有40多条支流自南北两侧汇入,流域面积2704平方公里。

在仙居,永安溪不但有四季的美景,还是母亲河哺育了一方生灵。千万年来,它积淀了仙居深厚的文化底蕴,也见证了仙居几千年的发展历程。

1万多年前,灵江流域的文明之火在永安溪畔点燃。仙居人与水的故事,也从这里开始。一个面积约2.5万平方米的下汤遗址,拉开了仙居远古文明的神秘面纱。出土的大量珍贵文物表明,新石器时代的仙居人已经脱离了深山的穴居生涯,向着平原迁移。

在几千年漫长的岁月里,永安溪作为沿海与内陆的联结纽带,为仙居的经济社会发展与文化繁荣作出了巨大贡献,域内数不尽的文化遗迹,如蝌蚪文[1]、汉代岩画、东汉石头禅院、明代桐江书院、道家第十洞天[2]、升仙桥、南峰塔、皤滩古镇,国家级非物质文化遗产仙居针刺无骨花灯、九狮图,人们耳熟能详的成语"脱胎换骨""一人得道,鸡犬升天""沧海桑田""逢人说项"典故的发生地等,都像一颗颗闪耀的星辰点缀在永安溪历史的天空。

作为仙居历史上的"黄金水道",永安溪在仙居孕育了世世代代辉煌灿烂的文明,带动经济发展的同时,迎来送往各地的商贾。

"白帆如云云盖溪,竹排相接密如堤。"这是永安溪运输繁忙景象的写照。有史书记载,永安溪运输最繁忙时期,木船可以达到700多艘,竹筏达300多张。这种蔚为壮观的运输场面,如万马奔腾,千矢齐发。

当时的永安溪,毫无疑问是台州沿海与内陆的交通大动脉。对此,明代有位文人不无夸张地说过,永安溪水道上即便像九郎溪广业渡[3]一样的小埠头,其吞吐货物的能力也能让河南以漕运兴旺的溱洧[4]自叹不如。

商旅往来、货物运输。繁忙的水运为仙居创造了大量的财富。仙居旧时有许多人依托永安溪水运贩卖食盐致富。伴随盐业发达的,还有药材、布匹、桐油、硫磺、木材等贸易的繁荣。据历史记载,明朝时期,政府曾相继在城关河埠设置河泊所和通商所,收取税金,管理水运。在政府的主导下,永安溪沿岸的商贸进一步兴盛。

直到1957年,仙居至临海白水洋公路建成通车,永安溪悠久的航运历史才画上了句号。

如今的永安溪,虽然失去了往日交通大动脉的作用,远去了"白帆如云,竹排如堤"的繁忙与喧嚣,但是"幽谷溪流、清澈见底、终年不枯"的水质和两岸青山如翠屏的景致,吸引了各地的游客来这里,乘一叶竹筏顺流而下,在蓝天、碧水、远山之间,聆听风过松林竹海的沙沙作响和锐耳动听的悠悠鸟鸣,品味溪流似水柔情的逍遥和两岸犹如桃源的田园胜境。

二

永安溪在仙居就是一个符号,提起它,就想到了这方山水美景。而这一切,都源自于这方水土的人们给予的关心和爱护。

全省率先推行河长制、采制砂出台文件、生态修复美景维护……仙居走的每一步都是为了永安溪更好地流淌。"我们结合'无违建河道'创建工作,重点在全县范围内强势推进集中打击非法采制砂行为。"仙居县水利局相关负责人表示,一手严管治,一手建立健全监管机制,编制出台了《仙居县河道疏浚与采制砂规划》,确保永安溪流域自然资源科学合理利用。

千百年来的治水实践表明,江河湖泊的水患,表象在江河,根子在流域。随着"绿水青山就是金山银山"理念的深入人心,仙居人对流域生态环境的要求不断提高。如何统筹好流域生态保护与发展、自然资源和人文资源、自然景观和工程景观、生态修复与生态产品产出等方面的关系,真正打造"水清、岸绿、人水和谐"的绿色生态环境,仙居人切实转变治水思路,树立统筹山水林田湖草系统治理的理念,立足山水林田湖草生命共同体,统筹自然生态各要素,赋予永安溪"山水共融、人水和谐"的生态之河、人文之河、休闲之河。如今,不管是中小河流重点县工程、永安溪综合治理和生态修复工程及"五水共治"的鸿篇巨制,还是绿化景观工程、水文化营造工程的精品佳作,这些都给永安溪综合治理写上浓墨重彩的一笔。

管理整治让永安溪愈发美艳。白沙芳甸、浅滩幽潭、鹅卵石块……褪去了"黄金水道"的光芒,永安溪散发着自己的柔美之光,尽显江南水乡之美景。坚持绿色发展的理念,永安溪用一汪碧绿证明仙居所走的路子是正确无误的。

中国杨梅节、浙江油菜花节、台湾农民创业园、492 公里的永安溪绿道网,以永安溪溪流、水库、滩林等资源为载体的旅游休闲产业,在仙乡大地上蓬勃而发。

水清云读月,江柳身半斜,鱼鸥互问答,古塔沐夕阳……百里"母亲河"串联沿途美景,努力打造一座"中国山水画城市"。永安溪上,处处是人水和谐的画面,时时演绎着人水相亲的故事。寻梦之根在这里,而这里从画卷中翩翩而来……

三

2017 年 12 月 17 日,永安溪被评为中国"最美家乡河"。曾经一度遭受污染和破坏的永安溪如今已成为华东地区保留最完好的原生态河道,拥有大北地溪、茶溪、韦羌溪、石壁、木口湖等 3 万多亩天然滩林湿地,生态系统多样,四季色彩变化万端。宛若绿丝带的仙居绿道,紧紧地依偎着永安溪,自成一景,相辅相成。

这条由一条主绿道、多条辅绿道构成的叶脉状的绿道网向着河流、小溪、山坡、树林、田野延伸，将散落在沿线的山水田园、滩林溪流、古村古镇尽数串联。途中有10个绿道驿站，30多个自行车租赁点，骑行或漫步在永安溪绿道上，移步换景，一幅幅山水画卷徐徐展开。沿途人们不仅可以呼吸没有噪音尾气的自然清新的空气，还可以深入自然保护区、现代农业园区、风景名胜区，寻觅飞鸟潜鱼之趣、体验田园生活、考察历史文化古迹；远眺河流山峦，山水风月交相辉映，近览城镇田园，人文生态相映成趣。

▲ 绿色纽带（张福华 摄）

仙居的绿道建设，遵循着"低碳生态、以人为本、文化挖掘"的原则，依托现有道路改造，极力避免对耕地、林地和原生态环境造成破坏。2012年，仙居绿道开始动工，总规划492公里，将永安溪沿岸田园风光、山林风光、农家风光和人文景观融合一体。目前已建成永安溪绿道、盂溪绿道、朱溪绿道以及各类乡村绿道近200公里。短短近十年间，仙居绿道已获住建部"中国人居环境范例奖"、世界休闲组织的"国际创新奖"和2019年浙江省"十佳运动休闲绿道"等荣誉。

正如习近平总书记2015年2月主持召开中央财经领导小组第九次会议时指出的："保障水安全，关键要转变治水思路，按照'节水优先、空间均衡、系统治理、两手发力'的方针治水，统筹做好水灾害防治、水资源节约、水生态保护修复、水环境治理。"仙居人打造一方绿水，则构建一方美景。这张依托山林、溪水、田野等自然生态基底沿溪而建的绿道网，还在不断延伸中。仙居绿道的建设，沟通了城乡空间，契合了自然山水、人文景观和文化内涵，推动了旅游产业发展，拉动了旅游经济增长。

中国河湖的
红色记忆
RED MEMORIES OF RIVERS
AND LAKES IN CHINA

▲ 绿道（张福华 摄）

在仙居,绿道是一项被人们交口称赞的民生工程,尤其是当旅游从景区向全域转变时,绿道的价值得到了进一步凸显。对于仙居来说,穿行在青山绿水间的绿道,不仅是一条生态走廊,更是一条人文之道、产业之道,它让山水融入城市、让城市亲近自然,从而清晰地构建了仙居的绿色经济发展之脉,用绿色托起了仙居的梦想和未来。

生在仙居,推门而出,看得见山,望得见水。诗人周晗说:"唯有山水,可以住灵魂。"永安溪水从天而降,穿山而来,孕育着依水而栖的人们,滋养着温润的灵魂。山与人,水与人,默默相对,超越山水,超越时间,这就是最美家乡河,这就是仙居。

参考文献

[1] 蝌蚪文:也叫"蝌蚪书""蝌蚪篆",为书体的一种,因头粗尾细形似蝌蚪而得名。名称是汉代以后才出现的,发现于浙江省仙居县淡竹乡境内.

[2] 道家第十洞天:括苍洞,中国道教第十大洞天。位于浙江省仙居县东南约五十里的括苍山麓.

[3] 九郎溪广业渡:《光绪仙居县志》记载:"大溪东流经横溪市南,支流别出,是为横溪,坎头渡在焉;又东经俞店南,为九郎溪。"实系永安溪的一段干流。"广业渡,在县西六十里,即九郎渡也。"由此可见,广业渡亦名九郎渡,其具体位置当位于九郎溪上。至清光绪年间,广业渡之所在已经退化成浅滩,《光绪仙居县志》谓其"水浅可涉".

[4] 溱洧:春秋时郑国两条河名,在今河南省。《诗经·郑风·溱洧》描写三月上巳节青年男女在溱水、洧水岸边嬉戏游春的情景。

河湖长制河湖治，生态优先生态美
——河长制、湖长制纪事

▲ 人水和谐（吴浩云　摄）

  如果说每一条河湖过去的红色记忆值得被记录、被传颂，那么，新时代河湖治理故事更应该被书写。这其中至关重要的，便是始于2016年底的河湖治理管护的一次创新制度尝试——河长制。这项制度的实施在全国上下掀起了一场声势浩荡的河长"认河、治河、巡河"行动，开启了充分彰显中国特色社会主义制度优势的河湖治理的全新篇章。

无可回避的生态危机

  根据2013年第一次全国水利普查成果公布的统计

数据,中国拥有流域面积50平方公里以上河流45 203条,总长度达到150.85万公里。常年水面面积1平方公里及以上天然湖泊2 865个,湖泊水面总面积7.80万平方公里。其中,淡水湖1 594个,咸水湖945个,盐湖166个,其他160个。[1]这些河流、湖泊不仅是中国地理环境的重要组成部分,而且还蕴藏着丰富的自然资源,发挥着供水、灌溉、航运、防洪调蓄、生态等重要作用。

然而,随着经济社会持续快速发展,河湖似乎成为人们关注的"死角"。各地都出现如河道干涸、湖泊萎缩、水环境状况恶化、河湖功能退化等问题,水安全得不到有效保障,对经济社会可持续发展构成了严峻挑战。

江苏是我国淡水湖泊分布最集中的省(区)之一,湖泊面积6 853平方公里,占国土空间的比例达6%,居全国之首。然而随着经济社会的发展,湖泊保护和开发利用矛盾日益凸显。在"以粮为纲""向湖要田"的历史情境下,江苏湖泊被圈圩、垦种、养殖,到上世纪80年代末,原有9 000多平方公里的湖面缩减了近三分之一。里下河地区曾有60多个湖泊、1 000多平方公里湖面,如今仅存58平方公里,"身在湖边不见湖"成为住在里下河周边居民的最大遗憾!

2007年夏季,由于太湖水质恶化,加上不利的气象条件,导致太湖大面积蓝藻暴发。太湖蓝藻污染造成无锡全城自来水污染,生活用水和饮用水严重短缺,超市、商店里的桶装水被抢购一空。

太湖蓝藻暴发事件只是我国河湖危机的一个缩影。彼时,从昆明的滇池、安徽的巢湖到大江大河,都面临着日益严重的水环境问题。20世纪60年代,由于人工围湖造田,加上因人口增长和经济迅速发展对土地资源和水资源的不断开发与利用,企业随意向滇池中排放污水、废水;滇池的生态环境造成了极大的破坏。"破坏湿地、侵占湖面、入湖污染量大"……作为受人类干扰强烈的我国五大淡水湖之一的巢湖,近年来虽经数百亿资金投入治理,水体富营养化状态仍未完全遏制。[2]

大河大湖,是人类生产、生活的命脉所在。一旦"病变",其治理,更是一项世界级的难题,非一日之功,不容丝毫懈怠。河湖管理保护工作亦常常涉及多地区、多部门、多行业,往往容易出现"九龙治水"各自为政、政出多门的现象。

顺应时代的创新制度

2007年夏季太湖蓝藻暴发事件发生后，同年8月，无锡市委办公室和市政府办公室印发了《无锡市河（湖、库、荡、氿）断面水质控制目标及考核办法（试行）》（锡委办发〔2007〕82号），明确各级党政主要负责人担任河长，在全国率先试行河长制。由各级党政负责人分别担任64条河道的河长，加强污染物源头治理，负责督办河道水质改善工作。

2008年，河北省在水质污染严重的子牙河水系探索实行"河长制"，由所流经的5市、14位市级领导担任"河长"，分包辖区内主要河流污染综合治理任务。同年，贵州省以三岔河流域为试点施行"河长制"。2009年，四川省内江市推出"河长制"治理模式，由市级层面成立了主要河流水污染防治领导小组。

无锡太湖蓝藻暴发事件直接催生了"河长制"这一富有社会主义特色的体制机制。早在"河长制"这一"极富力度"的政策抓手正式出台之前，已经过长时期的对生态文明的探索和思考。其中，首要的就是对"要经济发展，还是要环境保护"问题的探讨。

2003年8月8日，时任浙江省委书记的习近平在《浙江日报》"之江新语"专栏发表的《环境保护要靠自觉自为》一文中，深刻阐述了"绿水青山"与"金山银山"关系的三个认识阶段：一是"只要金山银山，不管绿水青山"，只要经济，只重发展，不考虑环境，不考虑长远，"吃了祖宗饭，断了子孙路"而不自知，这是认识的第一阶段；虽然意识到环境的重要性，但只考虑自己的小环境、小家园而不顾他人，以邻为壑，有的甚至将自己的经济利益建立在对他人环境的损害上，这是认识的第二阶段；真正认识到生态问题无边界，认识到人类只有一个地球，地球是我们的共同家园，保护环境是全人类的共同责任，生态建设成为自觉行动，这是认识的第三阶段。"绿水青山就是金山银山"理念的提出，表明环境保护与经济发展的"两难问题"达到了"自觉自为"的理性高度，是形成习近平生态文明思想的重要标志。

——2012年11月，党的十八大报告中，生态文明建设成为治国理政的重要内容，被纳入中国特色社会主义事业"五位一体"总体布局。其中，提出了"山水林田湖草是生命共同体"的系统思想。"人的命脉在田，田的命脉在水,水的命脉在山,山的命脉在土,土的命脉在树"。河流湖泊,问题在水里,根子在岸上。由山川、林草、湖沼等组成的自然生态系统,存在着无数相互依存、紧密联系的有机链条,牵一发而动全身。

——2014年3月14日,习近平总书记在中央财经领导小组第五次会议上提出"节水优先、空间均衡、系统治理、两手发力"的新时期治水方针。

——2015年3月,《关于加快推进生态文明建设的意见》正式把坚持"绿水青山就是金山银山"(以下简称"两山"理念)写进中央文件,"两山"理念上升为治国理政的基本方略和重要国策。

河长制,是生态文明建设的重要举措,也是"绿水青山就是金山银山"的有效路径。

2016年12月,中共中央办公厅、国务院办公厅印发了《关于全面推行河长制的意见》,习近平总书记在2017年新年贺词里特别强调,"每条河流要有河长了!"河长制全面推广实行的集结号正式吹响。

▲ 一叶扁舟(吴浩云 摄)

掷地有声的治理运动

"河长制是个啥?长短的长吗?"2017年的9月,在洪泽湖下游淮河干流河边的小饭馆里,被发到《河长制第三方公众满意度调查问卷》的刘姓老人一脸疑惑。

这是全面推行河长制工作的第一个秋天。此时距离河长制全面推行才过去短短几个月。

2016年底,国家层面印发《关于全面推行河长制的意见》(以下简称《意见》),河长制成为贯彻落实习近平生态文明思想、建设美丽中国的有效举措,是今后一个时期河湖管理的"风向标"。

《意见》这份重要文件由三部分14条组成,第一部分为指导思想、基本原则、组织形式和公共职责;第二部从水资源、水域岸线、水污染、水生态、水环境、执法监管六个方面提出具体工作内容;第三部分为加强组织领导、健全工作机制、强化考核问责、加强社会监督等保障措施。

根据全国《意见》,2017年3月,江苏发布《实施意见》在全国率先全面建立河长制,并将河长制纳入地方法规。全国31个省(自治区、直辖市),都在根据实际情况,纷纷出台相关的实施意见和方案。

2018年1月,中共中央办公厅、国务院办公厅印发了《关于在湖泊实施湖长制的指导意见》,将所有湖泊也纳入全面推行河湖长制工作范围。

2018年7月17日上午10点准,水利部在北京举行了全面建立河长制新闻发布会。发布会上,时任水利部部长鄂竟平宣布,全国31个省(自治区、直辖市)已全面建立河长制!

——河长制、湖长制的关键是什么?

河长制的核心是由党政主要领导负责属地河湖的生态环境管理,让每个河湖都有"负责人",总河长、河长处在河长制中的核心位置。通过构建"纵向到底、横向到边"的河湖管理保护责任体系,确保河长、湖长有效履职,从"九龙治水"到河长、湖长统筹管水,让"有问题找河长"成为河湖治理的新常态。

根据2018年当年的统计数据,全国31个省(自治区、直辖市)所有江河的河长都明确到位,一共明确了省、市、县、乡四级河长30多万名。31个省份里29个省份把河长体系延伸到了村一级,设立了村级河长76万名。31个省(自治区、直辖市)的省、市、县均成立了河长制办公室,承担河长制的日常工作。

有的河流随着整治已经改道甚至消失,有的河湖管理边界不清,侵占河湖、与水争地等现象时有发生。通过落实河湖长制,全国上下对河湖进行了一次系统梳理。每位河长、湖长从"认河"开始,编制"一河一策""一湖一策",摸清自己"责任田、责任段"的河湖的长度、范围、排污口,以及存在哪些问题,分年度进行实施。历史遗留的"硬骨头""死角难题",逐步落实解决。

——河长制、湖长制的重大制度创新和特点是什么?

作为一项治水管水的创新制度,河长制、湖长制的创新特点一是责任分工清楚,通过组织体系的建设,各级河长、河长制办公室及其成员单位的职责均通过工作方案加以明确,责任主体更加清楚。二是考核问责约束力强,河长制是由督办制、问责制衍生而来的,按照考核评定制度的有关要求,各级河长分片包干,河湖水生态环境提升的年度目标作为考核结果评定的主要依据,对拒不履职或履职不到位的河长将予以问责处置,进一步强化了责任追究的刚性约束。

"以前'九龙治水',有矛盾时可能因为沟通缺失导致问题搁置。现在有河长来协调、调度和监督,解决问题有了总抓手。"江西省水利厅厅长罗小云说。[3]

逐步转变的河湖生态

通过实施河长制、湖长制,中国的江河湖泊实现了从"没人管"到"有人管",从"管不住"到"管得好"的重大转变。推动解决了一批河湖管理保护难题,使河湖的状况逐步好转。

浙江省深入实施"五水共治",通过"剿灭劣Ⅴ类水"等行动,河湖基本清除"黑、臭、脏"现象;绝迹多年的鱼虾又重现河流,消失已久的鹭鸟也飞回湖畔,人民群众的获得感、幸福感不断提升,得到社会各界的广泛赞誉。

江苏省以体制机制创新为保障,将"河长制"纳入《江苏省河道管理条例》,在全国率先实现"河长制"入法。江苏、上海、浙江联合建立的太湖淀山湖湖长协作机制,成为支撑长三角一体化生态绿色高质量发展的有效平台。特别是以大力度推动实施退圩还湖,至2019年底,江苏的东太湖、梁溪湖、贡湖以及长荡湖、白马湖等恢复自由水面约120平方公里,固城湖、得胜湖项目相继成为国家级试点。到2020年底,计划再恢复50平方公里自由水面。曾经的掠夺式湖泊资源开发模式一去不复返,湖泊调蓄能力逐渐恢复,水质大为改善,水生态环境得到修复。

福建省建立"区域+流域"河长管河新体系,坚持党政同责、流域统筹,

▲ 江苏省河长制公示牌（程瀛 摄）

将河长制组织体系延伸到村；实行湖长制全覆盖，湖泊、水库、山塘等所有水域纳入管理范畴；形成区域流域结合、省市县乡村五级贯穿的河长管河新架构。

广东省开展"清四乱""五清"专项行动；聚焦"盆中的水"治病，集中治理水环境，解决水脏、水浑问题；统筹"山水林田湖草"治根，协调生态保护与经济发展，建设"万里碧道"，广州市昔日的黑臭河涌如今变得清澈见底；东莞市曾经的重污染区华阳湖已成为珠三角市民出游的心仪之地；江门市原来的普通河道成了"网红打卡点"的城央绿廊……

宁夏全面推行河湖长制以来，全区上下按照新时代黄河保卫战、打好水污染防治攻坚战总体部署，综合施策，持续推动河湖水资源保护、水污染防治、水环境治理、水生态修复。4月，黄河干流宁夏段6个国控断面中，金沙湾、叶盛公路桥断面为Ⅰ类优水质，其他均为Ⅱ类优水质。春夏之交，银新干沟入黄排水口，汩汩清流汇入芦苇浅水，岸边垂钓者持竿而待，一块县级河长公示牌立于堤上，保洁员方莉蓉告诉记者，水不臭了，黄河里的鱼回来了，钓鱼的人也多了。

各地在健全河长体系的同时，广泛发动社会公众参与河湖治理和保护，涌现出一大批乡贤河长、党员河长，记者也参与进来，叫做"记者河长"。还有"河小志""河小青""河小禹"等巡河护河志愿服务队。社会共治正在形成，群众好评不断上升。

▲ 长三角·青春合伙人"河小青"志愿联盟启动仪式

2018年春,在江苏张家港市大新镇,"河长制主题公园"悄悄出现。当地在整合资源,打造湖泊公园的同时,提前将河湖长制公益宣传与志愿活动融入进来,在文化景观廊桥边专门留出空间,设置为"河小志志愿工作站",印制宣传册、河湖水情常识等,成为每个周末当地开展河湖长制志愿活动的"据点"。

▲ 河长制主题公园

2019年深秋,当再次来到淮河干流边进行第三方公众满意度调查时,彼时不知"河长"是什么的情况早已不复存在,村民往往能够指出河长制公示牌在哪里,并且积极参与到河长制、湖长制的保护活动中。

2018年全国河湖长制全面建立;

2019年水利部要求河长制、湖长制要从"有名到有实",从"见河长、见湖长"到"见行动、见成效"转变;

2019年水利部进一步提出"幸福河湖"的概念,将河湖治理的内涵、目标进一步深化;

2020年各地更纷纷推出河湖长制"升级版"。江苏出台河长制工作高质量发展指导意见,浙江提出河长制、湖长制"升级版"……2020年10月,长三角生态绿色一体化发展示范区协同治水启动,苏、沪、浙实现示范区省际交界河湖"联合河长制"全覆盖。河长制、湖长制工作正在继续深入,以此创新制度为平台,不断探索河湖治理的新的有效举措。

从河湖"有人管""管得好",到打造"幸福河湖",体现着"以人为本"、以满足人民美好生活为目标导向的工作思路,体现着"绿水青山就是金山银山"的重要生态文明理念。河长制、湖长制这一具有社会主义特色的河湖管护制度,开启了中国河湖治理的新纪元,体现出了我国的制度优势和生态文明思想的科学性,将为水清岸绿、鱼翔浅底、人水和谐的生态环境提供重要支撑。

参考文献

[1] 中华人民共和国水利部,中华人民共和国国家统计局. 第一次全国水利普查公报[R]. 中国水利水电出版社,2013-03-26. http://www.jsgg.com.cn/Index/Display.asp?NewsID=17102.

[2] 王立武,高敬,杨丁淼. 环保督察曝出"巢湖之痛"[J]. 瞭望,2017(33). 治理多年巢湖流域水环境保护形势为何依然严峻?[OL]. 华夏经纬网,2017-8-17. http://www.huaxia.com/ah-tw/ahyw/2017/08/5432584.html.

[3] 林晖. 河道有了"父母官"——"河长制"在全国渐次推开的背后[OL]. 新华网. 2016-08-31 http://www.mwr.gov.cn/xw/mtzs/xhsxhw/201702/t20170213_853455.html.

长江保护生态优先,流域发展绿色为本
——长江纪事(二)

长江及长江流域图

长江是中华民族的母亲河,也是中华民族发展的重要支撑。从源头唐古拉山脉,至上海崇明岛以东入海,长江全长6 300余公里。其长度在世界上仅次于非洲的尼罗河和南美洲的亚马孙河。流域面积180万平方公里,约占我国陆地面积的19%。干流流经青海、西藏、云南、四川、重庆、湖北、湖南、江西、安徽、江苏、上海等11个省、自治区和直辖市。拥有一级支流700余条,其中嘉陵江、汉江、湘江、赣江等支流流域面积超过5万平方公里。沿线湖泊星罗棋布,洞庭湖、鄱阳湖、巢湖、太湖等淡水湖群集。

作为中国第一大河,长江的水资源十分丰富。近20

年平均水资源量是9 958亿立方米,占全国水资源总量的近1/3。长江及其支流,以其丰富的水资源生产着占我国1/3的粮食,养育着超过我国1/3的人口,创造着超过我国1/3的GDP,具有占我国60%的内河航运里程,[1]是中国名副其实的第一大河。

长达100多万年的文化发展过程中,长江流域形成了不同的地域文化圈,积淀了深厚的文化底蕴。

"由东向西、由沿海向内地,沿大江大河和陆路交通干线,推进梯度发展。"2014年全国两会期间,政府工作报告勾勒的中国区域经济发展的新棋局,首次将"长江经济带战略"落实到国务院施政纲领中。当年政府工作报告提出要"依托黄金水道,建设长江经济带",长江经济带正式上升为国家战略。

"长江病了,病得不轻了"

近现代以来,由于不合理的生产生活方式的影响,长江流域成为我国水环境问题最为突出的地区之一。多年的监测数据显示,长江流域面积虽不到全国的1/5,但废水排放总量占全国的40%以上,单位面积化学需氧量、氨氮、二氧化硫、氮氧化物、挥发性有机物排放强度是全国平均水平1.5至2.0倍。长江上游林木滥肆采伐和垦殖面积扩大,水土流失越来越严重,长江水流含沙量逐渐增加,一些河段迅速淤高。长江中下游湖泊萎缩、湿地生态系统功能退化,洞庭湖湖区大面积干涸、巢湖水污染等问题频频见诸新闻报道。长江水生生物多样性指数持续下降,多种珍稀物种濒临灭绝。

习近平总书记痛心地形容:"长江病了,病得不轻了。"[2]

2012年,党的十八大报告将生态文明建设纳入中国特色社会主义事业"五位一体"总体布局。2015年,《关于加快推进生态文明建设的意见》正式把"坚持绿水青山就是金山银山"写进中央文件。在绿色发展的生态文明理念下,长江经济带不仅是发展经济的黄金水道,更被规划为以绿色发展为本的生态廊道。

"新中国成立以来特别是改革开放以来,长江流域经济社会迅猛发展,综合实力快速提升,是我国经济重心所在、活力所在。长江与长江经济带的

中国河湖的
红色记忆
RED MEMORIES OF RIVERS
AND LAKES IN CHINA

▲ 长江南京段(孟凯 摄)

▲ 长江泰州段(孟凯 摄)

地位和作用,说明推动长江经济带发展必须坚持生态优先、绿色发展,这不仅是对自然规律的尊重,也是对经济规律、社会规律的尊重。""当前和今后相当长一个时期,要把修复长江生态环境摆在压倒性位置,共抓大保护,不搞大开发。"[3] 2016年初,习近平总书记在重庆召开的深入推动长江经济带发展座谈会上强调。由此,"长江大保护"成为基于长江经济带战略而提出来急需完成的一项严峻的任务。

"生态优先、绿色发展的新路子"

2016年,《长江经济带规划纲要》出台,其中明确"生态优先、绿色发展"为基本思路,使其成为长江经济带"一轴、两翼、三极、多点"发展新格局的前提。

在全面提出长江经济带战略以来,习近平总书记聚焦长江经济带发展,分别赴长江上游、中游、下游调研,先后召开三场专题座谈会,把脉长江经济带发展方向,始终将生态环境保护作为经济发展的前提。

2016年1月5日,长江上游,重庆。推动长江经济带发展座谈会上,习近平总书记首次提出"生态优先、绿色发展"的战略定位和"共抓大保护、不搞大开发"的战略导向,绘就了推动长江经济带发展的宏伟蓝图。强调要把修复长江生态环境摆在压倒性位置,共抓大保护、不搞大开发,努力把长江经济带建设成为生态更优美、交通更顺畅、经济更协调、市场更统一、机制更科学的黄金经济带,探索出一条生态优先、绿色发展的新路子。

▲ 长江南京段(江苏省水利厅供稿)

2018年4月26日,长江中游,武汉。此前习总书记先后到宜昌、荆州、岳阳、武汉以及三峡坝区等地,考察了企业转型发展、化工企业搬迁、非法码头整治、污染治理、河势控制和护岸工程、航道治理、湿地修复、水文站水文监测工作等方面的情况。总书记再次强调,推动长江经济带发展,前提是坚持生态优先,把修复长江生态环境摆在压倒性位置,逐步解决长江生态环境透支问题。这就要从生态系统整体性和长江流域系统性着眼,统筹山水林田湖草等生态要素,实施好生态修复和环境保护工程。

长江经济带生态优先、绿色发展之路该怎么走?这次座谈会上,对其内涵与路径探索作了深刻阐释。

一是共抓大保护、不搞大开发和生态优先、绿色发展的内涵:共抓大保护和生态优先讲的是生态环境保护问题,是前提;不搞大开发和绿色发展讲的是经济发展问题,是结果;共抓大保护、不搞大开发侧重当前和策略方法;生态优先、绿色发展强调未来和方向路径,彼此是辩证统一的。二是探索推广绿水青山转化为金山银山的路径:提出选择具备条件的地区开展生态产品价值实现机制试点,探索政府主导、企业和社会各界参与、市场化运作、可持续的生态产品价值实现路径。三是提出要深入实施乡村振兴战略,打好脱贫攻坚战,发挥农村生态资源丰富的优势,吸引资本、技术、人才等要素向乡村流动,把绿水青山变成金山银山,带动贫困人口增收。

▲ 长江南京段(江苏省水利厅供稿)

2020年11月12日下午至13日,习近平总书记沿江苏南通、扬州一线溯江而上,深入长江和运河岸线、水利枢纽等进行调研。11月14日,长江下游,南京。全面推动长江经济带发展座谈会上,习近平总书记提出推动长江经济带高质量发展的五项任务,赋予长江经济带"谱写生态优先绿色发展新篇章,打造区域协调发展新样板,构筑高水平对外开放新高地,塑造创新驱动发展新优势,绘就山水人城和谐相融新画卷,成为我国生态优先绿色发展主战场、畅通国内国际双循环主动脉、引领经济高质量发展主力军"的新的历史使命。[4]

从上游重庆到中游武汉,再到下游南京;从内涵明晰到举措方法,长江经济带绿色发展的顶层规划一天天清晰起来。

绿色长江的生态画卷

这一场生态大保护的行动,力度之大、规模之广、影响之深,前所未有。以这场改革为起点,长江经济带生态环境保护发生了转折性变化。

长江流域水质发生了显著变化。流域优良断面比例从 2016 年的 82.3% 提高到 2019 年的 91.7%,2020 年 1 月至 11 月进一步提升至 96.3%,长江流域劣 V 类水质比例从 2016 年的 3.5% 下降到 2019 年的 0.6%,2020 年首次实现消除劣 V 类水体。

生态环境发生明显变化。城镇生活污水垃圾处理能力显著提升,地级及以上城市污水收集管网长度比 2015 年增加 20.7%,城市和县城生活垃圾日处理能力比 2015 年提高 60.7%。一大批高污染高耗能企业被关停取缔,沿江化工企业关改搬转超过 8 000 家。长江岸线整治全面推进,1 361 座非法码头彻底整改,2 441 个违法违规项目已清理整治 2 417 个,两岸绿色生态廊道逐步形成,沿江城市滨水空间回归群众生活。长江"十年禁渔"全面实施,生物多样性退化趋势初步得到遏制,有微笑天使之称的江豚越来越多出现在人们视野中。[5]

▲ 江海之恋(吴浩云 摄)

绿色发展试点示范走在全国前列。上海崇明、湖北武汉、重庆广阳岛、江西九江、湖南岳阳结合自身资源和禀赋特点,探索生态优先绿色发展新路子。浙江丽水、江西抚州深入推进生态产品价值实现机制试点,为绿水青山转化为金山银山提供了有益经验。

湖北：将推进沿江化工企业"关改搬转"作为长江大保护十大标志性战役的首役，在摸清底数基础上，"分类施策""一企一策"，着力推进化工污染整治及企业转型升级。

四川：作为长江上游重要的生态屏障和水源涵养地，积极推进生态补偿制度建设，积极建立健全长江流域横向生态补偿机制，全面建立重点领域生态补偿机制。

云南：以全面开展流域横向生态补偿机制建设为着力点，重点推进以长江流域为先导的生态保护补偿机制建设，充分调动长江经济带各流域上下游地区的积极性，形成"成本共担、效益共享、责任共负、多元共治"的流域保护和治理长效机制。

贵州：建立了跨区域生态保护治理协作机制，赤水河流域的绿水青山正在源源不断地产生生态效益、经济效益和社会效益。

湖南：通过建立生态补偿机制，较大幅度改善了全省及长江水环境质量。2018年，与重庆市签署了《酉水流域横向生态保护补偿协议》，是湖南省首个跨省流域横向生态补偿改革成果。省政协开展"洞庭湖生态环境治理推进落实情况"调研协调，"加快构建我省四水流域生态补偿机制"重点提案办理等。

江西：扎实推进长江经济带"十大攻坚行动"。坚持"五河两岸一湖一江"全流域治理，坚持"三水共治"、水岸联动、系统整治，推进长江干流及重要支流、湖泊岸线综合治理。

浙江：以治水为重点，从对感官污染最明显的垃圾河、黑河、臭河入手，2016年完成了"清三河"任务，2017年全省基本剿灭劣V类水，2018年实施以"两创建、两提升"为抓手的"五水共治"碧水行动。

上海：以崇明生态岛建设为契机，积极探索生态优先和绿色发展的新路子，努力把崇明打造成为长三角城市群乃至长江经济带生态环境大保护的重要岛屿。

江苏：沿江干支流两侧1公里范围内且在化工园区外的化工生产企业原则上2020年底前全部退出或搬迁，凡是与所在园区无产业链关联、安全和环保隐患大的企业2020年底前依法关闭退出，严禁在长江干支流1公里范围内新建、扩建化工园区和化工项目。至2020年，累计腾退生产型岸线47公里，同步推进复原复绿，新增复绿面积8 592亩；沿江100米范围内造林绿化1.3万亩;生态型岸线占比由58.3%提高至62.1%。

安徽:全面推广新安江模式,到2020年全省实现森林、湿地、水流、耕地等重点领域和禁止开发区域、重点生态功能区等重要区域生态保护补偿全覆盖。[6]

长江江苏扬中段,曾经是非法采砂的重灾区——白天机声隆隆,夜晚灯火通明;江岸坍塌,堤防破坏;撞船、沉船等海损事故频频发生;划势力范围、争控制地盘、打架斗殴等治安事件层出不穷……数十年间,江苏持续保持长江采砂高压严打态势,严格落实行政首长负责制,深入开展非法采砂专项整治,加大多部门联合执法及夜间巡查力度,打击涉砂领域的涉黑涉恶犯罪行为。2016年底,随着"两高"司法解释正式将非法采砂入刑,有力震慑了长江非法采砂违法犯罪,一大批盘踞多年的违法犯罪分子被绳之以法,江苏非法采砂案件发生率迅速下降。长江江苏段总长432.5公里,江苏省级每季度巡江一次,市县按照区域划分管辖范围。目前,全省各区域均有专管机构、专职人员、专门装备、专项经费,基地统一标准化建设,日常执法已经取得"天上看、地上查、水上巡、网上管"的综合运用效果。

▲ 泰州长江春江湿地(江苏省水利厅供稿)

春来江水绿如蓝。

"便将万管玲珑笔,难写瞿塘两岸山"——而今,长江上游重庆,两岸复绿、美景难摹。三峡水库每年汛期来临前腾出库容,水位会下降到145米左右。高低水位之间,形成库区最高落差超过30米、总面积超过340平方公里的消落带。消落带每年流失泥沙超过1亿吨,如何治理是世界级难题。

地处三峡库区的重庆各区县，探索出各具特色的消落带治理模式：实施消落带湿地森林、生态农业、湿地生态再造工程，规划建设国家湿地公园。坚持不懈寻找和筛选消落带适生植物，种植试验示范林，打造成特殊的消落带绿色生态长廊和壮观的沿江水上森林。

"孤帆远影碧空尽，唯见长江天际流"——在武汉南岸嘴，原来码头林立的岸边而今露出了"S"形的"小蛮腰"。通过武汉长江和汉江核心区港口码头岸线资源优化调整，完成全部103个码头优化调整任务，清理腾退岸线总长47公里，让长江和汉江露出了最美水岸线。

"江阔融入海，日红踏浪来"——在南通市五山及沿江地区，200多家"散乱污"企业关停后，当地系统推进生态修复涵养水源，打造生态绿色廊道。如今，在这座"城市会客厅"里，游人如织，或是举家出行，去狼山国家森林公园徒步，或是休闲放松，在滨江栈道上感受习习江风，听着不远处偶尔传来的汽笛声，享受静谧的亲水时光。

不尽长江滚滚来。

2020年12月26日，《长江保护法》已经第十三届全国人大常委会第二十四次会议表决通过，并于2021年3月1日起正式施行，成为我国首部流域法。

长江大保护进入依法保护的新阶段。

在生态优先、绿色发展的先进理念指引下，长江这条中华民族的母亲河，必将描绘出更为壮丽的宏伟画卷！

参考文献

[1] 吴景社. 中国21世纪农业用水危机与节水农业[J]. 农业工程学报,1998,14(3):15-20.

[2] 杜尚泽,霍小光. 为了一江清水浩荡东流——习近平总书记长江考察纪实[J]. 中央广电总台央视新闻,2018-04-29.

[3] 杨晶晶. 长江经济带经济与生态关系演变的历史分析（1979—2015年）——以水环境为中心[D]. 湖北:中南财经政法大学,2018.

[4] 重执行! 长江经济带高质量发展要落实好五项任务![J]. 中央广电总台央视新闻,2020-11-16.

[5] 国家发改委. 长江流域水质优良断面比例提升至96.3%[OL]. 中国新闻网,2020-01-05.

[6] 首届长江经济带11省市政协研讨会召开 共推长江经济带绿色发展[N/OL]. 湘声报-湖南政协新闻网,2019-06-14.